すぐに
引ける!

ひと目で
わかる!

豊富な仕訳例で
世界一
使いやすい!

勘定科目と仕訳の事典

第2版

(株)イーバリュージャパン代表取締役
駒井 伸俊 著

秀和システム

●本書専用サポートページURL

- 本書に関する情報や、正誤情報などは下記に掲載されます。

https://www.shuwasystem.co.jp/book/9784798068978.html

はじめに

本書は2012年に刊行された『豊富な仕訳例で世界一使いやすい！勘定科目と仕訳の事典』を改訂し、大幅にリニューアルした第2版です。

早いもので初刊の刊行から10年が経ちましたが、おかげ様で多くのご好評をいただき、版を重ねてまいりました。この度の改訂にあたり、制度の変更や、2021年度から適用対象となった「収益認識に関する会計基準」で新たに加えられた勘定科目などを追加し、実務で使える内容をよりいっそう充実させています。

勘定科目と仕訳は、これから会計を学ぶ方や、経理初心者の方にとっては、専門用語が多く、処理に手間取ったりと、なかなかハードルの高い業務かと思います。本書では、経理業務に慣れていない方でも一目で仕訳の仕方や増減のルールが判別できるよう、フルカラーでわかりやすいレイアウトにしました。

さらに、「探している勘定科目を見つけられない」「この摘要がどの科目になるのかわからない」という疑問に答えられるよう、3種類のもくじをつけています。慣れていない方でも、前から順番にひいていけば、きっと自分の欲しい情報が見つかると思います。

まずは1章で会計の基本を押さえましょう。2章では、実務で使うことが多く、処理に困りがちな仕訳を、9つの取引シーンごとに紹介しています。3章以降では、最新156の勘定科目を、多くの摘要、増減の基本を理解するパターン別の仕訳例、具体的な場面別の仕訳例と共に解説しています。決算書の表示区分、個人・法人別、消費税区分を一覧でき、似ている勘定科目や会計処理のポイントも厳選しましたので、疑問の解消に役立つはずです。

すでに経理業務に携わる方、経理初心者の方だけでなく、これから事業を始めようとする方、公益法人の移行準備をする方にとっても有用な一冊を目指しました。

皆様の日々の経理業務の効率化に、本書が少しでも役に立てれば幸いです。

駒井　伸俊

本書の使い方

●第1章は会計処理と決算書の仕組みの基本、第2章はよく使う仕訳のケースを9つの取引シーン別に紹介、第3章〜第9章で項目ごとに各勘定科目の説明を掲載しています。

●科目や摘要から直接調べたい場合は、「勘定科目もくじ」(P16)「摘要もくじ」(P22)を引いてみましょう。

※決算書体系図索引はP421を参照

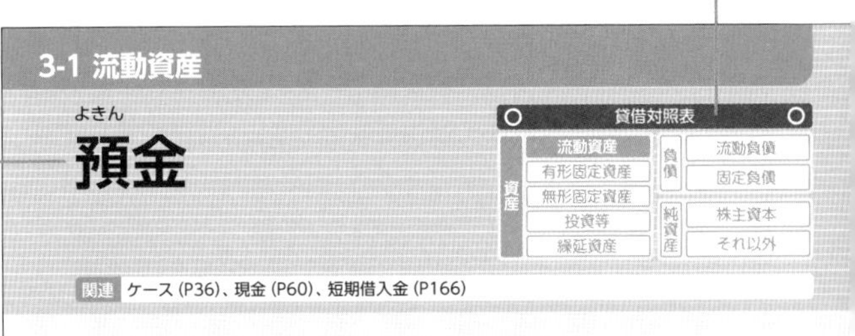

勘定科目名

勘定科目名と、その科目に関連性の高いケース(第2章)や科目のページを掲載

預金とは、金融機関との預金契約に基づいて預け入れている資金をいいます。

預金には、銀行、信用金庫などの**金融機関への預金**(当座預金、普通預金、通知預金、定期預金、納税準備金、別段預金など)、**郵便局の貯金**(郵便貯金、郵便振替貯金)、**信託銀行の金銭信託**などがあります。

当座預金は、現金の出し入れが自由にできる無利息の預金で、預金を引き出すには小切手や支払手形を振り出すことができ、代金の支払いという決済手段に用いられます。

普通預金は、現金の出し入れが自由にできる有利息の預金で、ATM(現金自動預払機)による入出金や振込みができ、日常の現金の出納に用いられます。

概要&摘要

勘定科目の説明と、主な摘要(=仕訳とともに仕訳帳の摘要欄に記入する取引内容の説明)の紹介

※P22の摘要もくじもご活用ください

摘要

- 口座預入
- 口座自動引落し
- 通知預金解約預入
- 定期預金解約預入
- 当座預金からの振替
- 振替出金
- 振込出金
- 振込入金
- 貯金預入
- 期日取立入金
- 小切手振込入金
- 普通預金からの振替
- 振り出し小切手決済
- 未渡小切手
- 口座入金

パターン別仕訳例

この勘定科目の基本となる仕訳例を
①金額が増加する場合=赤
②金額が減少する場合=青
のルールで説明

※主な取引例も一緒に確認しましょう

パターン別仕訳例

増加する場合

手元にある現金10万円を普通預金に預け入れた。

借方		貸方	
普通預金	10	現金	10

取引例 •現金の預入 •売掛金などの入金 •受取利息などの入金 •預金の振替 等

減少する場合

電気料金1万円が普通預金口座から引き落とされた。

借方		貸方	
水道光熱費	1	普通預金	1

取引例 •現金の引き出し •買掛金などの出金 •自動引き落とし •預金の振替 等

96

決算書の区分

貸借対照表、損益計算書、正味財産増減計算書のうち、該当する区分を色付けで表示

科目の対象と消費税の区分

該当する部分を色付けで表示

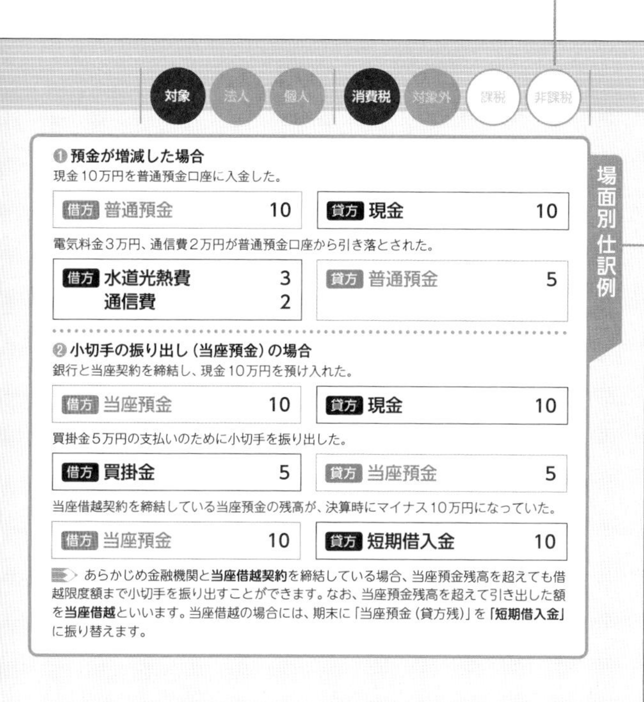

対象　法人　個人　消費税　対象外　課税　非課税

場面別仕訳例

❶ **預金が増減した場合**

現金10万円を普通預金口座に入金した。

借方		貸方	
普通預金	10	現金	10

電気料金3万円、通信費2万円が普通預金口座から引き落とされた。

借方		貸方	
水道光熱費	3	普通預金	5
通信費	2		

❷ **小切手の振り出し（当座預金）の場合**

銀行と当座契約を締結し、現金10万円を預け入れた。

借方		貸方	
当座預金	10	現金	10

買掛金5万円の支払いのために小切手を振り出した。

借方		貸方	
買掛金	5	当座預金	5

当座借越契約を締結している当座預金の残高が、決算時にマイナス10万円になっていた。

借方		貸方	
当座預金	10	短期借入金	10

あらかじめ金融機関と**当座借越契約**を締結している場合、当座預金残高を超えても借越限度額まで小切手を振り出すことができます。なお、当座預金残高を超えて引き出した額を**当座借越**といいます。当座借越の場合には、期末に「当座預金（貸方残）」を**「短期借入金」**に振り替えます。

場面別仕訳例

実務でよく出る代表的な仕訳例を、パターン別仕訳例と同じルールで説明

仕訳のポイントも紹介

会計処理のポイントは?

- 通常、「預金」に関連する勘定科目は「普通預金」か「当座預金」などの**預金種類ごとに設定**します。
- 期末に、未渡しの小切手がある場合には、「当座預金」として処理します。
- 各種の預金は貸借対照表上「現金及び預金」として表示されます。
- 1年を超えて期限の到来する定期預金等は、短期間に支払手段として利用しないことから、固定資産の「投資その他の資産」として処理します。ただし、「投資その他の資産」として処理された預金の満期が1年以内となった場合は「現金及び預金」として処理します。

97

会計処理のポイントは？

実務上の会計処理の論点を解説。会計、税務上の留意点や決算書の表示、法制度についてなど

豊富な仕訳例で世界一使いやすい!

勘定科目と仕訳の事典 第2版

contents

第1章 知っておきたい会計処理と決算書の仕組み

第2章 知っていたら便利な取引ごとの仕訳

第4章 負債の項目

第5章 純資産の項目

第6章 営業損益の項目

第8章 個人事業者の固有項目

第9章 公益法人の勘定科目

COLUMN

勘定科目もくじ

（50音順）

※☆のついた項目は、科目名ではありませんが、ページ内に説明があります。

例：「☆圧縮積立金（あっしゅくつみたてきん）262」は、P262「利益剰余金」の科目内に説明を掲載

す

せ

そ

た

ち

摘要(目的)もくじ

(50音順)

※「摘要(目的)」-「該当する勘定科目」-「ページ番号」という並びになっています。

あ

い

う

え

お

か

き

く

け

こ

さ

し

す

せ

そ

た

ち

つ

て

と

な

に

ね

の

は

ひ

ふ

へ

ほ

ま

み

む

め

も

や

ゆ

第1章

Account Title and Journalizing Dictionary

知っておきたい会計処理と決算書の仕組み

1-1 会計とはなにか？

会計はビジネスの言語

会社や個人事業者はビジネスを始めるにあたり、必要な資金を用意します。製造業でしたら、その資金を投下して、設備を用意したり、材料を買ったり、人を雇ったりして（購買プロセス）、製品を製造します（製造プロセス）。その製品を顧客に販売し（販売プロセス）、投下した資金を回収します。

こうしたビジネスのプロセスから、会社や個人事業者がどれだけの成果を上げているのかを明らかにしようとするのが**会計（Accounting）**です。

ですので、会計はビジネスとは切っても切り離せないものなのです。実際、**「会計はビジネスの言語である（Accounting is a language of business.）」**といわれます。会計というビジネス言語を用いることで、企業内外の人にビジネスの成果を表現することができるのです。

決算書を作るための技術

ビジネスの成果をまとめた成績表を、**決算書**もしくは**財務諸表**といいます。企業はビジネスのプロセスで起きる様々な取引を記録、集計して決算書を作成します。その際に、**簿記**という技術を使用します。

簿記とは、「帳簿に記入すること」の略語で、一定のルール（**仕訳**）に従って企業活動を帳簿に記録する技術です。会社で起きる取引の一つ一つは、一定のルール（仕訳）に従って、その種類や性質を表す項目ごとに分類され、帳簿に記入されます。この項目を**勘定科目**（単に勘定や科目と呼ぶこともあります）といいます。その結果を集計し、決算時に決算書が作成されます。

決算書の用語

決算書には、「一定時点現在にどれだけの財産があるのか」を表す**貸借対照表**（資産・負債・純資産）や「一定期間にどれだけ儲けたのか」を表す**損益計算書**（収益・費用）などがあります。

貸借対照表の資産、負債、純資産の区分、また損益計算書の収益や費用の区分に応じて、その内訳として勘定科目が振り分けられ、金額が付されて表示されます。

企業は継続的に続いていくことを前提としていますが、ビジネスの成果を明らかにするため、人為的に一定の計算期間に区切って決算書を作成します。その計算期間のことを**事業年度（会計期間）**といいます。事業年度の初めを**期首**、その終わりを**期末**（期末日のことを**決算日**とか**貸借対照日**）といいます。

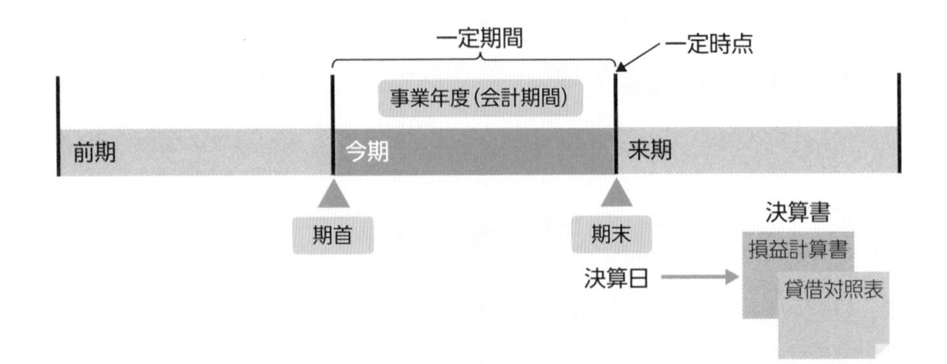

①貸借対照表（Balance Sheet：B/S）

貸借対照表の構成要素

貸借対照表は、一定時点（決算日）の財政状態を表す決算書です。

貸借対照表は、現金や建物などの財産（資産）がどれだけあって、借入金などの（負債）がどれだけあって、結果として正味の財産（純資産）はどれだけあるかというストック情報を表しています。

人間の体に例えると、ある年の誕生日の体重や身長などのストックの情報が示されている表が貸借対照表です。英語では、Balance Sheetというため、通称B/S（ビィーエス）と呼ばれたりします。

財政状態を示すための構成要素は、**資産、負債、純資産**の３つです。

資産とは？

資産とは、ビジネスをしていく中で会社が保有しているもので、将来、会社に経済的な価値を生み出すような財貨や権利です。簡単に言ってしまうと、**会社の財産**です。

負債とは？

負債とは、ビジネスをしていく中で発生した会社の義務で、その義務を会社が履行するためには経済的な価値を持つ資源の減少が予想されるものです。簡単に言ってしまうと、**誰かに支払いをしなければならないもの**です。

純資産とは？

純資産とは、会社の全ての資産から全ての負債を控除した、残余財産の請求分です。簡単に言ってしまうと、**会社の正味の財産**です。

貸借対照表の基本構造

貸借対照表は、資産の部、負債の部、純資産の部の、３つのパートから構成されます。図１「貸借対照表の基本構造」を見ながら確認しましょう。

通常、貸借対照表のフォーマットは、左側に資産の部、右側に負債の部と純資産の部が記されます。

右側の負債の部＋純資産の部は、会社がビジネスを行うにあって、どこから資金を調達してきたかという調達の手段**（資金の調達源泉）**を示しています。

負債の部は、取引先や金融機関からの債務という形で資金を調達したことを示すパートです。負債の部には債権者等に返済義務のある調達手段を表す「買掛金」や「借入金」などの勘定科目が表示されます。

また、もう１つの**純資産の部**は、株主から出資や利益の蓄積という形で資金を調達したことを示すパートです。純資産の部には資金の調達源泉のうち、負債以外のものを表す「資本金」や「剰余金」などの勘定科目が表示されます。一方、**左側の資産の部**は、その調達した資金を事業のためにどのような形態で保有しているか**（資金の運用形態）**を示しています。資産の部は、会社の保有する財産を示すパートです。資産の部には「現金」や「建物」などの勘定科目が表示されます。貸借対照表とは、「資金の調達源泉と運用形態によって、決算時の財政状態を明らかにする表」だといえます。

▼図1　貸借対照表の基本構造

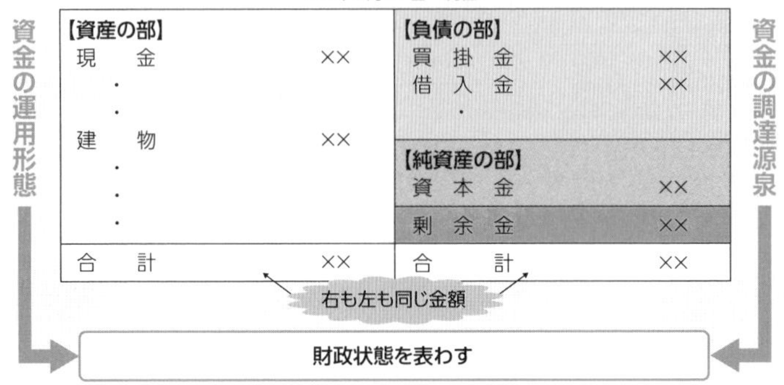

貸借対照表（B/S）のフォーマット

貸借対照表は、一定時点（決算日）の財政状態を表わす決算書でした。貸借対照表は、大きく、資産、負債、純資産の3つのパートから構成されます。

貸借対照表のフォーマットには、2つの表示方法があります。左側に資産、右側に負債と純資産を記した**勘定式**と、資産、負債、純資産と一列で表示する**報告式**です。

勘定式、報告式のどちらのフォーマットで貸借対照表を表示するにしても、決算書上は、資産、負債、純資産の部分がもう少し詳細に分類されます。

▼図2　2つの表示方法

•勘定式

（借方）　×1年3月31日　現在　（貸方）

【資産の部】	【負債の部】
流動資産	流動負債
	固定負債
固定資産	【純資産の部】
繰延資産	資本金
	剰余金
資産合計	負債・純資産合計

•報告式

×1年3月31日　現在

Ⅰ　資産の部	
1　流動資産	
2　固定資産	
3　繰延資産	
	資産合計
Ⅱ　負債の部	
1　流動負債	
2　固定負債	
	負債合計
Ⅲ　純資産の部	
1　資本金	
2　利益剰余金	
	純資産合計
	負債・純資産合計

資産の分類

資産の部は、会社の弁済能力や換金能力の観点から、**流動資産、固定資産、繰延資産**の大きく3つに分類されます。流動資産の固定資産の分類の基準は、対象となる資産がすぐに現金化を予定しているかいないかです。すぐに現金化が予定される資産は流動資産、そうでない資産は固定資産とします。

正確には、分類の基準は原則として、**1年基準**と**正常営業循環基準**が適用されます。

●1年基準

貸借対照表日（決算日）の翌日から起算して、1年以内に現金化されるであろう資産を流動資産とし、1年を超えて現金化するであろう、または現金化をしない資産を固定資産とする基準です。

●正常営業循環基準

現金、原材料、仕掛品、製品、商品、売上債権といった主たる営業プロセスにある資産は流動資産とし、そうでない資産は固定資産とします。よって、たとえ現金化される期間が1年を超えても通常の営業プロセスにある資産は流動資産とします。

●流動資産

主たる営業活動のプロセス内（正常営業循環基準）にある資産、ないしは1年以内に現金化（1年基準）されるであろう資産です。

●固定資産

正常営業循環基準ないしは1年基準に基づいて、営業活動のプロセス内で現金化を目的としないものなど、現金化に長期間を要する資産です。固定資産は、さらに次の3つの区分に分けられます。

有形固定資産：会社のビジネスにおいて、長期にわたって使用することで収益を獲得することを目的として所有している形のある資産

無形固定資産：有形固定資産のように目に見える形はないが、ビジネスにおいて長期にわたって活用することで収益を獲得するような法律上の権利や経済的な価値

投資その他の資産：会社が他の会社の支配や統制を目的として保有する資産、長期的な利殖などのために保有する資産など

●繰延資産

会社が支出した費用のうち、その効果が翌期以降に及ぶ資産です。繰延資産は、流動資産や固定資産のように現金化できる資産ではなく、会計上の擬制資産です。

負債の分類

負債の部は、会社の返済期限の観点から、**流動負債、固定負債**の大きく2つに分類されます。

流動負債の固定負債の分類の基準は、対象となる負債が、すぐに返済を必要とするかしないかです。すぐに返済が必要とされる負債は流動負債、そうでない負債は固定負債とします。

正確には、分類の基準は原則として、**1年基準**と**正常営業循環基準**が適用されます。

●**流動負債**

主たる営業活動のプロセス内（正常営業循環基準）にある負債、ないしは１年以内に返済期限が到来する（１年基準）負債です。

●**固定負債**

正常営業循環基準ないしは１年基準に基づいて、営業活動のプロセス内で、返済に長期間を要する負債です。

純資産の分類

純資産の部は、**株主資本**と**株主資本以外**の大きく２つに分類されます。さらに、株主資本は、資本金、資本剰余金（資本準備金とその他資本剰余金）、利益剰余金（利益準備金とその他利益剰余金＜任意積立金と繰越利益剰余金＞）、自己株式に分けて表示されます。

他方、株主資本以外の区分には、評価・換算差額等、新株予約権などが表示されます。

②損益計算書（Profit and Loss Statement：P/L）

損益計算書の構成要素

損益計算書とは、**一定期間（事業年度）の経営成績を表す決算書**です。

損益計算書は、１年間で売上などによってどれだけ稼ぎ（収入）があって、その稼ぎを生み出すためにどれだけコスト（費用）がかかって、その結果として儲け（利益）がどれだけあるかというフロー情報を表しています。

人間の体に例えると、去年の誕生日から今年の誕生日まで、どれだけカロリーをとって、どれだけカロリーを消費して、結果としてどれだけ太ったかというフローの情報が示されている表が損益計算書です。

英語では、**Profit and Loss Statement**というため、通称**P/L**（ピーエル）と呼ばれたりします。また、Income Statement（I/S：アイエス）という場合もあります。

経営成績の測定値としては**利益**を用います。利益の測定に必要な構成要素は、**収益、費用**の２つです。

収益とは？

収益とは、事業年度の間に、資産の増加あるいは負債の減少の形をとる経済的な価値の増加です。収益は利益を増加させ、結果として純資産を増加させます。

簡単に言ってしまうと、会社の稼ぎのことです。

費用とは？

費用とは、事業年度の間に、資産を減少あるいは負債の増加の形をとる経済的な価値の減少です。費用は利益を減少させ、結果として純資産を減少させます。

簡単に言ってしまうと、経費などのコストのことです。

損益計算書の基本構造

損益計算書は、**収益**から**費用**を引いて**利益**を算出するため、3つのパートから構成されます。通常、損益計算書のフォーマットは、左側に費用と利益、右側に収益が記されます。

右側の収益は、企業の事業活動から生じる売上や手数料収入などで、損益計算書上は利益を増加させます。また、通常、現金などの資産の増加や負債の減少を伴います。そのため、貸借対照表上は純資産を増加させます(**純資産の増加原因**)。

一方、**左側の費用**は、企業の事業活動から生じる仕入や経費などで、損益計算書上は利益を減少させます。また、通常、現金などの資産の減少や負債の増加を伴います。そのため、貸借対照表上は純資産を減少させます(**純資産の減少原因**)。

このように、損益計算書では事業年度の収益から費用を差し引いて利益を算出することで、その事業年度における純資産の増減を示されます。つまり、**利益(損失)**は、一事業年度のビジネスの結果から生じた**純資産の増加(減少)分**といえます。損益計算書とは、「純利益を通じて、純資産を増減させる原因を示す収益と費用の状況である**経営成績**を明らかにする表」だといえます。

▼図3　損益計算書の基本構造と2つの表示方法

損益計算書(勘定式)
自×0年4月1日　至×1年3月31日

純資産の減少原因

【費用】
仕入高　××
給与手当　××
・
・

【利益】
純利益　×

【収益】
売上高　××
・
・
・

純資産の増加原因

収益から費用を引いて利益を計算する

経営成績を表わす

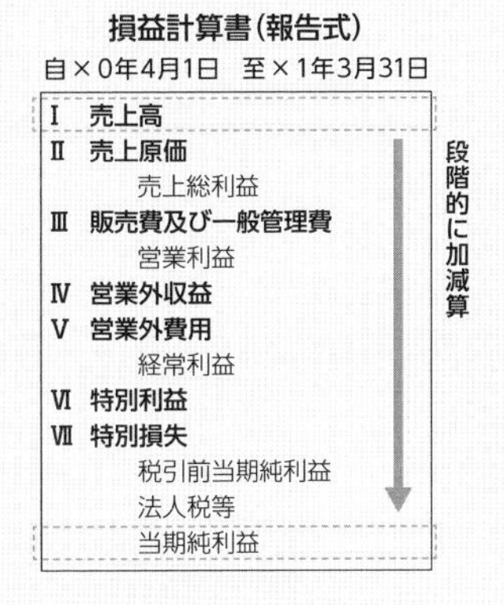

損益計算書(P/L)のフォーマット

損益計算書とは、一定期間(事業年度)の経営成績を表す決算書でした。損益計算書は大きく、収益から費用を引いて利益を算出するため、3つのパートから構成されます。

これまで損益計算書のフォーマットは、左側に費用と利益、右側に収益を記したものでした。この表示方法のフォーマットを、**勘定式**と呼んでいます。

この他にも、いくつかの種類の利益を表示させるために、初めに収益項目の売上高を記載し、順次、費用や収益の項目を加減して、上から下に並べていく損益計算書のフォーマットもあります。これを**報告式**と呼びます。

P/Lの分類

損益計算書は、報告式のフォーマットで記載されることが一般的です。報告式の損益計算書では、営業損益計算、経常損益計算、純損益計算に区分されます。

営業損益計算の区分

営業損益計算の区分は、会社が営業活動からどのくらい利益を生み出しているかを表示することを目的とし、**売上総利益**と**営業利益**の２つの利益を表示しています。

●**売上総利益**

営業損益計算の区分では、まず、事業年度の売上高と売上原価を記載して、**売上総利益**を計算します。

売上高とは、商品の販売やサービスの提供などの主たる営業活動から得られた収益です。これに対して、**売上原価**は、売上高に対応する商品を仕入れた際の原価（仕入原価）や製品を製造した際の原価（製造原価）のことです。

売上高から売上原価を差し引いて計算された利益を**売上総利益**といいます。

●**営業利益**

営業損益計算の区分では、次に、売上総利益を稼ぐためにかかった営業経費を売上総利益から差し引いて**営業利益**を計算します。

損益計算書上では、営業経費として、販売のためにかかったコストである販売費と、管理のためにかかったコストである管理費をまとめて、**販売費及び一般管理費**（会社の販売や管理業務に関して発生したコスト）として表示し、売上総利益から控除して、**営業利益**を表示します。

経常損益計算の区分

経常損益計算の区分は、会社が通常の営業活動や財務活動からどのくらい利益を生み出しているかを表示することを目的とし、**経常利益**を表示しています。

●**経常利益**

営業損益計算の区分で算出された営業利益に、**営業外収益**（毎期、経常的に発生する会社の主たる営業活動以外の稼ぎ）を加え、**営業外費用**（毎期、経常的に発生する会社の主たる営業活動以外のコスト）を差し引いて、**経常利益**を計算します。

経常利益＝営業利益＋営業外収益－営業外費用

純損益計算の区分

純損益計算の区分は、会社が事業活動の結果として最終的にどのくらい利益を生み出しているかを表示することを目的とし、**税引前当期純利益**と**当期純利益**の２つの利益を表示しています。

●**税引前当期純利益**

純損益計算の区分では、まず、経常損益計算の区分で算出された経常利益に、特別利益（主たる営業活動以外から生じたもので、毎期経常的には発生しない収益）を加え、特別損失（主たる営業活動以外から生じたもので、毎期経常的には発生しない損失）を差し引いて、税引前当期純利益を計算します。

税引前当期純利益＝経常利益＋特別利益－特別損失

●**当期純利益**

純損益計算の区分では、次に、当期の負担に属する法人税などの税金を差し引いた最終の利益である**当期純利益**を計算します。

会計処理の流れ

会社がビジネスを行い、その成果を明らかにするために簿記という技術を使って決算書を作成します。決算書が作成されるまでの会計処理の流れを整理すると次のようになります。

1．会計上の取引を把握する
2．会計上の取引を帳簿（仕訳帳）に仕訳する
3．仕訳帳から各勘定科目の帳簿（元帳）に転記する
4．各勘定科目の帳簿（元帳）の数値を一覧表（試算表）にまとめる
5．決算の処理を行う
6．決算書を作成する

▼図4　会計処理の流れ

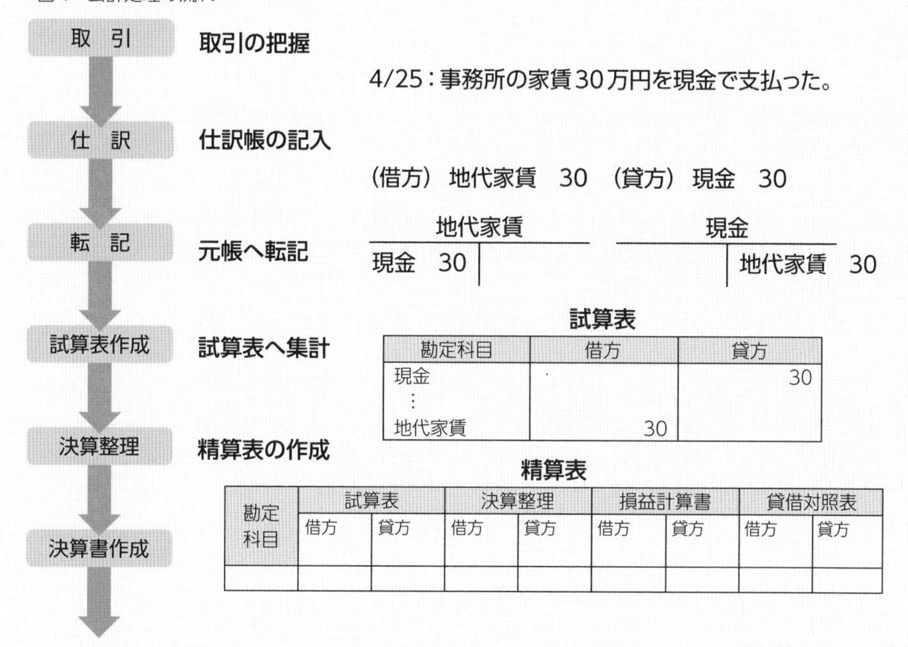

会計処理の流れの中で、キーワードとなる**取引、勘定科目、仕訳**について、個別にみていきましょう。

取引とは

ビジネスでは、得意先や仕入先など会社の外部者と様々な**「取引」**が行われます。会計処理の流れでみたように、会計の世界でも「取引」という用語が頻繁に使われます。会計で使用する「取引」は一般的な取引と少し異なる点がありますので注意が必要です。

まず、会計上の「取引」は、会社の外部者との商品の販売などに限らず、会社内で発生する出来事

も含まれます。例えば、会社が従業員に対して、月末に給料を支払うことも「取引」として把握します。

次に、会計上の「取引」は、会社の内外で発生する出来事のうち、会社の資産、負債、純資産、収益、費用の増減をもたらす出来事のみを「取引」としてとらえます。例えば、建物を売却した場合は、「建物」や「現金」という**資産の増減**をもたらすので「取引」です。また、従業員に給料を支払った場合も、「給与手当」という費用の発生とともに「現金」という資産の減少をもたらすので「取引」となります。

さらに、商品が盗難にあった場合や事務所が火災によって焼失した場合などは、一般に取引とはいいませんが、盗難や火災によって、「商品」や「建物（事務所）」という**資産が減少**するので取引と認識します。

一方で、事務所を借りる契約をした場合は、日常的には取引が成立したと考えますが、**契約しただけでは会社の資産、負債、純資産、収益、費用が増減しない**ので、会計上は「取引」とはいいません。

実務上、会社で発生した出来事を会計上の「取引」として認識するかどうかは、その後、会計処理を進めるかどうかにかかわるので、重要なポイントとなります。

勘定科目とは

会計では、取引が発生したら、取引が発生した原因と結果の両面からとらえます。

例えば、従業員に給料を支払った場合を考えてみましょう。この場合、給与の発生（原因）によって、現金が減少（結果）したととらえます。

このように、1つの取引を必ず二面的にとらえて記録する方法を**複式簿記**といいます。

会計では、複式簿記を使って、取引が発生したら、その都度、その取引が資産、負債、純資産のどれに属し、どれだけ増減したかを発生順に**帳簿（仕訳帳）**に記録していきます。帳簿に記入する際の、分類項目の名称が**勘定科目**です。

取引を勘定科目ごとに記録し、計算するための場所を**勘定口座**といい、その帳簿を**元帳**といいます。

勘定記入のルール

各勘定科目の勘定口座は、元帳で増加額と減少額に分けて記入されるため、右側と左側の2つに区分され、次のようなルールに従って行われます。

なお、複式簿記の世界では、左側を**借方**（かりかた）、右側を**貸方**（かしかた）と呼んでいます。

「かりかた」の「り」の払う方が左にいくので左側、「かしかた」の「し」の払う方が右にいくので右側と覚えると便利です。

貸借対照表の勘定

貸借対照表の借方の構成要素となる勘定は、増加した場合を借方に、減少した場合を貸方に記入します。

- **資産の勘定**：増加は借方、減少は貸方。逆に、貸方の構成要素となる勘定は、増加した場合を貸方に、減少した場合を借方に記入します
- **負債の勘定**：増加は貸方、減少は借方
- **純資産の勘定**：増加は貸方、減少は借方

損益計算書の勘定

損益計算書の借方の構成要素となる勘定は、発生した場合を借方に、取消した場合を貸方に記入します。

- **費用の勘定**：発生は借方、取消は貸方。逆に、貸方の構成要素となる勘定は、取消した場合を貸方に、発生した場合を借方に記入します
- **収益の勘定**：取消は貸方、発生は借方

勘定口座は、元帳の形式を簡略化して"T"字型で書き表すことができます。これを**T勘定**や、**Tフォーム**と呼びます。

▼図5　勘定記入のルール

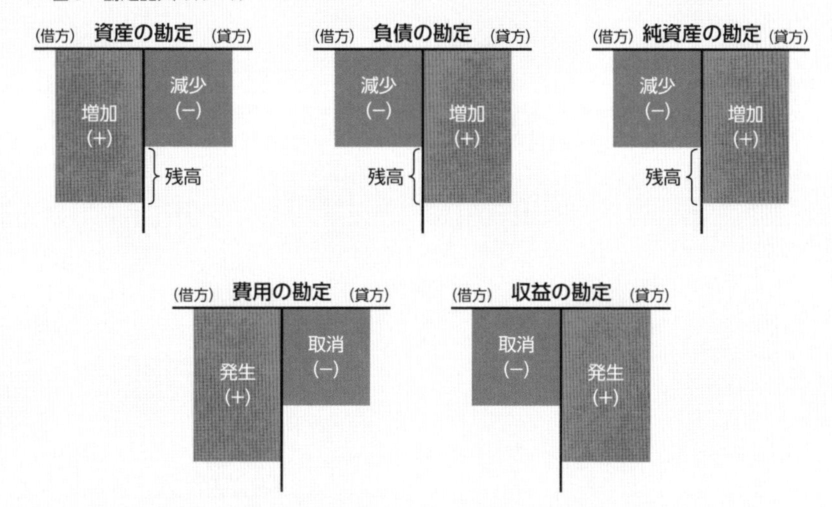

仕訳とは

簿記では、取引を元帳に記入して決算書を作成していきますが、取引を元帳に直接記入していくと取引の発生順の記録が残りません。そのため、ミスが発生した場合の原因がつかみ難くなります。そこで、取引を勘定口座に記入する前に、取引を発生順に仕訳帳に借方と貸方に分解しながら記録していきます。これを**仕訳**といいます。

> 仕訳とは、取引を、左側の借方の勘定科目と、右側の貸方の勘定科目に分けて、金額を記録すること。

その後、仕訳帳に発生順に記録された仕訳を、各勘定科目の元帳の勘定口座に書き写していきます。これを**転記**といいます。

仕訳と転記のステップを踏むことで、取引を発生順に整理でき、また、各勘定科目の金額の動きや残高がわかるようになります。

仕訳の方法

仕訳の具体的な方法を確認する前に、簿記上の取引を分解してみましょう。

簿記上の取引は、次の8つの要素の関連で成り立っています。例えば、「従業員に給料30万円を現金で支払った」という取引は、**給与の発生＝④費用の発生と、現金の支払い＝⑤資産の減少**に分解できます。

▼図6　取引を分解すると？

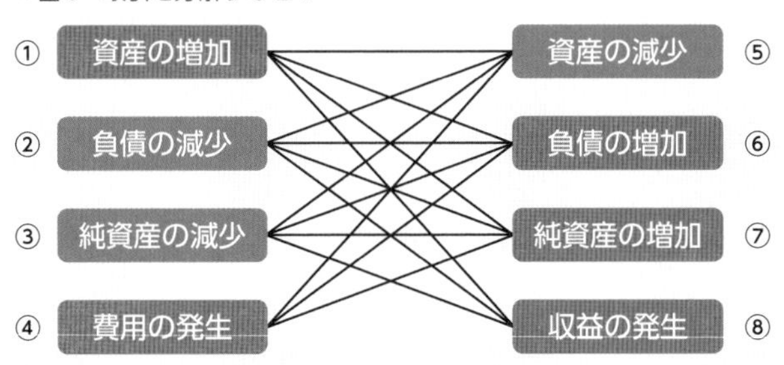

以上を踏まえて、仕訳の方法を示すと以下のようになります。

> 仕訳の仕方：3つのステップ
> 1. 取引を **“8つの要素”** のどれにあたるかを検討する
> 2. 勘定記入のルールに従い、要素を借方と貸方に分類する
> 3. 適切な勘定科目名を決め、金額を記入する

「従業員に給料30万円を現金で支払った」という取引を、3つのステップにあてはめると、次のようになります。

▼図7　3つのステップに当てはめると？

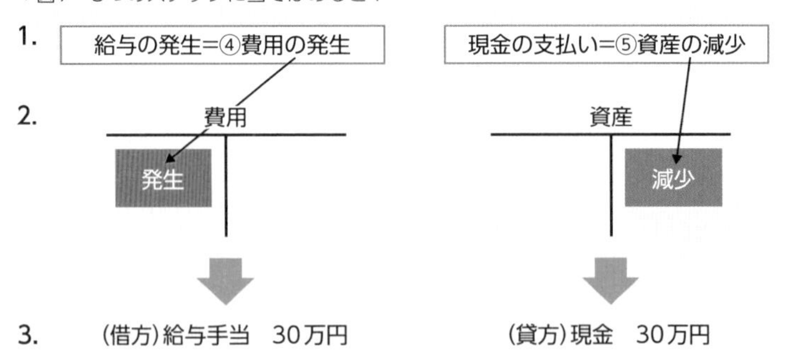

もう少し簡単に考えてみると？

ビジネスの取引の中で、会計上、認識される取引は、**資産・負債・純資産・収益・費用が、金額的に動く（増減する）ものだけ**です。

ということは、仕訳という方法で、取引を記録する場合は、必ず、その金額の変化が、資産・負債・純資産・収益・費用の５つのボックスに振り分けられるということです。

● ５つのボックスから選ぶ

５つのボックスの中には、さらにその内容を詳細に示すためのファイルが入っています。その**ファイルのタイトルが勘定科目**です。

仕訳は慣れるまで難しいですが、**まず、取引を５つのボックスに振り分けて、その中から適切なファイルを選ぶ**と考えると理解しやすくなります。

● 合体させると

次に、左側（借方）か、右側（貸方）のどちらに記入するかということが問題になります。実は、最終的に作成したい決算書の**貸借対照表**（資産・負債・純資産）と**損益計算書**（収益・費用）は**合体させて１つの形に書き換える**ことができます。

▼図８　５つのボックスに振り分ける

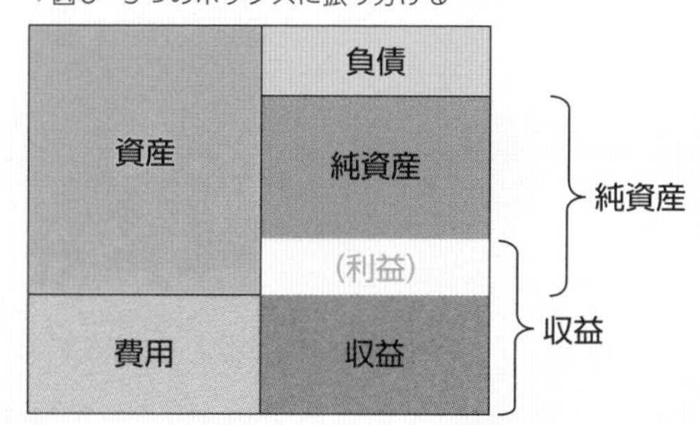

貸借対照表と損益計算書は「利益」を通じて、つながっています。

利益とは１事業年度を通じて、「収益」から「費用」を引いたものであり、事業年度の初め（期首）と終わり（期末）の純資産の差額であるからです。

そして、貸借対照表と損益計算書を合体させた形では、左側はお金をどのように使ったか（運用・使途）を表わし、右側はお金をどのように集めたか（調達・源泉）を表わします。よって、右側のボックスと左側のボックスは同じ大きさ（金額）になります。

> 左側のボックスの大きさ＝右側のボックスの大きさ

これが仕訳を理解するうえでも重要なポイントになります。つまり、**会計上の取引は、原因と結果の両面から仕訳によって、５つのボックスに振り分けられ、常に左側のボックスと右側のボックスの大きさ（金額）が同じになる**、ということです。

例えば、資産のボックスの勘定科目の金額が増えれば、負債や収益のボックスの勘定科目の金額が増えるとか、資産のボックスの他の勘定科目の金額が減るとか、費用のボックスの勘定科目の金額が減るとか……、ということです。

そして、各ボックスの中の勘定科目の決算日の残高が、決算の手続きを経て、決算書に表示されることになります。

1-4 日本の会計制度はどうなっているのか?

利益と所得

日本の会計制度は、**会社法、金融商品取引法、法人税法**という3つの法律によって規定されています。実際の処理は、**一般に公正妥当と認められている会計基準**をベースとして行われます。

しかし、会計基準がこれら3つの法律から体系的に導き出されているわけではありません。なぜなら、会社法、金融商品取引法、法人税法は、それぞれ異なる目的を持って制定されているからです。

会社法や**金融商品取引法**は、会社の**適正な業績の報告**を目的としています。一般に、企業会計とか事業会計と呼ばれており、経営者、債権者、投資家などに企業の実態を伝えるために決算書を作成し、開示します。

一方、**法人税法**は、**公正な課税所得の算出**を目的としています。一般に、**税務会計**と呼ばれており、税金を納付するために決算書を作成し、申告します。

企業会計と税務会計は目的が異なるので、企業会計では経費として処理したものが、税務会計では認められなかったりすることがあります。そのため、企業会計上の儲けと税務会計上の儲けは異なることがあります。

> 企業会計上の儲け≠税務会計上の儲け

企業会計上の儲けは、損益計算書で収益から費用を差し引いて算定された**利益**ですが、**税務会計上の儲け**は**所得**となります。所得は、益金から損金を差し引いて算定します。

▼図9　利益と所得

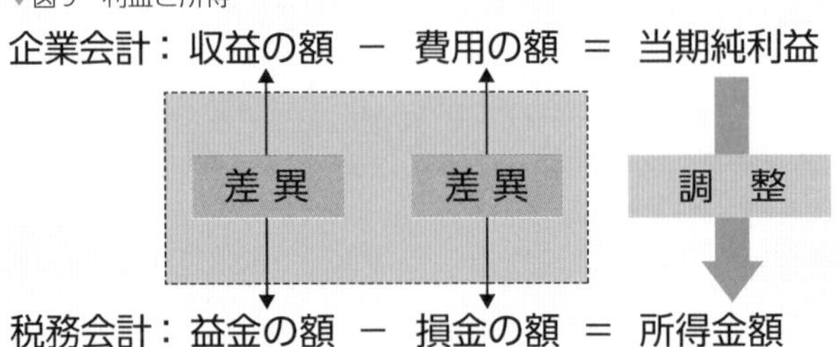

企業会計と税務会計のどちらの儲けを求める算式も、稼ぎからコストを差し引いた形式ですが、企業会計と税務会計の目的が異なるため、収益と益金、費用と損金となる範囲やその扱いが異なる項目があるのです。結果として、**利益と所得は一致しない**ことがあります。

ですので、会社の取引を、勘定科目を使って仕訳する際にも、企業会計と税務会計との扱いに注意する必要があります。

利益から所得にするための調整項目

利益と所得は異なりますが、全く別の計算で利益と所得を求めているわけではありません。**会計上で求めた利益に、収益と益金の差、費用と損金の差を加減算して、所得を計算**します。

利益に加算または減算する調整項目(**申告調整**)は、それぞれ2つあります。

加算する項目

●損金不算入

会計上は費用として処理しますが、税法上は損金にならない項目です。例えば、一定額を超える交際費、寄付金、役員報酬などがあります。

●益金算入

会計上は収益ではありませんが、税法上は益金となる項目です。例えば、外国税額控除の場合の外国子会社の法人税額などがあります。

減算する項目

●損金算入

会計上は費用ではありませんが、税法上は損金とされる項目です。例えば、繰越欠損金などがあります。

●益金不算入

会計上は収益ですが、税法上は益金とされない項目です。例えば、受取配当金などがあります。

▼図10　収益・費用と益金・損金

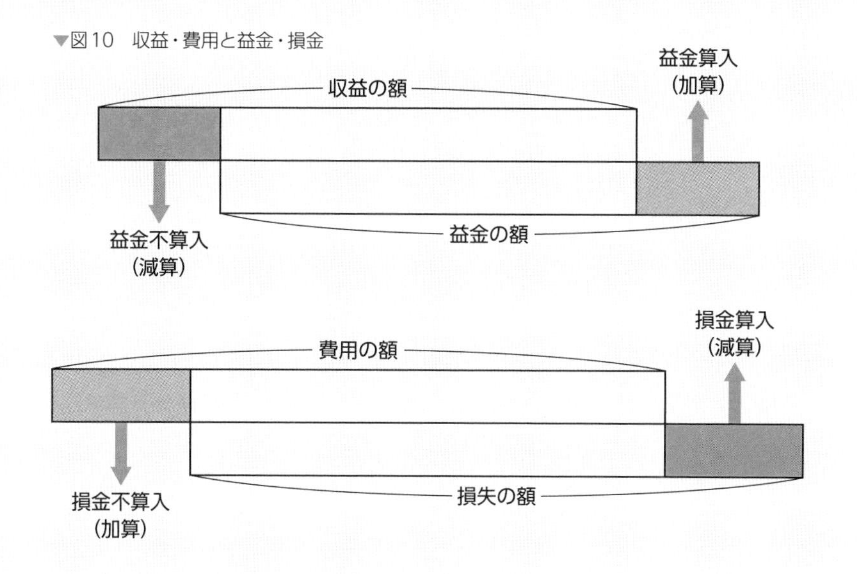

税金の計算方法

実際には、損益計算書で求めた税引前当期純利益に、税務上の調整を加減算して、所得を計算し、その課税所得に税率を乗じて、法人税等の額を算出します。

第2章

Account Title and Journalizing Dictionary

知っていたら便利な取引ごとの仕訳

2-1 事業開始時・設立の取引

個人事業を開始する場合（青色申告）

●個人事業を始めるため、手持ち資金100万円を事業用に開設した普通預金に預け入れた。その他、事業開始にあたり、事務所の敷金15万円、開業準備のための賃借料や広告宣伝費などの開業費25万円が開業前にかかっている。

借方		貸方	
普通預金	100	元入金	140
差入保証金（敷金）	15		
開業費	25		

会計処理のポイントは？

●個人事業を開始する場合は、まず、**事業用の資産を決定**し、各資産に対応する勘定科目で資産計上します。相手科目は**「元入金」**とします。「元入金」は、開業時における個人事業主の出資金や拠出した財産を表します。会社の「資本金」に相当します。

関連　差入保証金（P194）、開業費（P198）、元入金（P388）

個人事業を開始する場合（白色申告から青色申告へ）

●個人で事業を行っているが、今年から白色申告を青色申告へ変更することにした。これまでの資産と負債を調べたところ、現金30万円、商品25万円、パソコン10万円（取得価額30万円、減価償却累計額20万円）、買掛金15万円があった。

借方		貸方	
現金	30	買掛金	15
商品	25	元入金	50
工具器具備品	10		

会計処理のポイントは？

●白色申告から青色申告に変更する場合は、**事業用の資産だけでなく負債もあわせて、モレのないように計上**します。プライベートの減価償却性資産は、事業用に使用する場合は**事業使用前の減価償却を加味**します。なお、青色申告書を提出している中小企業者等の場合、**少額減価償却資産の特例**があります。

関連　COLUMN（P162）、元入金（P388）

ケース3 新たに法人を設立した場合

●会社設立にあたり、普通預金口座に資本金として1,000万円を振り込んだ。その後、会社の設立準備に発起人が立替払いしていた登録免許税等25万円を普通預金から振り込んだ。

借方		貸方	
普通預金	1,000	資本金	1,000
創立費	25	普通預金	25

会計処理のポイントは?

●会社設立の**元手は「資本金」**とします。設立に使用した登録免許税や定款認証手数料などの**諸費用は「創立費」**として資産計上し、設立から**5年以内に償却**します。なお、税法では**任意償却**が認められているため、創立年度にすべて償却することも可能です。

関連 創立費(P196)、資本金(P258)

ケース4 個人事業から法人成りした場合

●個人で事業を行っていたが、現金100万円を資本金として新たに法人を設立した。新設法人に個人事業時のパソコン10万円(取得価額30万円、減価償却累計額20万円)を引き継いだ。

法人:

借方		貸方	
現金	100	資本金	100
工具器具備品	10	現金	10

個人:

借方		貸方	
現金	10	工具器具備品	10

会計処理のポイントは?

●個人事業用の資産を引き継ぐ場合は、個人事業者から法人に**時価で売却**することになります。なお、棚卸資産を引き継いだ場合、その譲渡対価が通常売買される価額のおおむね70%に満たないときは、70%相当額の譲渡があったものとして事業所得に算入されます。

関連 資本金(P258)

取引先の口座へ振り込んだ場合

●商品の仕入代金10,000円を、取引先の銀行口座に普通預金から振り込んだ。なお、振込手数料210円は当社負担となっている（単位：円）。

借方		貸方	
買掛金	10,000	普通預金	10,210
支払手数料	210		

会計処理のポイントは？

●口座振込による決済をした場合、手続きが容易ですが、銀行に対して振込手数料を支払う必要があります。実際に振込手数料を支払うのは代金を振り込む買い手ですが、どちらが振込手数料を負担するかによって会計処理が異なります。

振込手数料は**買い手負担の場合**のみ、振込手数料の額を**「支払手数料」として費用に計上**します。一方、**売り手負担の場合**は、振込手数料の額を**「買掛金」から減少**して処理します。

関連　普通預金（P96）、買掛金（P210）、支払手数料（P326）

定期預金が満期になった場合

●定期預金1,000,000円が満期となり、利息10,000円とともに普通預金に振り込まれた。ただし、源泉所得税15.315%とする（単位：円）。

借方		貸方	
普通預金	1,008,469	定期預金	1,000,000
仮払税金	1,531	受取利息	10,000

*仮払税金1,531円（小数点以下切り捨て）＝受取利息10,000円×源泉所得税率15.315%

会計処理のポイントは？

●**預金利息は「受取利息」**の勘定科目で、損益計算書の営業外収益の区分に計上されます。また、預金利息には**所得税（15%）と 復興特別所得税（0.315%）を合わせた15.315%**が課税されますので、**「仮払税金」**として処理します。決算時に、預金利息に課された**源泉所得税**は法人税から控除できますので、**「法人税等（法人税、住民税及び事業税）」**勘定へ振替えます。

関連　受取利息（P348）、法人税等（P378）

ケース3 借入金をした場合（利息の前払い）

●4月1日に銀行から1,000万円を借入（利率：年6%）して、3ヶ月分の利息15万円が差し引かれた額が普通預金口座に入金された。その後、6月31日、全額を返済した。

借入時：

借方		貸方	
普通預金	985	短期借入金	1,000
支払利息割引料	15		

返済時：

借方		貸方	
短期借入金	1,000	普通預金	1,000

会計処理のポイントは？

●借入金の**利息を前払いした場合**、利息分を引いた入金額でなく、**返済予定額を「短期借入金」として計上**します。決算時において、**「支払利息割引料」の未経過分を「前払費用」に振替え**ます。

関連 短期借入金（P214）、支払利息割引料（P350）

ケース4 借入金をした場合（利息の後払い）

●4月1日に銀行から1,000万円を借入（利率：年6%）し、普通預金口座に入金された。9月末と3月末の年2回、半年分の利息30万円と返済分100万円を、5年間で返済する。

借入時：

借方		貸方	
普通預金	1,000	長期借入金	1,000

返済時：

借方		貸方	
長期借入金	100	普通預金	130
支払利息割引料	30		

会計処理のポイントは？

●借入金の**利息を後払いにした場合**、決算時に、**「支払利息割引料」を経過した期間に応じて「未払費用（未払利息）」に振替え**ます。

関連 短期借入金（P214）、未払費用（P222）、長期借入金（P250）、支払利息割引料（P350）

定期保険に加入した場合

- 契約者及び保険金受取人を当社、被保険者を役員とする定期保険（掛捨ての生命保険）1,000万円に加入した。保険期間は×1年4月1日から△1年3月31日までで、月2万円の保険料が普通預金から引き落とされる。

保険料支払時：

借方		貸方	
支払保険料	2	普通預金	2

保険金受取時：

借方		貸方	
普通預金	1,000	雑収入	1,000

会計処理のポイントは？

- **保険料の支払い時には「支払保険料」**として費用計上し、**死亡保険の受け取り時には「雑収入」**で処理します。

関連 支払保険料（P324）、雑収入（P360）

火災保険に加入した場合

- 本社建物及び商品の火災による損失に備えて、火災保険1,000万円に加入した。保険期間は×1年1月1日から×1年12月31日までの1年で、年12万円の保険料が普通預金から引き落とされる。

保険料支払時：

借方		貸方	
支払保険料	12	普通預金	12

会計処理のポイントは？

- 火災保険は資産性のない、掛捨ての保険です。火災保険の他、損害保険には商品の運送保険や自動車保険などがあります。損害保険は保険期間が1年で、保険料は掛捨てが一般的です。
- 支払った保険料に対応する期間が**翌期にわたる場合、「前払費用」に振替え**ますが、その期間**1年以内であれば、支払い時に「支払保険料」として費用計上**できます。

関連 前払費用（P144）、支払保険料（P324）

コンサルティング収入の場合

●コンサルティング業務として、3月1日から5月31日までの期間、以下の契約を締結した。
総報酬額120万円（12人日）、支払条件は業務日数/月に10万円を乗じた金額。
3月は6人日の業務を実施し、60万円を請求した。

❖3月：

借方		貸方	
売掛金	60	売上高	60

会計処理のポイントは？

●法人税上、総報酬額が契約によって決まっていたとしても、報酬額が業務日数等により算定され、かつ一定期間ごとに金額を確定させて請求している場合は、その月（3月）に**実施した業務量にあたる金額**を**「売上高」**に計上します。

関連　売掛金（P102）、売上高（P272）

商品券による販売の場合

●2万円の商品を顧客に販売したところ、顧客から3万円の全国共通の商品券を渡され、お釣り1万円を現金で払った。

借方		貸方	
立替金	3	売上高	2
		現金	1

会計処理のポイントは？

●**商品券の回収**は、**通常の現金などによる売上と同様**に、実際に**商品を引き渡した時点**で収益を計上します。他方、**商品券を発行した場合**は、将来の販売代金の前受分として**「前受金」**ないしは**「商品券」**勘定で処理します。

・商品券1万円を発行し、現金を受け取った。

借方		貸方	
現金	1	前受金	1

関連　立替金（P128）、前受金（P224）、売上高（P272）

販売した商品が返品された場合

●前事業年度の×１年２月５日に掛販売した商品のうち、10万円が品違いのため、当事業年度の×１年４月３日に返品された。なお、当社は３月決算である。

4/3：

借方		貸方	
売上高	10	売掛金	10

会計処理のポイントは？

●**商品が返品された場合**は、売上に計上した時期が前期以前であっても、返品のあった（または返品の通知があった）日の年度に**「売上高」から直接控除**するか、売上戻り高として総売上高から控除します。「売上高」から控除する項目には、返品の他、品質不良による**売上値引**や、多量に販売したことによる**リベート**があります。

関連 売掛金（P102）、売上高（P272）、仕入割引・売上割引（P364）

入金先がわからない振込があった場合

●当社の普通預金口座をチェックしていたところ、5月6日に得意先リストにない○×社から10万円の振込が記載されていた。

法人：

借方		貸方	
普通預金	10	仮受金	10

会計処理のポイントは？

●**入金先が不明な振込があった場合**は、帳簿外の処理とせず、**「仮受金」として計上**し、普通預金の残高をあわせておきます。その後、入金先について調査し、**入金先が判明した場合に、「仮受金」から正しい勘定科目に振替え**ます。

●振込手数料が差し引かれて入金された場合は、振込手数料が当社負担となっていますので、「支払利息手数料」で処理します。

関連 預金（P96）、仮受金（P216）、支払手数料（P326）

ケース1 仕入先よりリベートを受けた場合

●当社（3月決算）は、仕入先のA社と3ヶ月で300万円以上の商品を仕入れた場合、仕入額の5%のリベートを受けられる契約を結んでいる。6月末に4月からの仕入額を調べたところ、400万円であった。

6月：

借方		貸方	
未収金	20	仕入高	20

会計処理のポイントは？

●**多額の仕入に対するリベート**を**「仕入割戻し」**といいます。リベートの算定基準が明確に契約されている場合、「仕入割戻し」は**仕入れた事業年度に「仕入高」から直接控除**できます。算定基準が不明な場合は、仕入先より**通知を受けた年度に「仕入高」から直接控除**することになります。

●リベートを現金で受け取る場合は、**入金まで「未収金」で処理**します。ただし、買掛金と相殺する場合は、「買掛金」を減少させます。

関連 未収金（P134）、買掛金（P210）、仕入高（P274）

ケース2 仕入先より買掛金の請求がない場合

●当社が2年半前に仕入れた商品の買掛金10万円が仕入先より請求がないまま、滞留していることがわかった。

借方		貸方	
買掛金	10	雑収入	10

会計処理のポイントは？

●民法上、商取引の売掛債権の時効は2年間ですので、その期間を過ぎて請求のない債務は、**時効期間が経過して消滅したものとし、「雑収入」で処理**します。

一方、財政状態の悪化により、買掛金の弁済に支障をきたし、**債務免除について債権者の合意を得た場合**は、「買掛金」を減少させ、**「債務免除益」を計上**します。

・債権者の合意を得て、買掛金10円の債務を免除された。

借方		貸方	
買掛金	10	債務免除益	10

関連 買掛金（P210）、雑収入（P360）、その他の特別損益（P376）

2-5 固定資産に関する取引

パソコンを購入した場合

●業者からパソコンを購入し、納品された。納品書の内訳は次のとおりである。
パソコン本体18万円、モニター8万円、レザープリンター6万円
上記の代金は、翌月末までに普通預金から振り込む予定である。

借方		貸方	
工具器具備品	32	未払金	32

会計処理のポイントは？

●取得価額が10万円未満の少額の減価償却資産は、取得時に一括して費用として処理できます。しかし、このケースのように、最初から**セットで利用することが明らかな場合、周辺機器を含む総額を取得価額として計上**します。取得したパソコンを減価償却する際には、**「器具及び備品」**として耐用年数4年を適用します。
ただし、中小企業者等が取得したパソコン等の金額が30万円未満の場合は、**少額減価償却資産の特例**として、全額を損金として計上できます。

関連 COLUMN (P162)、工具器具備品 (P166)、未払金 (P220)、減価償却費 (P332)

ケース 2

携帯電話を購入した場合

●事業用携帯電話10,000円と附属キット2,000円を購入し、事務手数料3,000円とあわせて現金で支払った (単位：円)。

借方		貸方	
消耗品費	12,000	現金	15,000
通信費	3,000		

会計処理のポイントは？

●携帯電話の端末やキットは、**取得価額が20万円未満の場合**（一括償却資産）は、**一括して3年間で均等に減価償却**できます。さらに、中小企業者に対しては、**30万円未満の減価償却資産を取得した場合、300万円を限度として即時償却**することが認められています（「中小企業者等の少額減価償却資産の特例」）。ですので、**一括して費用**（「消耗品費」）として処理できます。
また、事務手数料は減価償却資産である**「電話通信施設利用権」**として取り扱われますが、10万円未満の少額の減価償却資産ですので、**「通信費」として一括で費用処理**することができます。

関連 COLUMN (P162)、電話加入権 (P182)、通信費 (P316)、消耗品費 (P318)

固定電話を購入した場合

●事務所の新設に際して、電話を架設した。その際、契約料と施設負担金として7万円、また電話機本体の代金2万円を現金で支払った。

借方		貸方	
電話加入権	7	現金	9
消耗品費	2		

会計処理のポイントは?

●**電話機本体**は10万円未満の**少額減価償却資産**ですので、**一括して費用**(「消耗品費」)として処理できます。一方、**電話の契約料と施設負担金**は、電話のサービスを受ける権利として、**「電話加入権」**にあたります。電話加入権は**非償却資産**にあたるため、償却することは認められませんので、取得原価で資産として計上します。

関連 COLUMN (P162)、電話加入権 (P182)、消耗品費 (P318)

事務所を借りる契約をした場合

●事務所を借りる契約をして、1ヶ月分の家賃20万円、保証金120万円、仲介手数料10万円を普通預金から支払った。なお、保証金のうち30万円は、契約終了時に償却費として賃貸人に支払うことになっている。

借方		貸方	
地代家賃	20	現金	150
差入保証金 (保証金)	90		
長期前払費用	30		
支払手数料	10		

会計処理のポイントは?

●保証金のうち、**返還される部分は「差入保証金」**として、**返還されない部分は「長期前払費用」**として、資産計上します。**「差入保証金」は償却しません**が、**「長期前払費用」は契約期間(定めのない場合は5年)に応じて決算時に償却**します。なお、**仲介手数料は「支払手数料」**とし、支払った日の属する事業年度の費用として処理できます。

関連 長期前払費用 (P192)、差入保証金 (P194)、地代家賃 (P310)、支払手数料 (P326)

ケース1 従業員に給与を支払った場合

●従業員に下記の給与明細にもとづき、今月の給料を現金で支払った（単位：円）。
給与明細：基本給180,000円、時間外手当20,000円、源泉所得税5,000円、社会保険料25,000円

借方		貸方	
給与手当	230,000	現金	200,000
		預り金（源泉所得税分）	5,000
		預り金（社会保険料分）	25,000

会計処理のポイントは？

●給料は、時間外手当などの各種の手当も含めて**支給総額を「給与手当」**として費用に計上します。給料から控除される**源泉所得税や社会保険料は「預り金」**として処理します。その後、納付時に「預り金」を取崩します。

関連 預り金（P218）、給与手当（P284）

ケース2 アルバイトに給与を支払った場合

●アルバイト2名を臨時に雇った（日当1万円で計10日間）。今月のアルバイト代の支給合計額20万円について、源泉所得税2万円を差し引いて現金で支払った。

借方		貸方	
雑給	20	現金	18
		預り金（源泉所得税分）	2

会計処理のポイントは？

●アルバイトの給与は、一般の従業員の給与支給体系と異なっていたとしても、**一般の従業員の給与の会計処理と同様に処理**します。ただし、管理上、一般の従業員の人件費と区別するために**「雑給」**の勘定科目を使うことが多くあります。

●「雑給」から控除される**源泉所得税は、「預り金」**として処理します。なお、社会保険に関しては、一定の要件を満たすもの以外は適用対象とはなりません。

関連 預り金（P218）、給与手当（P284）

ケース 3 従業員にボーナスを支給した場合

●期末に、従業員にボーナス30万円を現金で支給した。ただし、ボーナスに対する源泉所得税2万円、社会保険料3万円とする。

借方		貸方	
賞与	30	現金	25
		預り金（源泉所得税分）	2
		預り金（社会保険料分）	3

会計処理のポイントは?

●従業員へのボーナスは臨時的に支給されるものですが、**支給時に月々の給与手当の会計処理と同様に処理**します。なお、**期末にボーナスが未払いの場合**でも、支給する従業員にその**支給額を通知し、期末後1ヶ月以内にそのボーナスを支給**し、期末に支給額を**「未払費用」として計上**して、**今期の経費**とすることができます。

関連 預り金（P218）、賞与（P286）

ケース 4 役員にお金を貸した場合

●役員から個人の車を購入するための資金として融資の依頼があり、現金2,000,000円を貸し付けた（単位：円）。貸付の条件は、以下のようにした。

・利率3%、毎月元本100,000円と利息を返済。貸付時と最初の返済時の会計処理を示す

貸付時：

借方		貸方	
役員貸付金	2,000,000	現金	2,000,000

返済時：

借方		貸方	
現金	105,000	役員貸付金	100,000
		受取利息	5,000

＊受取利息5,000円＝2,000,000円×3%×1/12月

会計処理のポイントは?

●役員に対する貸付金は**「役員貸付金」**として、その他の貸付金と区別しておいた方が好ましいです。

関連 短期貸付金（P132）、長期貸付金（P190）、受取利息（P348）

2-7 経費の支払いに関する取引

紹介手数料を支払った場合

●当社では、新規顧客を紹介してもらい、その顧客と売買契約が成立した場合、1万円の紹介手数料を支払うことを取引関係者に通知している。A社から新規顧客を紹介され、2件の売買契約が成立したので、紹介手数料を普通預金から振り込んだ。

借方		貸方	
販売促進費	2	普通預金	2

会計処理のポイントは?

●顧客の紹介による売買契約の成立や顧客情報の提供などの紹介手数料の支払いは、**あらかじめ契約してあるかどうか**(**事前の通知**によりその基準を知っていれば可)によって、会計処理が異なります。事前に**契約がある場合は「販売促進費」**等で、**契約のない場合は「交際費」**の勘定科目で処理します。

●取引先の従業員へ取引の謝礼として支払ったような場合も「交際費」として処理します。

・**契約のない場合**

借方		貸方	
交際費	2	普通預金	2

関連 販売促進費(P276)、外注費(P280)、交際費(P300)

ケース 2

取引先にお香典を支払った場合

●得意先の役員の葬儀にあたり、お香典として3万円の現金をつつみ、また花輪代2万円を普通預金から振り込んだ。

借方		貸方	
交際費	5	現金	3
		普通預金	2

会計処理のポイントは?

●得意先や仕入先等の、**社外の者に対する慶弔、禍福に支出する費用**は、原則として**「交際費」**に含まれます。

●**社内の者に対して支出する通常の費用**は、**「福利厚生費」**で処理します。また、創業者や代表者などの社葬を行う場合は、社葬とすることが社会通念上相当と認められるときは、通常要する費用の範囲内で会社の損金とすることができます。

関連 福利厚生費(P294)、交際費(P300)

会社案内を作成した場合

●会社案内の作成を印刷会社に依頼した。企画・デザイン代30万円と用紙・印刷代20万円（1,000部）を、普通預金から振り込んだ。制作後、得意先に配布し、決算時には200部が残っていた。

支払い時：

借方		貸方	
広告宣伝費	50	普通預金	50

決算時：

借方		貸方	
貯蔵品	10	広告宣伝費	10

＊貯蔵品10万円＝50万円×200/1000部

会計処理のポイントは？

- 会社案内を作成した際の**企画・デザイン代などは、会社案内の取得原価**に含めて考えます。
- **会社案内**は棚卸資産の**「貯蔵品」**にあたりますので、原則として、決算時に棚卸を行い、「貯蔵品」として資産に計上します。ただし、毎期、おおむね一定数量を取得し、経常的に消費するものは資産計上しない（費用として処理する）ことも認められています。その場合は、決算時の上記の仕訳は行いません。

関連 貯蔵品（P124）、広告宣伝費（P302）

ホームページやWebサイトを作成した場合

●新製品の情報を提供する目的でホームページを作成するため、専門の業者にホームページの作成を委託し、作成代として50万円を普通預金から支払った。

借方		貸方	
広告宣伝費	50	普通預金	50

会計処理のポイントは？

- **通常のホームページの作成を業者に依頼した場合**、その支出は**「広告宣伝費」**として費用に計上します。ただし、データベースにアクセスできるような**高度なホームページの開発費用**は、**「ソフトウェア」**として資産計上します。

関連 ソフトウェア（P184）、広告宣伝費（P302）

ケース5 システムの開発を委託した場合

●販売管理システムの開発をシステム会社に委託し、引き渡しを受けた。開発費用の総額は200万円で、契約時に1/2を、引き渡し時に1/2を普通預金から振り込んだ。

契約時：

借方		貸方	
建設仮勘定	100	普通預金	100

検収時：

借方		貸方	
ソフトウェア	200	建設仮勘定	100
		普通預金	100

会計処理のポイントは？

●法人税法上、**他社から購入または他社に開発委託した場合、「ソフトウェア」**として無形固定資産に計上します。契約時には、完成していませんので**「建設仮勘定」**で処理します。なお、自社で利用する目的のソフトウェアは5年で償却します。

ただし、中小企業者等が取得したソフトウェアの金額が30万円未満の場合は、**少額減価償却資産の特例**として全額を損金として計上できます。

関連 COLUMN（P162）、建設仮勘定（P170）、ソフトウェア（P184）、開発費（P204）

ケース6 従業員と忘年会をした場合

●年末に、1年の仕事の慰安をかねて、全従業員10名を対象として忘年会を開催し、飲食代として5万円を現金で支払った。

借方		貸方	
福利厚生費	5	現金	5

会計処理のポイントは？

●社会通念上、**一般的に行われていると認められる程度の忘年会等は、「福利厚生費」**として処理できます。ただし、**特定の従業員や役員のみを対象としたものや、不相当に高額な場合は「給与手当」**になることがあります。また、**取引先の関係者などが同伴している場合**は、**「交際費」**として扱われることがあります。

関連 給与手当（P284）、福利厚生費（P294）、交際費（P300）

ケース7 残業した従業員に夜食を出した場合

●当社では、20時過ぎまで残業した従業員に対して、一食あたり1,000円以内のものであれば、近くの飲食店から夜食として食事を注文してよいこととしている。今月の飲食店からの請求は30,000円であったので、現金で支払った（単位：円）。

借方		貸方	
福利厚生費	30,000	現金	30,000

会計処理のポイントは?

●残業や宿直等をした者に対する**夜食代の支払いは、「福利厚生費」**として処理します。**特定の従業員だけ**に提供されるような場合などは、**「給与手当」**とされることもあります。「給与手当」となると所得税が課税されますので、**夜食の提供のルール**を決めておいた方が好ましいです。

関連 給与手当（P284）、福利厚生費（P294）

ケース8 弁護士に報酬を支払った場合

●弁護士に訴訟事件に関する成功報酬として55万円、宿泊費2万円、交通費3万円を現金で支払った（単位：円）。

借方		貸方	
支払手数料	600,000	現金	538,740
		預り金（源泉所得税分）	61,260

＊預り金（源泉所得税分）61,260円＝支払手数料600,000円×10.21%

会計処理のポイントは?

●**弁護士や税理士等に報酬を支払った場合**、支払いの際に所得税を**源泉徴収する義務**があります。報酬の他に支払われる**宿泊代や交通費も源泉徴収の対象**となりますので、注意が必要です。なお、弁護士法人や税理士法人等に支払う場合は法人に支払いますので、源泉徴収は必要ありません。

●弁護士や税理士等に対する源泉徴収額は次のように計算します。

1回の支払金額100万円以下の場合：1回の支払額×10.21%

1回の支払金額100万円超の場合：（1回の支払額-100万円）×20.42%+102,100円

関連 預り金（P218）、支払手数料（P326）

ケース9 資格取得のための費用を会社が負担した場合

●工場を新設するにあたり、危険物取扱者を常駐させる必要があり、従業員の一人に危険物取扱者の資格を取得させた。その際の講習代20,000円、受験費用5,000円、会場までの交通費5,000円を会社が負担し、現金で支払った（単位：円）。

借方		貸方	
教育研修費	30,000	現金	30,000

会計処理のポイントは？

●**業務上で必要な資格や免許の取得のための費用は、「教育研修費」**で処理します。ただし、運転免許など、**極めて一般的な資格や免許の取得**は、個人に対する**「給与手当」とみなされ**、所得税の課税対象になる場合がありますので注意が必要です。

関連 給与手当（P284）、教育研修費（P342）

ケース10 人材派遣を活用した場合

●当社は、パソコンへのデータ入力のオペレータとして、人材派遣会社より派遣社員１人を受け入れている。今月の派遣料として、70,000円（10日×7,000円）を普通預金から振り込んだ（単位：円）。

借方		貸方	
外注費	70,000	普通預金	70,000

会計処理のポイントは？

●**人材派遣会社から派遣社員を受け入れた場合**、当社の指揮命令のもとで働き、派遣料が一般の従業員の給与と同様の方法で計算されているとしても、**当社と派遣社員に雇用関係がないため、「給与手当」ではなく「外注費（業務委託費）」で処理**します。
●派遣料は給与の支払いではないので、当社は源泉徴収を行う必要はなく、人材派遣会社がその派遣社員の給与支払時に源泉徴収することになります。

関連 預り金（P218）、外注費（P280）

2-8 税金等に関する取引

ケース1 法人税等を中間納付した場合

●当社（3月決算）は、11月30日に予定申告書により、法人税100万円、住民税20万円、事業税20万円を現金で納付した。

借方		貸方	
仮払法人税等	140	現金	140

会計処理のポイントは？

- 事業年度開始日以後6ヶ月を経過した日から2ヶ月以内に、**前期の実績による予定申告書もしくは仮決算による中間申告書**を税務署長に対し提出しなければなりません。ただし、予定申告書に記載すべき納付税額が10万円以下となる場合は、提出の必要はありません。
- **中間納付した法人税等**は、あくまでもまだ確定しておらず仮払いした金額なので、**「仮払法人税等」**の勘定科目で処理します。しかし多くの場合、決算時には「法人税・住民税及び事業税」に含まれるので、**「法人税等」（「法人税・住民税及び事業税」）**の勘定科目を使っても構いません。

関連 仮払法人税等（P152）、法人税等（P378）

ケース2 法人税等の還付を受けた場合

●当社（3月決算）は、11月30日に予定申告書により、法人税100万円、住民税20万円、事業税20万円を納付し、「仮払法人税等」で処理した。ところが、下期は業績悪化して、決算においては法人税40万円、住民税10万円、事業税10万円となり、中間納付額の還付が見込まれる。

借方		貸方	
法人税等	60	仮払法人税等	140
未収金	80		

会計処理のポイントは？

- 確定申告の結果、**確定申告額よりも中間納付額の方が大きく、還付が確実に見込まれる場合**は、**「仮払法人税等」（法人税100万円＋住民税20万円＋事業税20万円）から確定申告額**（法人税40万円＋住民税10万円＋事業税10万円）**を差し引いた還付分を「未収金」**として計上します。

関連 未収金（P134）、仮払法人税等（P152）、法人税等（P378）

法人税等を確定申告・納付した場合

●当社（3月決算）は、5月31日に確定申告書を提出し、法人税200万円、住民税35万円、事業税35万円を現金で納付した。なお、前期から繰り越された未払法人税等は280万円である。

決算時：

借方		貸方	
法人税等	280	未払法人税等	280

納付時：

借方		貸方	
未払法人税等	270	現金	270

＊未払法人税等270=法人税200+住民税35+事業税35

会計処理のポイントは？

●事業年度の終了の日から、**2ヶ月以内に確定申告をして、税額を納付**しなければなりません。実務では、「未払法人税等」を概算して計上することがあります。その際、**確定納付額のみを「未払法人税等」から取崩**します。なお、確定納付額が概算額より大きい場合は、その差額を「法人税等」（「法人税・住民税及び事業税」）として処理します。

関連　未払法人税等（P246）、法人税等（P378）

駐車違反で反則金を支払った場合

●従業員が営業中に駐車違反をし、交通反則金15,000円を現金で納付した（単位：円）。

借方		貸方	
租税公課	15,000	現金	15,000

会計処理のポイントは？

●**会社に課された罰科金（交通反則金など）は「租税公課」**等で処理しますが、法人税法上、損金に算入できません。同様に、従業員の罰科金を会社が負担した場合で、**業務に関連するときは「租税公課」**等で処理しますが、法人税法上、損金に算入できません。

●**業務に関連しないときは、従業員の「給与手当」**となり、損金に算入となります。その際は、源泉徴収の必要があります。

関連　預り金（P218）、租税公課（P330）

ケース5 消費税を中間納付した場合

●当社（3月決算）は、11月30日に中間申告書により、消費税100万円を現金で納付した。

税抜方式：

借方 仮払消費税	100	貸方 現金	100

会計処理のポイントは？

●**前事業年度の消費税の年税額48万円（除く地方消費税）を超える場合**は、消費税の**中間申告書**を税務署長に対し提出しなければなりません。

●**税抜方式を採用している場合の中間納付額**は、あくまで仮払いした額ですので**「仮払消費税」**で計上し、決算時に「仮受消費税」「仮払消費税」と精算します。一方、**税込方式の場合**は、申告書が提出された日の属する事業年度の損金の額に算入できますので、**「租税公課」**で処理します。

関連 仮払消費税（P150）、仮受消費税（P242）、租税公課（P330）

ケース6 消費税を確定申告・納付した場合

●当社（3月決算）は、5月31日に確定申告書を提出し、消費税200万円を現金で納付した。なお、前期から繰り越された未払消費税等は200万円である。

税抜方式：

借方 未払消費税	200	貸方 現金	200

会計処理のポイントは？

●事業年度の終了の日から2ヶ月以内に、確定申告して税額を納付しなければなりません。

●**税抜方式を採用している場合**、前期末に、納付額を**「未払消費税」**、もしくは還付額を**「未収消費税」**として計上していますので、それらを取崩します。

●**税込方式を採用している場合**で、決算時に「未払消費税」や「未収消費税」を計上していないときは、納付額を**「租税公課」**、もしくは還付額を**「雑収入」**で処理します。計上しているときは、**「未払消費税」や「未収消費税」を取崩し**ます。

関連 未払消費税（未収消費税）（P244）、租税公課（P330）、雑収入（P360）

給与等の源泉徴収税の場合

●①4月25日、従業員2名に対して給与400,000円を現金で支払った。給与のうち、源泉所得税5,000円、従業員負担分の厚生年金保険料25,000円、健康保険料20,000円、雇用保険料5,000円であった（単位：円）。

給与支払時：

借方		貸方	
給与手当	400,000	現金	345,000
		預り金（源泉分）	5,000
		預り金（社会保険分）	50,000

＊預り金（社会保険分）50,000円＝厚生年金保険料25,000円＋健康保険料20,000円＋雇用保険料5,000円

●②月次決算で、上記従業員2名について、4月分の会社負担分の厚生年金保険料25,000円、健康保険料20,000円、雇用保険料7,500円、労災保険料2,500円であったので、費用計上した（単位：円）。

月次決算時：

借方		貸方	
法定福利費	55,000	未払費用	55,000

＊法定福利費55,000円＝厚生年金保険料25,000円＋健康保険料20,000円＋雇用保険料7,500円＋労災保険料2,500円

●③翌月10日に、4月分の源泉徴収所得税を現金にて納付した（単位：円）。

納付時（5/10）：

借方		貸方	
預り金（源泉分）	5,000	現金	5,000

＊預り金（源泉分）5,000円は前月の給与支払い時の預り分

●④翌月末に、厚生年金保険料と健康保険料を現金にて納付した（単位：円）。

納付時（5/31）：

借方		貸方	
預り金（社会保険分）	45,000	現金	90,000
未払費用（会社負担分）	45,000		

＊預り金（個人負担分）45,000円＝厚生年金保険料25,000円＋健康保険料20,000円
＊未払費用（会社負担分）45,000円＝厚生年金保険料25,000円＋健康保険料20,000円

●⑤労働保険料申告書により、労働保険の概算保険料の第1期分45,000円と前期確定保険料不足分10,000円（労働保険料に関する前期繰越高が、未払費用7,000円と預り金3,000円と仮定）を現金で納付した（単位：円）。

労働保険料申告納付時（7/10）：

借方		貸方	
仮払金	45,000	現金	55,000
未払費用	7,000		
預り金	3,000		

会計処理のポイントは？

- **源泉所得税（翌月10日に納付）**

  給与を支払う者が税金を計算し、その**源泉徴収等の額を差し引いた金額**を従業員に支払います。源泉徴収等の金額は、**「預り金」**として処理し、**納付時に「預り金」の額を取崩**します。

- **社会保険料（厚生年金保険料と健康保険料）（翌月末に納付）**

  前月分の従業員の負担分を給与支払い時に従業員から預るので、**「預り金」**として処理します。また、**会社負担分は月次で計算し、「法定福利費」として費用計上**することが望ましいです。納付時には、社会保険料としての**「預り金」（個人負担分）と「未払費用」（会社負担分）を当月の納付額**として、それぞれ取崩します。

- **労働保険料（雇用保険料＋労災保険料）（毎年7/10までに一括納付、もしくは7/10、10/31、1/31の3分割で納付）**

  雇用保険料は前年度の給与実績に基づき、**概算保険料を申告して納付**します。概算保険料は前払いなので、**「仮払金」**などの勘定科目で処理します。**確定した保険料**は今年度の実際の支給額に基づいて計算されるので、**雇用保険料の本人負担分は「預り金」として処理**します。また、雇用保険料の会社負担分と労災保険料も月次で計算し、「法定福利費」として費用計上することが望ましいです。**決算時**には、**概算保険料**を納付した際の「仮払金」と、**確定保険料**としての雇用保険料の「預り金」（本人負担分）と、**労災保険料**の「未払費用」（会社負担分）を**相殺**します。

  概算保険料が確定保険料を下回る場合の差額は、「預り金」と「未払費用」の残高として翌期に繰り越され、翌期の概算保険料の納付時に取崩します。

  一方、**上回る場合の差額**は「未収金」などに振替え、翌期の概算保険料に充当します。

関連 仮払金（P130）、預り金（P218）、未払費用（P222）、給与手当（P284）、法定福利費（P292）

利子等の源泉徴収税の場合

- 預金利息10,000円（源泉所得税15.315％控除後）が普通預金口座に入金された（単位:円）。

借方		貸方	
普通預金	8,469	受取利息	10,000
仮払税金	1,531		

＊仮払税金1,531円（小数点以下切り捨て）＝受取利息10,000円×源泉所得税率15.315％

会計処理のポイントは？

- 預貯金の利子は、**所得税（15％）と 復興特別所得税（0.315％）を合わせた15.315％ が源泉徴収**されます。よって、源泉徴収後の残高が「普通預金」に入金されます。預金利息は**「受取利息」**の勘定科目で損益計算書の営業外収益の区分に計上されます。
- 源泉徴収された額は、**「仮払税金」**として処理します。決算時に、預金利息に課された源泉所得税は法人税から控除できるので、**「法人税等（「法人税、住民税及び事業税」）」**の勘定へ振替えます。税金の前払いなので、法人税等の額から清算します。

関連 給与手当（P284）、受取利息（P348）、法人税等（P378）

在庫の決算処理をする場合

●当社（3月決算）は、決算にあたり実地棚卸を行ったところ、期末の商品在庫が100万円であることがわかった。期首の商品在庫が200万円で、決算整理の仕訳を行う。また、当期仕入額が1,000万円のとき、売上原価を求める。

借方		貸方	
仕入	200	商品（期首棚卸高）	200
商品（期末棚卸高）	100	仕入	100

会計処理のポイントは？

●期首の商品在庫を損益計算に受け入れるため、**「商品（期首棚卸高）」の勘定を用いて、「仕入」勘定を増加**させます。一方、期末の商品在庫を損益計算から外すために、**「商品（期末棚卸高）」の勘定を用いて、「仕入」勘定から差し引き**ます。その結果、

売上原価11,000,000円＝期首商品棚卸高2,000,000円＋当期仕入高10,000,000円－期末商品棚卸高1,000,000円

となります。

関連 商品（P114）、仕入高（P274）

在庫数量が異なる場合

●当社（3月決算）は、決算にあたり材料の実地棚卸を行ったところ、帳簿上の在庫数（100個、単価10,000円）と実際の数量（98個、単価10,000円）が異なっていることが判明した。

借方		貸方	
棚卸減耗損	20,000	原材料	20,000

＊棚卸減耗損20,000円＝単価10,000円×（100個－98個）

会計処理のポイントは？

●棚卸資産を継続的記録法で記録している場合、決算時に実地棚卸を行うことで、帳簿上の在庫数量と実際の在庫数量の差異を把握することができます。その数量差異を**「棚卸減耗損」**として処理します。

●**損益計算書の売上原価に「棚卸減耗損」を表示しない場合**は、上記の仕訳をする必要はありません。**棚卸減耗損控除後の金額で在庫の決算処理**をすれば、**売上原価に加算**されることになります。

関連 棚卸資産の全体像（P112）、原材料（P122）

末払いの利息がある場合

●当社（3月決算）は、下記の契約で借入れを行っている。決算にあたり、借入金の利息について会計処理を行う。
借入金額1,000万円、利率6%、利払日4月末、7月末、10月末、1月末

末払費用とする：

借方 支払利息割引料	10	貸方 未払費用	10

＊未払費用10万円＝1,000万円×6%×2/12月

末払費用としない：

仕訳なし

会計処理のポイントは？

●決算日である3月末には、前回の利息支払日1月末から2ヶ月が経過しています。発生主義の観点から4月末に支払うべき利息のうち**未払いの2ヶ月分については費用計上**する必要があります。ただし、法人税法上、その支払期日が1年以内の一定の期間ごとに到来するものについては、**継続適用を条件に当期の費用とする**（「未払費用」として計上しない）ことができます。

関連 未払費用（P222）、支払利息割引料（P350）

末払いの給与がある場合

●当社（3月決算）は、給与を20日締めの翌月10日払いとして、支払い時に費用計上している。決算にあたり、3/20から3/31までの給与20万円について会計処理を行う。

借方 給与手当	20	貸方 未払費用	20

会計処理のポイントは？

●支払い時に「給与手当」として費用計上されている場合、**給与の締め（3/20）以後から月末（3/31）までの発生額**を給与として認識されていないため、決算においては**「未払費用」**として計上します。
ただし、未払いに計上した時点では、**源泉徴収税や社会保険料の「預り金」を認識する必要はありません。**

関連 未払費用（P222）、給与手当（P284）

ケース5 貸倒引当金の処理の場合

●当社（小売業、資本金1,000万円、3月決算）は、決算にあたり金銭債権1,000万円に対して貸倒引当金を設定した。なお、過去の貸倒実績率8/1000、法定繰入率10/1000である。

借方 貸倒引当金繰入額	10	貸方 貸倒引当金	10

＊貸倒引当金繰入額10万円＝金銭債権1,000万円×法定繰入率10/1000

会計処理のポイントは？

●一括金銭債権に関して、中小法人の貸倒引当金の繰入限度額の計算方法には、貸倒実績率による方法と、法定繰入率による方法があり、有利な方（繰入限度額が多い方）を選択することができます。

法定繰入率は、業種によって異なります。

▼法定繰入率

卸売業・小売業（10/1,000）	割賦小売業（7/1,000）	製造業（8/1,000）
金融・保険業（3/1,000）	その他（6/1,000）	

関連 貸倒引当金（P146）、貸倒引当金繰入額（P336）

ケース6 減価償却の処理の場合

●当社（3月決算）は、営業用自動車2,000,000円を9月30日に購入した。決算にあたり、営業用自動車に関する減価償却の会計処理を行う。法定耐用年数6年、定額法の償却率0.167、定率法の償却率0.417とする（単位：円）。

定額法：

借方 減価償却費	167,000	貸方 減価償却累計額	167,000

＊減価償却費167,000円＝自動車2,000,000円×0.167×6/12月

定率法：

借方 減価償却費	417,000	貸方 減価償却累計額	417,000

＊減価償却費417,000円＝自動車2,000,000円×0.417×6/12月

会計処理のポイントは？

●**定額法2年目**　＊減価償却費334,000円＝自動車2,000,000円×0.167
●**定率法2年目**　＊減価償却費660,111円＝（自動車2,000,000－417,000円）×0.417

関連 減価償却累計額（P174）、減価償却費（P332）

第3章

Account Title and Journalizing Dictionary

資産の項目

げんきん
現金

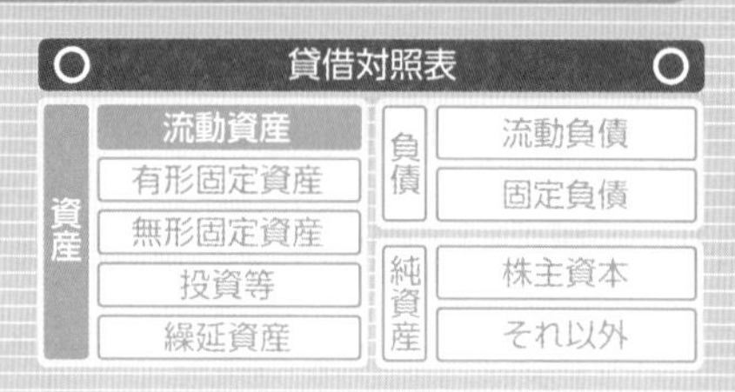

関連 小口現金（P94）、預金（P96）、雑収入（P360）、雑損失（P362）

現金とは、代金の支払い目的等のために保有する①**通貨（紙幣や硬貨）**と、②いつでも必要な時に支払い手段として利用できる**通貨代用証券**をいいます。日常で手にする、まさに**キャッシュ**と**キャッシュに近いもの**です。

通貨代用証券は金融機関などですぐに換金できますので、「現金」の勘定で処理します。通貨代用証券には、他者が振り出した当座小切手、送金小切手、送金為替手形、預金手形、郵便為替証書、振替貯金払出証書、期日到来公社債利札等があります。

現金は、貸借対照表上、短期の預金と合わせて「現金及び預金」として表示されます。

現金（通貨代用証券）と間違いやすいものとして、①先日付小切手、②収入印紙・切手、③自己振出の小切手があります。

①先日付小切手は期限まで現金化できませんので「受取手形」等の勘定で、②収入印紙・切手は換金を目的とした証券ではありませんので「貯蔵品」勘定で、③自己振出の小切手は「当座預金」勘定で処理します。

摘要

- 国内通貨
- 外国通貨
- 他人振出しの当座小切手
- 送金小切手
- 送金為替手形
- 預金手形
- 郵便為替証書
- 振替貯金払出証書
- 期日到来公社債利札
- 官公庁支払命令書
- トラベラーズチェック
- 配当金領収書

パターン別仕訳例

増加する場合

普通預金口座から現金10万円を引き出した。

借方		貸方	
現金	10	普通預金	10

取引例
- 預金からの引出
- 売上等の収益からの入金
- 売掛金等の債権の回収
- 各種の資産の売却 等

減少する場合

現金10万円を普通預金に入金した。

借方		貸方	
普通預金	10	現金	10

取引例
- 預金への入金
- 仕入等の費用の支払い
- 買掛金等の債務の支払い
- 各種の資産の購入 等

❶一般的な取引の場合

得意先に対する商品を100万円で販売し、代金を全額現金で受け取った。

借方		貸方	
現金	100	売上	100

交通費として1万円を現金で支払った。

借方		貸方	
旅費交通費	1	現金	1

❷現金過不足が生じた（実在高＜帳簿残高）場合

現金の帳簿残高は10万円であったが、現金の実在高は8万円であった。

借方		貸方	
現金過不足	2	現金	2

上記の現金不足のうち、1万円は旅費交通費の記帳モレであった。

借方		貸方	
旅費交通費	1	現金過不足	1

会計期末になっても、上記の現金不足の原因が判明しなかった。

借方		貸方	
雑損失	1	現金過不足	1

手許現金の実在高と帳簿残高が一致しない場合はその原因を究明します。その間、**一時的に「現金過不足」勘定で処理**をし、原因が判明した場合は**適正な勘定に振り替え**ます。会計期末になってもその原因が判明しない場合は**「雑収入」**または**「雑損失」**勘定に振り替えます。

現金の帳簿残高は10万円であったが、現金の実在高は12万円であった。

借方		貸方	
現金	2	現金過不足	2

会計期末になっても、上記の現金不足の原因が判明しなかった。

借方		貸方	
現金過不足	2	雑収入	2

会計処理のポイントは？

- 外国通貨は決算時の為替相場による円換算額で評価し、「現金及び預金」として表示されます。

こぐちげんきん
小口現金

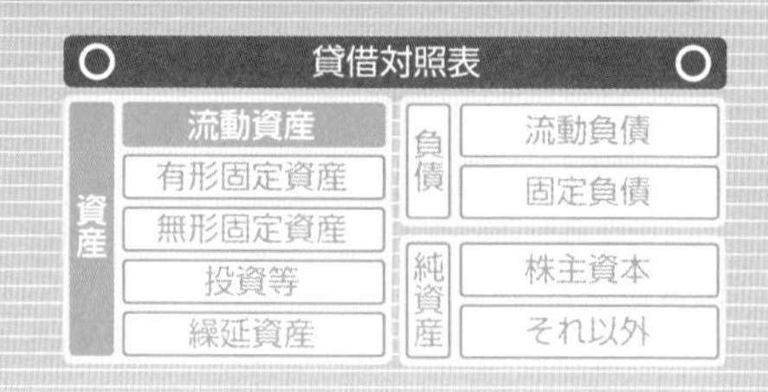

関連 現金（P92）

小口現金とは、日常の小口経費を支払うために、**一般の現金と区分して設けられる少額の現金**の勘定科目をいいます。通常、事務用品や交通費などの少額の経費支払いのための現金を、小口現金係に前渡し、出納管理をしています。この資金のことを小口現金といいます。

小口現金の扱いには、現金の補給の仕方の違いで①定額資金前渡制度（インプレストシステム）と、②不定額資金前渡制度（随時補給制度）があります。

1 定額資金前渡制度（インプレストシステム）とは、一定額を小口現金係に前渡して、**定期的にその間の支払額と同額を補給する方法**をいいます。

2 不定額資金前渡制度（随時補給制度）とは、小口現金係りへ前渡する現金を一定とせず、その残高が少なくなると、**必要に応じて随時補給する方法**をいいます。

一般的には、①定額資金前渡制度が多く用いられています。

摘要

- 小口経費の支払い
- 現金勘定と区分して出納管理する現金
- 定額資金前渡制度
- 不定額資金前渡制度

パターン別仕訳例

増加する場合

小口現金係に小口経費の支払いのために、普通預金から10万円を引き出して定額資金を渡した（定額資金前渡制度）。

借方		貸方	
小口現金	10	普通預金	10

取引例
- 現金からの振替え
- 預金からの補給 等

減少する場合

月末に小口現金担当者から交通費７万円と通信費３万円の支払いの報告を受けた。

借方		貸方	
交通費	7	小口現金	10
通信費	3		

取引例
- 小口経費の支払い
- 現金への振替え 等

❶定額資金前渡制度の場合

小口現金係りに、小口経費の支払いのために10万円を小切手で手渡した。

借方		貸方	
小口現金	10	当座預金	10

小口現金係より、旅費交通費3万円、通信費2万円、交際費1万円の支払実績報告があった。ただちに小切手を振り出して、資金を補給した。

借方		貸方	
旅費交通費	3	小口現金	6
通信費	2		
交際費	1		
小口現金	6	当座預金	6

期末に小口現金10万円を現金に振り替えた。

借方		貸方	
現金	10	小口現金	10

定額資金前渡制度の場合、支払実績報告と同額の補給を行います。しかし、**不定額資金前渡制度**では必ずしも同額になるとは限らず、**必要見込み額を補給**します。なお、その他の会計処理は同様です。

定額資金前渡制度の場合、小口現金の手許残高と帳簿残高は定額の前渡残高と一致するので、照合をして確認します。不一致があった場合は、**一時的に「現金過不足」勘定で処理**し、後日、原因がわかったときに**適正な勘定科目に振り替え**ます。会計期末になってもその原因が判明しない場合は、**「雑収入」**または**「雑損失」**の勘定科目に振り替えます。

会計処理のポイントは?

- 小口現金の入金は補給する現金のみに限り、売上による入金等の他の現金と混合させないようにします。
- 小口現金の支払いは、あらかじめ対象となる勘定科目を限定し、支払い範囲を定めておきます。
- 小口現金による一定金額を超える支払いは行わないようにします。
- 支払実績報告は定期的に行います。

よきん

預金

関連 ケース (P68)、現金 (P92)、短期借入金 (P214)

預金とは、金融機関との預金契約に基づいて預け入れている資金をいいます。

預金には、銀行、信用金庫などの**金融機関への預金**（当座預金、普通預金、通知預金、定期預金、納税準備金、別段預金など）、**郵便局の貯金**（郵便貯金、郵便振替貯金）、**信託銀行の金銭信託**などがあります。

当座預金は、現金の出し入れが自由にできる無利息の預金で、預金を引き出すには小切手や支払手形を振り出すことができ、代金の支払いという決済手段に用いられます。

普通預金は、現金の出し入れが自由にできる有利息の預金で、ATM（現金自動預払機）による入出金や振込みができ、日常の現金の出納に用いられます。

摘要

- 口座預入
- 口座自動引落し
- 通知預金解約預入
- 定期預金解約預入
- 当座預金からの振替
- 振替出金
- 振込出金
- 振込入金
- 貯金預入
- 期日取立入金
- 小切手振込入金
- 普通預金からの振替
- 振り出し小切手決済
- 未渡小切手
- 口座入金

パターン別仕訳例

増加する場合

手元にある現金10万円を普通預金に預け入れた。

借方		貸方	
普通預金	10	現金	10

取引例 ●現金の預入 ●売掛金などの入金 ●受取利息などの入金 ●預金の振替 等

減少する場合

電気料金1万円が普通預金口座から引き落とされた。

借方		貸方	
水道光熱費	1	普通預金	1

取引例 ●現金の引き出し ●買掛金などの出金 ●自動引き落とし ●預金の振替 等

場面別仕訳例

❶預金が増減した場合

現金10万円を普通預金口座に入金した。

借方		貸方	
普通預金	10	現金	10

電気料金3万円、通信費2万円が普通預金口座から引き落とされた。

借方		貸方	
水道光熱費	3	普通預金	5
通信費	2		

❷小切手の振り出し（当座預金）の場合

銀行と当座契約を締結し、現金10万円を預け入れた。

借方		貸方	
当座預金	10	現金	10

買掛金5万円の支払いのために小切手を振り出した。

借方		貸方	
買掛金	5	当座預金	5

当座借越契約を締結している当座預金の残高が、決算時にマイナス10万円になっていた。

借方		貸方	
当座預金	10	短期借入金	10

あらかじめ金融機関と**当座借越契約**を締結している場合、当座預金残高を超えても借越限度額まで小切手を振り出すことができます。なお、当座預金残高を超えて引き出した額を**当座借越**といいます。当座借越の場合には、期末に「当座預金（貸方残）」を**「短期借入金」**に振り替えます。

会計処理のポイントは？

- 通常、「預金」に関連する勘定科目は「普通預金」か「当座預金」などの**預金種類ごとに設定**します。
- 期末に、未渡しの小切手がある場合には、「当座預金」として処理します。
- 各種の預金は貸借対照表上「現金及び預金」として表示されます。
- 1年を超えて期限の到来する定期預金等は、短期間に支払手段として利用しないことから、固定資産の「投資その他の資産」として処理します。ただし、「投資その他の資産」として処理された預金の満期が1年以内となった場合は「現金及び預金」として処理します。

うけとりてがた
受取手形

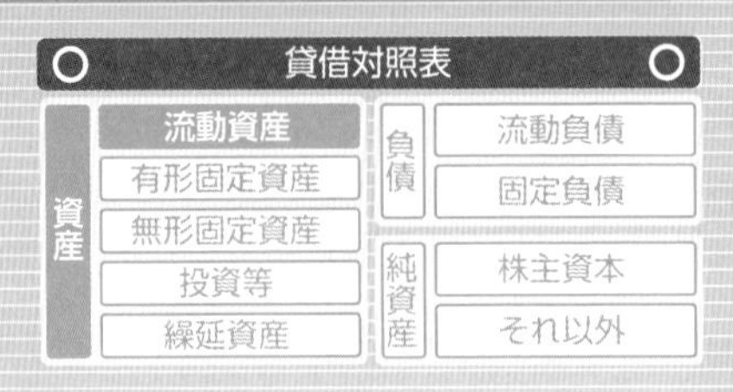

関連 売掛金 (P102)、貸倒引当金 (P146)、買掛金 (P210)、売上高 (P272)

受取手形とは、取引先との営業取引で受け取った手形（お金をもらう権利を表したもの）のこと。通常の営業取引によって、得意先などが振り出した手形を受け取り保有している場合に、その**手形債権**を表す勘定科目です。

なお、いったん振り出された手形は、当初の債権と切り離されて、受け取った人は別の人に譲渡できます。手形には約束手形と為替手形の２種類があります。

約束手形は、手形の振出人がその受取人に対し、その手形に記載された一定の金額を将来の一定の期日に支払うことを約束した証券で、２者間の取引に使われます。お金を支払う人と手形を振り出した人が同じです。

為替手形は、手形の振出人が支払人に対し、その手形に記載された一定の金額を将来の一定の期日に、手形の受取人に支払うように依頼した証券で、3者間の取引に使われます。支払う人と振り出す人が違います。

会計上はこの２種類の区別はせず、どちらも「受取手形」として処理されます。

摘要

- 裏書手形受取
- 為替手形受取
- 金融手形受取
- 手形書換
- 手形期日取立
- 手形更改
- 手形ジャンプ
- 不渡手形
- 約束手形受取
- 融通手形受取
- 手形の割引
- 手形の裏書

パターン別仕訳例

増加する場合

得意先に対して商品を売り上げ、代金10万円は手形で受け取った。

借方		貸方	
受取手形	10	売上	10

取引例 ●手形による売上 ●売掛金の手形による回収 ●手形の書き換え 等

減少する場合

約束手形の期日が到来し、得意先より当座預金に10万円が入金された。

借方		貸方	
当座預金	10	受取手形	10

取引例 ●手形の取立てによる入金 ●手形の裏書 ●手形の割引 ●手形の差し替え 等

❶受け取った場合

得意先より、売掛金の代金として、受取手形５万円を受け取った。

借方		貸方	
受取手形	5	売掛金	5

❷取り立てた場合

取引銀行に取立てを依頼し、得意先の約束手形10万円が、満期日に決済され普通預金に入金された。

借方		貸方	
普通預金	10	受取手形	10

A社振り出し、B社引き受けの為替手形10万円が、満期日に決済され普通預金に入金された。

借方		貸方	
普通預金	10	受取手形	10

❸通常の営業取引以外の手形の場合

営業外手形の取引

C社と土地(取得価額1,000万円)の売買契約を結び、売却代金1,200万円を約束手形で受け取った。

借方		貸方	
営業外受取手形	1,200	土地	1,000
		土地売却益	200

担保手形の取引

貸付金の担保として、手形10万円を受け取った。

借方		貸方	
手形貸付金	10	現金	10

金融手形の取引

D社と相互に金融手形10万円を振り出した。

借方		貸方	
受取融通手形	10	支払融通手形	10

割引、**裏書**、**不渡**時の仕訳は次のページを参照ください。

割引、裏書、不渡時の仕訳

●(1) 手形を割り引いた場合

割引手形は金融機関で割引することで現金化した手形です。金融機関は、割引日から支払期日までの利息相当分を割引料として手形金額から差し引いて、その残額を依頼人の当座預金とします。

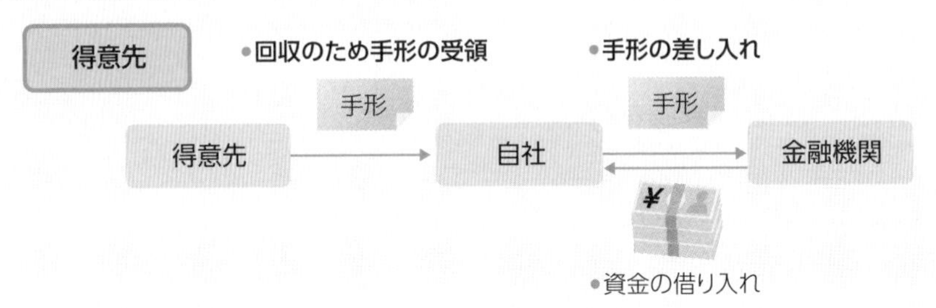

手持ちの手形を満期日前に現金化するために、取引銀行で手形を割り引いた場合の処理の方法には次の４つがあります。

❶遡及義務等を**記録しない**方法
❷評価勘定により遡及義務等を記録する方法（**評価勘定法**）
❸対照勘定により遡及義務等を記録する方法（**対照勘定法**）
❹遡及義務等（保証債務）を**時価評価**する方法

ここでは、会計処理が簡単な**遡及義務等を記録しない方法による仕訳例**を示します。

場面別仕訳例

❶手形の割引

E社振出しの約束手形100万円を、取引銀行にて割引き、割引料2万円を差し引き、残額を当座預金に入金した。

借方		貸方	
当座預金	98	受取手形	100
支払割引料（手形売却損）	2		

❷割引手形の期日落ち

取引銀行にて割引いたE社振出しの約束手形100万円が満期取立て済みの通知を、銀行より受けた。

仕訳なし

❸割引手形の不渡

取引銀行にて割引いたE社振出しの約束手形100万円が、満期日に不渡となり、買戻しを行った。

借方		貸方	
不渡手形	100	当座預金	100

●（2）手形を裏書した場合

裏書手形は支払手形等の代わりに支払手段として、裏書譲渡した手形です。裏書譲渡とは、手形の所持人が期日前に手形の裏面に記名・押印して、手形を第三者に譲渡することをいいます。

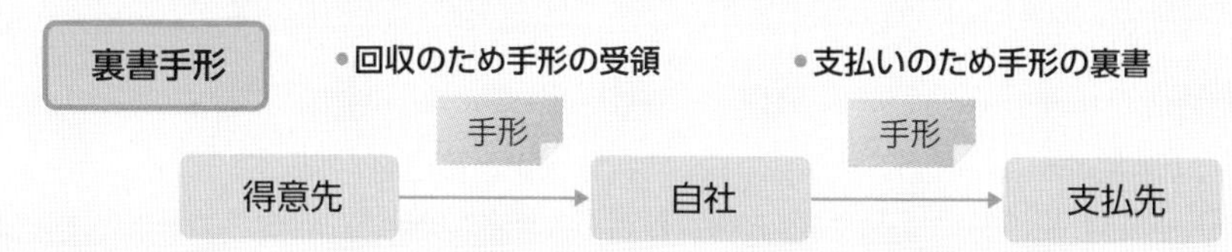

手持ちの手形を債務の支払いに充てるために、手形を仕入先等に裏書譲渡した場合の処理の方法には次の４つがあります。

❶ 遡及義務等を**記録しない**方法
❷ 評価勘定により遡及義務等を記録する方法（**評価勘定法**）
❸ 対照勘定により遡及義務等を記録する方法（**対照勘定法**）
❹ 遡及義務等（保証債務）を**時価評価する**方法

ここでは、会計処理が簡単な❶遡及義務等を記録しない方法による仕訳例を示します。

❶ 手形の裏書

F社に対する買掛金の支払いのため、手持ちのG社振出し約束手形100万円を裏書譲渡した。

借方		貸方	
買掛金	100	受取手形	100

❷ 裏書手形の期日落ち

F社に裏書譲渡したG社振出し約束手形100万円が満期日に決済された。

仕訳なし

❸ 裏書手形の不渡

F社に裏書譲渡したG社振出し約束手形100万円が満期日に不渡となり、買戻しを行った。

借方		貸方	
不渡手形	100	当座預金	100

「不渡手形」は流動資産の部の「その他流動資産」として表示されます。ただし、1年以内に弁済を受けられないことが明らかなものについては、固定資産の部の「投資その他の資産」として処理します。

会計処理のポイントは？

•「受取手形」は、期末に**貸倒引当金の設定の対象**となります。

うりかけきん
売掛金

貸借対照表

資産		負債	
	流動資産		流動負債
	有形固定資産		固定負債
	無形固定資産	純資産	株主資本
	投資等		それ以外
	繰延資産		

関連 ケース (P71,72)、貸倒引当金 (P146)、買掛金 (P210)、売上高 (P272)、貸倒損失 (P338)

売掛金とは、商品などの**販売代金の未回収分**、サービスの提供などの**営業収益の未回収分**など、通常の営業取引によって発生した**営業上の得意先に対する債権**(いわゆる"ツケ")を表す勘定科目です。通常の営業取引によって発生した売掛金であれば、回収まで1年超えるものでも「売掛金」で処理します**(正常営業循環基準)**。

「売掛金」と似た勘定科目に**「未収金·未収入金」**があります。「売掛金」は本来の営業取引(商品の販売やサービスの提供など)で発生した債権ですが、「未収金·未収入金」は**本来の営業取引以外(固定資産や有価証券の売却など)から発生した債権**である点が異なります。

摘要

- 預り金振替
- 請負代金の未収分
- 売上代金の未収分
- 売上値引の戻入
- 買掛金相殺
- 掛け売上
- 割賦販売の未収金
- 債権譲渡証書
- 代金未収
- 代物弁済
- 前受金相殺
- 前受金振替
- 未収代金
- 掛け回収
- 未収代金回収
- 掛け売上返品
- 掛け代金割戻し
- リベート

パターン別仕訳例

増加する場合

得意先に対して商品10万円分を販売したが、代金は未回収である。

借方		貸方	
売掛金	10	売上	10

取引例 •掛による売上 •商品販売代金の未収 等

減少する場合

掛売りした商品の代金10万円が当座預金に入金された。

借方		貸方	
当座預金	10	売掛金	10

取引例 •掛の回収による入金 •手形の受取 •買掛金との相殺 •売上値引き 等

❶掛売りした場合

A社に商品10万円を掛売りした。

借方		貸方	
売掛金	10	売上	10

A社に販売した商品に欠陥があり、1万円分が返品された。

借方		貸方	
売上	1	売掛金	1

❷回収した場合

売掛金の代金として、10万円を現金として受け取った。

借方		貸方	
現金	10	売掛金	10

B社より売掛代金として、同社振出しの約束手形10万円を受け取った。

借方		貸方	
受取手形	10	売掛金	10

❸相殺した場合

C社の売掛金10万円について、同社からの材料購入による買掛金10万円と相殺した。

借方		貸方	
買掛金	10	売掛金	10

❹回収不能になった場合

D社が倒産し、同社に対する売掛金10万円が回収不能になった。

借方		貸方	
貸倒損失	10	売掛金	10

会計処理のポイントは?

- 売掛金は貸借対照表上、流動資産の部に表示されます。ただし、破産債権、更生債権その他これらに準ずる債権で1年以内に回収されないことが明らかなものについては、固定資産の部の「投資その他の資産」として処理します。
- 売掛金は、期末に**貸倒引当金の設定の対象**となります。
- 建設業では、**「完成工事未収入金」**の勘定科目を用います。

くれじっとうりかけきん

クレジット売掛金

貸借対照表			
資産	**流動資産**	負債	流動負債
	有形固定資産		固定負債
	無形固定資産	純資産	株主資本
	投資等		それ以外
	繰延資産		

関連 売上高(P272)、支払手数料(P326)

クレジット売掛金とは、小売店等が商品などを販売し、顧客がその代金を**クレジットカード払い**した場合の債権を処理する勘定科目です。

クレジットカードによる販売の場合、その代金は商品を購入した顧客から受け取るのでなく、後日、クレジットカード会社により決済されます。顧客に商品を販売してからクレジットカード会社による代金を、決済を受けるまでの間、「クレジット売掛金」で処理します。「クレジット売掛金」は**クレジットカード会社に対する債権**であるため、通常の顧客に対する「売掛金」とは別に管理しておいた方が好ましいです。

摘要

- クレジットカード売上
- クレジットカード名
- 掛け代金回収
- クレジットカードによる販売
- クレジットカード会社からの入金
- クレジットカード売上の返品

パターン別仕訳例

増加する場合

商品10万円をクレジットカード払いで販売した。なお、クレジットカード会社への手数料は販売代金の5%とする。単位:円

借方		貸方	
クレジット売掛金	95,000	売上	100,000
支払手数料	5,000		

取引例
- クレジットカード売上
- クレジットカードによる販売
- クレジットカード名 等

減少する場合

クレジットカード会社から5%のクレジット手数料を差し引いた95,000円が普通預金口座に振り込まれた。単位:円

借方		貸方	
普通預金	95,000	クレジット売掛金	95,000

取引例
- 掛け代金の回収
- クレジットカード会社からの入金
- クレジットカード名 等

❶クレジットカード払いで販売した場合

商品10,000円を販売し、その販売代金はクレジットカードにより決済された。クレジットカード会社へのクレジット手数料は販売代金の3%で、これは販売時に認識するものとする。単位:円

借方		貸方	
クレジット売掛金	9,700	売上	10,000
支払手数料	300*		

＊クレジット手数料300円＝販売代金10,000円×3%

クレジットカード会社へ支払うクレジット手数料は「支払手数料」などの勘定科目で処理します。

❷返品された場合

上記①の商品10,000円が返品された。単位:円

借方		貸方	
売上	10,000	クレジット売掛金	9,700
		支払手数料	300

❸クレジットカード会社から入金があった場合

後日、クレジット手数料を差し引いた手取り額9,700円がクレジットカード会社から普通預金口座に振り込まれた。単位:円

借方		貸方	
クレジット売掛金	9,700	普通預金	9,700

会計処理のポイントは?

- クレジット手数料を売上時もしくは入金時に認識するかによって2つの会計処理があります。
- クレジット手数料は、クレジットカード会社への金銭債権の譲渡にかかる手数料ですので、消費税は非課税となります。
- 「クレジット売掛金」は、貸借対照表上、「売掛金」に含めて表示します。

でんしきろくさいけん
電子記録債権

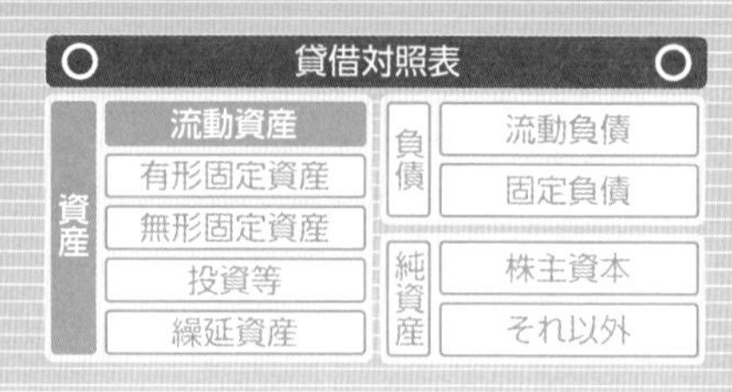

関連 売掛金（P102）、買掛金（P210）、電子記録債務（P212）

電子記録債権とは、全国銀行協会が新たな社会的なインフラとして設立した**「でんさいネット」**という**電子債権記録機関**の記録原簿に、債権の発生や譲渡が**電子記録**されることを要件とする金銭債権を処理する勘定科目です。「電子記録債権」は「電子記録債務」に対応する勘定科目です。電子記録債権は、取引コストや紛失リスクのある手形や、譲渡が煩雑である売掛債権、の抱える問題を克服する新たな決済手段として期待されています。

「電子記録債権」の発生は「でんさいネット」の記録原簿に電子記録することで効力が生じます。得意先に商品を掛で販売した場合、取引銀行を通じて、「でんさいネット」にその旨を請求（発生記録の請求）します。通知を受けた「でんさいネット」は得意先へ取引銀行を通じて、その旨を通知（発生記録の通知）します。この時点で「電子記録債権」が計上されます。なお、発生記録の請求は債権者・債務者のどちらからも行うことができます。

摘要

- 債権の発生
- 発生記録の通知
- 発生記録の請求
- 債権の譲渡
- 譲渡記録の請求
- 買掛金との相殺
- 債権の決済
- 債権の消滅

パターン別仕訳例

増加する場合

未回収の販売代金10万円が発生したことをでんさいネットに通知した。

借方		貸方	
電子記録債権	10	売掛金	10

取引例
- 電子記録債権の発生記録の請求
- 電子記録債権の発生記録の通知 等

減少する場合

でんさいネットに発生を記録した債権10万円の支払期日がきて、普通預金口座に振り込まれた。

借方		貸方	
普通預金	10	電子記録債権	10

取引例
- 電子記録債権の消滅
- 電子記録債権の決済
- 買掛金との相殺
- 電子記録債権の譲渡 等

❶発生した場合

得意先A社に対する売掛金200万円の回収をでんさいネットで行うため、取引銀行を通じて電子債権の発生記録を請求した。

借方		貸方	
電子記録債権	200	売掛金	200

❷決済された場合

でんさいネットに発生記録した電子記録債権200万円の支払期日が到来して、普通預金口座に振り込まれた。

借方		貸方	
普通預金	200	電子記録債権	200

❸譲渡（裏書）した場合

仕入先B社に対する買掛金の支払いをでんさいネットで行うため、電子記録債権200万円のうち100万円について取引銀行を通じて電子記録債権の譲渡記録を請求し、相殺した。

借方		貸方	
買掛金	100	電子記録債権	100

❹譲渡（割引）した場合

電子記録債権200万円のうち100万円について取引銀行に電子記録債権の譲渡記録を請求し、割引料4万円を差し引かれた残額が当座預金口座に振り込まれた。

借方		貸方	
当座預金	96	電子記録債権	100
電子記録債権売却損	4		

裏書の取引も割引の取引も、どちらも仕訳の考え方は「受取手形」と同様です。割引料は「電子記録債権売却損」などの勘定科目を使って営業外費用に計上します。

会計処理のポイントは？

- 「電子記録債権」の決済は取引銀行を通じて支払期日に自動的に行われますが、「電子記録債権」は譲渡することができます。
- 「受取手形」を譲渡する場合、1枚の受取手形を分割することはできませんが、「電子記録債権」の場合、分割して譲渡することができます。そのため、「電子記録債権」の方が利便性の高い手段と言えます。

ふぁくたりんぐ

ファクタリング

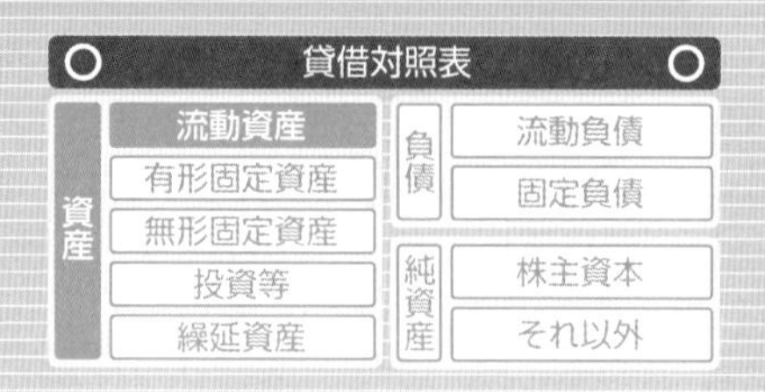

関連 売上金（P102）、未収金（P134）

ファクタリングとは、企業の保有する**売上債権**をファクタリング会社に譲渡して、現金化しようとする場合の会計処理に使用する勘定科目です。

ファクタリングとは、売上債権を売買する仕組みのことです。また、ファクタリング会社とは、企業から手数料を受け取って売上債権を買い取り、自己の危険負担で債権の回収を行う金融会社をいいます。ファクタリングを利用することで、企業は入金までの期間を短縮でき、資金繰り状況を改善できるメリットがあります。その一方で、金融機関から融資を受けるよりも、手数料が高くなる傾向にあるというデメリットもあります。

電子記録債権とファクタリングはどちらも売掛債権を譲渡できる仕組みですが、電子記録債権は「でんさいネット」に登録した企業が利用する制度であるのに対して、ファクタリングは売掛債権を保有している企業とファクタリング会社の直接の譲渡取引である点が大きく異なります。

摘要

- 売上債権の譲渡
- 売掛金の早期現金化
- 売掛債権担保
- ファクタリングの入金
- ファクタリング契約

パターン別仕訳例

増加する場合

保有する売掛金10万円をファクタリング会社に譲渡した。

借方		貸方	
ファクタリング	10	売掛金	10

取引例
- 売上債権の譲渡
- ファクタリング契約の締結 等

減少する場合

ファクタリング会社から手数料1万円を差し引かれた9万円が普通預金口座に振り込まれた。

借方		貸方	
普通預金	9	ファクタリング	10
売上債権売却損	1		

取引例
- 売掛金の早期入金
- ファクタリング会社からの入金 等

❶売掛債権が発生した場合

得意先A社に商品100万円を販売したが、代金は未回収である。

借方		貸方	
売掛金	100	売上	100

❷売掛債権を譲渡した場合

早期に資金が必要になったため、得意先A社に対する売掛金100万円をファクタリング会社に譲渡する契約を締結した。

借方		貸方	
ファクタリング	100	売掛金	100

❸ファクタリング会社から入金があった場合

売掛金100万円を譲渡したファクタリング会社から、手数料10万円を差し引かれた残額が普通預金口座に振り込まれた。

借方		貸方	
普通預金	90	ファクタリング	100
売掛債権売却損	10		

手数料は「売掛債権売却損」などの勘定科目を使って、営業外費用に計上します。

会計処理のポイントは？

- ファクタリングの契約を締結して売掛債権を譲渡する際に、「ファクタリング」の勘定科目をあえて設定せずに、「未収金（未収入金）」の勘定科目で処理することもあります。
- ファクタリングは金銭債権の譲渡に相当するため、消費税法上、非課税取引に該当します。

ゆうかしょうけん
有価証券

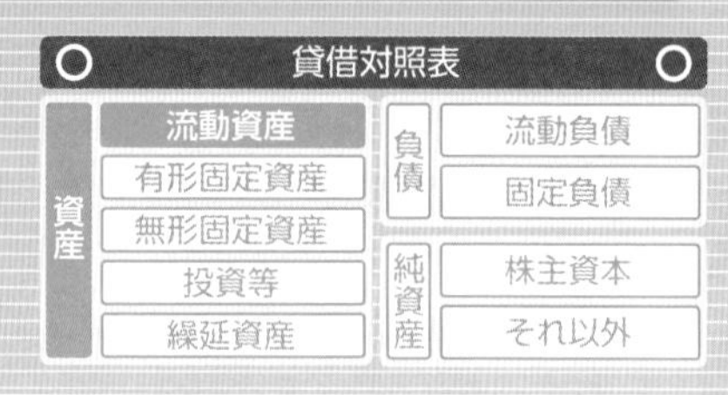

関連 投資有価証券（P186）、有価証券売却益（損）（P354）、有価証券評価益（損）（P356）

有価証券とは、短期で売買を繰り返すつもりで保有する株式や社債などのこと。国債証券、地方債証券、株券、社債券、信託受益証券等をいいます。なお、法律上は、小切手、手形、切手、収入印紙等も有価証券ですが、会計上の有価証券には含まれません。

有価証券とは、会計上の有価証券のうち、①売買目的で保有するものと②満期まで保有する目的のもののうち1年以内に満期が到来するものを表す勘定科目です。それ以外の会計上の有価証券は、固定資産の「投資その他の資産」として表示されます。

売買目的の有価証券とは、時価の変動を利用して、利益を得ることを目的としている有価証券をいいます。いわゆるトレーディングを目的とした有価証券です。通常、同一銘柄に対して相当程度の反復的な購入と売却が行われているものです。

摘要

- 外国企業株券
- 外国企業債券
- 貸付信託受益証券
- 株式
- 国債証券
- 社債券
- 新株予約権付社債
- 地方債
- 投資信託受益証券
- 売買目的の有価証券
- 有価証券売買委託手数料
- 利付債券
- 1年以内満期到来の満期保有目的債券

パターン別仕訳例

増加する場合

有価証券を短期売買目的（トレーディング目的）で購入し、代金100万円は現金で支払った。

借方		貸方	
有価証券	100	現金	100

取引例 •有価証券の取得 •有価証券の評価 •売買委託手数料の支払い 等

減少する場合

有価証券（簿価10万円）を8万円で売却し、代金を現金で受け取った。

借方		貸方	
現金	8	有価証券	10
有価証券売却損	2		

取引例 •有価証券の売却 •有価証券の評価 等

❶取得した場合

A 社の有価証券100万円を短期売買目的（トレーディング目的）で購入し、代金は現金で支払った。なお、売買手数料は2万円であった。

借方		貸方	
有価証券	102	現金	102

購入により取得した有価証券の取得原価には、購入対価のほか、購入時の手数料等の付随費用が含められます。

❷売却した場合

保有するA 社の有価証券（簿価51万円）を60万円で売却し、売買手数料1万円を差し引き、残金を普通預金とした。

借方		貸方	
普通預金	59	有価証券	51
		有価証券売却益	8

❸決算時に時価評価した場合

保有するA 社の有価証券（簿価51万円）の期末における時価は55万円であった。決算につき、評価替えを行った。

借方		貸方	
有価証券	4	有価証券評価益	4

期首につき、上記の株式の洗替処理を行った。

借方		貸方	
有価証券評価益	4	有価証券	4

有価証券の評価損益の処理は、**洗替法**（評価損益を翌期首に戻し入れる方法）と**切放法**（評価損益を翌期首に戻し入れない方法）の、2つの方法が認められています。

会計処理のポイントは？

- 有価証券の期末における評価方法は、有価証券の保有目的別の区分によって異なります。なお、売買目的の有価証券は、**期末において時価評価**を行います。評価損益は当期の損益（損益計算書に計上）に計上されます。

たなおろししさんのぜんたいぞう

棚卸資産の全体像

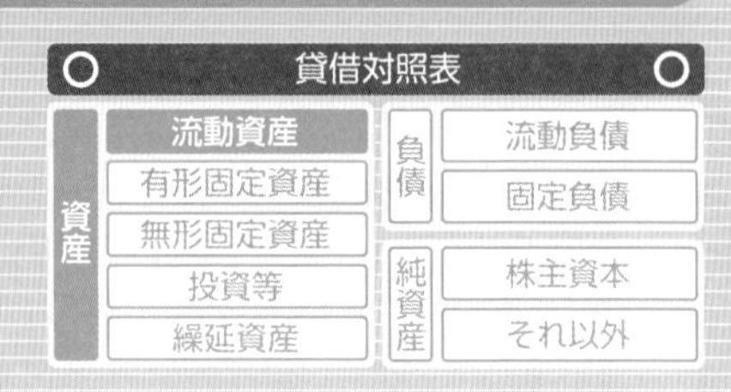

関連 ケース（P88）、商品（P114）、製品（P118）、仕掛品（P120）、原材料（P122）、貯蔵品（P124）

棚卸資産とは、売上を上げることを目的として保有しているもの、いわゆる**在庫**のこと。正常な営業プロセスを前提として、販売ないし消費する目的で保有している資産をいいます。具体的には、次の表のとおりです。

棚卸資産の範囲	項目
販売のために保有している棚卸資産	商品、製品、半製品等
販売のために製造・生産中の棚卸資産	仕掛品、未成工事支出金等
製造・生産のために短期間で消費される棚卸資産	原材料、工場消耗品（貯蔵品）等
販売活動及び一般管理活動のために短期間で消費される棚卸資産	事務用消耗品（貯蔵品）等

棚卸資産の種類

- **商品**　：物品を販売する会社が、販売するために所有している物品
- **製品**　：製造・生産を行う会社が、販売するために所有する製造品・生産品
- **半製品**：中間的製造品・生産品として、そのままの状態で販売できるもの
- **仕掛品**：製造・生産の過程にあり、現に仕掛中のもので、そのままの状態では販売できないもの
- **原材料**：製品の製造・生産のために使用される物品で、未使用の状態のもの
- **貯蔵品**：製造・生産のために短期間で消費される工場消耗品（燃料、釘等）
販売活動や一般管理活動のために短期間で消費される事務用消耗品（文具等）

留意点

- 有形固定資産であっても、使用する目的で保管している耐用年数が１年未満または取得価額が10万円未満の工具や備品は「貯蔵品」とします。
- 棚卸資産は形ある資産に限らず、無形のものであっても棚卸資産となります。例えば、加工のみを委託された場合の加工費のみから構成されるものは「製品」です。

▼棚卸資産と売上原価の関係

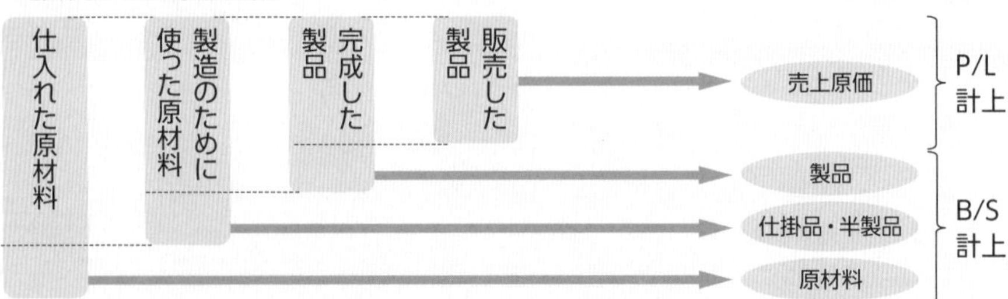

取得原価の決定

棚卸資産の取得原価は、その取得形態によって次のように計算されます。

●取得原価の決定

商品、原材料等の購入した棚卸資産の取得原価は、**購入対価**と**付随費用**の合計額となります。

▼購入した棚卸資産の取得価額

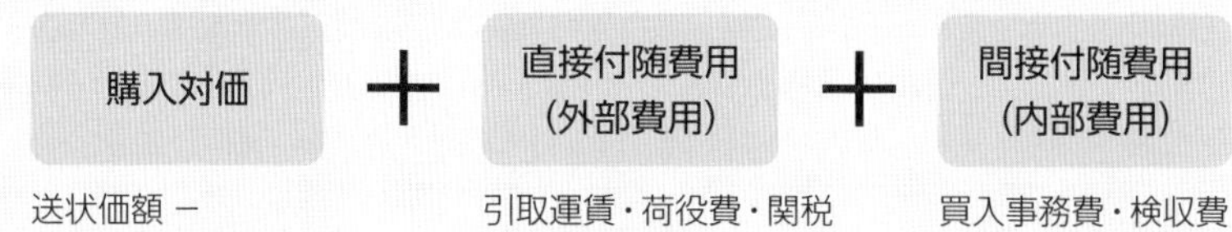

送状価額 －
値引き・割戻しなど

引取運賃・荷役費・関税
運送保険料等

買入事務費・検収費
社内の移管費用等

間接付随費用に関しては、購入対価の概ね3%以内であれば、販売費及び一般管理として処理することが、税務上、認められています。

●製造した棚卸資産

製品、仕掛品等の製造した棚卸資産の取得原価は、**製造原価**と**付随費用**の合計額となります。

▼製造した棚卸資産の取得価額

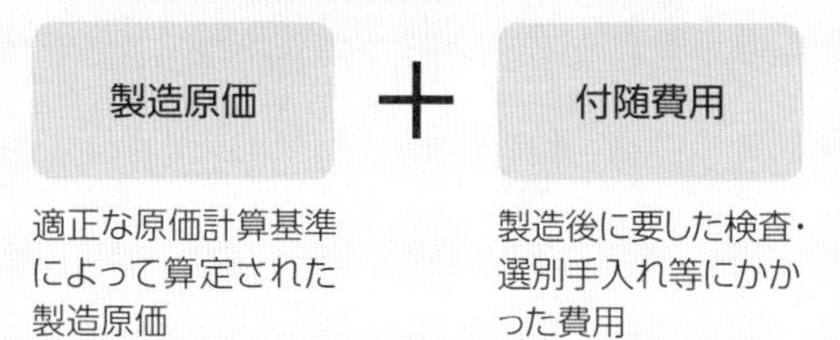

付随費用に関しては、製造原価の概ね３%以内であれば、販売費及び一般管理として処理することが、税務上、認められています。

会計処理のポイントは？

決算時点で、棚卸資産の取得原価は、まず、売上原価や製造原価と、**在庫となる繰越原価**に配分されます。次に、実地棚卸によって、帳簿上の在庫となった原価のうち、**減耗による減耗損**や**品質低下による評価損**を当期の費用・損失として配分します。最後に、**繰越原価の市場価額が著しく低下している場合**、その下落額を**評価損**として配分します。

しょうひん／たなおろししさん

商品／棚卸資産

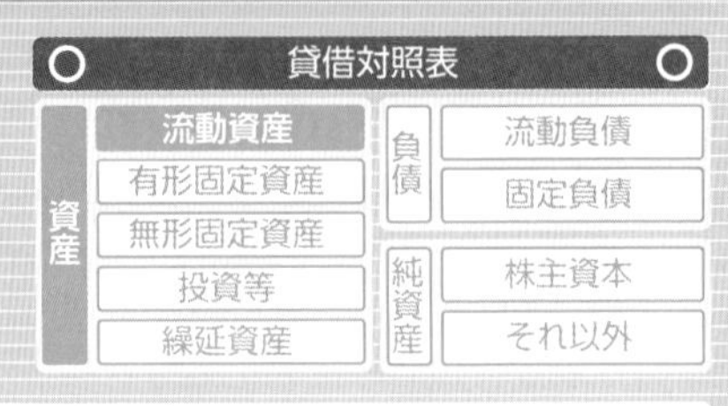

関連 ケース(P88)、製品(P118)、売上高(P272)、仕入高(P274)

「商品」とは、物品販売をする会社が、**販売するために外部から仕入れた物品**を表す勘定科目です。商品は販売を主たる事業とする会社が販売目的で仕入れた物品ですから、業種によって様々なものが商品の勘定科目で処理されます。例えば、不動産会社が販売目的のために所有している土地や建物は「商品」の範囲に含まれます。「製品」との違いは、**加工せずにそのままの状態で販売するかしないか**にあります。仕入れた物品をそのままの状態で販売する場合は「商品」の勘定科目を使います。

摘要

- 仕入商品
- 試供品
- 商品
- 製造最終工程済み仕掛品
- 積送品
- 倉庫入庫済み商品
- 販売用商品
- 未着品
- 見本品

パターン別仕訳例

増加する場合

期末棚卸で在庫10万円を確認したので、資産へ計上した。

借方		貸方	
商品	10	**期末商品棚卸高**	10

取引例 ●期末商品の振替 ●商品仕入（総記法、分記法）等

減少する場合

前期末の商品在庫10万円を期首商品棚卸高に振り替えた。

借方		貸方	
期首商品棚卸高	10	商品	10

取引例 ●期首商品の振替 ●商品販売（総記法・分記法）等

会計処理のポイントは？

商品売買取引の処理には、次の3つがあります。通常は三分法が多く用いられています。①**総記法**：期中の仕入れ、売上という取引全てを商品勘定だけで処理する方法 ②**分記法**：商品勘定のすべてを仕入原価の動きで示し、売上の際の仕入原価との差額を商品売買益で処理する方法 ③**三分法**：商品勘定を取引内容に応じて「仕入」「売上」「繰越商品」の3つに分けて処理する方法といった方法

未着品と積送品の処理は、116ページをご参照ください。

❶総記法の場合

仕入：商品200万円を掛で仕入れた。

借方		貸方	
商品	200	買掛金	200

売上：原価120万円の商品を180万円で掛売りした。

借方		貸方	
売掛金	180	商品	180

決算：決算処理を行った。期首時点の在庫は0万円、期末在庫は80万円とする。

借方		貸方	
商品	60	商品売買益	60

❷分記法の場合

仕入：商品200万円を掛で仕入れた。

借方		貸方	
商品	200	買掛金	200

売上：原価120万円の商品を180万円で掛売りした。

借方		貸方	
売掛金	180	商品	120
		商品売買益	60

決算：決算処理を行った。期首時点の在庫は0万円、期末在庫は80万円とする。

仕訳なし

❸三分法の場合

仕入：商品200万円を掛で仕入れた。

借方		貸方	
仕入	200	買掛金	200

売上：原価120万円の商品を180万円で掛売りした。

借方		貸方	
売掛金	180	売上	180

決算：決算処理を行った。期首時点の在庫は0万円、期末在庫は80万円とする。

借方		貸方	
仕入	0	繰越商品	0
繰越商品	80	仕入	80

未着品と積送品の仕訳

●未着品

未着品とは、**遠隔地より買い付けし、まだ輸送途中にある物品**をいいます。手元にある在庫商品と区別して処理する場合に用います。

物品はまだ到着していなくても、**貨物引換証や船荷証券が転売可能**なので、商品と同じと考えられ、貸借対照表上は「商品」と表示されます。

商品は未着であるが、仕入商品100万円についての貨物引換証を受け取った。

借方		貸方	
未着品	100	買掛金	100

貨物引換証と引き換えに、仕入商品50万円を引き取った(三分法)。

借方		貸方	
仕入	50	未着品	50

商品を引き取る前に、仕入商品50万円についての貨物引換証を60万円で転売し、代金は掛とした(三分法)。

借方		貸方	
売掛金	60	売上	60
仕入	50	未着品	50

●積送品

積送品とは、**販売委託のために積送された物品**をいいます。委託販売とは、**商品の販売を第三者に委託**して、委託者が商品の販売損益を計算し、**受託者に販売手数料を支払う販売形態**です。委託販売では、商品が受託者の手許にあっても、実際に販売されるまでは委託者に所有権がある棚卸資産です。そこで、委託者の手許にある商品と区別して処理する場合に用いられます。

委託販売のために、商品100万円を販売委託先のAに送付した(三分法)。

借方		貸方	
積送品	100	仕入	100

販売委託先Aが積送品100万円を200万円で掛売りした。なお販売委託先Aの、販売手数料として50万円とする(三分法)。

借方		貸方	
売掛金	150	積送品売上	150
仕入	100	積送品	100

「未着品」や「積送品」は、その金額が総資産の総額の100分の1を超える場合には、流動資産に「商品」と区別して独立して表示します。

棚卸資産の数量の算定方法

棚卸資産の数量の算定方法には、①**棚卸計算法**と②**継続記録法**があります。

①棚卸計算法

棚卸計算法とは、期末に実地棚卸を行って在庫数量をつかむ方法です。期末数量が確定すれば、次の算式により、期中の払出数量がわかります。

期中払出数量＝期首在庫数量＋期中受入数量－期末在庫数量

②継続記録法

継続記録法とは、品目ごとに受払いの全てを帳簿に記録する方法です。

棚卸資産の評価基準

棚卸資産の評価方法には、①**原価法**と②**低価法**があります。

①原価法

原価法とは、棚卸資産を取得原価によって評価する方法です。具体的には、棚卸資産の取得原価に個別法、先入先出法、後入先出法、総平均法、移動平均法、最終仕入原価法、売価還元法といった原価配分方法を適用して、取得原価を算定し、期末の棚卸資産の価額を決定します。

なお、「棚卸資産の評価に関する会計基準」の改正に伴い、平成22年4月以後開始する事業年度から後入先出法は廃止されることになりました。

②低価法

低価法とは、期末棚卸資産の取得原価と時価を比較して、いずれか低い方の価額を期末の棚卸資産の価額とする方法です。

▼原価配分の方法

方法	内容
個別法	個々の取得価額をもって、払出単価と期末評価額を算定する方法
先入先出法	取得時期が古い棚卸資産から順番に払い出されると仮定して、払出単価と期末評価額を算定する方法（平成22年4月1日以後開始する事業年度から廃止）
後入先出法	取得時期が新しい棚卸資産から順番に払い出されると仮定して、払出単価と期末評価額を算定する方法
総平均法	期首の棚卸資産の評価額と期中に購入した棚卸資産の取得価額の合計額を、総数量で除して払出単価を求め、その単価で期末評価額を算定する方法
移動平均法	棚卸資産の受入れの都度、仕入数量と繰越数量との平均単価を求め、それを払出単価とし、最終の単価で期末評価額を算定する方法
最終仕入原価法	棚卸資産の期末に最も近い時点で取得した価額で、払出単価と期末評価額を算定する方法
売価還元法	販売価格による期末棚卸資産高に原価率を乗じて、期末評価額を算定する方法

せいひん／たなおろししさん

製品／棚卸資産

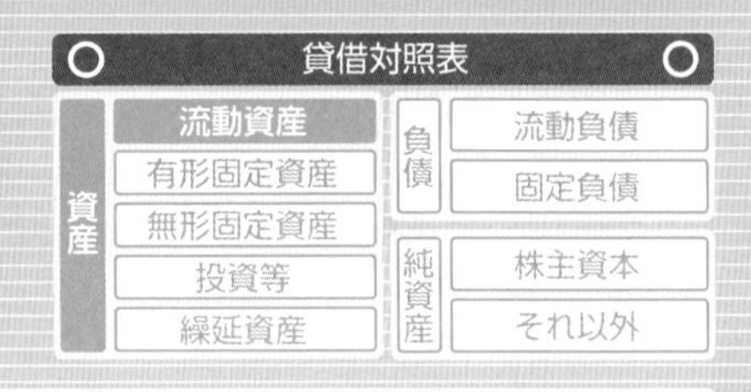

関連 仕掛品 (P120)、仕入高 (P274)

「製品」とは、製造・生産を主たる事業とする会社（製造業者や製造部門）が、**販売用に自ら製造・加工した製造品や生産品**のことで、**会社の営業目的に関係するもの**を表す勘定科目です。**「商品」**との違いは、**自ら製造・加工したか、しないか**にあります。

「製品」は**最終工程が終了して完成したもの**ですが、**「仕掛品」**や**「半製品」**は、**製品の製造過程にあって、まだ完成品となっていないもの**です。

「仕掛品」や「半製品」は製造過程にある点ではどちらも同じですが、「半製品」は、**貯蔵中で販売可能なもの**をいいます。一方、「仕掛品」は、**それ自体では販売も貯蔵もできない点**が「半製品」と異なります。

製造過程で付随的に発生するものとして、**「副産物」**や**「作業くず」**があります。「副産物」とは、主な製品の製造過程から**必然的に派生するもので、販売可能なもの**をいいます。一方、「作業くず」とは、**製造過程で発生する原材料の残りくずで、経済的に価値があるもの**をいいます。

摘要

•完成済み製品 •完成品受入れ •作業くず •自社製品 •製品原価振替 •製品副産物

パターン別仕訳例

増加する場合

期末棚卸で製品在庫10万円を確認したので、資産へ計上した。

借方		貸方	
製品	10	期末製品棚卸高	10

取引例 •期末製品の振替 •製品の完成 等

減少する場合

前期末の製品在庫10万円を期首製品棚卸高に振り替えた。

借方		貸方	
期首製品棚卸高	10	製品	10

取引例 •期首製品の振替 •売上原価への振替 等

場面別仕訳例

❶ 製品が完成した場合

製品Aが完成した。製品Aの製造原価は200万円である。

借方		貸方	
製品	200	仕掛品	200

製造業者や製造部門が販売用に製造・加工した物品のうち、完成する前までは「仕掛品」として計上し、完成時に「製品」の勘定科目に振替えます。

❷ 売上に伴って製品売上の出庫額を売上原価に振替える場合

製品Aを販売代金150万円で現金販売した。それに伴って、製品売上の出庫額100万円を売上原価に振替えた。

借方		貸方	
現金	150	売上	150
売上原価	100	製品	100

❸ 副産物が発生した場合

製造過程で副産物10万円が発生した。

借方		貸方	
副産物	10	仕掛品	10

会計処理のポイントは?

- 製造のために必要な費用を製造費用といいます。製造費用は、**材料費**、**労務費**、**製造経費**の主に3つの原価要素から構成されます。
- 製造費用は、原価計算を通じて、製造原価となります。原価計算の方法は、**個別原価計算**と**総合原価計算**に大きく分けられます。
- 製造原価は、次のように計算されます。

> 製造原価＝期首製品棚卸高＋当期総製造費用＋期末製品棚卸高
>
> 当期製品製造費用＝期首仕掛品棚卸高＋材料費＋労務費＋製造経費－期末仕掛品棚卸高

- 製品の払出金額の計算には、**先入先出法**、**後入先出法**、**総平均法**、**最終仕入原価法**、**個別法等**があります。計算が簡単なため、実務上、総平均法が多く使用されています(P117参照)。

しかかりひん／たなおろししさん

仕掛品／棚卸資産

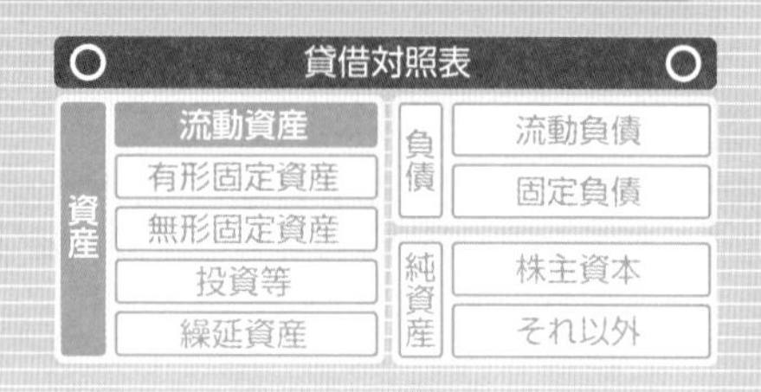

関連 製品（P118）、原材料（P122）

仕掛品とは、販売を目的とする製品の製造過程にあって、**現在、仕掛り中のもの**を表す勘定科目です。つまり、**製造現場において製造中の物品**のことです。「仕掛品」は、製造工程の途中にあるものですので、一般的に形状はその工程の進捗によって異なっていきます。

仕掛品と似た勘定科目に、**「半製品」**があります。製造過程にある点では同様ですが、「仕掛品」は**それ自体では販売も貯蔵もできない**点が「半製品」と異なります。

「仕掛品」は、業種によってその科目の呼び方が異なります。例えば、**ソフトウェア業**では、販売目的で制作中のプログラムなどのソフトウェアは**「仕掛品」**の勘定科目を使います。他方、**建設業**では**「未成工事支出金（みせいこうじししゅつきん）」**、**造船業**では**「半成工事（はんせいこうじ）」**と呼ばれます。

なお、自社で使用することを目的とした設備等を製造中のときは、固定資産の**「建設仮勘定」**を用います。

摘要

- 加工途中の製品在庫
- 工程上の製品在庫
- 製造過程の在庫
- 製造工程済み仕掛品
- 製造中の部品
- 生産ラインの上の在庫

パターン別仕訳例

増加する場合

期末棚卸で仕掛品10万円を確認したので、資産へ計上した。

借方		貸方	
仕掛品	10	期末仕掛品棚卸高	10

取引例
- 期末仕掛品の振替
- 製品の完成 等

減少する場合

前期末の仕掛品10万円を期首仕掛品棚卸高に振り替えた。

借方		貸方	
期首仕掛品棚卸高	10	仕掛品	10

取引例
- 期首仕掛品の振替
- 売上原価への振替 等

❶原材料が出庫された場合

製品Aの製造のために原材料100万円を出庫した。

借方		貸方	
仕掛品	100	原材料	100

製造のために必要な費用を、**製造費用**といいます。製造費用は、**材料費**、**労務費**、**製造経費**の主に3つの原価要素から構成されます。これらの原価要素は費目別計算され、その発生額を「仕掛品」勘定に振替えます。

❷加工費が費消された場合

製品Aの製造のために労務費200万円と製造経費50万円を費消した。

借方		貸方	
仕掛品	250	労務費	200
		製造経費	50

❸製品が完成して入庫した場合

製造指図書No.101(仕掛品350万円)が完成した。

借方		貸方	
製品	350	仕掛品	350

製造業者や製造部門が販売用に製造・加工した物品のうち、完成する前までは「仕掛品」として計上し、完成時に「製品」の科目に振替えます。

会計処理のポイントは?

- 「仕掛品」の取得原価は、適正な原価計算に基づいて算定されます。

個別原価計算による場合:

製造原価が製造指図書ごとに集計されるため、製造指図書に集計される未完成分の製造原価を「仕掛品」の取得原価とします。

総合原価計算による場合:

「仕掛品」の製造工程における加工進捗度を考慮しながら、仕掛品の評価額とします。総合原価計算による評価方法には、先入先出法、後入先出法、総平均法等があります。

なお、原価計算を行っていない時の「仕掛品」の取得原価の評価は、製品と一括して売価還元法により評価する方法が用いられます。

げんざいりょう／たなおろししさん

原材料／棚卸資産

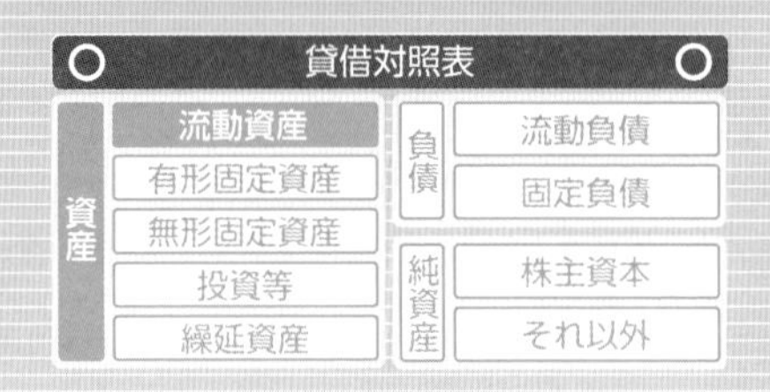

関連 製品（P118）、仕掛品（P120）

原材料とは、製品の製造のために外部から購入した**原料、材料、購入部分品**で、まだ使用していないものをいいます。

原料とは、製造過程で**化学的変化**をして、**素材の原形をとどめないもの**をいいます。

材料とは、製造過程で**物理的変化**をして、**素材の原形をとどめるもの**をいいます。

購入部分品とは、**加工することなくそのままの状態**で製品に取り付けられるものをいいます。

「原材料」は製造費用の構成要素の１つで、個別原価計算や総合原価計算などの原価計算の手続きを通じて、製造原価となります。原材料を購入した際に、取得原価で「原材料」を借方に記入し、**製造のために「原材料」を出庫した際には、「仕掛品」勘定に振替え**ます。

摘要

- 原料
- 工場消耗品
- 材料
- 消耗工具器具備品
- 素材
- 燃料
- 部品
- 補助原材料
- 買入部品
- 主要原材料
- 直接付随費用
- 間接付随費用

パターン別仕訳例

増加する場合

期末棚卸で原材料10万円を確認したので、資産へ計上した。

借方		貸方	
原材料	10	期末材料棚卸高	10

取引例
- 期末仕掛品の振替
- 材料の購入 等

減少する場合

前期末の原材料10万円を期首材料棚卸高に振り替えた。

借方		貸方	
期首材料棚卸高	10	原材料	10

取引例
- 期首材料の振替
- 材料の消費 等

❶原材料を購入した場合

原材料100万円を掛けにて購入した。

借方 原材料	100	貸方 買掛金	100

❷原材料を出庫した場合

製品Aの製造のために原材料50万円を出庫した。

借方 仕掛品	50	貸方 原材料	50

❸評価損や棚卸減耗損が発生した場合

期末の実地棚卸の結果、原材料10万円が帳簿残高より不足していた。

借方 棚卸減耗損	10	貸方 原材料	10

原材料の時価が下がり、評価減10万円が生じた。

借方 棚卸評価損	10	貸方 原材料	10

- 継続的記録法による帳簿棚卸数量よりも、実地棚卸数量が少ない場合、その不足数量に単価を乗じた額を**「棚卸減耗損」**として、認識します。「棚卸減耗損」のうち、**原価性を有するもの**は、**製造原価**、**売上原価**また**販売費**とし、**原価性を有しないもの**は、営業外費用または特別損失として処理します。
- 品質低下を原因とする**「棚卸評価損」**のうち、原価性を有する場合には、製造原価、売上原価または販売費とし、原価性を有しない場合には、営業外費用または特別損失に評価損を計上します。
- 原材料の時価が取得原価より**著しく下落した場合**には、回復する見込がある場合を除き、時価を持って貸借対象価額とします。

会計処理のポイントは?

- 原材料の取得原価は、①納品書価額から値引額や割戻額を控除した**購入対価**、②引取運賃、荷役費、運送保険料、購入手数料、関税など、**購入のために直接要した付随費用**、③購入事務、検収、整理、選別、手入れなど、**間接的に要した付随費用**、④工場間の移管運賃、荷役費などの**事後費用**を加算して求めます。

ちょぞうひん／たなおろししさん

貯蔵品／棚卸資産

関連 ケース（P79）、消耗品費（P318）、租税公課（P330）

貯蔵品とは、燃料、工場用消耗品、事務用消耗品、消耗器具備品、切手・収入印紙、梱包材料などのうち、取得した際に経費または「材料費」として処理されず、**未使用のまま貯蔵されているもの**を表す勘定科目です。生産、販売、一般管理のために短期間で消費される予定の消耗品などで、まだ使っていないものを指します。

貯蔵品に関する会計処理には、次の２つがあります。

①**購入時に「貯蔵品」として資産計上**し、その後、**使用時に「消耗品費」などの費用に計上**する方法

②**購入時に全額を「消耗品費」などの費用として計上**し、**決算時に未使用分を「貯蔵品」として資産計上**する方法

摘要

- 切手（未使用）
- 工具器具備品（未使用）
- 梱包材料（未使用）
- 事務用品（未使用）
- 収入印紙（未使用）
- 消耗品（未使用）
- 帳票（未使用）
- 伝票（未使用）
- 燃料（未使用）
- 文房具（未使用）
- 油（未使用）
- 包装材料（未使用）

パターン別仕訳例

増加する場合

期末棚卸で費用処理していた未使用の収入印紙１万円を確認したので、資産へ計上した。

借方		貸方	
貯蔵品	1	租税公課	1

取引例
- 消耗品の期末振替
- 貯蔵品の購入 等

減少する場合

前期末の貯蔵品在庫である収入印紙１万円を費用に振り替えた。

借方		貸方	
租税公課	1	貯蔵品	1

取引例
- 貯蔵品の期首振替
- 貯蔵品の出庫 等

❶貯蔵品を購入した場合（資産計上）

事務用品3万円を現金にて購入した。

借方		貸方	
貯蔵品	3	現金	3

❷貯蔵品を出庫した場合

事務用品2万円を使用するために出庫した。

借方		貸方	
消耗品費	2	貯蔵品	2

原則として、**消耗品を購入した時に「貯蔵品」として計上**し、**使用時に費用処理**しますが、処理が煩雑になります。そこで、実務上は、**購入した時に費用に計上**して、**期末に未使用分を「貯蔵品」として振り替え**ます。

❸貯蔵品を購入した場合（費用計上）

事務用品3万円を現金にて購入した。

期末：

未使用の事務用品1万円を確認した。

借方		貸方	
消耗品費	3	現金	3
貯蔵品	1	消耗品費	1

翌期首：

前期末の貯蔵品在庫1万円を費用に振り替えた。

借方		貸方	
消耗品費	1	貯蔵品	1

会計処理のポイントは？

- 「貯蔵品」は、税法上、**毎期ほぼ一定の量を取得し、経常的に消費するもの**は、購入した年度の費用に計上してよい（「貯蔵品」として資産に計上しなくてよい）ことになっています。
- 「貯蔵品」と原材料、補助材料、包装材料との区分は、社内の取扱基準によって、それぞれの資産に分類します。

まえわたしきん・まえばらいきん

前渡金・前払金

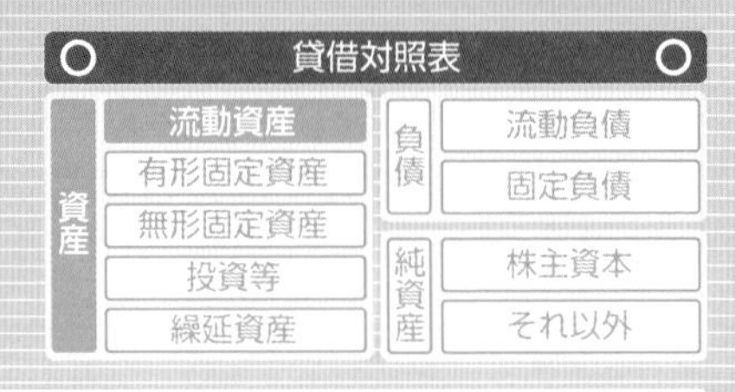

関連 短期貸付金（P132）、前払費用（P144）、買掛金（P210）

「前渡金」とは、商品や原材料などを購入する際に、仕入先に**その代金の一部または全部を納入前に支払った場合**、その金額を一時的に処理する勘定科目です。前渡金とは、いわゆる手付金のことで、「前払金」という勘定科目を使うこともあります。

「前渡金」と似た勘定科目に、**「前払費用」**があります。「前払費用」は**継続的にサービスを受ける場合**で、まだサービスを受けていない部分に対して、すでに代金を支払っている点が異なります。

「前渡金」に関する処理には次の２つの方法があります。

- 前渡金を支払った際に「前渡金」で処理し、その後、購入時に振替処理する方法
- 前渡金を支払った際に「買掛金」で処理し、決算時に「前渡金」に振替処理する方法

摘要

- 外注費前払い
- 材料費前払い
- 仕入代金前払い
- 商品手付金
- 諸経費前払い
- 代金前払い
- 手付金
- 前払金
- 加工代金前渡し
- 購入代金前渡し
- 仕入振替処理
- 買掛金振替処理

パターン別仕訳例

増加する場合

外注先に加工代金の一部10万円を小切手で前渡しした。

借方		貸方	
前渡金	10	当座預金	10

取引例
- 諸経費の前払い
- 商品や材料などの購入代金の前払い
- 外注加工費の前払い 等

減少する場合

外注品100万円の納品を受け、代金の残り90万円を現金で支払った（10万円は前払い済み）。

借方		貸方	
外注加工費	100	前渡金	10
		現金	90

取引例
- 仕入のへ振替
- 外注加工費への振替 等

❶購入時に振替処理する場合

前渡しした場合

A 商品100万円の代金の一部50万円を仕入先に現金で前渡した。

借方		貸方	
前渡金	50	現金	50

納品された場合

仕入先よりA 商品100万円の納品があり、残額50万円を掛とした。

借方		貸方	
仕入	100	前渡金	50
		買掛金	50

仕入代金の**前払いをした時に「前渡金」を計上**します。商品の**納品時に「仕入」勘定と振替え**、残額を「買掛金」とします。

❷決算時に振替処理する場合

A 商品100万円の代金の一部50万円を仕入先に現金で前渡した。

借方		貸方	
買掛金	50	現金	50

納品あり：仕入先よりA 商品100万円の納品があり、残りの代金50万円を掛とした。

借方		貸方	
仕入	100	買掛金	100

納品なし：仕入先よりA 商品100万円が未納入のまま決算をむかえた。

借方		貸方	
前渡金	50	買掛金	50

仕入代金の**前払い時には「買掛金」を借方に計上**します。**決算時に「買掛金」の借方残のうち前渡しした該当分に「前渡金」を用います。**決算時に「前渡金」を用いるだけですので、簡便な方法といえます。

会計処理のポイントは？

- 継続的な取引先に「前渡金」を支払う場合で、実質は取引先への資金援助にあたるときは、「前渡金」でなく「短期貸付金」として処理するほうが適切です。

たてかえきん

立替金

貸借対照表			
資産	**流動資産**	負債	流動負債
	有形固定資産		固定負債
	無形固定資産	純資産	株主資本
	投資等		それ以外
	繰延資産		

関連 ケース (P71)、短期貸付金 (P132)、売上高 (P272)

立替金とは、取引先、役員、従業員、親会社、子会社などに対して、経費や保険料などの金銭を**一時的に立て替え払いした場合**に、**その立替金額**を処理する勘定科目をいいます。また、他社発行の商品券やギフト券などで商品を販売した場合、発行元との精算時までは「立替金」で処理します。

「立替金」は一時的な金銭の融通ですので、利息は発生しません。立て替えた相手に応じて、「従業員立替金」や「役員立替金」などの勘定科目を設けることもできます。

役員や従業員などへの「立替金」が、長期間にわたる場合は、実質的には貸付と同じ状況ですので、「貸付金」に振替えて第三者への**貸付金同様に利息を付加**します。

摘要

- 一時立替
- 関係会社への立替
- 給付金の立替
- 子会社への立替
- 従業員への立替
- 商品券による売上
- 取引先への立替
- 保険料の立替
- 役員への立替
- 立替払い
- 個人負担分の立替
- ギフト券による売上

パターン別仕訳例

増加する場合

社会保険料30万円を現金で支払い、従業員負担分10万円は立替金で処理した。

借方		貸方	
法定福利費	20	現金	30
立替金	10		

取引例
- 取引先、従業員などが負担すべき経費などの一時的な立替払い
- 従業員が負担すべき社会保険料の立替払い
- 商品券による商品の販売 等

減少する場合

役員への立替金10万円を短期の貸付金に振り替えた。

借方		貸方	
短期貸付金	10	立替金	10

取引例
- 立替金の精算・回収
- 買掛金などとの相殺
- 貸付金への振り替え 等

❶取引先に対して立て替えた場合

取引先と同行した際、取引先の負担すべき交通費50万円を一時的に立て替えた。

借方		貸方	
立替金	50	現金	50

取引先が負担すべき送料10万円を立替払いした。

借方		貸方	
立替金	10	現金	10

翌月、上記の立替分60万円と取引先への買掛金を相殺した。

借方		貸方	
買掛金	60	立替金	60

❷従業員に対して立て替えた場合

社内旅行費500万円を当座預金より支払い、そのうち従業員の負担分100万円を立替金で処理した。

借方		貸方	
福利厚生費	400	当座預金	500
立替金	100		

翌月の給与800万円から立替金100万円を天引きした。

借方		貸方	
給与	800	立替金	100
		当座預金	700

❸商品券などによる売上の場合

商品10万円を販売し、加盟店共通の商品券10万円を受け取った。

借方		貸方	
立替金	10	売上	10

会計処理のポイントは?

- 資産総額の100分の1を超える金額は、流動資産の部に「立替金」として表示します。超えない場合は、「その他の流動資産」に含めて表示します。

かりばらいきん
仮払金

貸借対照表			
資産	**流動資産**	負債	流動負債
	有形固定資産		固定負債
	無形固定資産	純資産	株主資本
	投資等		それ以外
	繰延資産		

関連 ケース (P87)、交際費 (P300)、旅費交通費 (P304)

仮払金とは、簡単に言うと、お金は出したけれど使い道 (取引の内容) や金額がまだ不明なもの。現金や小切手などによる金銭の支出をしたが、**相手勘定が不明な場合**、または相手勘定をわかっているが**最終的な金額が未確定な場合**に、その支出を一時的に処理しておく勘定科目をいいます。

「仮払金」と似た勘定科目に、**「未決算勘定」**があります。「未決算勘定」は「仮払金」と異なり、**現金の支出がなく**、かつ**相手勘定が不明な場合や金額が未確定な場合**に、一時的に処理する勘定科目です。

摘要

- 仮払金の支払
- 仮払金の精算
- 給料の仮払い
- 賃金の仮払い
- 交際費の仮払い
- 交際費の精算
- 交通費の仮払い
- 交通費の精算
- 出張旅費の仮払い
- 出張旅費の精算
- 経費の仮払い
- 経費の精算

パターン別仕訳例

増加する場合

従業員の出張に際して、現金10万円を仮払いした。

借方		貸方	
仮払金	10	**現金**	10

取引例
- 役員や従業員に前もって仮払いした取引先を接待する費用
- 従業員に前もって仮払いした出張費用
- 従業員に前もって仮払いした交通費
- 従業員に前もって仮払いした諸経費 等

減少する場合

出張のための仮払いを精算し、交通費が10万円であった。

借方		貸方	
旅費交通費	10	仮払金	10

取引例
- 役員や従業員に前もって仮払いした取引先を接待する費用の精算
- 従業員に前もって仮払いした出張費用の精算
- 従業員に前もって仮払いした交通費の精算
- 従業員に前もって仮払いした諸経費の精算 等

❶仮払いした場合

役員に取引先の接待のために現金10万円を仮払いした。

借方		貸方	
仮払金	10	現金	10

従業員の出張のための旅費として、あらかじめ現金10万円を渡した。

借方		貸方	
仮払金	10	現金	10

❷仮払いを精算した場合

取引先接待のために仮払いした現金10万円を、7万円の領収書と現金3万円と引き換えに精算した。

借方		貸方	
交際費	7	仮払金	10
現金	3		

出張用の旅費として仮払いした現金10万円を、精算したところ、3万円が不足していたので現金で支払った。

借方		貸方	
旅費交通費	13	仮払金	10
		現金	3

使途や金額が未確定な支出を一時的に「仮払金」と処理しますので、**確定した都度、正しい勘定で処理**することが必要になります。

会計処理のポイントは?

- 「仮払金」が資産総額の100分の1を超える金額は、流動資産の部に「仮払金」として表示し、それ以外は「その他の流動資産」に含めて表示します。
- **決算時には、できるだけ「仮払金」を精算**し、本来の勘定科目で処理するようにします。「仮払金」のまま、長期に処理しないでいると、「使途不明金」となりやすいので注意が必要です。
- 税務調査で「使途秘匿金」と指摘されると、〈使途秘匿金×40%〉の金額が法人税に加算されて計算されます。

たんきかしつけきん
短期貸付金

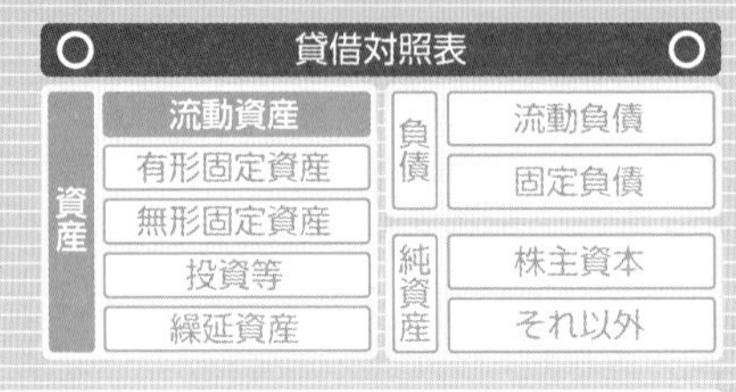

関連 ケース (P77)、貸倒引当金 (P146)、長期貸付金 (P190)

短期貸付金とは、会社が役員、従業員、取引先、関係会社などに貸したお金で、すぐ（1年以内）に返してもらう約束になっているもの。仕入先や得意先、子会社、関連会社、役員や従業員などに対する**貸付金**で、決算日の翌日から起算して**1年以内に返済される予定のもの**をいいます。1年を超えて返済が予定される貸付金は「長期貸付金」となります。この区分を**一年基準（ワン・イヤー・ルール）**といいます。

「短期貸付金」には利息が発生します。貸付金に対する利息は営業外収益の区分に**「受取利息」**と表示されます。

また、役員や従業員に対する貸付であっても、貸付金には利息が発生します。会社は営利を目的としていますので、役員などに対して、**無利息または著しく低い金利**で貸付を行った場合、税務上、**経済的な利益供与とみなされる**ので、注意が必要です。

摘要

- 子会社への貸付金
- 従業員への貸付
- 短期貸付金
- 手形貸付金
- 取引先への貸付金
- 役員への貸付金
- 関連会社への貸付金
- 1年以内の返済予定の貸付
- 長期貸付金の振替
- 立替金の振替
- 関係会社への貸付金

パターン別仕訳例

増加する場合

取引先に現金100万円を短期に貸し付けた。

借方		貸方	
短期貸付金	100	現金	100

取引例
- 資金の貸付
- 長期貸付金からの振替え 等

減少する場合

短期の貸付金10万円が期日に現金にて返済された。

借方		貸方	
現金	10	短期貸付金	10

取引例
- 貸付金の回収 等

❶ 貸し付けた場合

役員に、普通預金からの振込みにより、資金100万円を短期に貸し付けた（元利受取り）。

借方		貸方	
短期貸付金	100	普通預金	100

役員に、普通預金からの振込みにより、資金100万円を短期に貸し付けた。なお、利息10万円は貸付時に前取りした（利息前取り）。

借方		貸方	
短期貸付金	110	普通預金	100
		受取利息	10

❷ 回収した場合

役員に貸し付けた短期の貸付金100万円が、期日に利息10万円とともに普通預金に振り込まれ返済された（元利受取り）。

借方		貸方	
普通預金	110	短期貸付金	100
		受取利息	10

❸ 長期の貸付金を振替えた場合

決算時に、長期の貸付金150万円の返済期間が1年以内になったので、短期の貸付金に振替えた。

借方		貸方	
短期貸付金	150	長期貸付金	150

決算時に**「長期貸付金」の返済期限が1年以内**になったら、**「短期貸付金」**に振替えます。ただし、その金額が少額の場合は振替を省略できます。

会計処理のポイントは？

- 役員や従業員に対する福利厚生のための資金援助や一時的な資金融通等は「役員短期貸付金」、「従業員短期貸付金」として区分表示するか、注記します。
- 子会社への一時的な運転資金や設備投資資金等の貸付金は「子会社短期貸付金」として区分表示するか、注記します。
- 「短期貸付金」は、期末に**貸倒引当金の設定の対象**となります。

みしゅうきん・みしゅうにゅうきん

未収金・未収入金

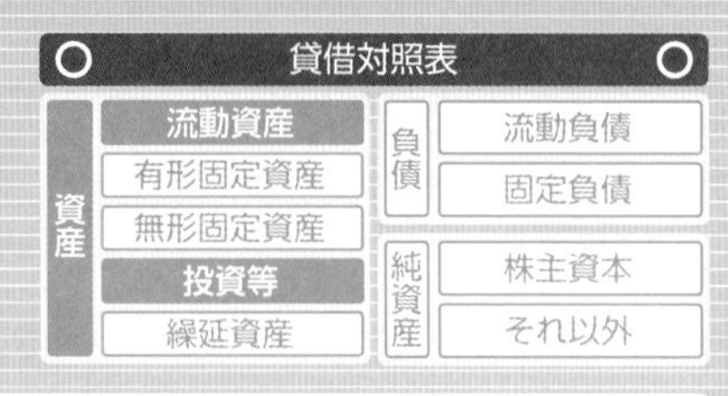

関連 ケース(P73,83)、売掛金(P102)、未収収益(P142)、貸倒引当金(P146)

「未収金」とは、簡単に言うと「本業以外の取引で発生した対価の、まだ入金されていないもの」。①通常の**営業取引以外の取引によって発生した債権**や、②通常の取引によって発生した債権で**「売掛金」以外の債権で、支払期日が到来しているもの**をいいます。**「未収入金」**という科目を使うこともあります。

例えば、固定資産を売却した場合、その代金の未回収額は「未収金」勘定で処理されます。

「未収金」と似た勘定科目に**「未収収益」**があります。「未収収益」は**継続的にサービスを提供する場合**で、すでに提供したサービスに対してまだ入金されていないもので、**入金の期日が到来していないもの**です。つまり、決算日には**債権として未確定**なものです。

一方「未収金」は、①すでに財貨を販売しており、**債権が確定**しているが、**まだ入金されていない**か、もしくは、②**継続的にサービスを提供する場合**で、すでに提供したサービスに対して、**まだ入金されていないが、入金の期日が到来しているもの**です。

摘要

- 各種の固定資産売却代金の未収
- 未収売掛金
- 未収代金
- 有価証券売却代金の未収
- 作業くず売却代金の未収

パターン別仕訳例

増加する場合

固定資産100万円(減価償却累計額30万円)を売却して、その代金80万円を翌月末に受け取ることにした。

借方		貸方	
未収金	80	固定資産	100
減価償却累計額	30	固定資産売却益	10

取引例
- 固定資産(機械・車両・建物…)の売却代金未収分
- 有価証券の売却代金の未収分　•外注先への資材提供代金の未収分 等

減少する場合

固定資産売却の未収分80万円が、売却後の翌月末に普通預金に振り込まれた。

借方		貸方	
普通預金	80	未収金	80

取引例
- 未収分の回収 等

❶ 土地・建物等の固定資産や有価証券を売却して、その代金を受け取っていない場合

取得価格200万円（減価償却累計額80万円）の車両を100万円でカーディーラーに売却した。代金は翌月末に受け取る契約をした。

借方		貸方	
未収金	100	車両	200
減価償却累計額	80		
車両売却損	20		

上記の売却代金100万円が翌月末に当座預金に振り込まれた。

借方		貸方	
当座預金	100	未収金	100

❷ 本業以外の取引として、金銭を貸し付けたり不動産賃貸等の役務を提供して、その代金を受け取っていない場合子

会社への貸付金にかかる利息20万円が支払期日（6/25）になっても払われていない。

借方		貸方	
未収金	20	受取利息	20

上記の利息10万円が翌月（7/1）に普通預金に振り込まれた。

借方		貸方	
普通預金	20	未収金	20

実務的には、本業以外の収益の支払期日が到来していない未収分は「未収収益」として処理されます。ただし、支払期日が到来している**確定債権**は、上記のように**「未収金」**として計上する必要があります。

会計処理のポイントは？

- 「未収金」の額が資産総額の100分の1を超える場合は、「未収金」等の勘定科目を設けて表示します。
- 通常、決算日の翌日から1年以内に期日の到来する「未収金」は、流動資産の中の「その他の流動資産」として表示されます。1年を超える場合は、「投資等」の区分に表示されます。
- 「未収金」は、売掛金等の営業債権と同様に、期末に**貸倒引当金の設定の対象**となります。

けいやくしさん
契約資産

関連 売上高（P272）、売掛金（P102）、契約負債（P226）、役務収益（P226）、役務原価（P226）

契約資産とは、企業が顧客に移転した**商品やサービスと交換に受け取る対価に対する企業の権利**を処理する勘定科目です。ただし、顧客との契約から生じた債権は除かれます。

「契約資産」は、会計監査を受ける上場会社等が、2021年4月から始まる会計年度より強制適用（中小企業等は任意摘要）の対象となる**「収益認識に関する会計基準」**で新しく加えられた勘定科目です。

顧客に掛けで販売した等、対価の受け取りについて**企業の権利が無条件**（期限の到来以外の条件が存在しない）の場合、従来通り、**その売上の計上に対して債権（法的請求権）である「売掛金」を計上**します。

一方、対価を受け取るには**条件がある場合には、「契約資産」として処理**します。例えば、1つの契約の中に複数の履行義務があり、その一部のみしか履行義務を充足していない場合などです。

摘要

●条件付きの売上　●一部の義務履行の売上　●売掛金への振り替え　●一部の義務の履行

パターン別仕訳例

増加する場合

A社と商品X（1万円）と商品Y（2万円）を販売する契約を結び、ただちに商品Xを引き渡し、当月末に商品Yを引き渡すこととした。

借方		貸方	
契約資産	1	売上	1

取引例 ●条件付きの売上　●一部の義務履行の売上 等

減少する場合

A社は商品Yの引き渡しを条件として、当月末に商品X（1万円）と商品Y（2万円）の代金として現金3万円を支払った。

借方		貸方	
現金	3	契約資産	1
		売上	2

取引例 ●一部の義務の履行　●売掛金への振り替え　等

×1年4月1日に、A社と商品Xと商品Yを販売する契約を締結した。契約内容は次のとおりである。

- 商品Xの代金は10万円、商品Yの代金は20万円とする
- 商品Xは×1年4月30日に引き渡し、商品Yは×1年5月31日に引き渡すものとする
- 商品Xと商品Yの両方の引き渡しが完了するまで、対価に関する無条件の権利はない
- ×1年6月30日に本契約の対価を普通預金口座に振り込む

❶ 商品Xを引き渡した場合：×1年4月30日

借方		貸方	
契約資産	10	売上	10

❷ 商品Yを引き渡した場合：×1年5月31日

借方		貸方	
売掛金	30	売上	20
		契約資産	10

❸ 対価の入金があった場合：×2年5月31日

借方		貸方	
普通預金	30	売掛金	30

当社はA社から販売支援システムの制作を15万円で受注した。原価総額は10万円、開発期間は2年と見積もられている。

当期中

制作費用6万円を普通預金から支払った。

借方		貸方	
仕掛品	6	普通預金	6

期末

ソフトウェア制作の履行義務充足の進捗度60%（当期発生した原価6万円÷見積原価総額10万円）と見積もられたので、進捗度に基づき役務収益を計上した。また、制作費用として計上した仕掛品は役務原価に振り替えた。

借方		貸方	
契約資産	9	役務収益	9
役務原価	6	仕掛品	6

＊役務収益9万円＝受注額15万円×進捗度60%

会計処理のポイントは？

- 1つの契約の中で複数の履行義務があり、全ての履行義務を充足した場合、対価を請求できるようになる（法的請求権がある）ので、「契約資産」から**「売掛金」**に振り替えます。

へんぴんしさん
返品資産

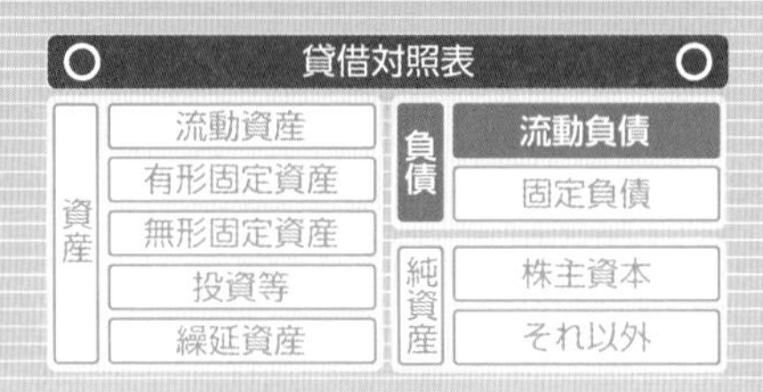

関連 売上原価（P274）、返品調整引当金（その他引当金）（P236）、返金負債（P228）

返品資産とは、返金負債の決済時に、顧客から商品等を回収する権利を処理する勘定科目です。返金負債とは、顧客から受け取った、または受け取る対価の一部・全部を**顧客に返金すると見込む場合**、その対価の額のうち、企業が権利を得ると見込まない額を処理する勘定科目です。

「返品資産」は、会計監査を受ける上場会社等が、2021年4月から始まる会計年度より強制適用（中小企業等は任意摘要）の対象となる**「収益認識に関する会計基準」**で新しく加えられた勘定科目です。

「収益認識に関する会計基準」では、収益として計上する金額（算定する取引価格）は、**変動対価**や現金以外の対価を考量して算定します。変動対価とは、顧客と約束した対価のうち変動する可能性があるもので、商品等の返品が見込まれる場合の**返品権付販売**等です。従来、返品権付販売に関しては、過去の返品実績から見積もって「返品調整引当金」が計上され、「返品調整引当金繰入額」を売上総利益から控除していました。しかし、「収益に関する会計基準」においては、商品の販売時に、予想される返品の額を「返品負債」として計上し、残額を「売上」として計上します。

摘要

•返品権付販売　•売上原価の振替　•返品の見積　•商品への振替

パターン別仕訳例

増加する場合

販売単価20,000円（原価10,000円）の商品X（20個）をA社に販売し、代金40万円は翌月支払われる。なお、商品Xは未使用で返品した場合、全額の返金が認められる。過去の実績から2個の返品が見積もられる。

借方		貸方	
売掛金	40	売上	36
		返金負債	4

借方		貸方	
売上原価	2	棚卸資産	4
返品資産	2		

取引例　•返品権付販売　•売上原価の振り替え　•返品の見積り 等

減少する場合

返金資産2万円を商品に振り替えた。

借方		貸方	
商品	2	返品資産	2

取引例　•商品への振り替え 等　•返品コスト

当社は顧客へ販売単価10,000円（原価6,000円）の商品Xを1,000個販売し、現金1,000万円を受け取った。商品Xに関しては、30日以内に返品された場合には全額を顧客に返却することになっている。過去の実績から返品率は5%と見積もられる。

・×1年4月、A社は商品Xを1,200個を販売した

・×1年5月、A社は商品Xを800個を販売した

❶ 返品権付販売をした場合

借方		貸方	
現金	1,000	売上	950
		返金負債	50

借方		貸方	
売上原価	570	棚卸資産	600
返品資産	30		

＊返品資産30万円＝6,000円×販売個数1,000個×返品率5%

❷ 返品のコストがあった場合

上記①の返品に関して、回収コスト1,000円/個がかかると見込んでいる。

借方		貸方	
売上原価	575	棚卸資産	600
返品資産	25		

＊返品資産25万円＝（6,000円-1,000円）×販売個数1,000個×返品率5%

販売した商品の返品を受け、商品代金10万円を返金することとなり、普通預金口座より返金した。なお、返品権のある販売で、返品分として返品資産3万円を見込んでいた。

借方		貸方	
返金負債	10	普通預金	10

借方		貸方	
商品	3	返品資産	3

会計処理のポイントは?

- 実際に返品がされてない段階でも、過去の実績から返品率を見積もって、「返品資産」を計上します。
- 返品の送料を自社負担とする場合など、返品に関するコストが生じた場合、「返品資産」の金額から控除します。

たてんしょうひんけん

他店商品券

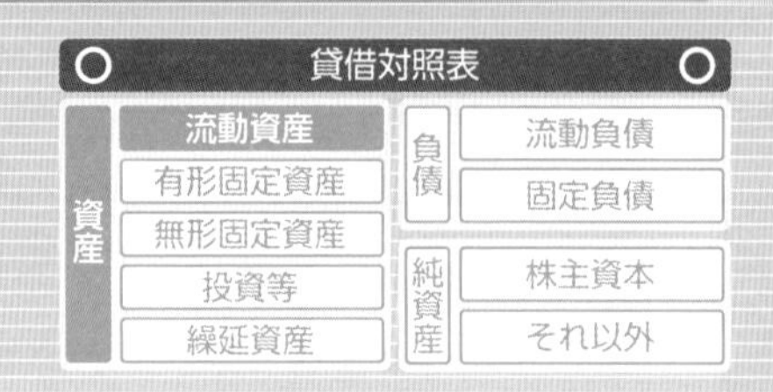

関連 売上高 (P272)、商品券 (P230)

他店商品券とは、百貨店、チェーン店、大手スーパー等が販売促進のために発行している、**自社が発行した商品券以外の商品券やギフトカード**を処理する勘定科目です。なお、「他店商品券」の勘定科目を設けずに「立替金」で処理することもあります。一方、自社が発行した商品券は「商品券」の勘定科目を使用します。

「他店商品券」は百貨店など商品券を発行した会社から、後でその券面額を受け取ることができる権利なので**資産に計上**されます。一方、**「商品券」**は、自社が発行した商品券の券面額に相当する商品を引き渡す義務なので**負債に計上**されます。

上場企業等が2021年4月から始まる会計年度より強制適用の対象となる「収益認識に関する会計基準」では、自社発行の「商品券」は、商品を売る前に現金をもらっているので、顧客へ履行義務は移転しません。そのため、**「商品券」**は**「契約負債」**として認識されます。ただし、勘定科目としては「商品券」と「契約負債」のどちらを使用しても構いません。一方、他社発行の**「他店商品券」**は**現金として精算できる資産**であり、会計処理は従来と変わりません。

摘要

- 全国百貨店共通商品券による売上
- 他社ギフトカードによる売上
- 他社商品券との交換
- 他社商品券の受け入れ
- 全国百貨店共通商品券の交換
- 他社ギフトカードとの交換

パターン別仕訳例

増加する場合

商品1万円を販売し、代金として全国百貨店共通商品券を受け取った。

借方		貸方	
他店商品券	1	売上	1

取引例 ●他社の発行した商品券による販売 ●他社の発行したギフトカードによる売上 等

減少する場合

顧客から受け取った全国百貨店共通商品券1万円を換金した。

借方		貸方	
現金	1	他店商品券	1

取引例 ●他社の発行した商品券の換金 ●他社の発行したギフトカードの換金 等

❶他社発行の商品券を受け入れた場合

商品を販売し、代金としてカード会社が発行したギフトカード3万円を顧客から受け取った。

借方		貸方	
他店商品券	3	売上	3

❷他社発行の商品券と自社発行の商品券を受け入れた場合

商品4万円を販売し、代金として他社発行の商品券1万円と自社発行の商品券3万円を顧客から受け取った。

借方		貸方	
他店商品券	1	売上	4
商品券	3		

❸他社の商品券を決済した場合

顧客から受け取ったカード会社発行のギフトカード1万円を発行元で精算した。

借方		貸方	
現金	1	他店商品券	1

❹他社発行の商品券を自社発行の商品券と交換した場合

当社保有の他社発行の商品券4万円と他社保有の当社発行の商品券3万円を交換し、差額を現金で受け取った。

借方		貸方	
商品券	3	他店商品券	4
現金	1		

会計処理のポイントは?

- 他店の発行した商品券は、後日、発行元において決済され、現金化されます。一方、自社発行の商品券は商品券と引き換えに商品を引き渡す義務が履行されたため、発行時に負債に計上していた「商品券」と相殺します。

みしゅうしゅうえき

未収収益

関連 未収金 (P134)、受取利息 (P348)

未収収益とは、契約に従って継続的にサービスを提供する場合、**すでに提供したサービスに対してまだ代金の支払を受けていないもので、支払期日が未到来のもの**をいいます。例えば、後払いの貸付金の利息や賃貸用不動産の家賃収入などのまだ受け取っていないものなどです。

「未収収益」と似た勘定科目に**「未収金」**があります。

「未収金」は、①すでに財貨を販売しており、**債権が確定しているが、まだ入金されていない**か、もしくは②**継続的にサービスを提供する場合**で、すでに提供したサービスに対して、**まだ入金されていないが、入金の期日が到来しているもの**です。

一方、「未収収益」は継続的にサービスを提供する場合で、すでに提供したサービスに対して、まだ入金されていないもので、入金の期日が到来していないものです。つまり、**決算日には債権として未確定なもの**です。

摘要

- 未収受取利息
- 未収地代
- 未収賃貸料
- 未収手数料
- 未収家賃
- 未収利息

パターン別仕訳例

増加する場合

期末に預金利息2万円の未収分を計上した。

借方		貸方	
未収収益	2	受取利息	2

取引例
- 預金利息の未収
- 貸付金利息の未収
- 地代家賃の未収
- 手数料の未収 等

減少する場合

翌期首に未収収益2万円の振替処理を行った。

借方		貸方	
受取利息	2	未収収益	2

取引例
- 未収収益の回収
- 未収収益の期首振替 等

❶ 期末の時点で貸付金に対する利息が未収の場合

取引先に対して短期貸付100万円を小切手で振り出して行った。

借方		貸方	
短期貸付金	100	当座預金	100

期末に、上記の貸付金100万円に対する未収利息1万円を計上した。

借方		貸方	
未収収益	1	受取利息	1

サービスに対する対価（受取利息1万円）は、時の経過に伴い既に当期の収益として発生しているので、**当期の損益計算書に「受取利息」として計上**します。それと同時に貸借対照表の資産の部に「未収収益」として計上します。

なお、重要性のない場合は「未収収益」として計上しないこと（入金時に「受取利息」として収益計上）も認められています。

❷ 翌期に振替処理をした場合

①の未収利息を翌期首に振替処理した。

借方		貸方	
受取利息	1	未収収益	1

支払期日となって利息5万円とともに①の短期貸付金を小切手で回収した。

借方		貸方	
当座預金	105	短期貸付金	100
		受取利息	5

翌期首に「未収収益」の振替処理を行います。振替処理を行うことで、利息の入金があった場合に、翌期分の収益のみが翌期の損益計算書に「受取利息」として計上されます。貸借対照表上は、決算時に借方に計上した「未収収益」と、期首に振替処理して貸方に計上した「未収収益」が相殺されます。

会計処理のポイントは？

- 「未収収益」の額が資産総額の100分の1を超える場合は、「未収収益」の勘定科目を設けて表示します。それ以外は**「その他流動資産」**に含めて表示します。

まえばらいひよう

前払費用

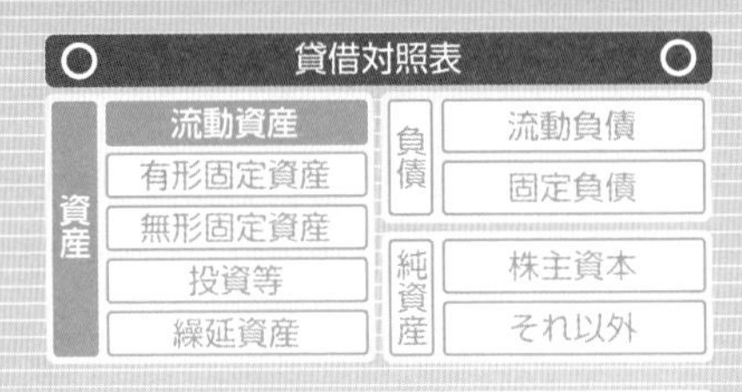

関連 ケース (P70)、前渡金・前払金 (P126)、長期前払費用 (P192)、賃借料 (P308)

前払費用とは、契約に従って継続的にサービスの提供を受ける場合、**まだ提供されていないサービスに対してすでに支払われた対価**をいいます。例えば、賃貸用不動産の家賃や保険料の前払いで支払った分などです。

「前払費用」と似た勘定科目に**「前渡金・前払金」**があります。

「前払費用」は、継続的に役務の提供を受ける場合に、まだサービスの提供を受けていないにもかかわらず支払った時に使用します。

一方、**「前渡金・前払金」**は、継続的に役務の提供を受ける以外の場合で、商品の購入などした際に、商品の納品前に代金の一部または全部を支払った時に使う点で異なります。

摘要

- 短期広告料の前払い
- 短期保険料の前払い
- 短期リース料の前払い
- 前払経費
- 前払保険料
- 前払家賃
- 前払地代
- 前払賃借料
- 未経過支払利息
- 未経過保険料
- 未経過リース料
- 未経過割引料

パターン別仕訳例

増加する場合

月末に来月分の家賃10万円を現金で支払った。

借方		貸方	
前払費用	10	現金	10

取引例
- 経費の前払い
- 家賃、地代、リース代などの前払い
- 保険料の未経過分
- 支払利息の未経過分 等

減少する場合

翌月に前払費用10万円の振替処理を行った。

借方		貸方	
地代家賃	10	前払費用	10

取引例
- 前払費用の戻し
- 前払費用の振替 等

❶ 支出時に資産計上し、月次で費用へ振替える場合

1月に、コンピュータの、6ヶ月分のリース料60万円を小切手で支払った。

借方		貸方	
前払費用	60	当座預金	60

上記のリース料を月次(1月)で費用に振替処理をした。

借方		貸方	
賃借料	10	前払費用	10

1月の月次の振替処理を2月、3月と続けます。この月次で費用に振替える方法では、月次損益を正確に行うことができます。

❷ 支出時に費用処理し、期末に資産計上する場合

1月にコンピュータの6ヶ月分のリース料60万円を小切手で支払った(3月決算)。

借方		貸方	
賃借料	60	当座預金	60

期末時点で上記リース料のうち3ヶ月が未経過である。

借方		貸方	
前払費用	30	賃借料	30

翌期首に振替処理を行った。

借方		貸方	
賃借料	30	前払費用	30

リース料を前払いした際に、未経過分も含めて既に当期の費用としていますので、**決算時に未経過分の費用を当期の損益計算から控除**します。それと同時に、貸借対照表の資産の部に未経過分を「前払費用」として計上します。
翌期首には「前払費用」の振替処理を行うことで、翌期分のリース料のみが翌期の損益計算書にリース料として計上されます。貸借対照表上は決算時に計上した「前払費用」と期首に振替処理して計上した「前払費用」が相殺されます。
この方法は振替処理を期首に行うだけですので、事務手続きの簡素化が図れます。

会計処理のポイントは?

- 1年基準によって、決算日から起算して1年以内に費用となるものは流動資産の部の「前払費用」に、1年を超えて費用になるものは固定資産の部の**「長期前払費用」**として表示されます。
- 重要性のない場合は、継続適用を条件に「前払費用」として計上しないこと(支払時に費用計上すること)も認められています。

かしだおれひきあてきん

貸倒引当金

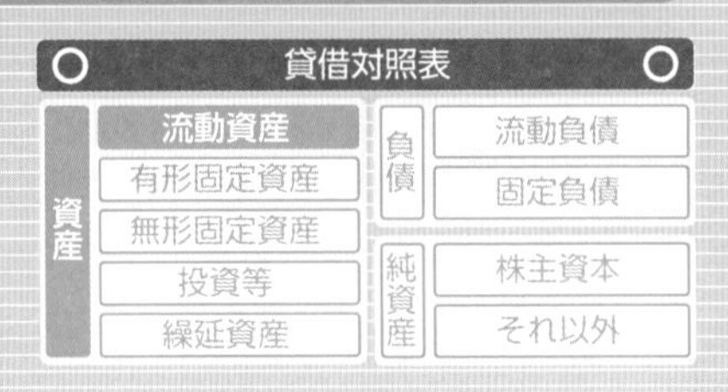

関連 ケース (P90)、貸倒引当金繰入額 (P336)、貸倒損失 (P338)、貸倒引当金戻入 (P374)

貸倒引当金とは、取引先に対する売掛金等の**債権が回収できなくなる場合**に備えて、期末に金銭債権の評価を行い、**取立不能見込額を費用に繰り入れる際に計上**する勘定科目です。

「貸倒引当金」は、貸倒引当金の設定対象となった**債権から間接的に控除**する形で表示されます。よって、**資産のマイナス勘定**となります。

「貸倒引当金」の対処となる債権には、**「受取手形」、「売掛金」、「未収入金」、「貸付金」**などがあります。「保証金」、「預け金」、「前払金」、「仮払金」などは対象となりません。

「貸倒引当金」の繰入方法には、次の2つがあります。

- **洗替処理**：前期末計上分を「貸倒引当金戻入」として戻し入れ、今期計上分を「貸倒引当金繰入額」として繰り入れる処理
- **差額処理**：前期末計上分と今期計上分の差額を補充する処理

摘要

- 貸倒
- 貸倒損失
- 貸倒引当金繰入
- 貸倒引当金戻入
- 債権回収不能
- 債権償却特別勘定
- 取立不能見込額
- 貸倒引当金の差額補充

パターン別仕訳例

増加する場合

前期末に売掛金に対して貸倒引当金1万円を計上した。

借方		貸方	
貸倒引当金繰入額	1	貸倒引当金	1

取引例 ●回収不能見込額 ●取立不能見込額 等

減少する場合

今期末に前期末計上分の貸倒引当金1万円を戻し入れて、今期改めて貸倒引当金2万円を計上した。

借方		貸方	
貸倒引当金	1	貸倒引当金戻入	1
貸倒引当金繰入額	2	貸倒引当金	2

取引例 ●貸倒引当金戻入 ●洗替処理 ●貸倒発生 等

❶ 貸倒引当金を計上する場合

前期末計上分の貸倒引当金30万円を戻し入れ、期末に売掛金に対して貸倒引当金50万円を計上した（洗替処理した）

借方		貸方	
貸倒引当金	30	貸倒引当金戻入	30
貸倒引当金繰入額	50	貸倒引当金	50

前期末に売掛金に対して貸倒引当金30万円を設定したが、今期末には貸倒引当金50万円と設定した（差額処理した）。

借方		貸方	
貸倒引当金繰入額	20	貸倒引当金	20

❷ 貸倒が発生した場合

前期末に貸倒引当金50万円を設定した取引先の売掛金100万円が貸倒となった。

借方		貸方	
貸倒引当金	50	売掛金	100
貸倒損失	50		

会計処理のポイントは?

- 税法では、金銭債権を個別評価金銭債権と一括評価金銭債権に区分して、貸倒引当金の繰入限度額を定めています。

> **個別評価金銭債権**:取引先の**個別的な事情に応じて**「貸倒引当金繰入額」を計上します。
> **一括評価金銭債権**:個別評価金銭債権以外の債権（一般債権）に関しては、**過去の貸倒実績率に基づいて**貸倒引当金繰入額を計算します。

- 金融商品の会計基準では、債権を一般債権、貸倒懸念債権、破産更生債権等に区分して、区分された債権ごとに貸倒見積高の算定方法を決めています。
- 「貸倒引当金」は、「売掛金」や「受取手形」などに対する評価勘定であるので、貸借対照表上、資産の控除項目として科目ごとまたは一括して表示します。
- 「貸倒引当金」は、その対象となった債権が流動資産の場合には流動資産の部に、固定資産の場合には固定資産の部に原則として計上します。しかし、実務上は事務処理の簡便性から全額を流動資産の部の「貸倒引当金」として処理する場合もあります。

くりのべぜいきんしさん

繰延税金資産

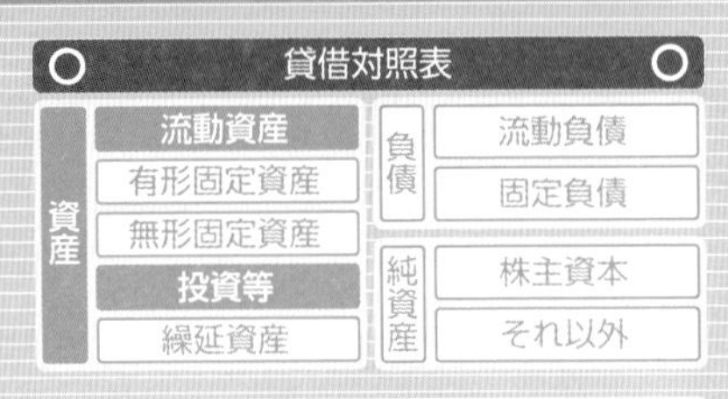

関連 COLUMN (P117)、原材料 (P122)、貸倒引当金繰入額 (P336)、法人税等調整額 (P380)

繰延税金資産とは、**税効果会計の適用**によって生じる税効果額で、**将来減算一時差異にかかる法人税等相当額**を処理する資産項目をいいます。

税効果会計とは、会計と税務の間における収益と益金、費用と損金の認識時点の違いや会計上の資産・負債の額と税法上の資産・負債の額に相違がある場合、課税所得（税法）から計算された法人税等の額を、会計上の利益計算の考え方に調整するために、適切に期間配分するための会計処理です。簡単に言うと、会計上の資産・負債の金額と税務上の資産・負債の金額のアンバランスを解消するためのものです。

「繰延税金資産」は、関連した資産や負債の分類に基づいて、**流動資産の部**または**固定資産の「投資その他の資産」**の区分に表示されます。

流動資産に区分される「繰延税金資産」と流動負債に区分される「繰延税金負債」は、それぞれ相殺して表示します。また、投資その他の資産に区分される「繰延税金資産」と固定負債に区分される「繰延税金負債」は、それぞれ相殺して表示します。

摘要

- 貸倒引当金の計上（損金不算入）
- 賞与引当金の計上（損金不算入）
- 棚卸資産評価損の計上（損金不算入）
- 事業税の未払計上

パターン別仕訳例

増加する場合

決算において、貸倒引当金400万円を計上したが、税務上の限度額を超える100万円について税効果会計を適用した。なお、実効税率は40%であった。

借方		貸方	
繰延税金資産	40	法人税等調整額	40

取引例

- 貸倒引当金の計上（一時差異の発生）
- 賞与引当金の計上（一時差異の発生）
- 棚卸資産評価損の計上（一時差異の発生）
- 事業税の未払計上（一時差異の発生）等

減少する場合

貸倒が確定し、前期において損金不算入だった貸倒引当金100万円の損金算入が認められた。

借方		貸方	
法人税等調整額	40	繰延税金資産	40

取引例

- 貸倒引当金の計上（一時差異の解消）
- 賞与引当金の計上（一時差異の解消）
- 棚卸資産評価損の計上（一時差異の解消）
- 事業税の未払計上（一時差異の解消）等

❶ 繰延税金資産を計上する場合

決算において、棚卸資産1,000万円に関して、税務上は損金算入されなかった棚卸資産の評価損100万円が生じ、将来減算一時差異が認識された。なお、実効税率は40%であった。

借方	繰延税金資産	40	貸方	法人税等調整額	40

会計上の資産の金額・負債と課税所得上（税法）の資産・負債の金額の差額を、**一時差異**といいます。一時差異のうち、将来にその差異が解消する時に、課税所得を減少させる効果を持つものを、**将来減算一時差異**といいます。

将来減算一時差異が生じる場合は、**「会計上の資産＜税法上の資産」**または**「会計上の負債＞税務上の負債」**となります。
例えば、上記のケースでは、「会計上の資産（1,000－100）＜税法上の資産（1,000）」です。

繰延税金資産の金額は、将来減算一時差異に、回収が行われると見込まれる期の**法定実効税率**を乗ずることで計算されます。
繰延税金資産40万円＝将来減算一時差異100万円×実効税率40%

「繰延税金資産」は、基本的に**法人税等の前払額に相当**するため、法人税等の将来支払額を減額する効果を持ちます。

❷ 繰延税金資産を取崩す場合

前期末に、税務上は損金算入されなかった棚卸資産の評価損100万円のうち、半分を廃棄処分したため、税務上損金算入が認められた。なお実行税率は40%であった。

借方	法人税等調整額	20	貸方	繰延税金資産	20

今期、税務上、損金算入を認められた評価損に対応する「繰延税金資産」を取崩します。
繰延税金資産20万円＝評価損100万円×50%×実効税率40%

会計処理のポイントは？

- 繰延税金資産の計上に関しては、将来減算一時差異が将来の税金負担額を減少させる効果を持つかどうか（収益力に基づく課税所得の十分性、タックスプランニングの存在等）を十分に検討して慎重に決定する必要があります。
- 将来減算一時差異にかかる法人税等相当額を、**「法人税等調整額」**として損益計算書に計上することで、当期純利益と法人税等の額を対応させます。

かりばらいしょうひぜい

仮払消費税

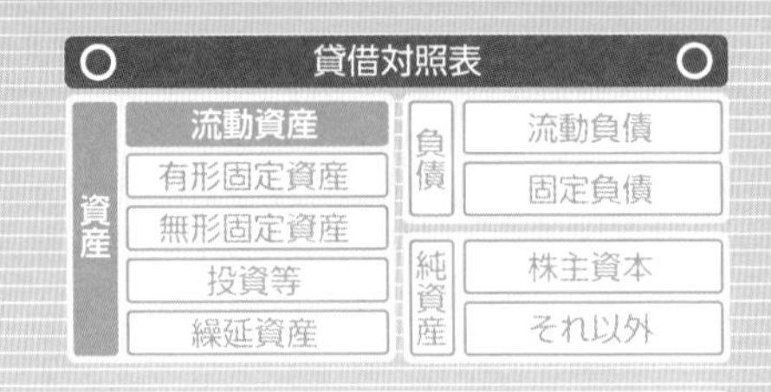

関連 仮受消費税 (P242)、未払消費税 (P244)

仮払消費税とは、**税抜方式**を採用している課税事業者が、課税仕入の都度、**期中の消費税の支払い金額**を一時的に処理しておくための科目をいいます。

消費税の経理処理には、①売上高や仕入高等の取引の対価に消費税を含めない方式 (**税抜方式**) と、②売上高や仕入高等の取引の対価に消費税を含める方式 (**税込方式**) があります。どちらの方式をとるかは、事業者の任意です。ただし、原則として、全ての取引に関して同一の方式をとります。

●税抜方式の場合

期末に「仮払消費税」と「仮受消費税」の差額を「未払消費税 (ないし未収消費税)」として算出します。

●税込方式の場合

申告時に「租税公課」として費用に計上します。なお、期末に未払い計上することもできます。

摘要

- 課税仕入
- 仮受消費税
- 控除対象外消費税額
- 税込み処理修正
- 税抜き仕入
- 未払消費税

パターン別仕訳例

増加する場合

車両110万円を現金で購入した。なお、消費税の処理は税抜方式をとっている。

借方		貸方	
車両	100	現金	110
仮払消費税	10		

取引例
- 課税取引による仕入
- 課税取引による経費 等

減少する場合

決算にあたり、仮払消費税100万円と仮受消費税80万円を相殺し、差額を未収消費税に計上した。

借方		貸方	
仮受消費税	80	仮払消費税	100
未収消費税	20		

取引例
- 仮受消費税と相殺
- 税込方式へ修正 等

❶ 税抜方式の場合

課税仕入：商品を仕入れて、税込価額110万円を現金で払った。

借方		貸方	
仕入	100	現金	110
仮払消費税	10		

課税売上：商品を売り上げて、税込価額220万円を現金で受け取った。

借方		貸方	
現金	220	売上	200
		仮受消費税	20

決算：決算にあたり、未払消費税10万円を計上した。

借方		貸方	
仮受消費税	20	仮払消費税	10
		未払消費税	10

申告納付：消費税10万円を現金で納付した。

借方		貸方	
未払消費税	10	現金	10

❷ 税込方式の場合

課税仕入：商品を仕入れて、税込価額108万円を現金で払った。

借方		貸方	
仕入	110	現金	110

課税売上：商品を売り上げて、税込価額220万円を現金で受け取った。

借方		貸方	
現金	220	売上	220

決算：決算にあたり、未払消費税10万円を計上した。

仕訳なし（ただし、未払計上もできる）

申告納付：消費税10万円を現金で納付した。

借方		貸方	
租税公課	10	現金	10

会計処理のポイントは？

- 個人事業主は翌年3月末までに、法人は課税期間の末日の翌日から2ヶ月以内に申告・納付します。

かりばらいほうじんぜいとう

仮払法人税等

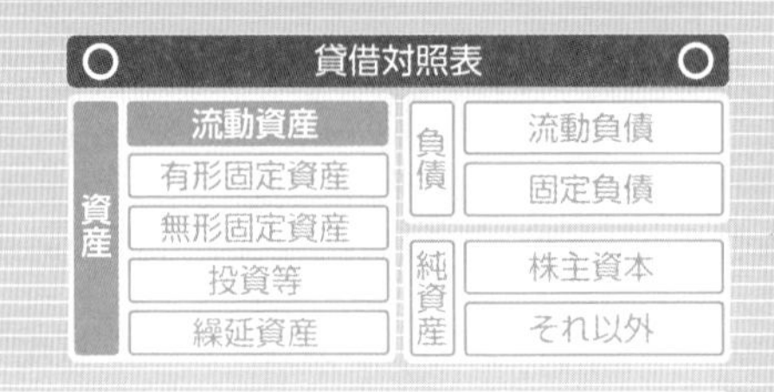

関連 未払法人税等（P246）、法人税等（P378）

仮払法人税等とは、１年決算の会社が中間申告や予定申告を行い、法人税等の一部を納付した場合のその金額のこと。**中間申告や予定申告により納付した法人税等の支払い金額を一時的に処理**しておくための科目をいいます。具体的には、**法人税、住民税**（道府県民税・市町村民税）、**事業税**の**中間納付額**です。

事業年度開始日以後６ヶ月を経過した日から２ヶ月以内に、税務署長に対し中間申告書を提出しなければなりません。中間申告の方法としては、①**前期の実績による申告（予定申告）**と②**仮決算による申告（中間申告）**とがあります。

ただし、予定申告と中間申告のいずれの方法によるか、遅くとも申告期限の１ヶ月前（事業年度開始日以後７ヶ月）までにその選択が求められます。

摘要

- 事業税中間申告
- 事業税予定申告
- 住民税中間申告
- 住民税予定申告
- 法人税中間申告
- 法人税予定申告
- 未払法人税等

パターン別仕訳例

増加する場合

法人税等50万円の予定納税を行い、現金で納付した。

借方		貸方	
仮払法人税等	50	現金	50

取引例
- 法人税等の中間申告
- 法人税等の予定申告 等

減少する場合

決算にあたり、当期の法人税等が120万円と計算された。なお、当社は期中に予定納税50万円を行っている。

借方		貸方	
法人税等	120	仮払法人税等	50
		未払法人税等	70

取引例
- 未払法人税等の計算 等

❶ 中間申告した場合

中間申告：

中間申告で、法人税60万円、住民税10万円、事業税10万円を概算し、中間納付した。

借方		貸方	
仮払法人税等	80	現金	80

中間申告によって、**納付する法人税、住民税、事業税の支払額を「仮払法人税等」として計上**します。

「仮払法人税等」の勘定科目を使用せず、「法人税等（法人税・住民税及び事業税）」の勘定科目で処理することもできます。

決算：

決算にあたり、当期の法人税100万円、住民税20万円、事業税20万円を概算した。なお、仮払法人税等として計上した中間納付額80万円である。

借方		貸方	
法人税等	140	仮払法人税等	80
		未払法人税等	60

法人税等は、その事業年度の終了時に納税義務が生じます。このため、**決算時に当期納税額を計算して、「法人税等（法人税・住民税及び事業税）」の科目で費用計上**します。しかし、納付期限は決算日から２ヶ月後なので、納付までの期間、**未納付分を「未払法人税等」**として計上します。

「仮払法人税等」として計上した中間納付額がある場合は、当期の負担すべき税額から中間納付額を控除した金額を「未払法人税等」として計上します。

納付：

上記の未払法人税等を現金で納付した。

借方		貸方	
未払法人税等	60	現金	60

会計処理のポイントは？

- 前事業年度の法人税額を基礎として計算した予定申告により、納付すべき法人税額が10万円以下となる場合等は、中間申告は必要ありません。なお、法人税について中間申告が必要ない場合は、住民税、事業税についても中間申告は必要ありません。

たてもの
建物

貸借対照表			
資産	流動資産	負債	流動負債
	有形固定資産		固定負債
	無形固定資産	純資産	株主資本
	投資等		それ以外
	繰延資産		

関連 建設仮勘定（P170）、減価償却累計額（P174）、減価償却費（P332）、固定資産売却益（損）（P366）

建物は、**事業用**に所有・使用するために、**土地の上に建てられた工作物**を表す勘定科目です。具体的には、事業のために事務所・工場・店舗・倉庫などで、所有しているものです。「建物」は原則として、屋根、床、壁を有する工作物です。

なお、建物に附属する電気設備・給排水設備などは「建物附属設備」といいます。「建物附属設備」も、貸借対照表上は「建物」勘定で表示します。

「建物」は減価償却に注意しましょう。「建物」の減価償却においては、税法上、用途と構造を基本として**各々の建物ごとに別個の耐用年数**を定めています。例えば、事務所用の鉄筋コンクリート造りの建物は耐用年数20年です。

摘要

- 営業所
- 寄宿舎
- 研修所
- 建設仮勘定振替
- 工場
- 事業所
- 自社ビル
- 事務所
- 車庫
- 社宅
- 倉庫
- 造作費用
- 建物購入代金
- 建物取得時立退料
- 建物取得費用
- 建物仲介手数料
- 店舗
- 貸与建物
- 体育館
- 療養所

パターン別仕訳例

増加する場合

事業用の建物1,000万円を購入し、小切手を振り出した。

借方		貸方	
建物	1,000	当座預金	1,000

取引例
- 事務所、工場、店舗等の取得
- 車庫、倉庫等の取得
- 社宅、寄宿舎等の取得
- 仲介手数料、立退料等の支払
- 建設仮勘定からの振替 等

減少する場合

取得価額1,000万円の建物（減価償却累計額300万円）を売却し、代金500万円が普通預金に振り込まれた。

借方		貸方	
普通預金	500	建物	1,000
減価償却累計額	300		
固定資産売却損	200		

取引例
- 建物の売却
- 建物の廃棄
- 建物の除却
- 建物の減価償却 等

場面別仕訳例

❶ 購入する場合

本店の建物を5,500万円で購入し、仲介手数料200万円、登記料及び不動産取得税300万円を小切手で支払った。

借方		貸方	
建物	6,000	当座預金	6,000

購入対価に付随費用（仲介手数料、運送費、荷役費、不動産取得税など）を加えて取得原価とします。ただし、税法上、登録免許税等の登記費用や不動産取得税は、「建物」に含めず経費処理することもできます。

❷ 減価償却をする場合

期末に、建物6,000万円について減価償却を行った。なお、当期の減価償却費は100万円であった。

借方		貸方	
減価償却費	100	減価償却累計額	100

❸ 売却する場合

取得価額6,000万円、簿価5,900万円（減価償却累計額100万円）の建物を6,500万円で売却し、代金が普通預金に振り込まれた。

借方		貸方	
普通預金	6,500	建物	6,000
減価償却累計額	100	固定資産売却益	600

取得原価6,000万円から減価償却累計額100万円を控除した額が、簿価（帳簿価額）となります。簿価と売却代金6,500万円との差額が売却損益となります。

会計処理のポイントは？

- 「建物」の減価償却の計算は、通常、定率法または定額法によって行われます。ただし、**平成10年4月1日以降に取得した建物**（建物附属設備は除く）の減価償却方法は**定額法**のみとなります。
- 「建物」を建築する場合、**完成前（着工時、中間時など）に代金の一部を支払う**ことがあります。その際は**「建設仮勘定」**を通して処理し、実際に完成をして引渡しを受けた時点で「建物」に計上します。
- **賃借している建物**に関して、内装等の工事を行った場合の**内部造作**も「建物」で表示します。
- 経営目的に直接関係しない貸与中の建物は、「投資その他の資産」に区別されます。
- 法定耐用年数については国税庁の「減価償却資産の耐用年数等に関する省令（別表①）」を参照ください。

たてものふぞくせつび

建物附属設備

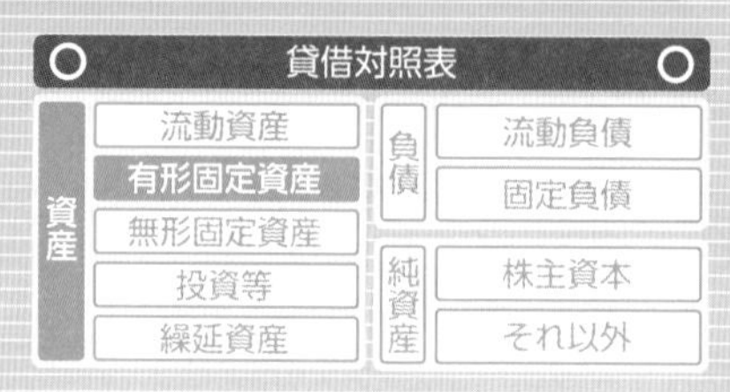

関連 建物(P154)、建設仮勘定(P170)、減価償却累計額(P174)、減価償却費(P332)

建物附属設備とは、建物に固着して、**建物の利用価値を高め、建物の管理上不可欠な設備**をいいます。具体的には、電気設備、給排水設備、冷暖房、エレベーターなどのように、建物と一体となって機能する設備です。

「建物附属設備」の減価償却において、税法上、用途により「建物附属設備」を区分して、**各々に別個の耐用年数**を定めています。例えば、簡易な可動間仕切りは耐用年数3年です。「建物」と同時に取得しても耐用年数が異なるので、「建物」とは区別して計上します。ただし貸借対照表上は、「建物附属設備」は「建物」勘定で表示します。

摘要

- アーケード
- エアカーテン
- エレベーター
- 衛生設備
- カーテン
- ガス設備
- 給排水設備
- 自動ドア
- 消火設備
- 昇降機設備
- 照明設備
- 通風設備
- 電気設備
- 排煙設備
- 避難設備
- ブラインド
- ボイラー設備
- 間仕切り
- 冷暖房設備
- 日よけ設備

パターン別仕訳例

増加する場合

新築ビルに給排水設備を設置し、代金100万円を小切手で支払った。

借方		貸方	
建物附属設備	100	当座預金	100

取引例
- 電気設備、照明設備の設置
- 給排水、衛生設備、ガス設備の設置
- 冷暖房、通風、ボイラー設備の設置
- 昇降機設備の設置
- 建設仮勘定振替 等

減少する場合

照明設備30万円(減価償却累計額10万円)を売却し、代金5万円が普通預金に振り込まれた。

借方		貸方	
普通預金	5	建物附属設備	30
減価償却累計額	10		
固定資産売却損	15		

取引例
- 建物附属設備の売却
- 建物附属設備の廃棄
- 建物附属設備の除却
- 建物附属設備の減価償却 等

❶ 購入する場合

建物を建設する際、冷暖房設備500万円を設置し、代金は翌月末に支払うことになった。なお、仲介手数料10万円は現金で支払った。

借方		貸方	
建物附属設備	510	未払金	500
		現金	10

➡ **購入対価に付随費用(仲介手数料、運送費、荷役費、不動産取得税など)を加えて、取得原価**とします。ただし、税法上、登録免許税等の登記費用や不動産取得税は、「建物附属設備」に含めず経費処理することもできます。

❷ 減価償却をする場合

期末に、建物附属設備500万円について減価償却を行った。なお、当期の減価償却費は30万円であった。

借方		貸方	
減価償却費	30	減価償却累計額	30

❸ 除却する場合

取得価額500万円、簿価200万円(減価償却累計額300万円)の建物附属設備を除却処分し、除却費用10万円を現金で払った。

借方		貸方	
固定資産除却損	210	建物附属設備	500
減価償却累計額	300	現金	10

➡ 取得原価500万円から減価償却累計額300万円を控除した額が、簿価(帳簿価額)となります。簿価に除却費用10万円を足した額が除却損となります。

会計処理のポイントは?

- 「建物附属設備」を設置する場合、**完成前(着工時、中間時など)に代金の一部を支払う**ことがあります。その際は、**「建設仮勘定」を通して処理**し、実際に完成をして引渡しを受けた時点で、「建物附属設備」に計上します。
- 法定耐用年数については国税庁の「減価償却資産の耐用年数等に関する省令(別表①)」を参照ください。

こうちくぶつ
構築物

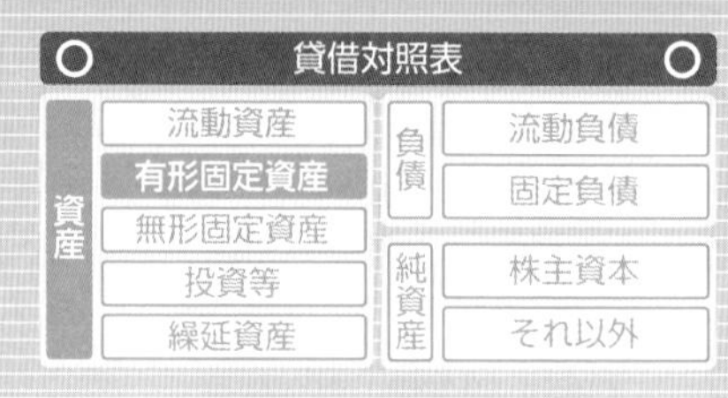

関連 建物（P154）、建設仮勘定（P170）、減価償却累計額（P174）、減価償却費（P332）

構築物とは、事業のために所有・使用している**土地の上に定着した建物以外の土木設備または工作物**をいいます。具体的には、塀、橋、鉄塔、看板、舗装道路、庭園、緑化設備などです。

「構築物」の減価償却においては、税法上、用途と構造を基本として「構築物」を区分して、**各々に別個の耐用年数**を定めています。例えば、広告用の金属造の構築物は耐用年数20年です。

摘要

- 煙突
- 街路灯
- 花壇
- 岸壁
- 広告塔
- 広告用看板
- 焼却炉
- 庭園
- 鉄塔
- 橋
- 塀
- 舗装費用
- 用水地
- 緑化設備
- 路面舗装
- ドッグ
- トンネル
- 水槽
- 井戸
- 坑道

パターン別仕訳例

増加する場合

屋上に設置した広告塔代100万円を小切手で支払った。

借方		貸方	
構築物	100	当座預金	100

取引例
- アスファルトによる舗装工事の費用
- 花壇などの緑化設備
- 橋、塀、鉄塔などの設置
- 広告宣伝用の看板、広告塔の設置 等

減少する場合

広告塔100万円（減価償却累計額80万円）を売却し、代金30万円が普通預金に振り込まれた。

借方		貸方	
普通預金	30	構築物	100
減価償却累計額	80	固定資産売却益	10

取引例
- 構築物の売却
- 構築物の廃棄
- 構築物の除却
- 構築物の減価償却 等

❶ 設置する場合

工場内の従業員用駐車場をアスファルトに舗装した。その代金500万円を、翌月末に支払うことになった。

借方		貸方	
構築物	500	未払金	500

購入対価に付随費用（購入手数料、運送費、荷役費、据付費用など）を加えて、取得原価とします。

❷ 減価償却をする場合

期末に、構築物500万円について減価償却を行った。なお、当期の減価償却費は45万円であった。

借方		貸方	
減価償却費	45	減価償却累計額	45

❸ 除却する場合

取得価額100万円、簿価50万円（減価償却累計額50万円）の広告用の看板を除却処分し、除却費用10万円を現金で払った。

借方		貸方	
固定資産除却損	60	構築物	100
減価償却累計額	50	現金	10

取得原価100万円から減価償却累計額50万円を控除した額が、簿価（帳簿価額）となります。簿価に除却費用10万円を足した額が除却損となります。

会計処理のポイントは？

- 「構築物」を設置する場合、完成前（着工時、中間時など）に代金の一部を支払うことがあります。その際は、「建設仮勘定」を通して処理し、実際に完成をして引渡しを受けた時点で「構築物」に計上します。
- 経営目的に直接関係しない貸与中の「構築物」は、「投資その他の資産」に区別されます。
- 法定耐用年数については国税庁の「減価償却資産の耐用年数等に関する省令（別表①）」を参照ください。

きかいそうち
機械装置

関連 COLUMN(P162,163)、減価償却累計額(P174)、減価償却費(P332)、固定資産除却損(P368)

機械装置とは、**経営目的のために所有・使用している機械や装置**、また、**搬送設備やその他の附属設備**をいいます。動力によって製造や生産を行う加工設備、運搬設備、作業機械のことで、具体的には、原材料や動力を用いて物理的・化学的に加工する工場の加工設備、自走式作業機械(ブルドーザーなど)、搬送機(コンベアなど)などです。

「機械装置」の減価償却においては、一般的に個々の機械が独立して機能するものより、全体として機能することが多いため、税法上、「日本標準産業分類」に基づき耐用年数を定めています。

摘要

- 印刷設備
- 可動式コンベヤ
- クリーニング設備
- コンプレッサー
- 据付工事費
- 段ボール容器製造設備
- 織物設備
- 革製品製造設備
- クレーン
- 作業用機械
- 製材用設備
- パワーショベル
- 菓子類製造設備
- 機械式駐車設備
- 建設工業設備
- 自動車分解整備設備
- 製品製造設備
- 搬送設備
- ガソリンスタンド設備
- 金属加工設備
- 研削盤
- 砂利採取設備
- 旋盤
- 引取運賃

パターン別仕訳例

増加する場合

工場に製造用の機械設備100万円を導入し、代金を小切手で支払った。

借方		貸方	
機械装置	100	当座預金	100

取引例
- 工場などで使用される製品製造設備の購入
- 製造設備に付属する搬送設備の購入
- 建設現場で使用される作業機械の購入
- 建設仮勘定振替 等

減少する場合

機械100万円(減価償却累計額50万円)を売却し、代金60万円が普通預金に振り込まれた。

借方		貸方	
普通預金	60	機械装置	100
減価償却累計額	50	固定資産売却益	10

取引例
- 機械装置の売却
- 機械装置の廃棄
- 機械装置の除却
- 機械装置の減価償却 等

❶ 購入する場合

工場に機械180万円を購入して、引取運賃等の取得費用20万円とともに翌月末に支払うことになった。

借方		貸方	
機械装置	200	未払金	200

➡ **購入対価に付随費用（購入手数料、運送費、荷役費、据付費用など）を加えて、取得原価**とします。

❷ 減価償却をする場合

期末に、機械装置200万円について減価償却を行った。なお、当期の減価償却費は30万円であった。

借方		貸方	
減価償却費	30	減価償却累計額	30

❸ 除却する場合

取得価額100万円、簿価50万円（減価償却累計額50万円）の機械装置を除却処分し、除却費用10万円を現金で払った。

借方		貸方	
固定資産除却損	60	機械装置	100
減価償却累計額	50	現金	10

➡ 取得原価100万円から減価償却累計額50万円を控除した額が、簿価（帳簿価額）となります。簿価に除却費用10万円を足した額が除却損となります。

会計処理のポイントは？

- 「機械装置」の中には、複数の機械が一体となって機能するものがあります。このため、「機械装置」の減価償却は個々の機械ごとではなく、**一体となっている「機械装置」全体で減価償却を行う総合償却**（コラム「総合償却と個別償却」参照）が多く用いられます。
- 総合償却では個々の「機械装置」の簿価が記録されないため、全体の「機械装置」のうち一部を除却する場合、その除却価額の計算が問題となります（コラム「総合償却の除却価額の計算方法」参照）。
- 経営目的に直接関係しない貸与中の「機械装置」は、「投資その他の資産」に区別されます。
- 法定耐用年数については国税庁の「減価償却資産の耐用年数等に関する省令（別表②）」を参照ください。

COLUMN

総合償却と個別償却

減価償却の方法は、対象となる償却単位から、個別償却と総合償却に分けられます。「機械装置」に関しては、税法上、総合償却が採用されています。

●個別償却

個々の資産ごとに耐用年数を定めて、個別的に減価償却を計算する方法。

●総合償却

複数の資産をグループ単位でまとめて、グループごとに耐用年数を定めて、一括して減価償却を計算する方法。

総合償却の耐用年数は、総合償却の対象となるグループ内の個々の資産の要償却額の合計額を、個々の資産の年償却額の合計額で除した年数を用います。

例

ある工場に異なる機械A，Bがある場合、総合償却を実施するための平均耐用年数は次のように計算される。

平均耐用年数6年＝要償却額の合計額9,000,000円÷年償却額の合計額1,500,000円

資産	取得原価	残存価額	要償却額	耐用年数	年償却額
機械A	4,000,000	400,000	3,600,000	4	900,000
機械B	6,000,000	600,000	5,400,000	9	600,000
計	10,000,000	1,000,000	9,000,000		1,500,000

少額減価償却資産と一括減価償却資産

減価償却資産は、その取得価額によって、会計処理の方法がいくつか定められています。

(1) 少額減価償却資産の特例

取得価額10万円未満の減価償却資産を、少額減価償却資産といいます。少額減価償却資産に関しては、取得時に一括して費用処理できます。

(2) 一括減価償却資産

取得価額10万円以上20万円未満の資産を、一括減価償却資産といいます。一括減価償却資産に関しては、取得価額の合計額を一括して3年間で均等償却することができます。

(3) 中小企業者等の特例

資本金1億円以下で、青色申告書を提供する中小企業者等について、平成28年3月31日までに取得価額30万円未満の減価償却資産を取得した場合は、その事業年度に一括して費用処理できます。ただし、取得価格の合計額300万円を限度とします。

よって、中小企業者等の場合、10万円以上20万円未満の減価償却資産の取得に関しては、(2)と(3)の方法がとることができます。

COLUMN

総合償却の除却価額の計算方法

総合償却をしている「機械装置」で、その一部につき除却等があった場合の帳簿価額の計算には、以下の方法が用いられます。なお、平19年度の減価償却制度の改訂により、5%除却法は廃止されました。

●5%除却法

除却にかかる個々の資産の取得価額の5%相当額を除却価額とする方法。

●未償却残高除却法

① 除却にかかる個々の資産の個別耐用年数を基礎として計算される、除却時の未償却残高を除却価額とする方法。
② 除却にかかる個々の資産が含まれていた総合償却資産の総合耐用年数を基礎として計算される、除却時の未償却残高を除却価額とする方法。

●配賦簿価除却法

総合償却を個々の資産に合理的基準（総合耐用年数、個別耐用年数を基準とする）に基づいて配賦している場合には、その帳簿価額を除却価額とする方法。

中古資産の耐用年数

中古資産の耐用年数は、原則として個別に見積もります。個別に残存耐用年数の見積もりが可能な場合には、その年数を用います。一方、個別の見積もりが困難な場合は、以下の簡便法を用います。なお、算出した年数に1年未満の端数があるときは、その年数を切り捨てます。また、その年数が2年に満たない場合には2年とします。

●法定耐用年数の全部を経過したもの

法定耐用年数×20%＝残存耐用年数

●法定耐用年数の一部を経過したもの

（法定耐用年数－経過年数）＋経過年数×20%

期首に中古自動車100万円（法定耐用年数6年、経過年数4年）を購入したので、期末に減価償却費として50万円を計上（定額法・間接法）した。

借方 減価償却費	50	貸方 減価償却累計額	50

＊**残存耐用年数2年**＝（法定耐用年数6年－経過年数4年）＋経過年数4年×20%
※1年未満の端数切り捨てのため2年となります

関連 ケース（P66,74,75,80）、機械装置（P160）、車両運搬具（P164）

しゃりょううんぱんぐ

車両運搬具

貸借対照表			
資産	流動資産	負債	流動負債
	有形固定資産		固定負債
	無形固定資産	純資産	株主資本
	投資等		それ以外
	繰延資産		

関連 減価償却累計額（P174）、減価償却費（P332）、固定資産売却益（損）（P366）

車両運搬具とは、経営目的のために所有・使用しているもので、**人や物を陸上で運搬・牽引するもの**をいいます。具体的には、電車、貨車、消防車、トラックミキサー、貨物自動車、旅客自動車、普通乗用車などです。

「車両運搬具」の減価償却においては、税法上、用途と構造を基本として「車両運搬具」を区分して、**各々に別個の耐用年数**を定めています。例えば、営業用の小型自動車は4年です。

摘要

- 貨物自動車
- 軽自動車
- 購入手数料
- 小型自動車
- 自転車
- 自動車
- 車両下取費用
- 乗用車
- 台車
- ダンプカー
- トラック
- 二輪自動車
- バス
- バン
- フォークリフト
- リヤカー

パターン別仕訳例

増加する場合

営業のために乗用車100万円を購入し、代金を小切手で支払った。

借方		貸方	
車両運搬具	100	当座預金	100

取引例
- 鉄道用車両（電車・貨車など）の購入
- 特殊自動車（消防車、トラックミキサーなど）の購入
- 営業用自動車（貨物自動車、旅客自動車など）の購入
- 一般自動車（普通乗用車など）の購入 等

減少する場合

営業用の乗用車100万円（減価償却累計額60万円）を売却し、代金50万円が普通預金に振り込まれた。なお、売却益が発生した。

借方		貸方	
普通預金	50	車両運搬具	100
減価償却累計額	60	固定資産売却益	10

取引例
- 車両運搬具の売却
- 車両運搬具の廃棄
- 車両運搬具の除却
- 車両運搬具の減価償却 等

❶ 購入する場合

営業用の乗用車180万円を購入して、引取運賃等の取得費用20万円とともに翌月末に支払うことになった。

借方		貸方	
車両運搬具	200	未払金	200

購入対価に付随費用（購入手数料、運送費、荷役費、据付費用など）を加えて取得原価とします。自動車取得税などの法定費用は取得原価に含めるか、または費用とすることができます。

自動車重量税や自賠責保険などの保有にかかるものは、取得時に費用（「租税公課」など）として処理します。また、車両に装備されたカーステレオ、カーエアコンなどは、常に車両と一体になって機能するので、「車両運搬具」に含めて処理します。

❷ 減価償却をする場合

期末に、車両運搬具200万円について減価償却を行った。なお、当期の減価償却費は30万円であった。

借方		貸方	
減価償却費	30	減価償却累計額	30

❸ 売却する場合

取得価額200万円、簿価50万円（減価償却累計額150万円）の本社で使用する車両を30万円で下取りにだし、新車250万円に買い替えた。代金は小切手で支払った。

借方		貸方	
当座預金	30	車両運搬具	200
減価償却累計額	150		
固定資産売却損	20		

借方		貸方	
車両運搬具	250	当座預金	250

会計処理のポイントは？

- 人や物を運搬するものであっても、客船や貨物船などの**水上運搬具は「船舶」**、飛行機やヘリコプターなどの**空中運搬具は「航空機」**という勘定を使用します。
- 法定耐用年数については国税庁の「減価償却資産の耐用年数等に関する省令（別表①）」を参照ください。

こうぐきぐびひん

工具器具備品

貸借対照表			
資産	流動資産	負債	流動負債
	有形固定資産		固定負債
	無形固定資産	純資産	株主資本
	投資等		それ以外
	繰延資産		

関連 ケース(P74)、減価償却累計額(P174)、減価償却費(P332)、固定資産除却損(P368)

工具器具備品とは、経営目的のために所有・使用しているも各種の道具で、**耐用年数が1年以上**かつ**取得価額が10万円以上の工具、器具、備品**をいいます。

工具とは、工場などで使用され**工作工具**や機械に取付けられた**加工用の道具**で、測定工具、検査工具、取付工具などを含みます。**器具**とは、**直接製造加工に使用する以外の道具や容器**で、試験機器、測定機器、光学機器などが含まれます。**備品**とは、工具や器具以外の**販売・一般管理用**のもので、事務机、パソコン、通信機器、事務機器などです。

「工具器具備品」の減価償却は、税法上、用途と構造を基本として「工具器具備品」を区分して、**各々に別個の耐用年数**を定めています。例えば、パソコンは4年です。

摘要

- 医療機器
- 応接セット
- 家具
- ガス機器
- 金型
- カメラ
- 看板
- キャビネット
- 金庫
- コピー機
- 娯楽器具
- 室内装飾品
- 自動販売機
- 書画骨董品
- 植物
- 寝具
- 切削工具
- 洗濯機
- テレビ
- 電子機器
- 度量衡機器
- 美容機器
- 冷蔵庫
- 冷暖房機器

パターン別仕訳例

増加する場合

音響機器40万円を購入して、代金は小切手で支払った。

借方		貸方	
工具器具備品	40	当座預金	40

取引例
- 工具の購入
- 器具の購入
- 備品の購入 等

減少する場合

音響機器40万円(減価償却累計額30万円)を売却し、代金20万円を現金で受け取った。

借方		貸方	
現金	20	工具器具備品	40
減価償却累計額	30	固定資産売却益	10

取引例
- 工具器具備品の売却
- 工具器具備品の廃棄
- 工具器具備品の除却
- 工具器具備品の減価償却 等

❶ 購入する場合

陳列用ケース90万円を購入して、運送費1万円とともに翌月末に支払うことになった。

借方		貸方	
工具器具備品	91	未払金	91

購入対価に付随費用（購入手数料、運送費、荷役費、据付費用など）を加えて、取得原価とします。

「工具器具備品」が「機械装置」に組み込まれている場合でも、「工具器具備品」が汎用性を維持している場合には、「工具器具備品」として処理します。他方、「機械装置」と一体化している場合には、「機械装置」に含めて処理します。

車両に装備されたカーステレオ、カーエアコンなどは、常に車両と一体になって機能するので、「車両運搬具」に含めて処理します。

❷ 減価償却をする場合

期末に、工具器具備品100万円について減価償却を行った。なお、当期の減価償却費は10万円であった。

借方		貸方	
減価償却費	10	減価償却累計額	10

❸ 除却する場合

取得価額100万円、簿価50万円（減価償却累計額50万円）の工具器具備品を除却処分し、除却費用10万円を現金で払った。

借方		貸方	
固定資産除却損	60	工具器具備品	100
減価償却累計額	50	現金	10

会計処理のポイントは？

- 耐用年数1年未満または取得価額10万円未満のものは、「消耗品費」として費用処理されます。なお、取得価額10万円以上20万円未満のものは、一括して3年間で均等に減価償却ができます。
- 書画骨董品は「工具器具備品」に含まれますが、その価値は使用や時の経過によって減少しませんので、減価償却の対象になりません。
- 経営目的に直接関係しない貸与中の「工具器具備品」は、「投資その他の資産」に区別されます。
- 法定耐用年数については国税庁の「減価償却資産の耐用年数等に関する省令（別表①）」を参照ください。

とち
土地

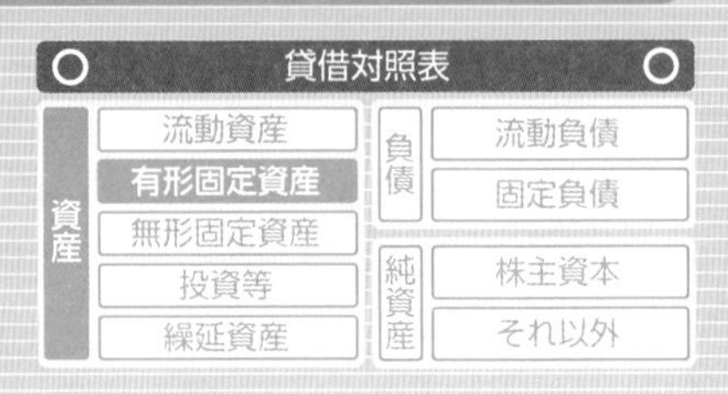

関連 建物（P154）、建設仮勘定（P170）、固定資産売却益（損）（P366）

土地とは、経営目的のために所有・使用している**敷地**を表す勘定科目です。土地には、経営目的のための工場や事務所用の敷地の他、経営に付随する社宅や運動場などの用地も含まれます。

土地の価値は、使用や時の経過によって減価するというわけではありませんので、必然的に費用化する資産ではなく、非償却資産として減価償却による支出の期間配分は行われません。

消費税法上、土地の購入は非課税取引となります。ただし、仲介手数料や司法書士報酬は役務の提供にかかわるものですので、課税取引となります。

摘要

- 埋立費用
- 運動場
- 工場敷地
- 資材置場
- 自社ビル敷地
- 事務所用敷地
- 地盛費用
- 整地費用
- 造成費用
- 測量費
- 立退料
- 建物敷地
- 建物取壊費用
- 仲介手数料
- 駐車場
- 店舗敷地
- 倉庫用敷地
- 社宅敷地
- 運動場用地
- 農園

パターン別仕訳例

増加する場合

工場用の敷地1,000万円を購入して、代金は小切手で支払った。

借方		貸方	
土地	1,000	当座預金	1,000

取引例
- 土地の購入
- 土地購入のための付随費用の発生 等

減少する場合

土地1,000万円を売却し、代金800万円を小切手で受け取った。

借方		貸方	
当座預金	800	土地	1,000
固定資産売却損	200		

取引例
- 土地の売却
- 投資不動産への振替
- 棚卸資産への振替 等

❶ 購入する場合

倉庫用の土地5,000万円を購入して、仲介手数料等の取得費用150万円とともに翌月末に支払うことになった。

借方		貸方	
土地	5,150	未払金	5,150

購入対価に付随費用（仲介手数料、埋立・整地・造成費、立退料など）を加えて、取得原価とします。
ただし、不動産取得税、登録免許税、登録のための司法書士報酬は、取得原価に含めなくても構いません。

建物付の土地を取得し、すぐに建物を取り壊して土地を利用することが明らかな場合は、「建物」の帳簿価額と取り壊し費用の合計額を「土地」の取得原価に算入します。

既存の建物をそのまま使用する場合には、土地と建物の一括購入額を、「土地」と「建物」に按分して計上します。

❷ 手付金を支払った場合

工場建設用の土地の購入にあたり、手付金として1,000万円を普通預金から支払った。

借方		貸方	
建設仮勘定	1,000	普通預金	1,000

土地購入のための手付金は、所有権移転登記が完了するまでは「建設仮勘定」として計上します。

❸ 売却する場合

取得価額5,000万円の土地を8,000万円で売却し、仲介手数料などの諸費用300万円を差し引いた金額を小切手で受け取った。

借方		貸方	
当座預金	7,700	土地	5,000
		固定資産売却益	2,700

会計処理のポイントは？

- 「土地」には、現に営業用に使っているもののほか、遊休の土地や未稼働の土地など将来営業用に使うものも含まれます。ただし、営業に直接関係なく賃貸などの投資目的で保有している土地は「投資その他の資産」として、不動産業等の販売用の土地は「棚卸資産」にそれぞれ区分されます。

けんせつかりかんじょう

建設仮勘定

貸借対照表

資産		負債・純資産	
資産	流動資産	負債	流動負債
	有形固定資産		固定負債
	無形固定資産	純資産	株主資本
	投資等		それ以外
	繰延資産		

関連 ケース (P80)、建物 (P154)、構築物 (P158)、機械装置 (P160)、土地 (P168)

建設仮勘定とは、経営目的に使用するために、**建設または製作途中にある有形固定資産に関する費用など**を一括して表す勘定科目です。建設や製作のためにかかる支出を、一時的に集めておくためのものです。

「建設仮勘定」に含まれるものとしては、①建設のための手付金、②建設のために取得した機械等で保管中のもの、③建設の目的で購入した資材等、④建設の目的のために支払われた労務費や経費などがあります。

「建設仮勘定」は、いまだ固定資産を取得しておらず、事業のためにも使用していないので、原則として**減価償却の対象となりません**。ただし、その一部が完成して事業のように供されている時は、その部分だけ減価償却することができます。

摘要

- 建設資材購入費
- 建築手付金
- 固定資産建設費
- 固定資産制作費
- 固定資産製造経費
- 固定資産設計料
- 固定資産前払金
- 固定資産労務費
- 地鎮祭費用
- 制作中機械
- 設備取得前渡金
- 前渡金

パターン別仕訳例

増加する場合

倉庫の建設を業者に依頼し、工事代金の一部100万円を手付金として小切手で支払った。

借方		貸方	
建設仮勘定	100	当座預金	100

取引例
- 設備建設のための手付金や前渡金の支出
- 設備建設のための機械等の取得（保管中）
- 建設等のための資材や部品の購入
- 建設等のための労務費や経費の支払 等

減少する場合

倉庫が完成したので、残金300万円を小切手で支払い、引渡しを受けた。なお、着手金100万円を支払済み。

借方		貸方	
建物	400	建物仮勘定	100
		当座預金	300

取引例
- 建物への振替
- 機械設備への振替
- 土地への振替 等

❶ 集計する場合

店舗の工事を業者に依頼し、設計料として100万円を小切手で支払った。

借方		貸方	
建設仮勘定	100	当座預金	100

上記工事に関して、工事代金の一部として中間金100万円を小切手で支払った。

借方		貸方	
建設仮勘定	100	当座預金	100

立退料、設計料などの付随費用として取得原価に算入できるものは、支出した時点で「建設仮勘定」に計上できます。

❷ 振替える場合

店舗が完成し残金100万円を小切手で支払い引渡しを受けた。なお、すでに設計料100万円、中間金100万円を小切手で支払い、建設仮勘定で処理している。

借方		貸方	
建物	300	建設仮勘定	200
		当座預金	100

店舗用の土地1,000万円の購入にあたり、残金900万円を普通預金から振り込み、引渡し（所有権の移転登記完了）を受けた。なお、契約にあたり手付金100万円を支払い、建設仮勘定で処理している。

借方		貸方	
土地	1,000	建設仮勘定	100
		当座預金	900

会計処理のポイントは？

- 実務上、工事代金の手付金に消費税部分を付け加えて支払うことがあります。しかし、引渡しのない場合には仕入税額控除の対象になりませんので、「建設仮勘定」に含めておきます。その後、引渡しを受けた時点で「仮払消費税」等で処理します。
- 購入した資材等で建設の目的に充てるかどうかの区別が困難な場合は、「貯蔵品」とすることもできます。また、資材等の購入のための前渡金で、その資材を建設に充てるかどうかの区別が困難な場合は、「前渡金」とすることができます。

りーすしさん

リース資産

貸借対照表			
資産	流動資産	負債	流動負債
	有形固定資産		固定負債
	無形固定資産	純資産	株主資本
	投資等		それ以外
	繰延資産		

関連 リース債務(P254)、減価償却費(P332)、支払利息(P350)、前払利息(P350)

リース資産とは、ファイナンス・リース取引により**リースした物件**を表す勘定科目です。ファイナンス・リース取引とは、顧客が希望する物件をリース会社が購入し、顧客にリースする賃貸借契約の取引です。ファイナンス・リース取引は、原則として**中途解約が不可**で、リース期間中に物件価格や諸経費を含めた**全ての代金をリース料として支払い**ます。ファイナンス・リース取引には、借り手に所有権が移転する所有権移転ファイナンス・リース取引と、移転しない所有権移転外ファイナンス・リース取引があります。また、ファイナンス・リース取引以外の取引をオペレーティング・リース取引といいます。

リース取引のタイプによって、以下のように会計処理が異なります。

所有権移転ファイナンス・リース取引：売買処理
所有権移転外ファイナンス・リース取引（1契約300万円超）：売買取引に準じた処理
所有権移転外ファイナンス・リース取引（1契約300万円以下）：賃貸借処理
オペレーティング・リース取引：賃貸借処理

ただし、中小企業は所有権移転外ファイナンス・リース取引については賃貸借処理が可能です。

摘要

- ファイナンス・リース
- 複合機リース
- 車両リース
- 機械リース
- パソコンリース

パターン別仕訳例

増加する場合

機械をリースした（所有権移転外ファイナンス・リース取引）。リース料総額は100万円であった。

借方		貸方	
リース資産	100	**リース債務**	100

取引例
- リース契約
- ファイナンス・リース
- リース開始 等

減少する場合

決算にあたり、リース資産に対して10万円の減価償却費を計上した。

借方		貸方	
減価償却費	10	リース資産	10

取引例
- リース資産の減価償却 等

❶リース契約した場合

車両を3年間リースすることになった（所有権移転外ファイナンス・リース取引）。リース料総額は300万円で、うち利息相当額が30万円であった。

原則処理：

借方		貸方	
リース資産	270	リース債務	300
前払利息	30		

簡便処理：

借方		貸方	
リース資産	300	リース債務	300

原則として、リース料総額を資産の取得価額相当額と利息に区分して処理します。ただし、所有権移転外ファイナンス・リース取引の場合は簡便的な処理も認められています。

❷リース料を支払った場合

リース料10万円が普通預金口座から引き落とされた。

借方		貸方	
リース債務	10	普通預金	10

❸決算の場合

決算にあたり、上記リース資産に対して減価償却費を計上した。

原則処理：

借方		貸方	
減価償却費	90＊1	リース資産	90
支払利息	10	前払利息	10

簡便処理：

借方		貸方	
減価償却費	100＊2	リース資産	100

減価償却の計算方法はリース期間定額法（リース期間を償却期間とする定額法）となります。

＊1　90万円＝リース資産270万円÷3年
＊2　100万円＝リース資産300万円÷3年

会計処理のポイントは？

- ファイナンス・リース取引は売買処理されますので、消費税法も同様に売買として、リース物件引渡時にリース料総額に係る消費税を全額仕入控除します。

げんかしょうきゃくるいけいがく

減価償却累計額

貸借対照表

資産		負債	
	流動資産		流動負債
	有形固定資産		固定負債
	無形固定資産	純資産	株主資本
	投資等		それ以外
	繰延資産		

関連　ケース（P90）、建物（P154）、機械装置（P160）、減価償却費（P332）

減価償却累計額とは、固定資産の減価償却（間接法）を行う場合に、**減価償却の対象となる固定資産の控除項目**として、**これまでの減価償却費を累積した額**を表す勘定科目です。

各固定資産の帳簿価格（簿価）は、**取得価額から減価償却累計額を控除**した金額となります。よって、**資産のマイナス勘定**となります。

減価償却とは、**固定資産の取得原価を使用する期間に配分**することで、収益に対応する費用として計上する会計処理です。減価償却は、合理的に決定された一定の方法に従って、毎期、規則的に固定資産の適正な原価を配分します。

減価償却による取得原価を期間配分する会計処理には、次の方法があります。

① **定額法**…**毎期均等額**の減価償却費を計上する方法
② **定率法**…毎期期首未償却残高に**一定率を乗じた**減価償却費を計上する方法
③ **級数法**…毎期一定額を**算術級数的に逓減**した減価償却費を計上する方法
④ **生産高比例法**…**毎期生産高の度合いに比例**した減価償却費を計上する方法

摘要

・減価償却（間接控除法）　・減価償却累計　・固定資産減価償却

パターン別仕訳例

増加する場合

期末に車両の減価償却費20万円を計上した（間接法）。

借方		貸方	
減価償却費	20	減価償却累計額	20

取引例　・固定資産の減価償却 等

減少する場合

車両100万円（減価償却累計額60万円）を現金50万円にて売却して、売却益が発生した。

借方		貸方	
減価償却累計額	60	車両運搬具	100
現金	50	固定資産売却益	10

取引例　・固定資産の売却　・固定資産の除却 等

❶ 計上する場合

期末に建物1,000万円の減価償却費として100万円を計上した。

間接法：

借方		貸方	
減価償却費	100	減価償却累計額	100

直接法：

借方		貸方	
減価償却費	100	建物	100

今期の10月に車両300万円（耐用年数6年、定額法、間接法）を購入した。決算（3月末）に際して、減価償却費を計上した。

借方		貸方	
減価償却費	25	減価償却累計額	25

減価償却を勘定処理する方法には、減価償却額を直接有形固定資産から控除する方法（**直接法**）と、「減価償却累計額」という勘定を用いて間接的に控除する方法（**間接法**）があります。**間接法の場合のみ、「減価償却累計額」**が用いられます。

期中で取得した償却資産の減価償却費の計算は、月数で按分します。
減価償却費25万円＝300万円÷6年×（6月÷12月）

❷ 売却する場合

取得価額200万円、簿価50万円（減価償却累計額150万円）の本社で使用する車両を30万円で売却し、代金を小切手で受け取った。

借方		貸方	
当座預金	30	車両運搬具	200
減価償却累計額	150		
固定資産売却損	20		

会計処理のポイントは？

- 減価償却累計額の貸借対照表上の表示方法には、次の3つの方法があります。
  - ①各固定資産の科目別に、減価償却累計額を控除する方法
  - ②複数の固定資産の科目について、減価償却累計額を一括して控除する方法
  - ③減価償却累計額控除後の残額（簿価）を貸借対照表上に表示し、減価償却累計額を注記する方法

のれん

のれん

関連 建物（P154）、土地（P168）、長期借入金（P250）

のれんとは、企業の**永年の伝統、社会的な信用、技術、地理的条件、ブランドイメージ等に基づく超過収益力**を表す勘定科目です。これまで、営業権と呼ばれていたもので、無形の企業価値を表します。

のれんとは、一般的には、企業の合併や買収により企業の評価を行った結果、営業譲受価格が受入純資産価額を超過する場合の差額となります。なお、**不足する場合の差額**を**「負ののれん」**といいます。

「のれん」の計上は、会社法上、合併、分割、株式交換、株式移転、事業譲受による取得に限って認められています。しかし、**「自己創設のれん」**、つまり自社で自ら作り上げたのれんの計上は認められていません。

摘要

- 合併による取得
- のれん代買取
- 無形固定資産
- 買収による取得
- 有償譲受による取得
- 営業権

パターン別仕訳例

増加する場合

A社の営業を譲り受け、代金800万円を小切手で支払った。なお、これに伴ってA社より資産1,000万円及び諸負債400万円を引き継いだ。

借方		貸方	
諸資産	1,000	諸負債	400
のれん	200	当座預金	800

取引例
- 事業譲受、合併等により有償取得した、いわゆる「のれん」代
- 連結決算における連結調整勘定
- 法令の規定、行政官庁の指導による規制に基づく登録、認可、許可、割当等の権利を取得するための費用
- 「負ののれん」の償却 等

減少する場合

期末にのれんの償却費10万円を計上した。

借方		貸方	
のれん償却	10	のれん	10

取引例
- のれんの償却
- 負ののれん
- 連結決算における連結調整勘定 等

❶ 事業を譲り受けた場合

A社の営業を5,000万円で譲り受け、代金を小切手で支払った。なお、これに伴ってA社より建物2,000万円、土地3,000万円及び長期借入金1,000万円を引き継いだ。なお、帳簿価額と時価は等しいものとする。

借方		貸方	
建物	2,000	長期借入金	1,000
土地	3,000	当座預金	5,000
のれん	1,000		

他の企業の事業を譲り受けるために支出した対価と、取得した企業または事業の時価との差額が「のれん」となります。

❷ 合併による場合

B社（諸資産4,000万円、諸負債2,000万円、資本金1,000万円、剰余金1,000万円）を吸収合併した。なお、B社の諸資産の時価は6,000万円であった。また、合併によって新たに発行したB社株式6,000万円で、新株の発行価額の2分の1を資本に組み入れた。

借方		貸方	
諸資産	6,000	諸負債	2,000
のれん	2,000	資本金	3,000
		資本準備金	3,000

❸ 償却する場合

決算にあたり、のれん2,000万円を20年間で償却した。

借方		貸方	
のれん償却	100	のれん	100

会計処理のポイントは？

- 「のれん」は、20年以内のその効果が及ぶ期間にわたって、定額法その他の合理的な方法により規則的に償却します。
- 「のれん」は、税法上、5年以内で均等償却するものとされています。会計上と償却期間が異なる場合には、調整が必要になります。

とっきょけん
特許権

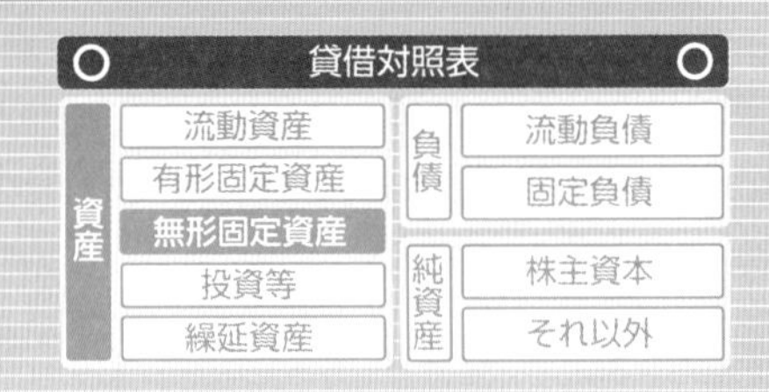

関連 開発費（P204）

特許権とは、**新発明・発見による新製品や新製法**（自然法則を利用し技術的思想に基づく高度の発明）を、特許法により登録することで、特許権者が**一定期間独占的・排他的に利用できる法律上の権利**を表す勘定科目です。

特許権に類似した権利に、「実用新案権」、「意匠権」、「商標権」などの類似の権利があります。これらを「工業所有権」といいます。

実用新案権とは、実用新案法に基づき登録された物品の形状、構造等についての考案を、独占的・排他的に利用できる権利をいいます。

意匠権とは、意匠法に基づき登録された意匠（物品の形状、模様、色彩に関するデザイン）を、独占的・排他的に利用できる権利をいいます。

商標権とは、商標法に基づき登録された商標（商品等につけられた文字、図形、記号などの組み合わせ）を、独占的・排他的に利用できる権利をいいます。

摘要

- 特許権の購入
- 特許出願料
- 特許登録費用
- 特許料
- 無形固定資産
- 研究開発振替
- 特許料の売却
- 特許料の償却

パターン別仕訳例

増加する場合

特許権を買い入れ、代金80万円を小切手で支払った。

借方		貸方	
特許権	80	当座預金	80

取引例
- 他者から特許権を取得した場合の取得費用
- 研究開発費の振替
- 自社の試験研究により特許権を取得した場合の出願料等 等

減少する場合

期末に特許権の償却費10万円を計上した。

借方		貸方	
特許権償却	10	特許権	10

取引例
- 特許権の償却
- 特許権の売却 等

❶ 他者から取得した場合

特許権を300万円で買い入れ、代金は小切手で支払った。なお、特許登録費用などの付随費用20万円は現金で支払った。

借方		貸方	
特許権	320	当座預金	300
		現金	20

他者からの特許権の**購入対価と付随費用（出願料、特許料など）の合計額を、取得原価**とします。

❷ 償却する場合

決算にあたり、特許権320万円を8年間で償却した。

借方		貸方	
特許権償却	40	特許権	40

＊特許権償却40万円＝特許権320万円÷8年

「特許権」の法的有効期間は20年ですが、税法上、耐用年数を8年と定めているため、**実務上は8年間で償却**します。償却方法としては、**残存価額0の定額法**が用いられます。ただし、特許権取得後の存続期間が特許権の耐用年数に満たない場合は、その存続期間の年数を耐用年数とすることができます。

他の工業所有権の税法上の耐用年数は、商標権10年、実用新案権5年、意匠権7年となります。償却方法としては、残存価額0の定額法が用いられます。

❸ 売却する場合

当社の保有する特許権100万円を、A社に300万円で売却し、代金が普通預金に振り込まれた。

借方		貸方	
普通預金	300	特許権	100
		特許権売却益	200

会計処理のポイントは？

- 自社で発明した場合は、原則としてすべて発生時に費用として処理します。よって、特許権を取得しても「特許権」には振替えません。自社発明の場合、出願料や登録費用などの付随費用が「特許権」の取得原価となります。ただし、付随費用を費用として処理することもできます。

しゃくちけん
借地権

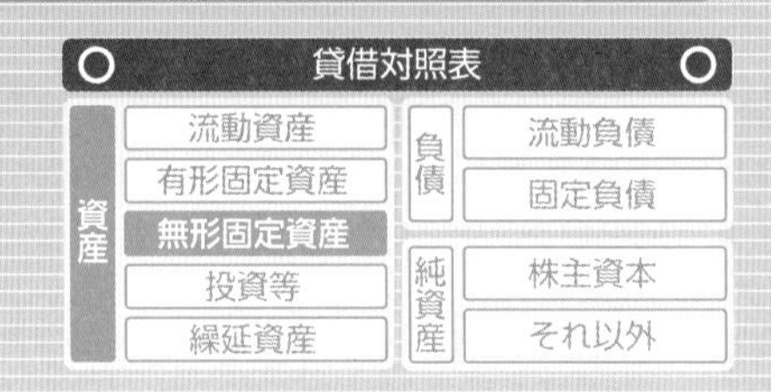

関連 寄付金 (P340)、その他の特別損益 (P376)

借地権とは、建物の建築や駐車場としての利用といった、**他人の所有している土地を経営目的のために利用する権利 (地上権と貸借権)** を表す勘定科目です。

借地借家法上の借地権と会計上の「借地権」では、権利の範囲が異なるので注意しましょう。

借地借家法では建物の所有を目的とする地上権及び賃借権をいいます。地上権とは、民法上で認められている権利で、工作物などを所有するために他人の土地を使用する権利です。地上権は他人に自由に譲渡することができます。

一方、賃借権とは賃貸借契約により地主に地代を払って土地を借りる権利です。賃借権は他人に自由に譲渡はできません。

しかし、会計上は、借地借家法上の借地権よりも広く解釈し、建物の所有に限らず、**借地の対価であれば、全てを「借地権」として処理**します。

「借地権」は、長期にわたって土地を使用する権利であるため、土地に準ずるものとして、**減価償却はしません**。よって、税務上、「借地権」の取得原価が10万円未満であっても資産に計上する必要があります。

摘要

•更新契約 •借地権契約 •借地権償却 •借地権売却 •認定課税 •借地権更新

パターン別仕訳例

増加する場合

地主との間で土地を賃借する契約を結び、権利金100万円を小切手で支払った。

借方		貸方	
借地権	100	当座預金	100

取引例 •土地の賃借のための権利金などの支出 •借地権の更新料 •認定課税 等

減少する場合

借地権100万円を売却して、小切手を受け取った。

借方		貸方	
当座預金	100	借地権	100

取引例 •借地権の償却(更新) •借地権の売却 等

❶ 借地権を取得した場合

営業用の建物を建設する目的で、地主との間で土地の賃貸契約を結んだ。その際、権利金1,000万円と仲介手数料100万円を小切手で支払った。

借方		貸方	
借地権	1,100	当座預金	1,100

「借地権」の取得価額には、権利金の他、地ならしなどの土地の整備にかかった費用、仲介手数料、立退料、土地付建物を取得した場合の購入対価に含まれる借地権の対価、建物の増改築にあたり地主に払った費用などが含まれます。

❷ 更新する場合

更新料500万円を現金で支払って、借地権を更新した。更新前の借地権の簿価は1,000万円で、更新時の時価は2,000万円であった。

借方		貸方	
借地権	500	現金	500
借地権償却	250	借地権	250

＊更新前の借地権の帳簿価格×（更新料／更新時の借地権の時価）
＝1,000万円×（500万円／2,000万円）＝250万円

会計処理のポイントは？

- 「借地権」は減価償却しませんので、原則的に費用計上されません。ただし、税法上、更新時、その一部を費用化することが認められています。

借地権の設定では、権利金として土地の時価の50%前後の金額を支払う慣行のある地域があります。このような権利金の授受の慣行があるにもかかわらず、その支払いがない場合や金額が少ない場合には、権利金の贈与があったとみなされ課税対象になることがあります。これを**「認定課税」**といい、税務上、地主、借主双方が課税されます。

地主

借方		貸方	
寄付金	××	権利金収入	××

借主

借方		貸方	
借地権	××	受贈益	××

でんわかにゅうけん
電話加入権

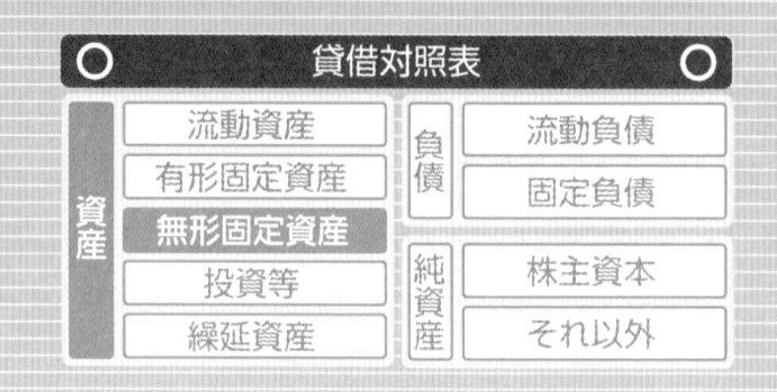

関連 ケース (P74,75)、消耗品費 (P318)

電話加入権とは、日本電信電話株式会社 (NTT) との間で電話加入契約を結んで、**電話役務** (＝通信サービス) の提供を受ける権利を表す勘定科目です。

電話加入権と似たものとして、携帯電話、専用電話などの施設の利用に関する権利 (**「電気通信施設利用権」**) があります。

「電気通信施設利用権」は、譲渡できないことから、**減価償却を行う**こと (耐用年数20年) が認められています。また、取得価額が10万円未満の場合、取得時に費用として処理できます。

一方、「電話加入権」は**転売可能な権利**であり、利用度合いや時の経過によって価値が減少するものではないので、**減価償却はしません**。

摘要

- 施設設置負担金
- 電話架設料
- 電話加入料
- 電話設備負担金
- 電話契約料
- ISDN契約料
- 工事負担金
- 配線工事費用
- 設置費用

パターン別仕訳例

増加する場合

電話の加入申込みを行い、工事負担金４万円を現金で支払った。

借方		貸方	
電話加入権	4	現金	4

取引例 •電話加入料の支払　•電話工事負担金の支払　•屋内配線設備費用の支払 等

減少する場合

電話加入権４万円を売却して、現金を受け取った。

借方		貸方	
現金	4	電話加入権	4

取引例 •電話加入権の売却 等

❶ 電話加入権を取得した場合

営業所の新設に際して、電話を架設し、工費負担金と加入料等4万円及び電話機代6万円を現金で支払った。

借方		貸方	
電話加入権	4	現金	10
消耗品費	6		

電話加入権の取得価額には、NTTに支払う工事負担金の他、加入料、屋内配線設備等の工事費などが含まれます。

「電話加入権」は**減価償却資産ではない**ので、取得価額が10万円未満であっても**必ず資産に計上**します。一方、電話機は減価償却資産です。ただし、1台10万円未満のものは資産計上する必要がなく、費用計上します。

❷ 電話加入権を売却する場合

電話加入権4万円を業者に売却し、代金3万円を現金で受け取った。

借方		貸方	
現金	3	電話加入権	4
固定資産売却損	1		

NTTの電話を引く際にかかる施設設置負担金は、現在、37,800円(税込み)に値下げされています。将来的には、全廃される可能性もあり、その動向には注意が必要となります。

❸ 電気通信施設利用権を取得した場合

電気通信事業者とのデジタル通信用専用回線契約に伴い、工事負担金として100万円を普通預金から振り込んだ。

借方		貸方	
電気通信施設利用権	100	普通預金	100

電気通信事業者との専用回線利用に伴う契約料、工事負担金などの支出は**「電気通信施設利用権」**として処理します。

会計処理のポイントは?

- 「電話加入権」は、貸借対照表上、重要性があれば「電話加入権」として表示します。ただし、重要性がない場合には、無形固定資産の部の「その他」に含めて表示します。

そふとうぇあ

ソフトウェア

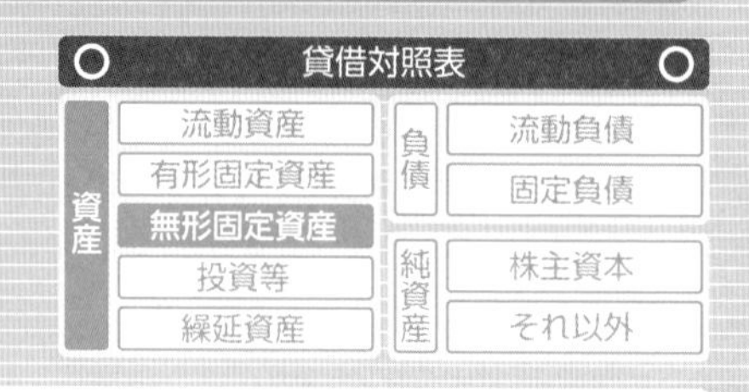

関連 ケース(P79,80)

ソフトウェアとは、コンピュータを機能させるために指令を出すプログラムなどの**コンピュータ・ソフトウェア**を購入・制作する際にかかった金額を表す勘定科目です。

「ソフトウェア」には、プログラムの他、**システム仕様書**や**フローチャート**等の**関連文書**も含まれます。なお、コンテンツはソフトウェアとは別個のものとして取り扱いますが、ソフトウェアとコンテンツが経済的・機能的に一体不可分と認められるような場合には、両者を一体として取り扱うこともできます。

摘要

- 自社制作の研究費からの振替
- 製品マスターの制作
- ソフトウェアの購入
- ITシステム
- 他者開発のソフトウェア
- システム仕様書
- コンピュータプログラム
- 購買管理システム
- 生産管理システム
- 販売管理システム
- 給与計算システム
- 会計システム

パターン別仕訳例

増加する場合

自社利用目的のソフトウェアを専門業者に開発してもらい、代金100万円は現金で支払った。

借方		貸方	
ソフトウェア	100	現金	100

取引例 ●ソフトウェア開発の費用 ●ソフトウェアの購入 等

減少する場合

自社で利用していたソフトウェア(帳簿価額20万円)を10万円で売却し、現金で支払いを受けた。

借方		貸方	
現金	10	ソフトウェア	20
固定資産売却損	10		

取引例 ●ソフトウェアの売却 ●ソフトウェアの償却 ●ソフトウェアの廃棄 等

❶ ソフトウェアを購入した場合

経理用のソフト50万円を購入し、代金を普通預金から振り込んだ。

借方		貸方	
ソフトウェア	50	普通預金	50

❷ ソフトウェアを制作した場合

生産管理システムの開発をソフトウェアの専門業者に依頼し、開発費1,000万円を小切手で支払った。

借方		貸方	
ソフトウェア	1,000	当座預金	1,000

ソフトウェアの会計処理は、研究開発費の会計基準において制作目的別に定められています。

●自社利用の場合

ソフトウェアの利用により将来の収益獲得または費用削減が確実であると認められる場合には「ソフトウェア」として資産計上し、認められない場合または不明な場合には「研究開発費」として費用計上します。

●販売目的の場合

製品マスターが完成するまでにかかった費用は「研究開発費」として費用計上し、製品マスター完成後の制作費・通常の機能の改良・強化に伴うものは「ソフトウェア」として資産計上します。

●受注制作のソフトウェアの場合

請負工事の会計処理に準じて処理されます。具体的には、個別原価計算を実施し、ソフトウェアの「仕掛品」は棚卸資産に計上します。

❸ ソフトウェアを償却する場合

期末に、ソフトウェア1,000万円を５年間で償却した。

借方		貸方	
ソフトウェア償却	200	ソフトウェア	200

会計処理のポイントは？

- 「ソフトウェア」の減価償却は、実務上、税法の規定を用います。販売目的の「ソフトウェア」の耐用年数は３年以内、自社利用目的の「ソフトウェア」の耐用年数は５年以内とされています。

とうしゆうかしょうけん

投資有価証券

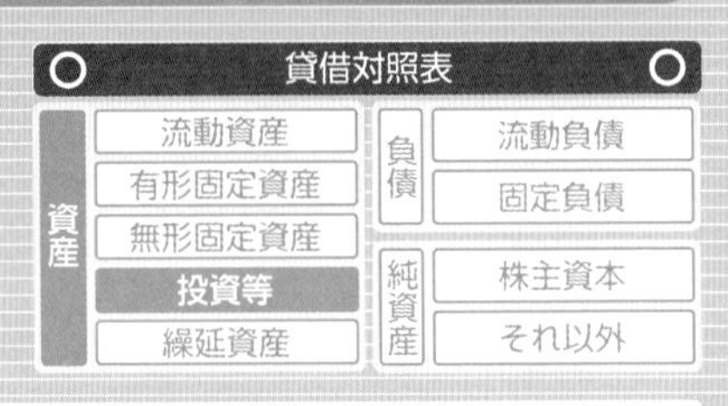

関連 有価証券（P110）、その他有価証券評価差額金（P266）、投資有価証券売却益（損）（P370）

投資有価証券とは、有価証券のうち、**売買目的以外の有価証券**と、**1年以内償還予定の債権以外の有価証券**を表す勘定科目です。会社が持つ株式や公社債、投資信託受益証券などが該当します。

「金融商品に関する会計基準」では、有価証券をその保有目的によって次の4つに分類し、会計処理を定めています。

①売買目的で保有する目的の**「売買目的有価証券」**

②満期まで保有する目的の**「満期保有目的債券」**

③子会社や関連会社の株式である**「子会社株式・関連会社株式」**

④①②③以外の**「その他の有価証券」**

摘要

- 貸付信託受益証券
- 新株予約権付社債
- 投資信託受益証券
- 投資目的外国株券
- 投資目的外国債券
- 投資目的株式
- 投資目的株式配当
- 投資目的公債
- 投資目的国債
- 投資目的社債
- 投資目的地方債
- 投資目的中国ファンド
- 投資目的有価証券
- 投資目的利付債券
- 無償増資株式
- 有価証券売買委託手数料
- 満期保有目的債権
- 長期保有目的有価証券

パターン別仕訳例

増加する場合

投資目的で長期保有する株式を購入し、代金100万円を小切手で支払った。

借方		貸方	
投資有価証券	100	当座預金	100

取引例
- 投資目的で長期保有する株式の購入
- 投資目的で長期保有する社債の購入
- 貸付信託の受益証券の購入
- 売買委託手数料の支払 等

減少する場合

長期保有していた株式100万円を売却し、売却損がでた。なお、代金90万円は普通預金に振り込まれた。

借方		貸方	
普通預金	90	投資有価証券	100
投資有価証券売却損	10		

取引例
- 投資目的で長期保有する株式の売却
- 投資目的で長期保有する社債の売却
- 貸付信託の受益証券の売却
- 投資有価証券の減損処理 等

❶購入した場合

投資目的で長期保有する有価証券200万円を購入し、売買委託手数料2万円とともに小切手で支払った。

借方		貸方	
投資有価証券	202	当座預金	202

投資有価証券の取得原価は、購入代金と購入のための手数料その他の費用を含みます。

❷売却した場合

長期保有の有価証券100万円を120万円で売却した。売買委託手数料1万円が引かれて、当座預金に入金された。

借方		貸方	
当座預金	119	投資有価証券	100
		投資有価証券売却益	19

「投資有価証券」を売却した場合は、売却価額から投資有価証券の簿価と売却手数料を差し引いた金額を「投資有価証券売却益(損)」として、原則、営業外収益(費用)に計上します。

❸評価した場合

期末に、長期保有の有価証券2,000万円を時価評価したところ、評価益1,000万円が発生していた。なお、実効税率を40%とする。

借方		貸方	
投資有価証券	1,000	その他有価証券評価差額金	600
		繰延税金負債	400

長期保有の有価証券は時価をもって評価します(参照:「その他有価証券評価差額金」(P266))。

会計処理のポイントは?

- 「投資有価証券」の期末の評価方法は、有価証券の種類によって異なります。時価のある有価証券は時価評価し、満期保有目的の有価証券は取得原価または償却原価で評価し、子会社株式及び関連会社株式、時価のない有価証券は取得原価となります。

しゅっしきん
出資金

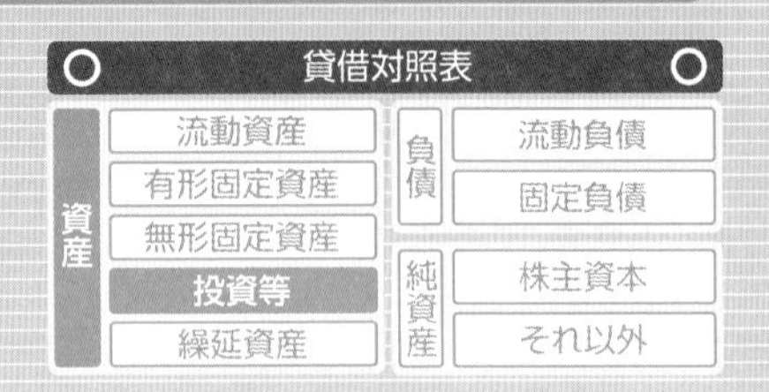

関連 投資有価証券（P186）

出資金とは、合名会社・合資会社などの法人や協同組合等への出資金額を表す勘定科目です。また、出資金には合名会社・合資会社などの法人や、信用金庫、信用組合への出資のほか、ゴルフクラブ等の会員権も含まれます。

株式会社以外の法人や組合への出資は、出資した金額に対して取得する持分が有価証券の形態をとりませんので、「投資有価証券」とは区分します。

摘要

- 協同組合出資金
- 合資会社出資金
- 合名会社出資金
- ゴルフクラブ入会金
- 社団法人出資金
- 商工会議所出資金
- 信用金庫出資金
- 信用組合出資金
- レジャークラブ出資金
- 合同会社出資金
- 有限責任事業組合出資金
- 投資事業組合出資金

パターン別仕訳例

増加する場合

協同組合の出資証券10万円を現金で購入した。

借方		貸方	
出資金	10	現金	10

取引例
- 株式会社以外の会社（合名会社など）への出資
- 協同組合などへの出資
- ゴルフ会員権の購入
- 信用金庫への出資 等

減少する場合

出資金10万円を譲渡して、代金12万円が普通預金に振り込まれた。

借方		貸方	
普通預金	12	出資金	10
		出資金売却益	2

取引例
- 出資金の譲渡
- 出資金の減損処理 等

❶出資した場合

地元の信用金庫との取引を開始するにあたり、その信用金庫に10万円の出資を行うことになった。そこで、現金を支払った。

借方		貸方	
出資金	10	現金	10

❷会員権を取得した場合

ゴルフクラブの会員権200万円を購入し、代金を小切手で支払った。

借方		貸方	
出資金	200	当座預金	200

ゴルフクラブやレジャークラブの入会金等は、名義書換料、手数料等の付随費用も含めて固定資産として「出資金」に計上します。なお、特定の者だけが業務と関係なく利用している場合は「給与手当」としてみなされることがあります。

❸会員権を譲渡した場合

ゴルフクラブの会員権（取得価額200万円）を150万円で譲渡した。代金は当座預金に入金された。

借方		貸方	
当座預金	150	出資金	200
出資金売却損	50		

❹評価した場合

A協同組合に100万円を出資しているが、財政状態が非常に悪化しており、決算日現在の持分額は30万円である。A協同組合の財政状態は回復する見込みがついていない。

借方		貸方	
出資金評価損	70	出資金	70

「出資金」の評価は取得原価によりますが、財政状態が著しく悪化し、かつ回復の見込みがないと認められる場合は、**評価損**の計上（減損処理）が認められます。

会計処理のポイントは？

- 出資金を関係会社とそうでないものとに区分し、関係会社に対するものについては**「関係会社出資金」**として別に表示をします。

ちょうきかしつけきん

長期貸付金

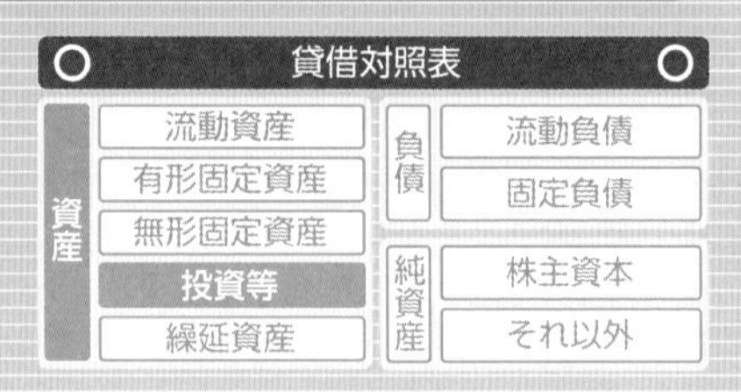

関連 ケース（P77）、短期貸付金（P132）、貸倒引当金（P146）、受取利息（P348）

長期貸付金とは、金銭消費貸借契約および準消費賃借契約に基づく**金銭貸付の取引から生じた金銭債権**で、決算日の翌日から起算して**1年を超えて返済される予定のもの**を表す勘定科目です。役員、従業員、取引先、関係会社などに貸したお金で、長期に返してもらう約束になっているものです。

決算日の翌日から1年を超えて返済期限が到来する貸付金は「長期貸付金」で処理しますが、**1年以内に返済が予定される貸付金**は**「短期貸付金」**となります。この区分を、**1年基準（ワン・イヤー・ルール）**といいます。

なお、貸付先の都合により長期の貸付金が1年以内に返済されることがあっても、「長期貸付金」の返済となり、「長期貸付金」を減少させます。

摘要

- 子会社への長期貸付金
- 従業員への長期貸付
- 短期貸付金に振替
- 長期住宅資金融資
- 長期手形貸付金
- 取引先への長期貸付金
- 役員への長期貸付金
- 関連会社への長期貸付金
- 親会社への貸付金

パターン別仕訳例

増加する場合

取引先に現金100万円を長期に貸し付けた。

借方		貸方	
長期貸付金	100	現金	100

取引例
- 資金の長期貸付 等

減少する場合

長期の貸付金の一部10万円が現金にて返済された。

借方		貸方	
現金	10	長期貸付金	10

取引例
- 貸付金の回収
- 短期貸付金への振替え 等

❶貸し付けた場合

普通預金からの振込みにより、資金200万円を役員に長期に貸し付けた。

借方		貸方	
長期貸付金	200	普通預金	200

❷回収した場合

役員に貸し付けた長期の貸付金100万円が、一部が利息10万円とともに普通預金に振り込まれ返済された。

借方		貸方	
普通預金	110	長期貸付金	100
		受取利息	10

❸長期の貸付金を振替えた場合

決算時に、長期の貸付金100万円の返済期間が1年以内になったので、短期の貸付金に振替えた。

借方		貸方	
短期貸付金	100	長期貸付金	100

短期貸付金に振替えた長期貸付金100万円が、利息10万円とともに普通預金に振り込まれて返済された。

借方		貸方	
普通預金	110	短期貸付金	100
		受取利息	10

決算時に**「長期貸付金」の返済期限が1年以内**になったら、**「短期貸付金」に振替え**ます。返済時には、すでに振替が行われていますので、「短期貸付金」が減少します。ただし、その金額が少額であり、重要性が乏しいと思われる場合は振替を省略できます。

会計処理のポイントは?

- 役員や従業員に対する住宅取得のための資金援助や資金融通等は**「役員長期貸付金」**、**「従業員長期貸付金」**として区分表示するか、注記します。
- 子会社への運転資金や設備投資資金等の貸付金は**「子会社長期貸付金」**として区分表示するか、注記します。
- 「長期貸付金」は、期末に**貸倒引当金の設定の対象**となります。

ちょうきまえばらいひよう

長期前払費用

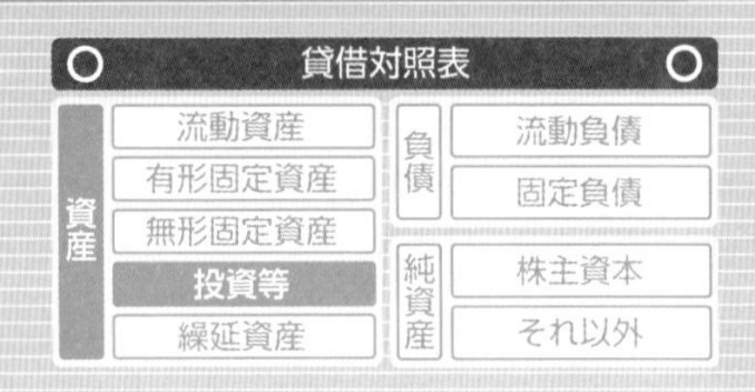

関連 ケース（P75）、前払費用（P144）、支払手形（P208）

長期前払費用とは、一定の契約に従って継続的にサービスの提供を受ける場合、**まだ提供されていないサービスに対して、すでに支払われた対価**で、決算日の翌日から起算して**1年を超えて費用化が見込まれるもの**を表す勘定科目です。

決算日の翌日から1年を超えて費用化が見込まれるものは「長期前払費用」で処理しますが、**1年以内に費用化が見込まれるものは「前払費用」**となります。この区分を、**1年基準（ワン・イヤー・ルール）**といいます。

摘要

- 長期広告料の前払い
- 長期地代の前払い
- 長期保険料の前払い
- 長期家賃の前払い
- 長期リース料の前払い
- 公共的施設の負担金
- 共同施設の負担金
- 権利金
- 立退料
- ノウハウの頭金
- 広告宣伝用資産の贈与費用
- 同業者団体の加入金
- 前払費用への振替
- 長期前払費用の償却

パターン別仕訳例

増加する場合

2年分の火災保険料10万円を一括して、小切手を振り出して支払った。

借方		貸方	
長期前払費用	10	当座預金	10

取引例
- 長期の家賃・地代・リース代などの前払い
- 長期の保険料の前払い 等

減少する場合

商店街のアーケード設置のための負担金100万円のうち、当期分20万円を償却した。

借方		貸方	
長期前払費用償却	20	長期前払費用	20

取引例
- 前払費用への振替
- 各種費用への振替
- 長期前払費用の償却 等

❶契約した場合

5年分の火災保険料50万円を一括して、小切手を振り出して支払った。

借方		貸方	
長期前払費用	50	当座預金	50

❷決算の場合

決算にあたり、長期前払費用（5年分、50万円）に計上していた火災保険料の当期分10万円と翌期分10万円を振替処理した。

借方		貸方	
支払保険料	10	長期前払費用	20
前払費用	10		

支出時に費用処理し、期末に資産に計上する処理もあります（「前払費用」（P144）を参照）。

❸割賦による購入の場合

5年の分割払いで機械200万円を購入して、割賦手数料40万円とあわせて、長期の手形を組んで支払った。

借方		貸方	
機械装置	200	営業外支払手形	240
長期前払費用	40		

割賦手数料は「長期前払費用」に計上して、割賦期間に応じて費用に振替えます。

会計処理のポイントは？

- 税法上の繰延資産のうち、会計上、「長期前払費用」として処理されるものがあります。これは会計上、繰延資産を限定列挙しているためです。税法上の繰延資産のうち、公共的施設等の負担金、ノウハウの頭金等は会計上「長期前払費用」として処理されます。なお、次のようなものは会計上「長期前払費用」として処理されます。

・公共的施設等の設置や改良のために支出する費用（公共施設負担金など）

・資産を賃借または使用するために支出する権利金など

・役務の提供を受けるために支出する権利金など

・製品等の広告宣伝用の資産を贈与したことによる費用

・自己が便益を受けるために支出する費用（同業者団体の加入金など）

さしいれほしょうきん

差入保証金

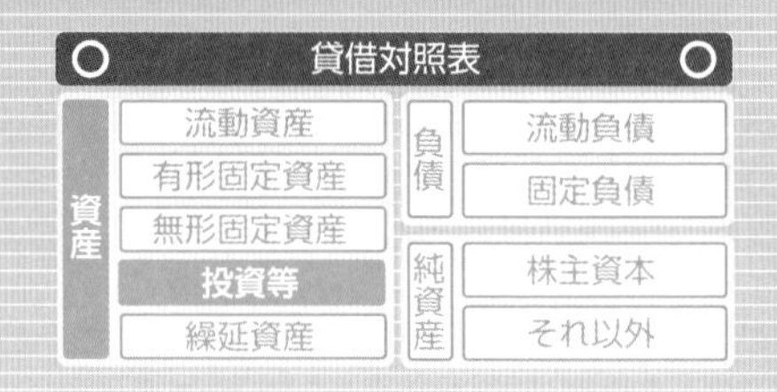

関連 ケース (P75)、長期前払費用 (P192)

差入保証金とは、**取引等のための契約に際して**、債務者が債権者に負う債務履行を担保する目的で**差し入れられる保証金**を表す勘定科目です。

不動産の賃貸借の場合、差し入れた金額を保証金ではなく、**敷金**と呼ぶこともあります。しかし、どちらも債務不履行の担保として差し入れられることに変わりはないので、どちらも「差入保証金」の勘定を用います。「差入保証金」は、契約の終了や解除によって全額が返還されますので、**償却はしません。**

摘要

- 営業保証金の支払い
- 架設保証金の支払い
- 借受契約保証金の支払い
- 債務履行保証金の支払い
- 差入保証金の支払い
- 敷金の支払い
- 借室権利金の支払い
- 取引保証金の支払い
- 代理店契約保証金の支払い
- 入札保証金の支払い
- 輸入保証金の支払い
- 分割返済保証金の支払い

パターン別仕訳例

増加する場合

事務所を賃借して、敷金30万円と1か月分の家賃10万円、仲介手数料10万円を小切手で支払った。

借方		貸方	
地代家賃	10	当座預金	50
差入保証金	30		
支払手数料	10		

取引例 ●営業保証金などの差入 ●敷金などの支払い 等

減少する場合

契約期間満了に伴って、差し入れてあった敷金30万円の返還を現金にて受けた。

借方		貸方	
現金	30	差入保証金	30

取引例 ●営業保証金の返還 ●敷金などの返還 ●敷金などの償却 等

❶ 営業保証金の場合

契約時：新規取引先との取引開始に当たり、営業保証金600万円を支払うために小切手を差し入れた。

借方		貸方	
差入保証金	600	当座預金	600

契約終了時：契約期間満了に伴って、差し入れてあった営業保証金の返還を現金にて受けた。

借方		貸方	
現金	600	差入保証金	600

❷ 敷金の場合

契約時：営業所を賃借して、契約に基づき保証金300万円を現金にて差し入れたが、このうち10%相当額は、解約時に償却されて返還されないものである。

借方		貸方	
差入保証金	270	現金	300
長期前払費用	30		

解約時：営業を移転することになり、契約を解約し、物件を返却した。これに伴い、保証金270万円の返還を受け、普通預金に振り込まれた。保証金のうち、返還されない部分に関しては、未償却分の10万円を費用として処理した。

借方		貸方	
普通預金	270	差入保証金	270
長期前払費用償却	10	長期前払費用	10

不動産の賃貸借契約などの契約によっては、**償却条項**がついていることがあります。償却条項とは、契約が終了した場合、差入保証金の一定割合については、その部分を償却して返還しない旨を既定している条項です。**償却条項がある場合**、その一定割合については返還されないため、**この部分は「差入保証金」には該当しません。**
返還されない部分は、不動産などを賃借するために支払った権利金等にあたり、税務上は繰延資産、**会計上は「長期前払費用」**として処理します。計上された「長期前払費用」は、賃借期間にわたって**償却します。**

会計処理のポイントは？

- 「差入保証金」は回収過程にある債権ではありませんので、貸倒引当金の設定対象にはなりません。

そうりつひ
創立費

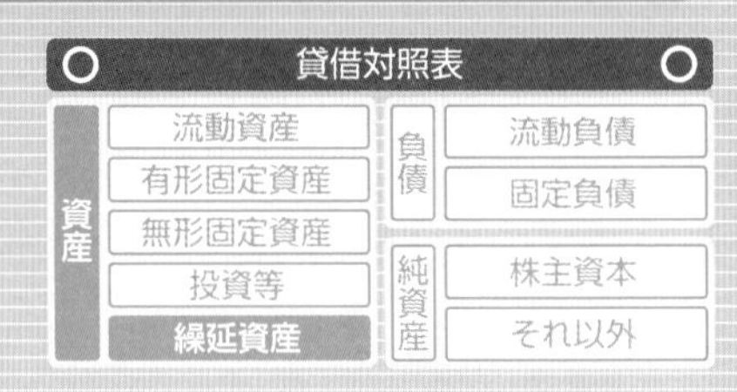

関連 ケース(P67)、開業費(P198)、株式交付費(P200)、社債発行費(P202)、開発費(P204)

創立費とは、**会社の設立までに支出した諸々の費用**をあらわす勘定科目です。「設立までに」というのがポイントです。

具体的には、①発起人が受ける報酬、②会社が負担すべき設立費用、③設立登記のために支出した登録免許税額です。このうち、①と②(定款認証手数料と金融機関の取扱手数料を除く)は定款に記載された額に限られます。

創立費は、会計上、定款作成費用、株式募集広告費、株券印刷費、創立事務所賃借料、発起人報酬、登録免許税など、会社の設立までに支出した費用のうち、設立会社が負担すべきものをいいます。ただし、**税法上**は、これより**範囲が広く、会社の設立のため必要と認められる支出**であれば、定款に記載されていなくても、また定款規定額を超えていても、設立会社の負担とすることが認められています。

摘要

- 会社設立事務費用
- 株式募集広告費
- 金融機関の取扱手数料
- 創立事務所賃借料
- 創立総会費用
- 創立費用
- 定款作成費用
- 定款認証手数料
- 定款印紙税
- 登録免許税
- 目論見書印刷費
- 株券印刷費
- 発起人報酬
- 税理士報酬
- 司法書士報酬
- 行政書士報酬
- 設立事務に使用する使用人の給与手当て

パターン別仕訳例

増加する場合

会社設立にあたり、定款作成の費用として現金10万円を支払った。

借方		貸方	
創立費	10	現金	10

取引例
- 会社設立費用
- 定款及び諸規則作成費用
- 創立総会費用
- 会社設立登記費用 等

減少する場合

決算にあたり、創立費10万円を全額償却した。

借方		貸方	
創立費償却	10	創立費	10

取引例
- 創立費の償却 等

❶計上する場合

創立総会まで：発起人が創立事務所の賃借料として、50万円を現金で立替払いした。

借方		貸方	
事務所家賃	50	現金	50

創立総会承認時：発起人が立替払いした創立事務所の賃借料50万円が、創立総会で創立費として承認された。

借方		貸方	
創立費	50	現金	50

発起人は、後日の創立総会への報告に備えて、費用の内容に応じて適切な勘定科目で分類・記録しておきます。**創立総会の承認後、はじめて会社の資産として認識**され、その額を「創立費」として計上します。

「創立費」は、**原則として、支出時に営業外費用として処理**しますが、繰延資産として計上することも認められています。

❷償却する場合

5年で償却：決算にあたり、繰延資産に計上した創立費50万円を5年間で均等額償却した。

借方		貸方	
創立費償却	10	創立費	10

1年で償却：決算にあたり、繰延資産に計上した創立費50万円の全額を償却した。

借方		貸方	
創立費償却	50	創立費	50

「創立費」を繰延資産として計上した場合、会社成立のときから5年以内のその効果の及ぶ期間にわたり、定額法により償却します。なお、**税法では任意償却が認められている**ため、創立年度にすべて償却することも可能です。

「創立費」の償却費は、営業外費用の区分に表示します。

会計処理のポイントは？

- 「創業費」を繰延資産として計上した場合は、貸借対照表上の繰延資産の部に「創立費」として表示します。なお、その償却額は貸借対照表の価額から直接控除し、残額を「創立費」として表示します。

かいぎょうひ
開業費

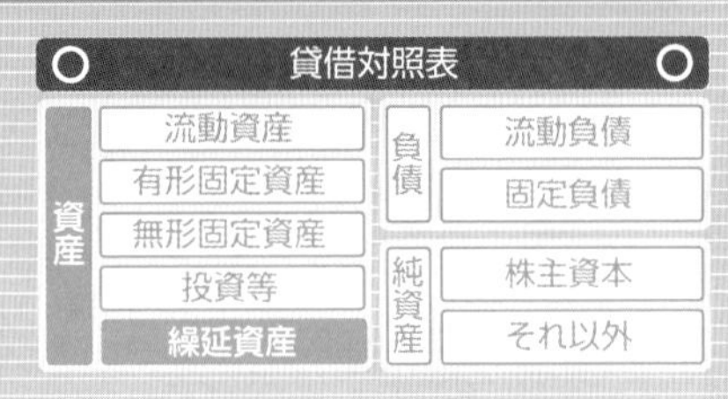

関連 ケース（P66）、創立費（P196）、株式交付費（P200）、社債発行費（P202）、開発費（P204）

開業費とは、**会社設立後、営業を開始するまでに、開業準備のために支出した費用**をあらわす勘定科目です。「設立後から営業開始までに」というのがポイントです。

具体的には、営業開始のための建物の賃借料、広告宣伝費、通信交通費、水道光熱費、従業員給料などのことです。

「開業費」は、会計上、会社設立後、営業開始までに支出した開業準備のためのすべて費用です。ただし、**税法上**は、これより**範囲が狭く、開業の準備のために特別に支出した費用**に限られます。具体的には、開業のために特別に支出した広告宣伝費、接待費、旅費、調査費などです。つまり、会社の設立後、開業までの間に支出した費用であっても、建物の賃借料，通信交通費、水道光熱費、従業員給料、支払利子などの経常的な支出は含まれません。

摘要

- 開業前広告宣伝費
- 開業前事務用消耗品費
- 開業前電気／ガス／水道料等
- 開業前費用
- 開業前支払利子
- 開業前土地／建物の賃借料
- 開業前保険料
- 開業前調査費用
- 開業前使用人給料
- 開業前通信交通費
- 開業前通信費
- 開業準備費用

パターン別仕訳例

増加する場合

会社を設立し、開業準備のため、パンフレットの作成費10万円を現金で支払った。

借方		貸方	
開業費	10	現金	10

取引例
- 開業準備のための諸費用 等

減少する場合

決算にあたり、開業費10万円を全額償却した。

借方		貸方	
開業費償却	10	開業費	10

取引例
- 開業費の償却 等

❶計上する場合

開業準備のために、特別に広告宣伝や市場調査を行った。広告宣伝の費用20万円と市場調査の費用30万円を現金で支払った。

借方		貸方	
開業費	50	現金	50

＊開業費50万円＝広告宣伝費用20万円＋市場調査費用30万円

営業開始後は営業費として処理されますので、営業開始までに支出した費用は、当初から「開業費」として明確に区分する必要があります。そこで、開業後の営業費との区分を明確に行うために、**内訳口座を設定しておくと好ましい**です。

「開業費」は、原則として支出時に営業外費用または販売費及び一般管理費として処理しますが、繰延資産として計上することも認められています。

❷償却する場合

5年で償却：決算にあたり、繰延資産に計上した開業費50万円を5年間で均等額償却した。

借方		貸方	
開業費償却	10	開業費	10

1年で償却：決算にあたり、繰延資産に計上した開業費50万円の全額を償却した。

借方		貸方	
開業費償却	50	開業費	50

「開業費」を繰延資産として計上した場合、開業のときから5年以内のその効果の及ぶ期間にわたり、定額法により償却します。なお、税法では任意償却が認められているため、開業年度にすべて償却することも可能です。

「開業費」の償却費は、営業外費用の区分に表示します。

会計処理のポイントは？

- 「開業費」を繰延資産として計上した場合は、貸借対照表上の繰延資産の部に「開業費」として表示します。なお、その償却額は貸借対照表の価額から直接控除し、残額を「開業費」として表示します。

かぶしきこうふひ
株式交付費

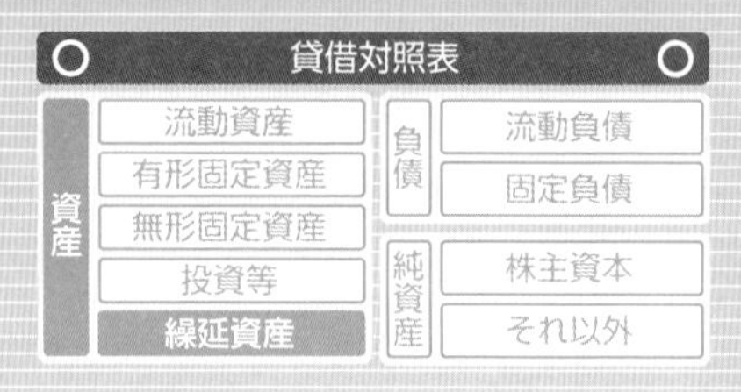

関連 創立費（P196）、開業費（P198）、社債発行費（P202）、開発費（P204）

株式交付費とは、既存会社が**新株発行等のために直接支出した費用**をあらわす勘定科目です。「既存の会社が」というのがポイントです。

具体的には、株式募集のための広告費、金融機関の取扱手数料、証券会社の取扱手数料、目論見書や株券等の印刷費、変更登記の登録免許税などのことです。

「株式交付費」は既存会社が新株発行のために直接支出した費用です。そのため、**会社設立時に支出**される費用である**「創立費」**とは異なります。

摘要

- 新株発行費用
- 増資の費用
- 株券印刷費
- 株式募集広告費
- 株式申込書印刷費
- 金融機関の取扱手数料
- 新株発行に直接要した費用
- 変更登記登録免許税
- 目論見書印刷費
- 証券会社の取扱手数料
- 自己株式処分費用
- 株式交付費用

パターン別仕訳例

増加する場合

会社の増資が決まり、新株の募集広告費100万円を現金で支払った。

借方		貸方	
株式交付費	100	現金	100

取引例
- 株式募集広告費
- 金融機関等の取扱手数料
- 目論見書 / 株券等の印刷費
- 変更登記の登録免許税 等

減少する場合

決算にあたり、新株発行費100万円を全額償却した。

借方		貸方	
株式交付費償却	100	株式交付費	100

取引例
- 株式交付費の償却 等

場面別仕訳例

❶新株を発行する場合

新株を発行するために、株券印刷費と株式募集費用として、現金300万円を支払った。

借方		貸方	
株式交付費	300	現金	300

「株式交付費」は、原則として支出時に営業外費用として処理しますが、繰延資産として計上することも認められています。

繰延資産にあたる「株式交付費」は、企業規模の拡大のための資金調達に係わる費用を前提としていますので、株式分割や株式無償割当の費用は繰延資産に該当せず、支払い時に費用として処理します。

❷償却する場合

3年で償却：決算にあたり、繰延資産に計上した株式交付費300万円を3年間で均等額償却した。

借方		貸方	
株式交付費償却	100	株式交付費	100

1年で償却：決算にあたり、繰延資産に計上した株式交付費300万円の全額を償却した。

借方		貸方	
株式交付費償却	300	株式交付費	300

「株式交付費」を繰延資産として計上した場合、株式交付のときから3年以内のその効果の及ぶ期間にわたり、定額法（月割）により償却します。なお、**税法では任意償却が認められている**ため、支出年度にすべて償却することも可能です。

「株式交付費」の償却費は、営業外費用の区分に表示します。

会計処理のポイントは？

- 「株式交付費」を繰延資産として計上した場合は、貸借対照表上の繰延資産の部に「株式交付費」として表示します。なお、その償却額は貸借対照表の価額から直接控除し、残額を「株式交付費」として表示します。

しゃさいはっこうひ

社債発行費

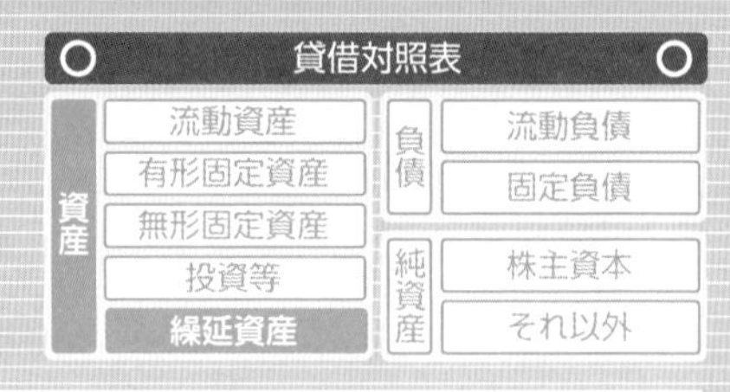

関連 創立費 (P196)、開業費 (P198)、株式交付費 (P200)、開発費 (P204)

社債発行費とは、**社債発行のために直接支出した費用**をあらわす勘定科目です。具体的には、社債募集のための広告費、金融機関の取扱手数料、証券会社の取扱手数料、目論見書や社債券等の印刷費、社債登記の登録免許税などのことです。

新株予約権の発行のための費用についても、資金調達などの財務活動に関するものについては、「社債発行費」と同様に会計処理することができます。

社債権者に償還すべき金額の総額（償還金額）と、社債募集によって得た金額の差額（発行価額）が異なる**社債**については、**その差額（社債発行差金に相当する額）を償却原価法によって処理**します。よって、繰延資産としては扱われなくなりました。

償却原価法とは、その差額に相当する金額を、償還期までに毎期一定の方法で貸借対照表額に加減する方法です。

摘要

- 金融機関の取扱手数料
- 社債券印刷費
- 社債募集広告費
- 社債申込書印刷費
- 社債発行に直接要した費用
- 社債登記登録免許税
- 目論見書印刷費
- 証券会社の取扱手数料

パターン別仕訳例

増加する場合

資金調達にあたり、社債を発行するため社債募集広告費100万円を現金で支払った。

借方		貸方	
社債発行費	100	現金	100

取引例
- 社債募集広告費
- 金融機関等の取扱手数料
- 目論見書 / 社債券等の印刷費
- 社債登記の登録免許税 等

減少する場合

決算にあたり、社債発行費100万円を全額償却した。

借方		貸方	
社債発行費償却	100	社債発行費	100

取引例
- 社債発行費の償却 等

❶計上する場合

社債を発行するために、社債印刷費と社債募集費用として、現金300万円を支払った。

借方 社債発行費	300	貸方 現金	300

新株予約権付社債を発行するための費用100万円を小切手で払った。

借方 社債発行費	100	貸方 当座預金	100

「社債発行費」は、原則として支出時に営業外費用として処理しますが、繰延資産として計上することも認められています。

新株予約権が社債に付されている場合で、当該新株予約権付社債を一括法により処理するときは、当該新株予約権付社債の発行のための費用は「社債発行費」として処理します。

❷償却する場合

3年で償却：決算にあたり、繰延資産に計上した社債発行費300万円を3年間で均等額償却した。

借方 社債発行費償却	100	貸方 社債発行費	100

1年で償却：決算にあたり、繰延資産に計上した株式交付費300万円の全額を償却した。

借方 株式交付費償却	300	貸方 社債発行費	300

「社債発行費」を繰延資産として計上した場合、社債償還までの期間にわたり、利息法により償却しなければなりません。ただし、継続適用を条件に社債償還までの期間の定額法（月割）によることもできます。なお、**税法では任意償却が認められている**ため、支出年度にすべて償却することも可能です。

「社債発行費」の償却費は、営業外費用の区分に表示します。

会計処理のポイントは？

- 「社債発行費」を繰延資産として計上した場合は、貸借対照表上の繰延資産の部に「社債発行費」として表示します。なお、その償却額は貸借対照表の価額から直接控除し、残額を「社債発行費」として表示します。

かいはつひ
開発費

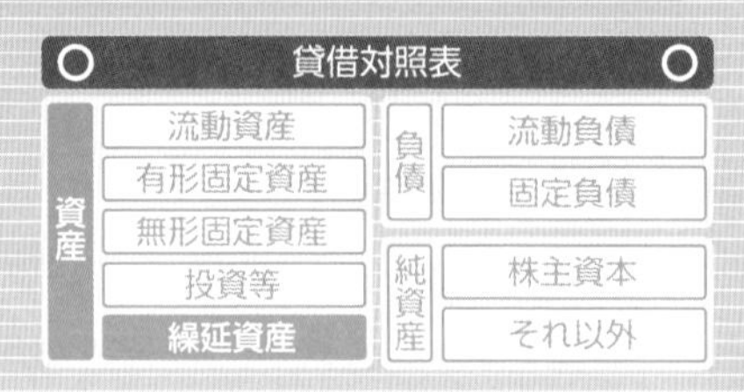

関連 ケース (P80)、創立費 (P196)、開業費 (P198)、株式交付費 (P200)、社債発行費 (P202)

開発費とは、**新技術の採用、新経営組織の採用、資源の開発、市場の開拓等のために支出した費用**をあらわす勘定科目です。また、生産能率の向上や生産計画の変更などによる設備の大規模な配置替えの費用も、これに含まれます。ただし、いずれも経常的に発生する費用は除きます。

「開発費」と似た勘定科目に**「研究費」**があります。「研究費」とは、**新製品の製造や新技術の発明のために特別に支出した費用**をいいます。

「開発費」と「研究費」は「研究開発費等に係る会計基準（平成10年3月31日）」に従い、**株式公開企業等ではすべて発生時に費用処理**することが一般的です。ただし、**会社法上は「開発費」は繰延資産**として限定列挙されています。

摘要

- 市場開拓費用
- 資源開発費用
- 新技術採用費用
- 新経営組織採用費用
- 設備の大規模な配置替え費用
- 技術導入費用
- 開発のためのコンサルタント料
- 市場調査費用
- 油田試掘費用
- 特許権使用のための頭金

パターン別仕訳例

増加する場合

新組織の発足に伴い、コンサルティング費用100万円を現金で支払った。

借方		貸方	
開発費	100	現金	100

取引例
- 新技術 / 新経営組織採用の費用
- 資源開発 / 市場開拓の費用
- 設備の大規模な配置替え費用 等

減少する場合

決算にあたり、開発費100万円を全額償却した。

借方		貸方	
開発費償却	100	開発費	100

取引例
- 開発費の償却 等

❶計上する場合

新事業を開始し、市場開拓の目的で特別に行った広告宣伝費と市場調査費を、小切手300万円を振り出して支払った。

借方 開発費	300	貸方 当座預金	300

「開発費」は、原則として、支出時に売上原価または販売費及び一般管理費として処理しますが、繰延資産として計上することも認められています。

❷償却する場合

5年で償却：決算にあたり、繰延資産に計上した開発費300万円を5年間で均等額償却した。

借方 開発費償却	60	貸方 開発費	60

1年で償却：決算にあたり、繰延資産に計上した開発費300万円の全額を償却した。

借方 開発費償却	300	貸方 開発費	300

「開発費」を繰延資産として計上した場合、支出した事業年度から5年以内のその効果の及ぶ期間にわたり、定額法（月割）その他合理的な方法により償却します。なお、**税法では任意償却が認められている**ため、支出年度にすべて償却することも可能です。

「開発費」の償却費は営業外費用の区分に表示します。

「開発費」として支出した効果が認められなくなった場合は、未償却残高を一時的に償却しなければなりません。

会計処理のポイントは？

- 「開発費」を繰延資産として計上した場合は、貸借対照表上の繰延資産の部に「開発費」として表示します。なお、その償却額は貸借対照表の価額から直接控除し、残額を「開発費」として表示します。

第4章

Account Title and Journalizing Dictionary

負債の項目

しはらいてがた

支払手形

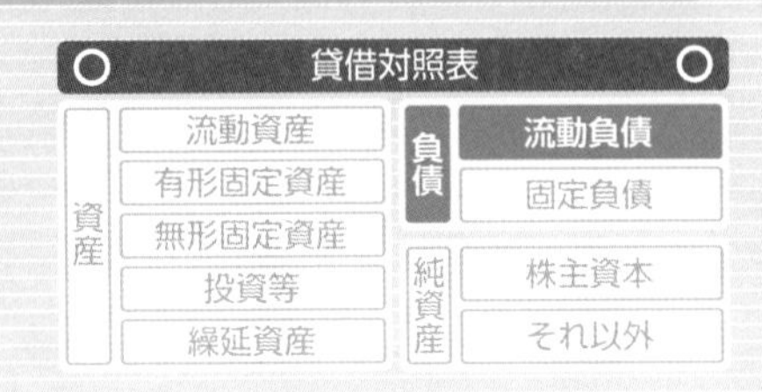

関連 受取手形（P98）、買掛金（P210）、短期借入金（P214）

支払手形とは、**通常の営業取引で債務の支払いのため**に振り出した**約束手形**（支払う人と手形を振り出した人が同じ）や、引き受けた**為替手形**（支払う人と手形を振り出した人が違う）を表す勘定科目です。仕入先との間の通常の取引によって発生した手形債務のことで、会計上は、約束手形と為替手形の区別はせず、どちらも「支払手形」として処理されます。

手形債務にも複数の種類があります。固定資産の購入などによって発生した**営業外の取引の手形債務**は**「営業外支払手形」**や**「設備支払手形」**として処理され、1年基準によって、流動負債の部か固定負債の部に区分します。

また、金融機関から**資金を借り入れ、その見返りに振り出した手形債務**は、**「支払手形」**ではなく**「短期借入金」**として処理されます。

摘要

- 為替手形引受
- 金融手形振出
- 設備手形振出
- 手形借入金
- 振出手形差替
- 約束手形振出
- 融通手形振出
- 手形による買掛金決済
- 約束手形振替
- 手形仕入
- 手形による支払い
- 手形の更改

パターン別仕訳例

増加する場合

仕入先から買掛金100万円について為替手形を引き受けた。

借方		貸方	
買掛金	100	支払手形	100

取引例
- 手形による仕入
- 買掛金の手形による決済
- 設備購入代金の支払い
- 融通手形の振出
- 手形による借り入れ 等

減少する場合

支払手形100万円の満期が来たので、当座預金から引き落とされた。

借方		貸方	
支払手形	100	当座預金	100

取引例
- 手形の決済
- 手形代金の支払
- 手形借入金の返済
- 約束手形の差換 等

❶振り出した場合

仕入先から商品10万円を仕入れ、その代金の支払いとして約束手形を振り出した。

借方		貸方	
仕入	10	支払手形	10

❷決済された場合

仕入先に振り出した約束手形10万円が、決済され普通預金から引き落とされた。

借方		貸方	
支払手形	10	普通預金	10

❸通常の営業取引以外の手形の場合

営業外手形の取引

営業用の車両200万円を購入し、代金は約束手形を振り出した。

借方		貸方	
車両	200	営業外支払手形	200

手形の差入の取引

金融機関に約束手形を差し入れて融資500万円を受け、利息10万円を差し引かれて普通預金に入金された。

借方		貸方	
普通預金	490	短期借入金	500
支払利息	10		

手形の更改の取引

仕入先C社に振り出した約束手形200万円の期日延長を申し入れたところ了承され、利息10万円を含めて新しい手形を振り出した。

借方		貸方	
支払手形	200	支払手形	210
支払利息	10		

会計処理のポイントは?

- 資金繰りに窮している際に、企業間で、商取引の裏づけのない手形を資金融通のために振り出すことがあります。これを**「融通手形」**といいます。融通手形は金融取引による債務ですので、**「短期借入金」**として処理します。

かいかけきん
買掛金

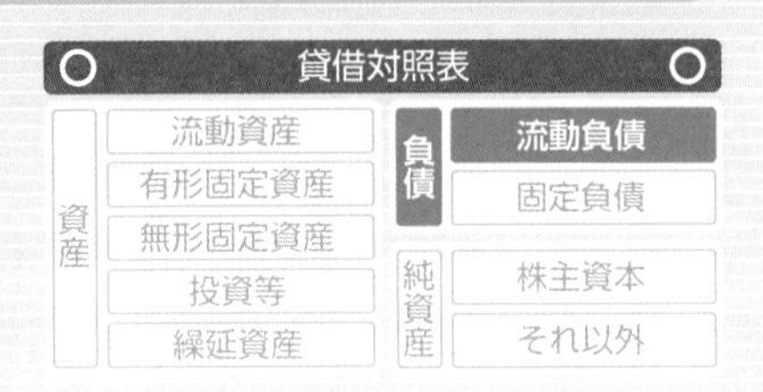

関連 ケース (P73)、売掛金 (P102)、未払金 (P220)

買掛金とは、商品などの仕入代金の未払い分、サービスの授受などの営業費用の未払い分など、**通常の営業取引によって発生した営業上の仕入先などに対する債務**を表す勘定科目です。販売業では、商品の仕入代金の未払い分のことを指します。

通常の営業取引によって発生した買掛金であれば、支払いまで1年超えるものでも「買掛金」で処理します **(正常営業循環基準)**。

「買掛金」と似た勘定科目に **「未払金」** があります。「買掛金」は本来の営業取引 (商品の仕入やサービスの授受など) で発生した債務ですが、「未払金」は**本来の営業取引以外 (固定資産や有価証券の購入など) から発生した債務**である点が異なります。

摘要

- 売掛金相殺
- 掛仕入
- 仕入代金未払
- 仕入値引き
- 仕入戻し
- 商品購入代金未払
- 製品購入代金未払
- 代物弁済
- 前渡金相殺
- 前渡金振替
- 工事未払金
- 仕入割戻し
- 掛け仕入返品
- リベート
- 掛け支払い
- 原材料購入代金未払い
- 手形の振り出し
- 未収金相殺

パターン別仕訳例

増加する場合

仕入先から商品10万円を仕入れたが、代金は未払いである。

借方		貸方	
仕入	10	買掛金	10

取引例 ●掛による仕入 ●商品購入代金の未払い ●仕入代金の未払い 等

減少する場合

掛仕入れした商品の代金10万円を普通預金から支払った。

借方		貸方	
買掛金	10	普通預金	10

取引例 ●掛の支払いによる引き落とし ●手形の振り出し ●買掛金との相殺 ●仕入値引き (仕入) 等

❶掛仕入れした場合

A社から商品10万円を掛仕入れした。

借方		貸方	
仕入	10	買掛金	10

A社から仕入れた商品に欠陥があり、1万円分を返品した。

借方		貸方	
買掛金	1	仕入	1

❷支払った場合

買掛金の代金として、10万円を現金で支払った。

借方		貸方	
買掛金	10	現金	10

B社へ買掛代金として、約束手形10万円を振り出した。

借方		貸方	
買掛金	10	支払手形	10

❸相殺した場合

C社に対して買掛金残高10万円があったが、同社に対する売掛金残高も10万円だったので、双方で債権債務を相殺した。

借方		貸方	
買掛金	10	売掛金	10

❹建設業の場合

建設業を営んでいるが、当月の工事にかかる原価のうち、材料費100万円、労務費100万円、経費100万円が未払いであった。

借方		貸方	
未成工事支出金	300	完成工事未払金	300

建設業においては、未払い分は**「完成工事未払金」**の勘定を用います。

会計処理のポイントは?

- 「買掛金」は貸借対照表上、流動負債の部に表示されます。

でんしきろくさいむ
電子記録債務

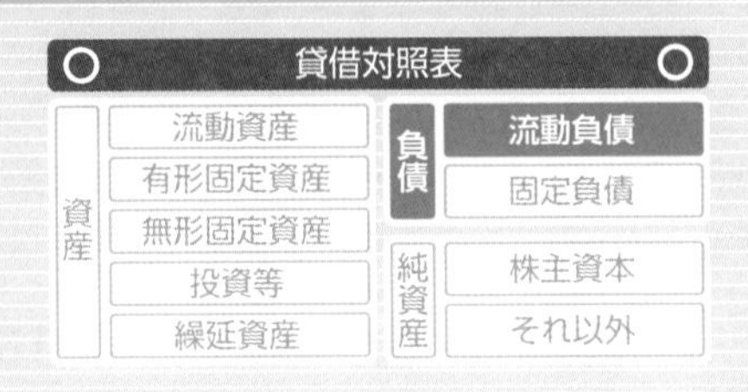

関連 売掛金(P102)、買掛金(P210)、電子記録債権(P106)

電子記録債務とは、全国銀行協会が新たな社会的なインフラとして設立した**「でんさいネット」**という**電子債権記録機関**の記録原簿に、債務の発生が**電子記録**されることを要件とする金銭債務を処理する勘定科目です。「電子記録債務」は「電子記録債権」に対応する勘定科目です。電子記録債権・債務の仕組みは、取引コストや紛失リスクのある手形や、譲渡が煩雑である売掛債権の抱える問題を克服する新たな決済手段として期待されています。

「電子記録債務」の発生は「でんさいネット」の記録原簿に電子記録することで効力が生じます。仕入先から商品を掛で仕入れた場合、取引銀行を通じて、「でんさいネット」にその旨を請求（発生記録の請求）します。通知を受けた「でんさいネット」は仕入先へ取引銀行を通じて、その旨を通知（発生記録の通知）します。この時点で「電子記録債務」が計上されます。なお、発生記録の請求は債権者・債務者のどちらからも行うことができます。

摘要

- 債務の発生
- 発生記録の通知
- 発生記録の請求
- 譲渡記録の請求
- 買掛金との相殺
- 債務の決済
- 債務の消滅

パターン別仕訳例

増加する場合

未払いの仕入代金10万円が発生したことをでんさいネットに通知した。

借方		貸方	
買掛金	10	電子記録債務	10

取引例
- 電子記録債務の発生の請求
- 電子記録債務の発生の通知 等

減少する場合

でんさいネットに発生を記録した債務10万円の支払期日がきて、普通預金口座に振り込んだ。

借方		貸方	
電子記録債務	10	普通預金	10

取引例
- 電子記録債権の消滅
- 電子記録債権の決済
- 買掛金との相殺
- 電子記録債権の譲渡 等

❶発生した場合

仕入先A社に対する買掛金200万円の回収をでんさいネットで行うため、取引銀行を通じて電子債務の発生記録を請求した。

借方		貸方	
買掛金	200	電子記録債務	200

❷決済した場合

でんさいネットに発生記録した電子記録債務200万円の支払期日が到来して、普通預金口座から振り込んだ。

借方		貸方	
電子記録債務	200	普通預金	200

❸譲渡（割引）した場合

仕入先B社に対する買掛金の支払いをでんさいネットで行うため、電子記録債権200万円のうち100万円について取引銀行を通じて電子記録債権の譲渡記録を請求し、相殺した。

債権者：

借方		貸方	
買掛金	100	電子記録債権	100

債務者：

仕訳なし

❹譲渡（裏書）した場合

電子記録債権200万円のうち100万円について取引銀行に電子記録債権の譲渡記録を請求し、割引料4万円を差し引かれた残額が当座預金口座に振り込まれた。

債権者：

借方		貸方	
当座預金	96	電子記録債権	100
電子記録債権売却損	4		

債務者：

仕訳なし

会計処理のポイントは？

- 債権者側で「電子記録債権」が譲渡（割引・裏書）されても、債務者側には何ら会計処理は発生しません。

たんきかりいれきん

短期借入金

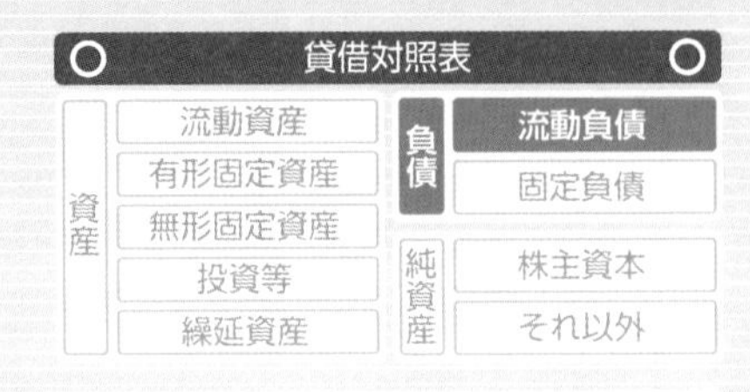

関連 ケース (P69)、預金 (P96)、未払金 (P220)、長期借入金 (P250)

短期借入金とは、金融機関、取引先、親会社、関連会社、役員などに対する**借入金**で、**決算日の翌日から起算して1年以内に支払われる予定のもの**を表す勘定科目です。1年を超えて支払いが予定される借入金は、**「長期借入金」**となります。この区分を、**1年基準(ワン・イヤー・ルール)**といいます。

金融機関からの借入はもちろんのこと、役員や従業員に対する借入であっても、借入金には利息が発生します。**借入金に対する利息**は、営業外費用の区分に**「支払利息」**と表示されます。

ただし、会社の役員などからの借入金の利息が無利息であっても、役員に課税されることはありません。また、会社も「支払利息」と「支払利息免除益」が相殺されるため、課税関係は生じません。

摘要

- 関係会社からの借入
- 銀行からの借入
- 個人からの借入
- 証書借入金
- 手形借入金
- 当座貸越
- 取引先からの借入
- 役員からの借入
- 親会社からの借入
- 運転資金調達
- 長期借入金振替
- 子会社からの借入

パターン別仕訳例

増加する場合

銀行から1年返済で借入100万円を行い、普通預金に入金された。

借方		貸方	
普通預金	100	短期借入金	100

取引例 •資金の借り入れ •長期借入金からの振替え 等

減少する場合

銀行から借り入れた短期の借入金100万円を、期日に利息10万円とともに普通預金から振り込んだ。

借方		貸方	
短期借入金	110	普通預金	100
		支払利息	10

取引例 •借入金の回収 等

❶借り入れた場合

証書借入

銀行から金銭消費貸借契約により100万円を短期の資金として借り入れた。なお、借入期間は10ヶ月、利息は後払いとした。

借方		貸方	
普通預金	100	短期借入金	100

手形借入

銀行から100万円を借り入れ、利息5万円を差し引かれた残額が普通預金に入金された。なお、この際、3ヶ月間の単名手形を担保として差し入れた。

借方		貸方	
普通預金	95	短期借入金	100
支払利息	5		

銀行から借り入れをする際に銀行を受取人とする手形を、**借入金の担保として振り出す場合**、手形に関する仕訳は行わず**「短期借入金」の増加**の仕訳のみを行います。

❷長期の借入金を振替えた場合

決算時に、長期の借入金150万円の返済期間が1年以内になったので、短期の借入金に振替えた。

借方		貸方	
長期借入金	150	短期借入金	150

決算時に**「長期借入金」の返済期限が1年以内**になったら、**「短期借入金」に振替え**ます。ただし、その金額が少額の場合は振替を省略できます。

❸当座借り越しの場合

期末の当座預金残高が10万円マイナスであった。銀行との間には当座借越契約を結んでいる。

借方		貸方	
当座預金	10	短期借入金	10

会計処理のポイントは?

- 関係会社、役員、従業員からの借入等は**「関係会社短期借入金」**、**「役員短期借入金」**、**「従業員短期借入金」**として区分表示するか、注記します。

かりうけきん

仮受金

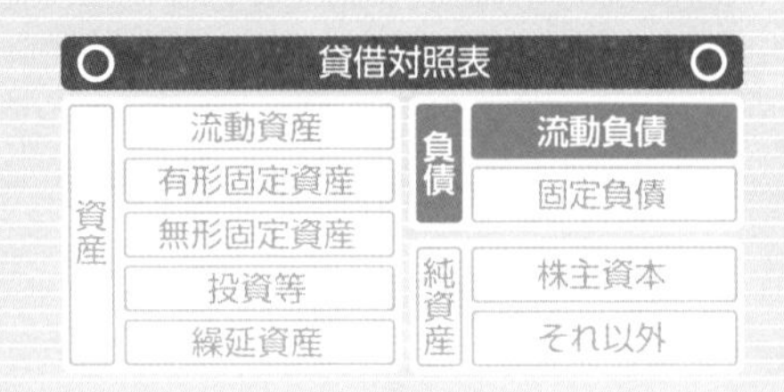

関連 預り金 (P218)、前受金 (P224)、雑収入 (P360)

仮受金とは、現金や小切手などによる金銭の入金があったが、**相手勘定が不明な場合**、または相手勘定をわかっているが**最終的な金額が未確定な場合**に、**その入金を一時的に処理**しておく勘定科目をいいます。要するに、入金されたけれど使い道（取引の内容）や金額が不明なもののことです。

「仮受金」と似た勘定科目に**「預り金」**や**「未決算勘定」**があります。「仮受金」と「預り金」は、どちらも一時的に現金などの受け入れが行われた際に使用されます。しかし**「仮受金」**は**金銭等の返還の予定がない**のに対して、**「預り金」**は**返還の予定がある**点が異なります。

他方、**「未決算勘定」**は「仮受金」と異なり、**現金の受入がなく、かつ相手勘定が不明な場合や金額が未確定な場合**に、一時的に処理する勘定科目です。

摘要

- 科目不明入金
- 科目未確定入金
- 最終金額未確定入金
- 内容不明入金
- 内容不明口座振込
- 雑収入への振替
- 売掛金への振替
- 前受金への振替
- 他の勘定科目への振替

パターン別仕訳例

増加する場合

出張中の従業員から普通預金口座に、内容不明の入金10万円があった。

借方		貸方	
普通預金	10	仮受金	10

取引例
- 原因不明の口座振込入金
- 科目の確定しない入金
- 最終金額の確定しない入金 等

減少する場合

出張中の従業員から内容不明の入金10万円があったが、内容を確認したところ、新規顧客からの商品手付金であることがわかった。

借方		貸方	
仮受金	10	前受金	10

取引例
- 売上高への振替
- 売掛金への振替
- 未収金への振替
- 前受金への振替
- 雑収入への振替 等

❶仮受けした場合

取引先から普通預金に、内容不明の入金5万円があった。

借方		貸方	
普通預金	5	仮受金	5

❷仮受けの原因がわかった場合

内容不明の入金5万円を仮受金に計上していたが、取引先に問い合わせたところ、取引先に対する売掛金より、当社への買掛金2万円を相殺した後の金額を振り込んだことがわかった。

借方		貸方	
仮受金	5	売掛金	7
買掛金	2		

仮受金として計上していた49,340円が、売掛金50,000円から振込手数料660円を差し引いた入金であることがわかった（単位：円）。

借方		貸方	
仮受金	49,340	売掛金	50,000
支払手数料	660		

❸仮受けの原因がわからない場合

内容不明の入金2万円を仮受金に計上していたが、期末になっても内容が判明しなかったので、雑収入に振替えた。

借方		貸方	
仮受金	2	雑収入	2

決算時には、できるだけ「仮受金」の内容を調査し、精算し、本来の勘定科目で処理するようにします。「仮受金」の内容が調査しても不明な場合には、**「雑収入」**の勘定科目で処理します。

会計処理のポイントは？

- 「仮受金」は貸借対照表上、流動負債の部の「その他の流動負債」として表示します。ただし、金額的に重要性がある場合は、流動負債の部に「仮受金」として表示します。

あずかりきん

預り金

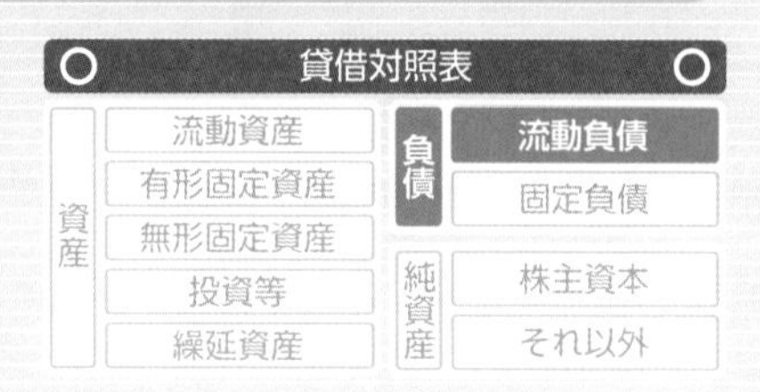

関連 ケース (P76,81,82,84,86)、仮受金 (P216)、給与手当 (P284)、支払手数料 (P326)

預り金とは、役員、従業員、取引先などから、**一時的に預かっている金銭のうち**、本人または本人に代わって**第三者に短期的に返還されるもの**を表す勘定科目です。

「預り金」と似た勘定科目に、**「仮受金」**や**「未決算勘定」**があります。「預り金」と「仮受金」は、どちらも一時的に現金などの受け入れが行われた際に使用されます。しかし、**「預り金」**は金銭等の**返還の予定がある**のに対して、**「仮受金」**は**返還の予定がない**点が異なります。

他方、**「未決算勘定」**は「預り金」と異なり、**現金の受入がなく**、かつ**相手勘定が不明な場合や金額が未確定な場合**に、一時的に処理する勘定科目です。

摘要

- 預り保証金
- 源泉所得税控除
- 社会保険料控除
- 社内預金天引
- 社内旅行積立金
- 住民税控除
- 食費控除
- 社宅費預り
- 財形貯蓄預り金
- 身元保証金
- 短期営業保証金預り
- 短期入札保証金預り
- 雇用保険料控除
- 厚生年金保険料控除
- 健康保険料控除

パターン別仕訳例

増加する場合

税理士の報酬10万円のうち、源泉所得税1万円を差し引いて現金で支払った。

借方		貸方	
支払手数料	10	現金	9
		預り金	1

取引例
- 社会保険料預り金
- 源泉所得税預り金
- 住民税預り金
- 預り保証金
- 役員従業員預り金
- 社内旅行預り金 等

減少する場合

前月分の源泉所得税の預り金1万円を現金で納付した。

借方		貸方	
預り金	1	現金	1

取引例
- 社会保険料納付
- 源泉所得税預り金納付
- 住民税預り金納付
- 預り保証金返還
- 役員従業員預り金返還 等

❶預った場合

1月の給料総額600万円を従業員に支給した。なお、源泉所得税40万円、住民税30万円、社会保険料20万円を差し引いて現金で支払った。

借方		貸方	
給与手当	600	現金	510
		預り金（源泉所得税）	40
		預り金（住民税）	30
		預り金（社会保険料）	20

預り金には、次の3つがあります。

①税務署等に納付するために給料などから差し引いて預かるもの（**源泉所得税、住民税、社会保険料の預り金**）

②通常の取引に関連して預かるもの（**預り保証金**など）

③その他（役員や従業員の**社内預金、身元保証金**など）

❷納付した場合

給料日に従業員から預った源泉所得税40万円と住民税30万円を、2月10日に現金で納付した。

借方		貸方	
預り金（源泉所得税）	40	現金	70
預り金（住民税）	30		

給料日に従業員から預った社会保険料20万円を、2月末日に現金で納付した。

借方		貸方	
預り金（社会保険料）	20	現金	20

源泉所得税と住民税の納付期限は、原則として翌月10日です。特例として、1月から6月までの分を7月10日までに、7月から12月までの分を翌年1月20日までに、それぞれ納付することもできます。

社会保険料（厚生年金保険料、健康保険料）の納付期限は、原則として翌月末日までに、事業主負担分とあわせて納付します。

会計処理のポイントは？

- 「預り金」は、貸借対照表上、1年基準により、決算日の翌日から1年以内に返済期限が到来するものは流動負債の部に表示します。1年を超えるものは、固定負債の部に表示します。

みばらいきん

未払金

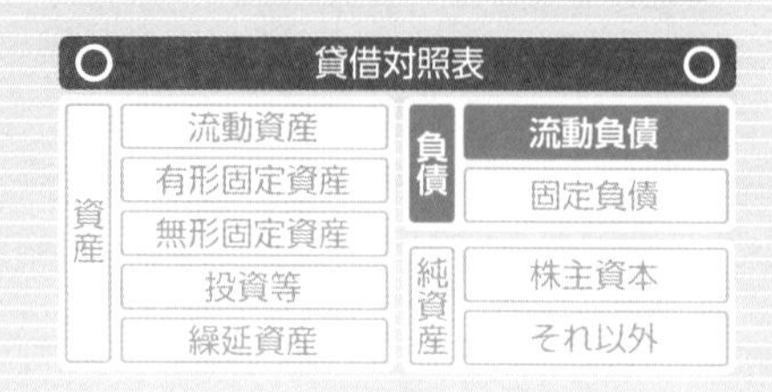

関連 ケース (P74)、買掛金 (P210)、未払費用 (P222)

未払金とは、①通常の**営業取引以外の取引**(固定資産の購入または有価証券の購入など)**によって発生した債務**や、②通常の取引(販売費や一般管理費の支出など)によって発生した債務のうち、**「買掛金」以外の債務で、支払期日が到来しているもの**を表す勘定科目です。簡単に言うと、本業の営業取引(商品の購入やサービスの受領)以外から発生した債務のことです。

「未払金」と間違いやすい勘定科目に**「未払費用」**があります。

「未払金」は、①**すでに財貨を購入しており債務が確定**しているが、まだ支払いがされてないか、もしくは②**継続的にサービスの提供を受ける場合**で、すでに提供されたサービスに対してまだ対価の支払いがされていないが、支払いの期日が到来しているものです。

一方、**「未払費用」**は**継続的にサービスの提供を受ける場合**で、すでに提供されたサービスに対して、まだその**対価の支払いがされていないもの**で、**支払いの期日が到来していないもの**です。つまり、**決算日には債務として未確定なもの**です。

摘要

- 外注工賃の未払い
- 確定債務
- ガス料金の未払い
- 経費の未払い
- 固定資産購入代金の未払い
- 事務用品費の未払い
- 消耗品費の未払い
- 水道料金の未払い
- 電気料金の未払い
- 配当金の支払決議
- 役員賞与の支払決議
- 有価証券購入代金の未払い
- 給与の未払い
- 役務対価の未払い

パターン別仕訳例

増加する場合

有価証券を購入して、その代金100万円を翌月末に支払うこととなった。

借方		貸方	
有価証券	100	未払金	100

取引例
- 固定資産(機械・車両・建物…)の購入代金未払分
- 有価証券の購入代金の未払分
- 外注費の未払分
- 各種経費の未払分 等

減少する場合

有価証券購入の未払分100万円を、購入後の翌月末に普通預金から支払った。

借方		貸方	
未払金	100	普通預金	100

取引例
- 未払分の支払 等

❶土地・建物等の固定資産や有価証券を購入して、その代金を支払っていない場合

取得価格100万円の車両をカーディーラーから購入した。代金は翌月末に支払う契約をした。

借方		貸方	
車両	100	未払金	100

上記の購入代金100万円が翌月末に小切手を振り出して支払った。

借方		貸方	
未払金	100	当座預金	100

「未払金」は、仕入先との通常の営業取引から生じた債務である「買掛金」とは明確に区別する必要があります。

❷金銭を借り入れたり不動産賃貸等の役務の提供を受けたりして、その代金を支払っていない場合（支払期日到来）

親会社からの借入金にかかる利息10万円を、支払期日（5/25）になっても支払っていない。

借方		貸方	
支払利息	10	未払金	10

上記の利息10万円を、翌月（6/1）に普通預金より振り込んだ。

借方		貸方	
未払金	10	普通預金	10

実務的には、支払期日が到来していない未払分は「未払費用」として処理されます。ただし、支払期日が到来している**確定債務**は、上記のように**「未払金」**として計上する必要があります。

長期の「未払金」について、特段の事情がないまま未払いとなっている場合は、税務上、債務免除の認定を受けることがあるので留意が必要です。

会計処理のポイントは？

- 「未払金」の額が負債総額の100分の1を超える場合は、「未払金」等の勘定科目を設けて表示します。
- 通常、決算日の翌日から1年以内に期日の到来する「未払金」は、流動負債の中の「その他の流動負債」として表示されます。1年を超える場合は、固定負債の区分に表示されます。

みばらいひよう

未払費用

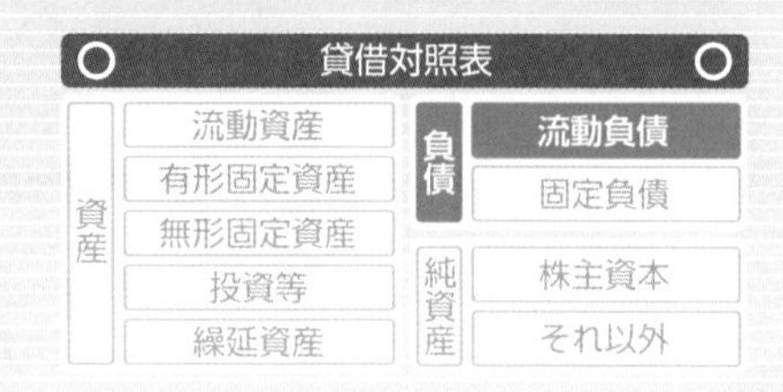

関連 ケース（P69,86,89）、未払金（P220）

未払費用とは、一定の契約に従って継続的にサービスの提供を受ける場合、**すでに提供されたサービスに対して、いまだ代金の支払いが終わらないもので、支払期日が未到来のもの**を表す勘定科目です。例えば、借入金の未払いの利息、賃借用不動産の未払いの家賃や未払いの賃金給料などです。

「未払費用」と似た勘定科目に**「未払金」**があります。

「未払費用」は継続して提供されているサービスに対して支払いがされておらず、支払いの期日がまだのもの、つまり、決算日には債務として未確定なものです。

一方、**「未払金」**は、①すでに財貨を購入しており債務が確定しているが、まだ支払いがされてないか、もしくは②継続的にサービスの提供を受ける場合で、すでに提供されたサービスに対してまだ対価の支払いがされていないが、支払いの期日が到来しているものです。

摘要

- 未払支払利息
- 未払地代
- 未払賃金
- 未払賃貸料
- 未払手数料
- 未払保険料
- 未払家賃
- 未払リース料
- 未払給与

パターン別仕訳例

増加する場合

期末に借入金利息２万円の未払い分を計上した。

借方		貸方	
支払利息	2	未払費用	2

取引例
- 借入金利息の未払い
- 地代家賃の未払い
- 手数料の未払い
- 賃金給料の未払い 等

減少する場合

翌期首に未払費用２万円の振替処理を行った。

借方		貸方	
未払費用	2	支払利息	2

取引例
- 未払費用の期首振替 等

❶期末の時点で借入金に対する利息が未払いの場合

金融機関から短期に借入100万円をし、当座預金に入金された。

借方		貸方	
当座預金	100	短期借入金	100

期末に、上記の借入金100万円に対する未払利息1万円を計上した。

借方		貸方	
支払利息	1	未払費用	1

サービスに対する対価（支払利息1万円）は、時の経過に伴い既に当期の費用として発生していますので、**当期の損益計算書に「支払利息」として計上**します。それと同時に、貸借対照表の負債の部に「未払費用」として計上します。なお、重要性のない場合は「未払費用」として計上しない（支払時に「支払利息」として費用計上する）ことも認められています。

❷翌期に振替処理をした場合

①の未払いの利息を翌期首に振替処理した。

借方		貸方	
未払費用	1	支払利息	1

支払期日となって、利息5万円とともに①の短期借入金を、小切手を振り出して支払った。

借方		貸方	
短期借入金	100	当座預金	105
支払利息	5		

翌期首には、「未払費用」の振替処理を行います。振替処理を行うことで、利息の支払いがあった場合に、翌期分の費用のみが翌期の損益計算書に「支払利息」として計上されます。貸借対照表上は、決算時に貸方に計上した「未払費用」と期首に振替処理して借方に計上した「未払費用」が相殺されます。

会計処理のポイントは？

- 「未払費用」の額が資産総額の100分の1を超える場合は、「未払費用」の勘定科目を設けて表示します。それ以外は、「その他流動負債」に含めて表示します。

まえうけきん

前受金

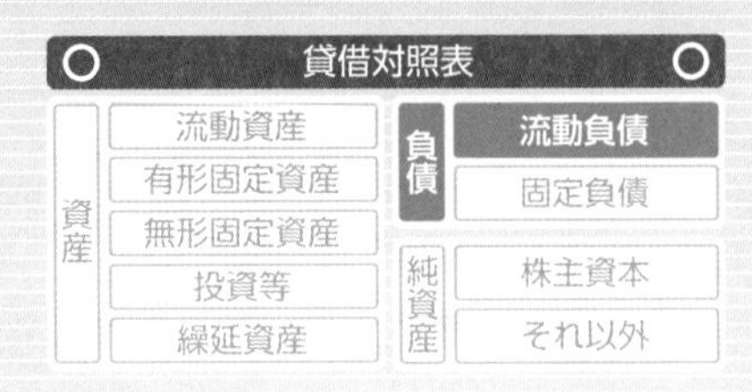

関連 ケース (P71)、売掛金 (P102)、前受収益 (P232)、商品券 (P230)

前受金とは、本来の営業取引で販売した商品などの販売に先立ち、得意先からその**代金の一部または全部を納品前に支払ってもらった場合**、その金額 (いわゆる手付金) を一時的に処理する勘定科目です。

「前受金」と似た勘定科目に、**「前受収益」**があります。「前受収益」は、**継続してサービスの提供を行う場合**、まだ提供していないサービスに対して、すでに支払いを受けた時に使います。一方、**「前受金」**は、**商品の販売前に**その代金の一部または全部の支払いを受けた時に使います。「前受収益」と「前受金」は、継続的な役務の提供に対するものか、商品の販売に対するものかで異なります。

「前受金」に関する会計処理方法には、次の2つがあります。

①前受金を**受け取った際に「前受金」で処理**し、その後、**販売時に振替処理**する方法

②前受金を**受け取った際に「売掛金」で処理**し、**決算時に「前受金」に振替処理**する方法

摘要

- 内金
- ギフト券販売
- チケット販売
- 商品券販売
- 手付金
- 販売代金超過入金
- 販売代金前受け
- 前受け金
- 未成工事受入

パターン別仕訳例

増加する場合

商品の注文を受け、顧客から手付金として現金10万円を受け取った。

借方		貸方	
現金	100	前受金	100

取引例
- 販売代金の前受額
- 受注工事の代価の前受額
- その他、主たる営業取引における対価の前受額 等

減少する場合

商品100万円を納品し、手付金10万円以外の残額90万円を現金で受け取った。

借方		貸方	
現金	90	売上	100
前受金	10		

取引例
- 売上高へ振替
- 売上代金の充当
- 売掛金と相殺 等

❶受け取り時に前受処理する場合

前受けした場合

内金として、A商品の代金100万円の一部10万円を得意先から現金で渡された。

借方		貸方	
現金	10	前受金	10

納品をした場合

得意先にA商品100万円を納品し、残額90万円を掛とした。

借方		貸方	
売掛金	90	売上	100
前受金	10		

「前受金」は、商品の納品やサービスの提供前に受け取った金額を一時的に処理するための勘定科目なので、**商品の納品やサービスの提供後は「売掛金」と相殺**します。この方法は理論的ですが、「前受金」の発生回数が多いと事務処理が煩雑になります。

❷決算時に振替処理する場合

内金として、A商品の代金100万円の一部10万円を得意先から現金で渡された。

借方		貸方	
現金	10	売掛金	10

納品あり：得意先にA商品100万円を納品した。

借方		貸方	
売掛金	100	売上	100

納品なし：得意先にA商品100を未納入のまま決算をむかえた。

借方		貸方	
売掛金	10	前受金	10

決算時に「売掛金」の貸方残に「前受金」を用いる、簡便的な方法です。

会計処理のポイントは？

- 自社で使用する建物や機械を購入し、その代金を前受けした場合は、本来の営業外のものであるので、「前受金」とは区別します。
- 継続的な取引先に「前受金」を受ける場合で、実質は取引先への資金援助にあたるときは、「前受金」でなく「短期借入金」として処理するほうが適切です。
- **商品券**や**ギフト券**による販売は、**「商品券」等の科目**を設けて、「前受金」とは区別します。

けいやくふさい

契約負債

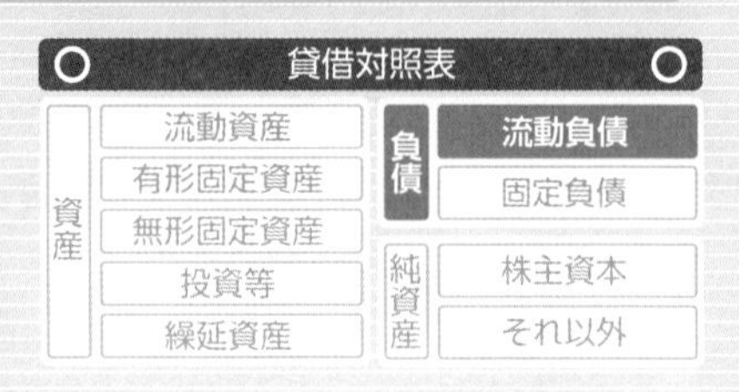

関連 売上高 (P272)、前受金 (P224)、商品券 (P230)、契約資産 (P136)

契約負債とは、**商品やサービスを顧客に移転する義務**がある場合に、企業が**顧客から対価を受け取ったもの**、または対価を受け取る期限が到来しているものを処理する勘定科目です。「契約負債」は、会計監査を受ける上場会社等が、2021年4月から始まる会計年度より強制適用（中小企業等は任意摘要）の対象となる**「収益認識に関する会計基準」**で新しく加えられた勘定科目です。

従来、収益の認識は、実現主義（①第三者に対する商品やサービスの提供、②現金等の受領）に基づいて計上してきました。実現主義によると、出荷基準、納品基準、検収基準をとることができたため、企業によって収益計上のタイミングが異なっていました。しかし、「収益認識に関する会計基準」では、**履行義務の充足に応じて収益を認識**へと統一されました。

これにより、「商品券」を発行した場合や自社のポイントを付与した場合の収益の認識のタイミングが変わります（「会計処理のポイントは？」参照）。「収益認識に関する会計基準」では、次の5つのステップで収益を認識することとされています。

①顧客との契約を識別する　②契約における履行義務を識別する
③取引価格の算定をする　④履行義務への取引価格の配分をする
⑤履行義務の充足による収益を認識する

摘要

- 自社商品券の発行
- 自社商品券による売上
- 自社商品券の引き受け
- 自社ギフトカードの発行
- 自社ギフトカードによる売上
- 自社ギフトカードの引き受け
- 自社ポイントの付与
- 自社ポイントの使用
- 役務収益の計上

パターン別仕訳例

増加する場合

自社の商品券1万円を顧客に販売して、現金を受け取った。

借方		貸方	
現金	1	契約負債	1

取引例
- 自社商品券の販売
- 自社ギフトカードの販売
- 自社ポイントの付与 等

減少する場合

商品1万円を販売して、対価として自社発行の商品券を受け取った。

借方		貸方	
契約負債	1	売上	1

取引例
- 自社商品券による売上
- 自社ギフトカードによる売上
- 自社ポイントの使用 等
- 役務収益の計上

対象 法人 個人 消費税 対象外 課税 非課税

❶ サービスに関する代金を前受けした場合

翌月開催イベントのチケット1,000枚を1万円/枚で販売し、代金を現金で受け取った。

借方		貸方	
現金	1,000	契約負債	1,000

❷ サービスの提供前に費用が発生した場合

イベントの実施のために必要な諸経費400万円を現金で支払い、仕掛品に振り替えた。

借方		貸方	
諸経費	400	現金	400
仕掛品	400	諸経費	400

❸ サービスを提供した場合

予定していたイベントを実施した。

借方		貸方	
契約負債	1,000	役務収益	1,000
役務原価	400	仕掛品	400

サービス業などでは、サービスを提供した場合に**「役務収益(えきむしゅうえき)」**を収益(「売上」に相当)計上し、「役務収益」に対応する支出を**「役務原価(えきむげんか)」**として費用(「売上原価」に相当)計上します。

❹ 自社発行の商品券を販売した場合

商品券10万円を発行し、顧客から現金を受け取った。

借方		貸方	
現金	10	契約負債	10

❺ 自社のポイントを付与した場合

顧客へ100,000円の商品を販売し、現金を受け取った。当社は販売価格の5%のポイントを付与している。ポイントの使用率は90%と見積もられている。

借方		貸方	
現金	100,000	売上	95,694
		契約負債	4,306

会計処理のポイントは?

- 顧客に商品やサービスを提供する前に対価を受け取った場合に「契約負債」で処理しますが、「前受金」等の勘定科目で処理することもできます。
- 「収益認識に関する会計基準」では、販売時に付与した自社ポイントは、商品の販売とは別個の履行義務と識別されるので、「ポイント引当金」ではなく、「契約負債」として処理されます。
- 「収益認識に関する会計基準」では、商品券を発行した時点では顧客へ商品を販売しておらず、顧客への履行義務は移転していないので、「商品券」は「契約負債」として認識されます。

へんきんふさい
返金負債

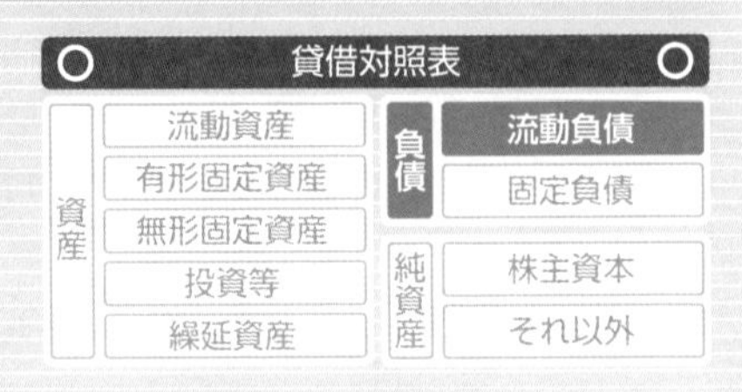

関連 売上高(P272)、仕入割引・売上割引(P364)、契約負債(P226)、返金資産(P138)、ポイント引当金(P239)

返金負債とは、顧客から受け取った、または受け取る対価の一部・全部を**顧客に返金すると見込む場合**、受け取った、または受け取る対価の額のうち、企業が権利を得ると見込まない額を処理する勘定科目です。「返金負債」は、会計監査を受ける上場会社等が、2021年4月から始まる会計年度より強制適用(中小企業等は任意摘要)の対象となる**「収益認識に関する会計基準」**で新しく加えられた勘定科目です。

「収益認識に関する会計基準」では、収益として計上する金額(算定する取引価格)は、**変動対価**や現金以外の対価を考量して算定します。変動対価とは、顧客と約束した対価のうち変動する可能性があるもので、一定期間に大量に商品を仕入れた取引先に対して代金の一部を還元する**売上割戻し(リベート)**等です。

従来、売上割戻しに関しては、売上取引の修正と考え、「売上」から直接控除してきました。しかし、「収益認識に関する会計基準」においては、商品の販売時に、予想される売上割戻しの額を「返金負債」として計上し、残額を「売上」として計上します。

摘要

- 売上割戻しの予想計上
- リベートの予想計上
- 売上割戻しの実施
- リベートの実施
- 売上割戻しの取消
- リベートの取消

パターン別仕訳例

増加する場合

単価100円の商品X(2,000個)をA社に販売し現金20万円を受け取った。なお、商品Xの月あたりの販売個数が1,800個に達した場合、月末に1個あたり10円をリベートとして現金で支払う。

借方		貸方	
現金	20	売上	18
		返金負債	2

取引例 ●売上割戻しの予想計上 ●リベートの予想計上 等

減少する場合

商品Xのリベートを現金で支払った。

借方		貸方	
返金負債	2	現金	2

取引例 ●売上割戻しの実施 ●リベートの実施 等

×1年4月1日に、A社に商品Xを販売する契約を締結した。契約内容と販売実績は次のとおりである。

・商品Xの販売価格は1,000円/個とする
・1ヶ月あたりの商品Xの販売個数が1,000個に達した場合に、月末に100円/個を割り戻し、売掛金と相殺する
・A社の商品Xの販売個数は、1ヶ月あたり1,500個と予想されている
・×1年4月、A社は商品Xを1,200個販売した
・×1年5月、A社は商品Xを800個販売した

❶ 4月の販売の時

借方		貸方	
売掛金	120	売上	108
		返金負債	12

＊返金負債12万円＝100円×販売個数1,200個

❷ 4月末で割戻しの条件に達した場合

借方		貸方	
返金負債	12	売掛金	12

❸ 5月の販売の時

借方		貸方	
売掛金	80	売上	72
		返金負債	8

＊返金負債8万円＝@100円×販売個数800個

❹ 5月末で割戻しの条件に達しなかった場合

借方		貸方	
返金負債	8	売上	8

会計処理のポイントは？

- 販売実績が、割戻しの条件に達していない場合でも、販売時の販売予測がその条件を達していれば、将来の割戻しの額を予測して計上します。

しょうひんけん
商品券

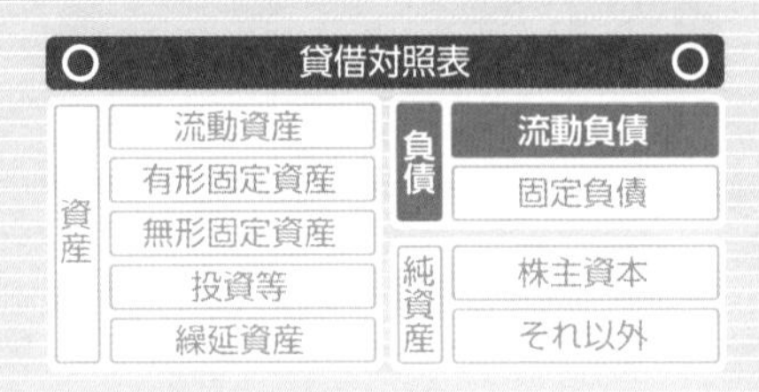

関連 売上高(P272)、他店商品券(P140)、前受金(P224)、契約負債(P226)

商品券とは、百貨店、チェーン店、大手スーパー等が販売促進のために発行している、**自社が発行した商品券やギフトカード**を処理する勘定科目です。なお、「商品券」の勘定科目を設けずに「前受金」で処理することもあります。一方、自社以外が発行した商品券等は「他店商品券」の勘定科目を使用します。

「商品券」は、自社が発行した商品券の券面額に相当する商品を引き渡す義務なので**負債に計上**されます。一方、**「他店商品券」**は、百貨店など商品券を発行した会社から、後でその券面額を受け取ることができる権利なので**資産に計上**されます。

上場企業等が2021年4月から始まる会計年度より強制適用の対象となる「収益認識に関する会計基準」では、「商品券」は、商品を売る前に現金をもらっているので、顧客へ履行義務は移転しません。そのため、「商品券」は「契約負債」として認識されます。ただし、勘定科目としては「商品券」と「契約負債」のどちらを使用しても構いません。

摘要

- 自社商品券の発行
- 自社商品券の販売
- 自社商品券による売上
- 自社商品券の引き受け
- 自社ギフトカードの発行
- 自社ギフトカードの販売
- 自社ギフトカードによる売上
- 自社ギフトカードの引き受け
- 自社回数券の発行
- 自社回数券の販売
- 自社回数券による売上

パターン別仕訳例

増加する場合

自社の商品券1万円を顧客に販売して、現金を受け取った。

借方		貸方	
現金	1	商品券	1

取引例 ●自社商品券の販売 ●自社ギフトカードの販売 等

減少する場合

商品1万円を販売して、対価として自社発行の商品券を受け取った。

借方		貸方	
商品券	1	売上	1

取引例 ●自社商品券による売上 ●自社ギフトカードによる売上 等

❶自社発行の商品券を販売した場合

自社で発行したギフトカードを販売して、代金として現金３万円を受けとった。

借方		貸方	
現金	3	商品券	3

❷自社発行の商品券と他店発行の商品券を受け入れた場合

商品４万円を販売し、代金として自社発行の商品券３万円と他店発行の商品券１万円を顧客から受け取った。

借方		貸方	
商品券	3	売上	4
他店商品券	1		

❸自社発行の商品券と他社発行の商品券を交換決済した場合

他社が発行している商品券１万円と自社が発行した商品券１万円を交換して精算した。

借方		貸方	
商品券	1	他店商品券	1

❹自社発行の回数券を販売した場合

コーヒーチケット（11枚）を現金3,000円で販売した。

借方		貸方	
現金	3,000	商品券	3,000

❺自社発行の回数券が使用された場合

上記④の回数券が１枚使用された。

借方		貸方	
商品券	272	売上	272

＊売上272円＝回数券3,000円÷11枚（小数点以下は切り捨てとする）

会計処理のポイントは?

- 自社発行の商品券は、商品券と引き換えに商品を引き渡す義務が履行されたため、発行時に負債に計上していた「商品券」と相殺します。一方、他店の発行した商品券は、後日、発行元において決済され、現金化されます。

まえうけしゅうえき

前受収益

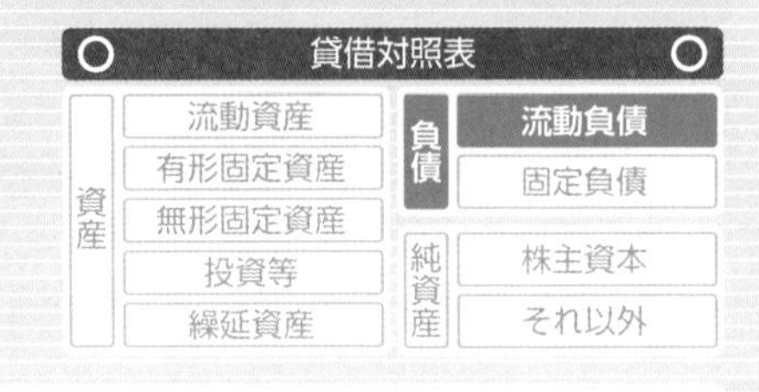

関連 前受金（P224）

前受収益とは、契約に従って継続的にサービスの提供を行う場合、**いまだ提供していないサービスに対して、すでに支払いを受けた場合のその対価**を表す勘定科目です。例えば、利息の前受け分や賃貸用不動産の家賃の前受け分などです。

「前受収益」と似た勘定科目に**「前受金」**があります。

「前受収益」は、**継続的に役務の提供を行う場合**に、いまだサービスの提供をしていないにもかかわらず支払いを受けた時に使用します。

一方、**「前受金」**は、**商品を販売する場合など**に、商品の販売前に代金の一部または全部を受け取った時に使用します。「前受収益」と「前受金」は、継続的な役務の提供に対するものか、商品の販売に対するものかで異なります。

摘要

- 前受けの受取利息
- 前受けの地代
- 前受けの手数料
- 前受けの賃貸料
- 前受けの家賃
- 長期前受収益振替

パターン別仕訳例

増加する場合

テナントから月末に来月分の家賃10万円が普通預金に入金された。

借方		貸方	
普通預金	10	前受収益	10

取引例
- 家賃・地代などの前受け
- 受取利息の前受け
- 長期前受収益の振替 等

減少する場合

翌月に前受収益10万円の振替処理を行った。

借方		貸方	
前受収益	10	受取家賃	10

取引例
- 売上高への振替
- 受取家賃への振替
- 受取利息への振替
- 雑収入への振替 等

❶ 入金時に負債計上し、月次で収益へ振替える場合

1月に自社ビルの一部を他社に賃借し、むこう4ヶ月分の賃借料120万円が当座預金に入金された（3月決算）。

借方		貸方	
当座預金	120	前受収益	120

上記の賃貸料を、月次（1月）で費用に振替処理をした。

借方		貸方	
前受収益	30	受取賃貸料	30

1月の月次の振替処理を2月、3月と続けます。この月次で収益に振替える方法では、月次損益を正確に行うことができます。

❷ 入金時に収益処理し、期末に負債計上する場合

1月に自社ビルの一部を他社に賃借し、むこう4ヶ月分の賃借料120万円が当座預金に入金された（3月決算）。

借方		貸方	
当座預金	120	受取賃貸料	120

期末時点で、上記賃貸料のうち1ヶ月が未経過である。

借方		貸方	
受取賃貸料	30	前受収益	30

翌期首に振替処理を行った。

借方		貸方	
前受収益	30	受取賃貸料	30

入金のあった時に収益に計上し、期末に時期以降の収益となる部分を収益勘定から控除するとともに、「前受収益」として負債に計上する処理が一般的です。**翌期首には、「前受収益」の振替処理**を行うので、事務手続きの簡素化が図れます。

会計処理のポイントは？

- 1年基準によって、決算日から起算して1年以内に費用となるものは流動負債の部の「前受収益」に、1年を超えて費用になるものは固定負債の部の「長期前受収益」として表示されます。
- 重要性のない場合は継続適用を条件に「前受収益」として計上しない（入金時に収益計上する）ことも認められています。

しょうよひきあてきん

賞与引当金

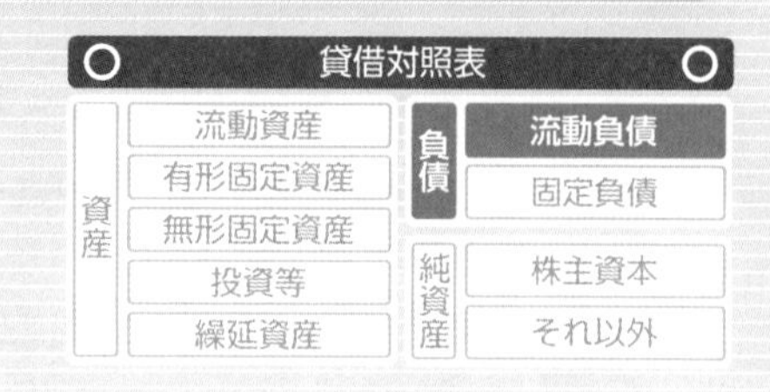

関連 賞与（P286）、前期損益修正益（損）（P372）

賞与引当金とは、**翌期に支給される賞与のうち、当期に属する部分を見積り、引き当て計上した場合**の貸方の勘定科目です。

通常、賞与の多くはあらかじめ支払時期や支給対象が慣行等によって決まっています。そこで、従業員に支給される賞与は、一定期間にわたって期間の経過とともに発生する費用と考え、引当計上します。

税法上、平成10年度の改正によって**賞与引当金制度は廃止**されたため、「賞与引当金」は会計上の引当金となります。税法上は、賞与を支給した段階で損金として認められるので、当期の損金とならず申告調整が必要になります。

ただし、**事業年度末までに支給額が受給者に通知**され、その後すみやかに支払われること等の要件を満たせば、「未払費用」として計上し、**当期の損金に算入**できます。

摘要

- 賞与引当金繰入
- 賞与引当金取崩し
- 賞与当期負担分見積額

パターン別仕訳例

増加する場合

決算にあたり、当期負担分100万円を賞与引当金として計上した。

借方		貸方	
賞与引当金繰入額	100	賞与引当金	100

取引例
- 賞与引当金の繰入 等

減少する場合

過大に見積もっていた賞与引当金10万円を戻し入れた。

借方		貸方	
賞与引当金	10	賞与引当金戻入益	10

取引例
- 賞与引当金の取崩し
- 賞与引当金の戻り入れ
- 賞与引当金の洗い替え 等

❶計上する場合

決算にあたり、昨年12月から本年5月分（6月支給）の賞与の見積額2,400万円に基づいて、当期の賞与引当金を設定した（3月決算）。

借方		貸方	
賞与引当金繰入額	1,600	賞与引当金	1,600

賞与の支払いが翌期（6月）であっても、当期の負担（12〜3月）に属する金額は当期の費用として見積って、引当金として計上します。
賞与引当金繰入額1,600万円＝賞与見積額2,400万円×（4月／6月）

❷支払った場合

上記①の後、翌期6月2,500万円を賞与として源泉所得税等300万円を控除して、普通金から従業員各人の口座に振込払いをした。

借方		貸方	
賞与引当金	1,600	当座預金	2,200
賞与	900	預り金	300

決算時に計上された**「賞与引当金」は、賞与支給時に全額取崩されます。**その際、支給額が「賞与引当金」より大きい場合は、その差額を**「賞与」**として費用計上します。反対に支給額が「賞与引当金」より小さい場合は、その差額を**「前期損益修正益」**として計上します。

会計処理のポイントは？

実務上の処理としては、次のようになります。

【支給額が確定している場合】

・支給対象期間に対応して賞与支給額が算定されている場合は、**「未払費用」**として計上します。

・賞与支給額が支給対象期間以外の基準（例、成功報酬賞与など）で算定される場合は、**「未払金」**として計上します。

【支給額が確定していない場合】

・支給見込額のうち、当期に属する額を**「賞与引当金」**として計上します。

そのたのひきあてきん

その他の引当金

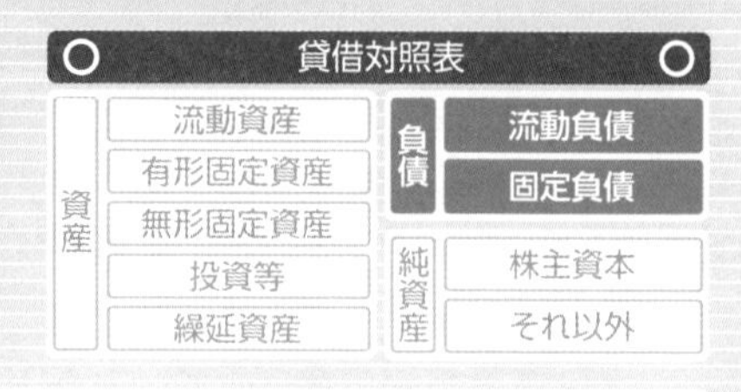

関連 修繕費（P328）

引当金とは、**将来発生する可能性が高い費用**のうち、**その発生の原因が当期以前の事象に起因**し、かつ**金額が合理的に見積り計算できるもの**について、**当期の負担に属すると考えられる費用を見積り計上したもの**をいいます。将来発生するであろう費用や損失に備えるためのものです。

主な引当金として、**①売上割戻引当金、②製品保証等引当金／工事補償引当金、③修繕引当金／特別修繕引当金、④返品調整引当金、**等があります。

税法上、①売上割戻引当金、②製品保証等引当金／工事補償引当金、③修繕引当金／特別修繕引当金、④返品調整引当金の**損金算入は、原則として認められていません。**

摘要

- 売上割戻引当金繰入
- 売上割戻引当金取崩し
- 製品保証等引当金繰入
- 製品保証等引当金取崩し
- 修繕引当金繰入
- 修繕引当金取崩し
- 返品調整引当金繰入
- 返品調整引当金取崩し
- 工事補償引当金繰入
- 工事補償引当金取崩し

パターン別仕訳例

増加する場合

決算にあたり、修繕引当金10万円を計上した。

借方		貸方	
修繕引当金繰入額	10	修繕引当金	10

取引例
- 各種引当金の繰入 等

減少する場合

修繕が発生し、修繕引当金10万円でまかなった。なお、支払いは現金で行った。

借方		貸方	
修繕引当金	10	現金	10

取引例
- 各種引当金の取崩し
- 各種引当金の戻り入れ
- 各種引当金の洗い替え 等

❶ 売上割戻引当金

売上割戻引当金とは、**一定期間に多額または多量の取引をした得意先に対して**、割戻し（リベート）を行う商習慣があり、当期の総売上に対応する売上割戻しが翌期以降に確定する場合に、**割戻し高を見積もって引当計上**するための勘定科目をいいます。

計上

決算にあたり、売掛金1,000万円の1%にあたる売上割戻引当金を計上した。

借方		貸方	
売上割戻引当金繰入額	10	売上割戻引当金	10

取崩し翌期に４万円の売上割戻しが発生した。

翌期に４万円の売上割戻しが発生した。

借方		貸方	
売上割戻引当金	4	未払金	4

税務上、継続適用を条件として、売上割戻の算定基準が内部的に決定している場合で、期末に「未払金」として計上したときは、損金に計上できます。ただし、確定申告提出期限までに相手先に通知する必要があります。

❷ 製品保証等引当金

製品保証等引当金とは、製品の販売後、一定期間に起こった**不良箇所の補修を無償で行うことを契約している場合**、翌期以降に発生するであろう**保証費用を見積もって引当計上**するための勘定科目科目をいいます。

計上

決算にあたり、製品保証等引当金100万円を計上した。

借方		貸方	
製品保証等引当金繰入額	100	製品保証等引当金	100

取崩し

翌期に４万円の製品の保証費が発生した。なお、支払いは現金で行った。

借方		貸方	
製品保証等引当金	4	現金	4

税務上、平成10年度改正により製品保証等引当金制度は廃止され、会計上の引当金のみとなっています。

製品保証等引当金は、保証期間の長さに応じて、１年以内の場合は流動負債、１年超の場合は１年を超えてから発生するであろう見積額を固定負債に記載します。

建設業や造船業等では、**「工事補償引当金」**といいます。

❸ 修繕引当金／特別修繕引当金

修繕引当金とは、建物や機械などの固定資産について、一定期間ごとに**多額の修繕を必要とする事実が発生**し、次期以降に修繕が行われる場合、**当期の負担に属する部分をあらかじめ引当計上**するための科目をいいます。

特別修繕引当金とは、**定期的に大規模修繕が必要**で、その費用を期間配分することが合理的である場合、将来に必要となる特別の修繕に備えて、**当期の負担に属する部分をあらかじめ引当計上**するための科目をいいます。

計上

決算にあたり、修繕引当金100万円を計上した。

借方		貸方	
修繕引当金繰入額	100	修繕引当金	100

取崩し

翌期に修繕を実施し、小切手150万円を振り出して支払った。なお、修繕引当金の残高は100万円であった。

借方		貸方	
修繕引当金	100	当座預金	150
修繕費	50		

税務上、「修繕引当金」は損金算入が認められていません。他方、「特別修繕引当金」は船舶などの一部の業種に限定して、損金算入が認められる場合があります。

❹返品調整引当金の場合

返品調整引当金とは、商品などの販売に際して、**返品を販売価格で無条件に引き取る契約や慣行**があり、**売上に対する返品率も高い場合、翌期以降の返品高を見積り、その売買利益相当額を引当計上**するための科目をいいます。

計上

決算にあたり当期の売上にかかる来期の返品に備えて、引当金100万円を計上した。

借方		貸方	
返品調整引当金繰入額	100	返品調整引当金	100

取崩し

翌期に上記の売上にかかる商品20万円(利益部分4万円)が返品された。

借方		貸方	
返品調整引当金	4	売掛金	20
仕入	16		

税務上、①出版業、②出版取次業、③医薬品、農薬、化粧品、既製服、レコードなどの製造・卸売業などの業種は、一定の場合、返品調整引当金の損金算入が認められています。

「収益に関する会計基準」の対象となる上場会社等は「返品調整引当金」ではなく、「返金負債」と「返品資産」の勘定科目で処理します。

❺工事損失引当金

工事損失引当金等とは、**受注工事**のうち、**将来損失が見込まれる可能性が高く**、かつその**損失額が合理的に見積もることができる場合、その損失額を見積り計上**するための科目をいいます。

❻債務保証損失引当金

債務保証損失引当金とは、債務者の財政状態の悪化等により**債務不履行になる可能性**があって、保証人が債務保証しても**回収不能になる可能性が高く**、かつ**損失額を合理的に見積もることができる場合**、保証人は**当期の負担に属する部分をあらかじめ引当計上**するための科目をいいます。

❼ポイント引当金

ポイント引当金とは、**商品の購入などに応じて**、顧客に一定条件で計算された**ポイントを付与し、そのポイントに応じてサービスを提供する場合、将来の費用負担の見込み額をあらかじめ引当計上**するための科目をいいます。「収益に関する会計基準」の対象となる上場会社等は「ポイント引当金」ではなく、「契約負債」の勘定科目で処理します。

会計処理のポイントは?

- 会計上は、次の４つ要件を満たしていれば、引当金を計上できます。
  ①将来の特定の費用または損失であること②その発生が当期以前の事象に起因していること③将来の費用または損失の発生の可能性が高いこと④その金額を合理的に見積もることができること

しかし、税法では取扱いが全く異なります。

▼引当金の分類、種類、取扱い、表示

	分類		種類	税務上の取扱い	B/S上の表示
会計上の引当金	評価性引当金		貸倒引当金	損金算入 限度額あり	資産の 控除項目
	負債性引当金	債務性 引当金	返品調整引当金	損金不算入	負債項目
			賞与引当金、製品保証等引当金、 工事補償引当金、売上割戻引当金、 ポイント引当金		
		非債務 性引当金	修繕引当金、特別修繕引当金、 債務保証損失引当金		

➡ **評価性引当金**とは、資産の部の特定の資産から控除する形式で記載されるものです。

➡ **負債性引当金**とは、将来の支出の原因が当期以前に発生しているというもので、将来支出額が確定していないため引当金として見積計上を行う引当金をいいます。負債の部に記載されます。

➡ 負債性引当金は、法的に債務たる引当金（**債務性引当金**）と、法的に債務とならない引当金（**非債務性引当金**）に分類されます。

➡ 負債性引当金は、１年基準によって流動負債の部、または固定負債の部に記載します。

くりのべぜいきんふさい

繰延税金負債

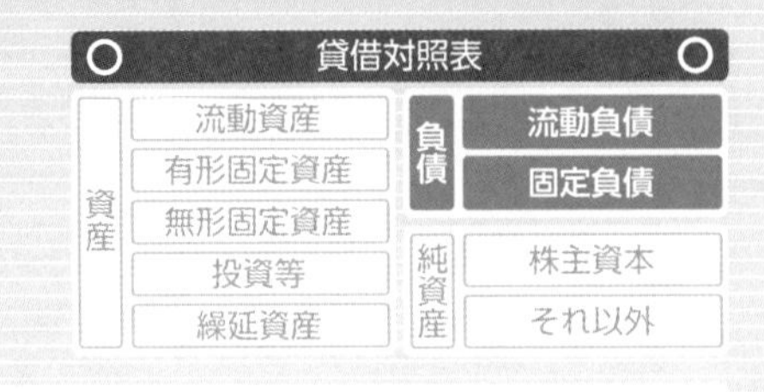

関連 繰延税金資産 (P148)、法人税等調整額 (P380)

繰延税金負債とは、**税効果会計の適用**によって生じる税効果額で、**将来加算一時差異にかかる法人税等相当額**を処理する負債項目をいいます。

税効果会計とは、会計と税務の間における収益と益金、費用と損金の認識時点の違いや会計上の資産・負債の額と税法上の資産・負債の額に相違がある場合、課税所得（税法）から計算された法人税等の額を、会計上の利益計算の考え方に調整するために、適切に期間配分するための会計処理です。簡単に言うと、会計上の資産・負債の金額と税務上の資産・負債の金額のアンバランスを解消するためのものです。

「繰延税金負債」の表示区分としては、関連した資産や負債の分類に基づいて、**流動負債の部**または**固定負債の部**に表示されます。

流動資産に区分される「繰延税金資産」と、流動負債に区分される「繰延税金負債」は、それぞれ相殺して表示します。また、投資その他の資産に区分される「繰延税金資産」と固定負債に区分される「繰延税金負債」は、それぞれ相殺して表示します

摘要

- 利益処分方式による減価償却資産の圧縮記帳
- 税務上の特別償却準備金の計上
- 有価証券評価差額の計上

パターン別仕訳例

増加する場合

決算において、将来加算一時差異100万円が認識された。なお、実効税率は40%であった。

借方		貸方	
法人税等調整額	40	繰延税金負債	40

取引例
- 利益処分方式による減価償却資産の圧縮記帳
- 税務上の特別償却準備金の計上
- 有価証券評価差額の計上 等

減少する場合

繰延税金資産40万円と繰延税金負債40万円が発生していたので、相殺した。

借方		貸方	
繰延税金負債	40	繰延税金資産	40

取引例
- 繰延税金資産との相殺
- 利益処分方式による圧縮記帳を実施した資産の売却
- 税務上の特別償却準備金の取崩し
- 有価証券評価差額の計上 等

❶繰延税金負債を計上する場合

その他の有価証券A社（簿価100万円）の決算日における時価200万円であった。なお、法定実効税率は40%であった。

借方		貸方	
その他の有価証券	100	繰延税金負債	40
		その他有価証券評価差額	60

会計上の資産の金額・負債と、課税所得上（税法）の資産・負債の金額の差額を、**一時差異**といいます。一時差異のうち、将来にその差異が解消する時に、課税所得を増加させる効果を持つものを、**将来加算一時差異**といいます。

将来加算一時差異が生じる場合は、「会計上の資産＞税法上の資産」または「会計上の負債＜税務上の負債」となります。例えば、上記のケースでは、「会計上の資産200＞税法上の資産100」です。

繰延税金負債の金額は、将来加算一時差異に、支払いが行われると見込まれる期の**法定実効税率**を乗ずることで計算されます。
繰延税金負債40万円＝将来加算一時差異100万円×実効税率40%

「繰延税金負債」は、基本的に**法人税等の後払額に相当**するため、法人税等の将来支払額を増額する効果を持ちます。

❷繰延税金負債を相殺する場合

①のその他の有価証券A社（繰延税金負債40万円を計上）の他、その他の有価証券B社（繰延税期資産60万円を計上）を保有している。そこで、繰延税金資産と繰延税金負債を相殺した。

借方		貸方	
繰延税金負債	40	繰延税金資産	40

投資その他資産に計上されている「繰延税金資産」と固定負債に計上されている「繰延税金負債」があった場合には、それぞれを相殺し差額を表示します。

会計処理のポイントは？

- 繰延税金負債の計上に関しては、将来加算一時差異が将来の税金負担額を増加させる効果を持つかどうかを十分に検討して、慎重に決定する必要があります。
- 将来加算一時差異にかかる法人税等相当額を、**「法人税等調整額」**として損益計算書に計上することで、当期純利益と法人税等の額を対応させます。

かりうけしょうひぜい

仮受消費税

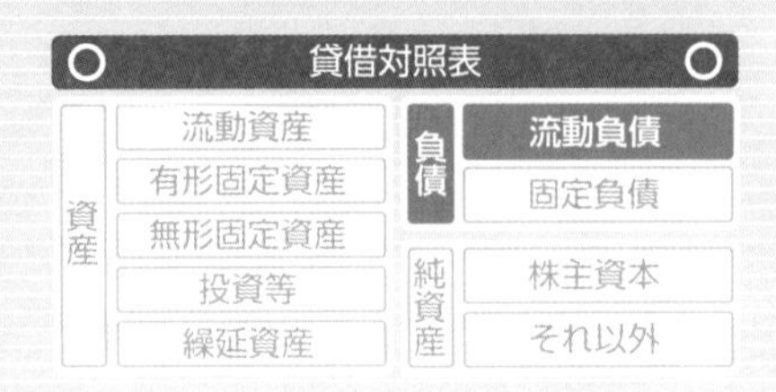

関連 ケース (P85)、仮払消費税 (P150)、未払消費税 (P244)

仮受消費税とは、**税抜方式**を採用している課税事業者が、課税売上の都度、**期中の消費税の受け取り金額**を一時的に処理しておくための科目をいいます。簡単に言うと、商品の販売やサービスの提供の際に受け取った消費税を一時的に処理するものです。

消費税の経理処理には、①売上高や仕入高等の取引の対価に消費税を含めない方式 (**税抜方式**) と、②売上高や仕入高等の取引の対価に消費税を含める方式 (**税込方式**) があります。どちらの方式をとるかは、事業者の任意です。ただし原則として、全ての取引に関して同一の方式をとります。

① 税抜方式の場合

期末に **「仮払消費税」と「仮受消費税」の差額**を、**「未払消費税 (ないし未収消費税)」** として算出します。

② 税込方式の場合

申告時に「租税公課」 として費用に計上します。なお、期末に未払い計上することもできます。

摘要

・課税売上 ・仮払消費税 ・税込み処理修正 ・税抜き売上 ・税抜き処理 ・未払消費税

パターン別仕訳例

増加する場合

取得価額200万円の営業用車両 (減価償却累計額100万円) を、現金110万円で売却した。なお、消費税の処理は税抜方式をとっている。

借方		貸方	
現金	110	車両	200
減価償却累計額	100	仮受消費税	10

取引例 ●課税取引による売上 等

減少する場合

決算にあたり、仮払消費税100万円と仮受消費税80万円を相殺し、差額を未収消費税に計上した。

借方		貸方	
仮受消費税	80	仮払消費税	100
未収消費税	20		

取引例 ●仮払消費税と相殺 ●税込方式へ修正 等

❶ 税抜方式の場合

課税仕入：商品を仕入れて、税込価額110万円を現金で払った。

借方		貸方	
仕入	100	現金	110
仮払消費税	10		

課税売上：商品を売り上げて、税込価額220万円を現金で受け取った。

借方		貸方	
現金	220	売上	200
		仮受消費税	20

決算：決算にあたり、未払消費税10万円を計上した。

借方		貸方	
仮受消費税	20	仮払消費税	10
		未払消費税	10

申告納付：消費税10万円を現金で納付した。

借方		貸方	
未払消費税	10	現金	10

❷ 税込方式の場合

課税仕入：商品を仕入れて、税込価額110万円を現金で払った。

借方		貸方	
仕入	110	現金	110

課税売上：商品を売り上げて、税込価額220万円を現金で受け取った。

借方		貸方	
現金	220	売上	220

決算：決算にあたり、未払消費税10万円を計上した。

仕訳なし（ただし、未払計上もできる）

申告納付：消費税10万円を現金で納付した。

借方		貸方	
租税公課	10	現金	10

会計処理のポイントは？

- 個人事業主は翌年3月末までに、法人は課税期間の末日の翌日から2ヶ月以内に申告・納付します。

みばらいしょうひぜい

未払消費税

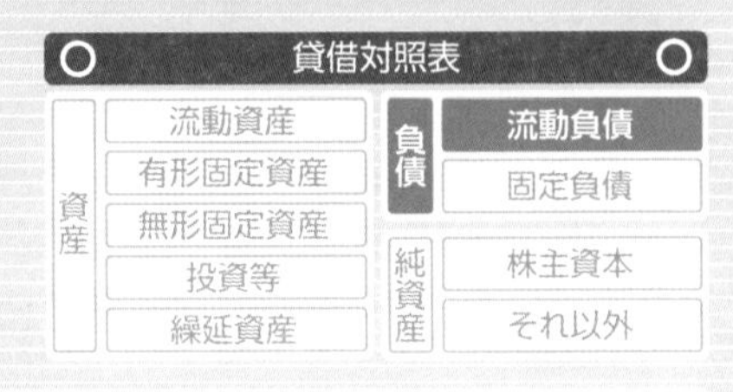

関連 ケース (P85)、仮払消費税 (P150)、仮受消費税 (P242)

未払消費税とは、**消費税の未納付額を処理**するための勘定科目をいいます。税抜方式の場合は、仮受消費税と仮払消費税の差額 **(仮受消費税>仮払消費税)** として把握されます。

なお、**仮受消費税<仮払消費税**の場合の差額は、**「未収消費税」**を使います。

消費税の経理処理には、①売上高や仕入高等の取引の対価に消費税を含めない方式 **(税抜方式)** と、②売上高や仕入高等の取引の対価に消費税を含める方式 **(税込方式)** があります。どちらの方式をとるかは、事業者の任意です。ただし、原則として、全ての取引に関して同一の方式をとります。

① 税抜方式の場合

期末に「仮払消費税」と「仮受消費税」の差額を、**「未払消費税(ないし未収消費税)」**として算出します。

② 税込方式の場合

申告時に「租税公課」として費用に計上します。なお、期末に未払い計上することもできます。

摘要

- 仮受消費税と仮払消費税の相殺
- 消費税納付
- 消費税未払い
- 確定決算未払計上分
- 消費税未納付

パターン別仕訳例

増加する場合

決算にあたり、仮払消費税150万円と仮受消費税200万円を相殺した。

借方		貸方	
仮受消費税	200	仮払消費税	150
		未払消費税	50

取引例 ●仮受消費税と仮払消費税の相殺 ●消費税の未払い 等

減少する場合

未払いになっていた消費税50万円を納付した。

借方		貸方	
未払消費税	50	現金	50

取引例 ●仮払消費税と相殺 ●税込方式へ修正 等

❶ 税抜方式の場合

課税仕入：商品を仕入れて、税込価額110万円を現金で払った。

借方		貸方	
仕入	100	現金	110
仮払消費税	10		

課税売上：商品を売り上げて、税込価額220万円を現金で受け取った。

借方		貸方	
現金	220	売上	200
		仮受消費税	20

決算：決算にあたり、未払消費税10万円を計上した。

借方		貸方	
仮受消費税	20	仮払消費税	10
		未払消費税	10

申告納付：消費税10万円を現金で納付した。

借方		貸方	
未払消費税	10	現金	10

❷ 税込方式の場合

課税仕入：商品を仕入れて、税込価額110万円を現金で払った。

借方		貸方	
仕入	110	現金	110

課税売上：商品を売り上げて、税込価額220万円を現金で受け取った。

借方		貸方	
現金	220	売上	220

決算：決算にあたり、未払消費税10万円を計上した。

仕訳なし（ただし、未払計上もできる）

申告納付：消費税10万円を現金で納付した。

借方		貸方	
租税公課	10	現金	10

会計処理のポイントは？

- 個人事業主は翌年3月末までに、法人は課税期間の末日の翌日から2ヶ月以内に申告・納付します。

みばらいほうじんぜいとう
未払法人税等

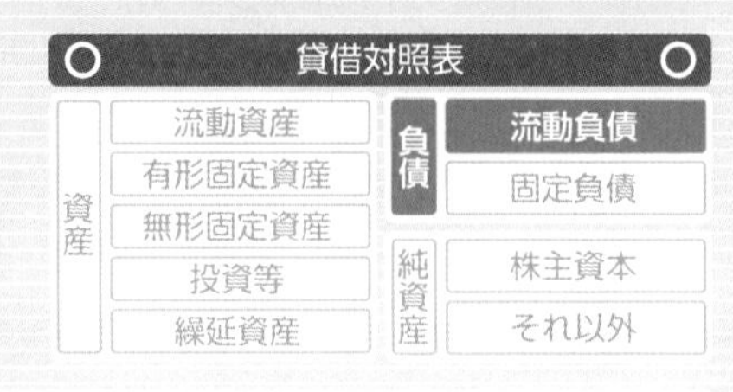

関連 ケース(P84)、仮払法人税等(P152)、法人税等(P378)

未払法人税等とは、事業年度に発生した**法人税等の未納付額を未払計上**するための科目を表す勘定科目です。当期分の法人税等で、まだ国等に納付していない額のことです。

具体的には、事業年度の終了時に納税義務が発生する国税である**法人税**と、地方税である**住民税**(道府県民税・市町村民税)、**事業税**の**未納付額**が対象となります。

未払い法人税等は、事業年度開始日以後6ヶ月を経過した日から2ヶ月以内に、税務署長に対し中間申告書を提出しなければなりません。中間申告の方法としては、**前期の実績による申告(予定申告)**と、**仮決算による申告(中間申告)**とがあります。

ただし、予定申告と中間申告のいずれの方法によるか、遅くとも申告期限の1ヶ月前(事業年度開始日以後7ヶ月)までにその選択が求められます。

摘要

- 事業税未納税額
- 市町村民税未納税額
- 住民税納付
- 住民税未納税額
- 道府県民税未納税額
- 特別区民税未納税額
- 都民税未納税額
- 法人税等納付
- 法人税見積納税額
- 法人税未納税額
- 見積法人税
- 事業税納付

パターン別仕訳例

増加する場合

決算にあたり、当期は赤字であったため、住民税の均等割7万円のみを未払計上した。

借方		貸方	
法人税等	7	未払法人税等	7

取引例
- 法人税等未納税額
- 法人税未納税額
- 住民税未納税額
- 法人事業税未納税額 等

減少する場合

翌期になって、住民税の均等割7万円を現金で支払った。

借方		貸方	
未払法人税等	7	現金	7

取引例
- 法人税等の納付
- 法人税の納付
- 住民税の納付
- 法人事業税の納付 等

❶ **中間納付・予定納付がない場合**

決算にあたり、当期の法人税100万円、住民税20万円、事業税20万円を概算した。

借方		貸方	
法人税等	140	未払法人税等	140

上記の未払法人税等を現金で納付した。

借方		貸方	
未払法人税等	140	現金	140

「法人税等」は、その事業年度の終了時に納税義務が生じます。このため、**決算時に当期納税額を計算して、「法人税等（法人税・住民税及び事業税）」の科目で費用計上**します。しかし、納付期限は決算日から２ヶ月後ですので、**納付までの期間、「未払法人税等」**として計上します。なお、「未払法人税等」として計上した事業税分は、翌期（納付時）の費用となります。

❷ **中間納付・予定納付がある場合**

決算にあたり、当期の法人税100万円、住民税20万円、事業税20万円を概算した。なお、仮払法人税等として計上した中間納付額は80万円である。

借方		貸方	
法人税等	140	仮払法人税等	80
		未払法人税等	60

上記の未払法人税等を現金で納付した。

借方		貸方	
未払法人税等	60	現金	60

決算時に当期納税額を計算して、「法人税等（法人税・住民税及び事業税）」の科目で費用計上します。**「仮払法人税等」として計上した中間納付額がある場合**は、当期の負担すべき税額から中間納付額を控除した金額を「未払法人税等」として、納付までの期間、計上します。

１年決算の法人が、中間申告や予定申告で納付した法人税等を処理する科目が「仮払法人税等」です。実務上は、法人税、住民税、事業税と区別しておくほうが計算する上で好ましいです。

会計処理のポイントは？

- 未払法人税等や未払事業税の額が、負債及び純資産総額の100分の１を超える場合は、「未払法人税等」「未払事業税」の勘定科目を設けて表示します。

しゃさい
社債

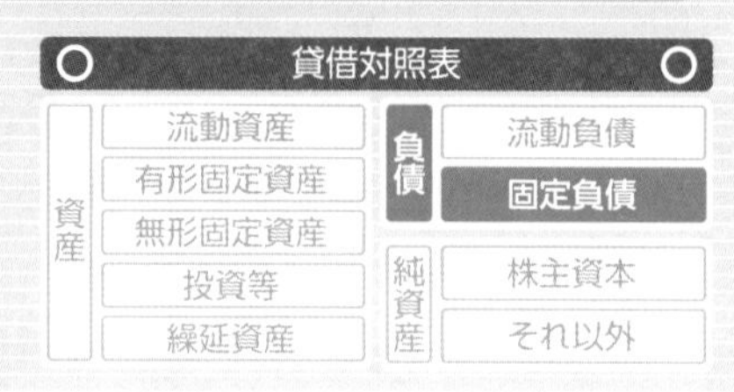

関連 社債発行費 (P202)、未払費用 (P222)、支払利息割引料 (P350)

社債とは、外部から**資金調達をするため、将来の一定期日に一定の金額を償還することを約した社債券**という有価証券を発行することにより発生する、**金銭債務**を表す勘定科目です。長期の資金調達を目的に、一定条件のもとで利息支払いや元本返済を行う債務のことです。

社債の発行には、額面による**平価発行**と、額面より低い金額で発行する**割引発行**、額面より高い金額で発行する**打歩発行**があります。

他方、社債の償還には、社債の満期日に額面金額で償還する**満期償還**、満期日前に市場から時価で買い入れ償還する**買入償還**、券番による抽選で一部の社債を償還する**抽選償還**の方法があります。

「社債」は、長期の資金調達手段である点などでは、**金融機関からの「長期借入金」**と類似していますが、社債券が一般に流通して投資対象となる点などで異なります。

「社債」は、証券を発行するという点では、**株式を発行して資金調達する「資本金」**と類似していますが、償還期限があるという点などで異なります。

摘要

・私募債発行 ・公募債発行 ・社債発行 ・社債証券 ・社債発行差金相当分償却 ・社債償還

パターン別仕訳例

増加する場合

社債2,000万円を発行し、普通預金に預け入れた。

借方		貸方	
普通預金	2,000	社債	2,000

取引例 ・社債の発行 ・私募債の発行 ・公募債の発行 等

減少する場合

社債2,000万円を償還し、利息100万円とともに普通預金から支払った。

借方		貸方	
社債	2,000	普通預金	2,100
社債利息	100		

取引例 ・社債の償還 ・私募債の償還 ・公募債の償還 等

❶ 発行した場合

事業資金として社債1,000万円を4月1日に発行し、普通預金に預け入れた。なお、額面による平価発行で、償還期間5年、利息は後払い（利率5%の3月末払い）とした。

借方 普通預金	1,000	貸方 社債	1,000

払い込みを受けた金額が債務額と異なる社債については、事業年度の末日における適正な価格を付すことができます。そこで、これまで繰延資産として取り扱われてきた**社債発行差金に相当する額は、社債金額から直接控除**します。

社債を社債金額よりも低い価額または高い価額で発行した場合には、**償却原価法**に基づいて算定された価額をもって貸借対照表価額としなければなりません。償却原価法とは、**券面額と発行価額の差額に相当する金額（社債発行差金）**を、償還期限にいたるまで毎期一定の方法で**社債の貸借対照価額に加減**する方法です。なお、この**加減額は「社債利息」として損益計算書に計上**されます。

❷ 利払いした場合

①の社債を発行した会社が利息を現金で支払った。

借方 社債利息	50	貸方 現金	50

社債の発行に際して、調達した資金に対する利息は「社債利息」で処理します。
[社債利息50万円＝社債1,000万円×利率5%]
なお、社債の利払日と決算日が一致しない場合は、利払日から決算日までの期間の利息を「未払費用」として計上します。

❸ 償還した場合

①の社債を満期償還し、普通預金から支払った。

借方 社債	1,000	貸方 普通預金	1,000

会計処理のポイントは？

- 「社債」は、その償還期間によって1年基準によって区分されます。償還期限まで1年以上あるもので、固定負債の部に「社債」と表示されていたものであっても、償還期限が決算日後1年以内に迫ったものは「1年以内償還社債」として流動負債の部に表示されます。

ちょうきかりいれきん

長期借入金

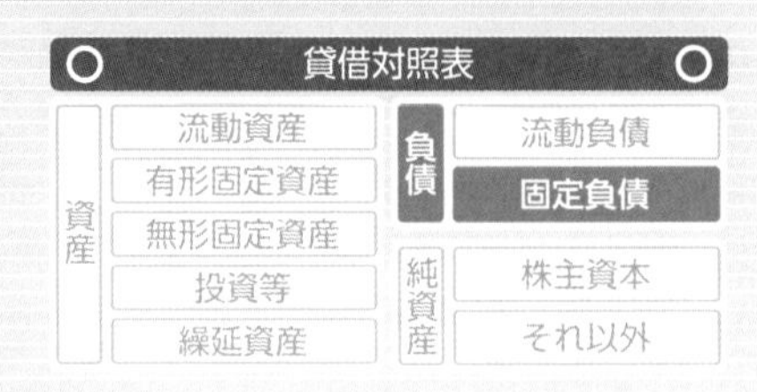

関連 ケース(P69)、短期借入金(P214)、支払利息割引料(P350)

長期借入金とは、金融機関、取引先、親会社、関連会社、役員などに対する**借入金**で、**決算日の翌日から起算して1年を超えて支払われる予定のもの**を表す勘定科目です。1年以内に支払いが予定される借入金は、「短期借入金」となります。この区分を、**1年基準(ワン・イヤー・ルール)**といいます。

金融機関からの借入はもちろんのこと、役員や従業員に対する借入であっても、借入金には利息が発生します。**借入金に対する利息**は、営業外費用の区分に**「支払利息」**と表示されます。

ただし、会社の役員などからの借入金の利息が無利息であっても、役員に課税されることはありません。また、会社も「支払利息」と「支払利息免除益」が相殺されるため、課税関係は生じません。しかし、返済をしていない場合は、役員からの贈与とみなされることもありますので注意が必要です。

摘要

- 関係会社からの借入
- 銀行からの借入
- 個人からの借入
- 証書借入金
- 短期借入金振替
- 手形借入金
- 取引先からの借入金
- 役員からの借入金
- 親会社からの借入
- 設備資金調達
- 運転資金調達
- 借入金返済

パターン別仕訳例

増加する場合

銀行から5年返済で借入500万円を行い、普通預金に入金された。

借方		貸方	
普通預金	500	長期借入金	500

取引例
- 長期資金の借り入れ
- 短期借入金からの振替え 等

減少する場合

役員からの長期の借入金100万円を、期日に現金にて返済した。

借方		貸方	
長期借入金	100	現金	100

取引例
- 借入金の回収
- 短期借入金への振替え 等

❶借り入れた場合

銀行から金銭消費貸借契約により、1,000万円を設備資金として借り入れた。なお、借入期間は5年、利息は後払いとした。

借方		貸方	
普通預金	1,000	長期借入金	1,000

❷支払った場合

銀行から借り入れた長期の借入金1,000万円のうち200万円を、期日に利息50万円とともに普通預金から振り込んだ。

借方		貸方	
長期借入金	200	普通預金	250
支払利息割引料	50		

❸長期の借入金を振替えた場合

決算時に、長期の借入金200万円の返済期間が1年以内になったので、短期の借入金に振替えた。

借方		貸方	
長期借入金	200	短期借入金	200

分割返済の長期借入金500万円のうち、決算時に確認したところ、今後1年以内に返済する借入金は100万円であった。

借方		貸方	
長期借入金	100	短期借入金	100

決算時に**「長期借入金」の返済期限が1年以内**になったら、**「短期借入金」に振替え**ます。ただし、その金額が少額の場合は振替を省略できます。

分割返済の定めがある場合は、**1年以内の分割返済予定額部分**は「長期借入金」から、**「1年以内返済長期借入金」**ないし**「短期借入金」**に振替えます。

会計処理のポイントは？

- 関係会社、役員、従業員からの借入等は**「関係会社長期借入金」**、**「役員長期借入金」**、**「従業員長期借入金」**として区分表示するか、注記します。

たいしょくきゅうふひきあてきん

退職給付引当金

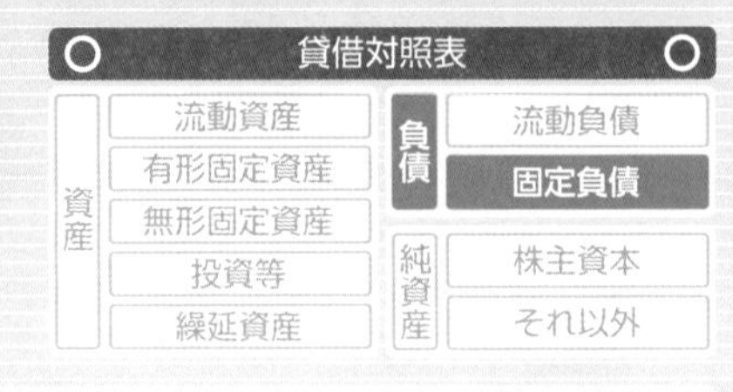

関連 退職金（P288）、退職給付費用（P290）

退職給付引当金とは、将来、**従業員が退職する際に支払われる退職給付に備えて引き当て計上**するための**貸方の勘定科目**を表します。

「退職給付引当金」の対象とする退職給付は、**退職一時金**（従業員の退職に基づいて企業が直接負担するもの）の他、**退職年金**（企業年金制度から給付されるもの）を含みます。

なお、「退職給与引当金」は**平成14年度税制改正**により廃止され、原則として以後4年間（中小法人等は以後10年間）で取崩すこととされました。

将来の退職給付の支払いは、従業員が毎年勤務した労働の対価として支払われる賃金の後払い的なものです。そこで、**勤務期間に応じて費用化し、引当計上**します。

具体的には、将来の退職給付のうち、**当期の負担に属する額**を**当期の費用（退職給付費用）**として**「退職給付引当金」**に繰り入れ、**その累積額**を貸借対照表の負債の部に**「退職給付引当金」**として表示します。

摘要

- 退職給付引当金繰入
- 退職給付費用
- 退職金支給取崩し
- 退職金見積額
- 退職金支払
- 従業員退職金
- 役員退職金
- 退職一時金
- 退職慰労金

パターン別仕訳例

増加する場合

決算にあたり、将来の退職金支給額のうち、当期の負担分30万円を退職付引当金として繰り入れた。

借方		貸方	
退職給付費用	30	退職給付引当金	30

取引例
- 退職給付引当金の繰入 等

減少する場合

従業員（退職給付引当金300万円設定済み）の退職に伴い、退職金300万円を現金にて支払った。

借方		貸方	
退職給付引当金	300	現金	300

取引例
- 退職給付引当金の取崩し 等

❶計上する場合

決算にあたり、退職給付費用2,000万円を繰り入れた。

借方		貸方	
退職給付費用	2,000	退職給付引当金	2,000

退職給付費用は、原則として次の式によって計算されます。

退職給付費用＝勤務費用＋利息費用－期待運用収益＋過去勤務債務＋数理計算上の差異

勤務費用…退職給付見込額のうち、当期に発生した認められる額（割引計算）

利息費用…期首の退職給付債務に割引率を乗じた額

期待運用収益…期首の年金資産に期待運用収益率を乗じた額

過去勤務債務…退職給付水準の改訂等で発生した退職給付債務の増加・減少額を、平均残存勤務期間以内の一定年数で按分した額

数理計算上の差異…年金資産の期待運用収益と実際の運用成果との差異、数理計算に用いた見積数値と実績との差異、見積数値の変更等により発生した差異を、平均残存勤務期間以内の一定年数で按分した額

❷支払った場合

従業員（退職給付引当金1,000万円設定済み）が退職することになり、退職金1,500万から源泉所得税等150万円を控除して、普通預金から従業員の口座に振込払いをした。

借方		貸方	
退職給付引当金	1,000	普通預金	1,350
退職金	500	預り金	150

会計処理のポイントは？

- **各人の必要な退職給付引当金**は、**退職給付債務から年金資産（時価）を差し引いて計算**します。なお、**退職給付債務**は、退職時に支払うことが予定されている退職金総額（退職給付見込額）のうち、当期末までに発生したと認められる額を一定の割引率を用いて、退職時から現在までの期間（残存勤務期間）で割引計算します。
また、**年金資産**とは、企業年金制度に基づいて退職給付のために積み立てられている資産のことです。
- 小規模企業（従業員300人未満）等については、退職一時金制度に関して、継続適用を要件として、例外的に期末自己都合要支給額（期末に従業員が退職したと仮定した場合に必要な退職金額）を退職給付債務とする方法などが認められています。

りーすさいむ

リース債務

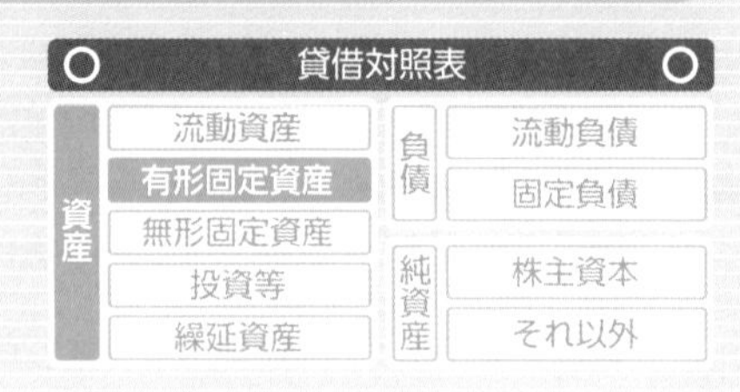

関連 リース資産(P172)、減価償却費(P332)、支払利息(P350)、前払利息(P350)

リース債務とは、ファイナンス・リース取引により**リースした物件に係る債務**を表す勘定科目です。ファイナンス・リース取引とは顧客が希望する物件をリース会社が購入し、顧客にリースする賃貸借契約の取引です。ファイナンス・リース取引は、原則として**中途解約不可**で、リース期間中に物件価格や諸経費を含めた**全ての代金をリース料として支払い**ます。ファイナンス・リース取引には、借り手に所有権が移転する所有権移転ファイナンス・リース取引と、移転しない所有権移転外ファイナンス・リース取引があります。また、ファイナンス・リース取引以外の取引をオペレーティング・リース取引といいます。

リース取引のタイプによって、以下のように会計処理が異なります。

所有権移転ファイナンス・リース取引：売買処理

所有権移転外ファイナンス・リース取引（1契約300万円超）：売買取引に準じた処理

所有権移転外ファイナンス・リース取引（1契約300万円以下）：賃貸借処理

オペレーティング・リース取引：賃貸借処理

ただし、中小企業は所有権移転外ファイナンス・リース取引については賃貸借処理が可能です。

摘要

・ファイナンス・リース　・複合機リース　・車両リース　・機械リース　・パソコンリース

パターン別仕訳例

増加する場合

機械設備をリースした（所有権移転外ファイナンス・リース取引）。リース料総額は180万円であった。

借方		貸方	
リース資産	180	リース債務	180

取引例　●リース契約　●ファイナンス・リース　●リース開始 等

減少する場合

月額のリース料5万円が普通預金口座から引き落とされた。

借方		貸方	
リース債務	5	普通預金	5

取引例　●リース料の支払い 等

❶リース契約した場合

機械装置を3年間リースすることになった（所有権移転外ファイナンス・リース取引）。リース料総額は300万円で、うち利息相当額が30万円であった。

原則処理：

借方		貸方	
リース資産	270	リース債務	300
前払利息	30		

簡便処理：

借方		貸方	
リース資産	300	リース債務	300

原則として、リース料総額を資産の取得価額相当額と利息に区分して処理します。ただし、所有権移転外ファイナンス・リース取引の場合は簡便的な処理も認められています。

❷リース料を支払った場合

月額のリース料10万円が普通預金口座から引き落とされた。

借方		貸方	
リース債務	10	普通預金	10

❸決算の場合

決算にあたり、上記リース資産に対して減価償却費を計上した。

原則処理：

借方		貸方	
減価償却費	90＊1	リース資産	90
支払利息	10	前払利息	10

簡便処理：

借方		貸方	
減価償却費	100＊2	リース資産	10

減価償却の計算方法はリース期間定額法（リース期間を償却期間とする定額法）となります。

＊1　90万円＝リース資産270万円÷3年
＊2　100万円＝リース資産300万円÷3年

会計処理のポイントは？

- ファイナンス・リース取引は売買処理されますので、消費税法も同様に売買として、リース物件引渡時にリース料総額に係る消費税を全額仕入控除します。

第5章

Account Title and Journalizing Dictionary

純資産の項目

しほんきん

資本金

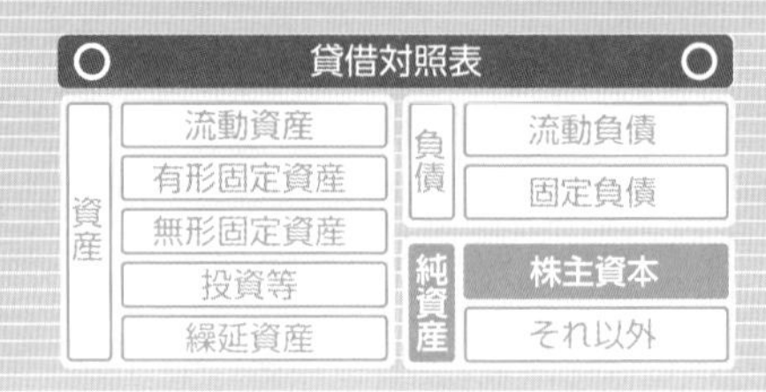

関連 ケース(P67)、資本剰余金(P260)

資本金とは、**会社設立時や増資の時に、出資者から拠出してもらった資金のうち**、会社法で定められた**法定資本の額**を表す勘定科目です。会社の事業を運営していく基礎となる財産で、会社の設立や増資の際に、株主から払い込まれた資金のことです。

「資本金」は、債権者保護の観点から会社内に最低限維持・留保しなければならない金額です。

会社法では、**最低資本金の額に関する規定が廃止**されましたので、1円会社の設立が可能になりました。ただし配当規制においては、純資産が300万円未満の場合、資本金の額にかかわらず、剰余金があっても株主に配当はできません。

新株の発行の募集事項の決定は、原則として**株主総会の特別決議**は必要となります。募集株式の引受人は、払込期日または払込期間内に、会社が決めた銀行などの払込取扱金融機関において、募集株式の払込金額の全額を払い込まなくてはなりません。

摘要

- 会社設立
- 欠損金補填
- 減資
- 増資
- 無償増資
- 有償増資
- 新株式申込証拠金の振替
- 新株予約権行使
- 剰余金の組み入れ

パターン別仕訳例

増加する場合

増資に伴い新株を発行し、払込金1,000万円が普通預金に預け入れられた。なお、払込金全額を資本金とした。

借方		貸方	
普通預金	1,000	資本金	1,000

取引例 ●会社設立 ●新株発行 ●増資 ●現物出資 等

減少する場合

欠損が生じているので、資本金100万円を取り崩して欠損を補填した。

借方		貸方	
資本金	100	剰余金	100

取引例 ●欠損金の補填 ●減資 等

❶ 会社設立の場合

会社の設立に際して、設立登記が完了し、発起人より株式払込金に相当する普通預金1,000万円の引渡しを受けた。なお、払込金の全額を資本金とする。

借方		貸方	
普通預金	1,000	資本金	1,000

❷ 新株発行を伴う増資の場合

増資に際して、普通株1,000株、1株8万円の条件で発行することにした。申込期日（4月15日）となり、銀行から申込証拠金の入金の連絡があった。払込期日（4月25日）に当座預金に振替えた。なお、払込金の全額を資本金とする。

申込期日の翌日（4月16日）

借方		貸方	
別段預金	8,000	新株式申込証拠金	8,000

払込期日（4月25日）

借方		貸方	
新株式申込証拠金	8,000	資本金	8,000
当座預金	8,000	別段預金	8,000

新株の申し込みによって払い込まれた金額は、払込期日まで**「新株式申込証拠金」**として処理します。払い込まれた証拠金は**「別段預金」**として、払込取扱金融機関において管理されます。そして、払込期日に**「新株式申込証拠金」を「資本金」に振替え**、また、「別段預金」を「当座預金」などの他の勘定科目に振替えます。

❸ 剰余金の資本組み入れの場合

株主総会決議において、その他資本剰余金1,000万円を資本金に組み入れることにした。

借方		貸方	
その他資本剰余金	1,000	資本金	1,000

「資本金」は、剰余金から組み入れた（無償増資）場合にも変動します。この他にも、欠損金が生じた場合に欠損金を補填する目的で減額されるケースもあります。

会計処理のポイントは?

- 払い込みまたは給付された額の1/2を超えない額を、「資本金」としないこと（「資本準備金」とすること）ができます。

しほんじょうよきん

資本剰余金

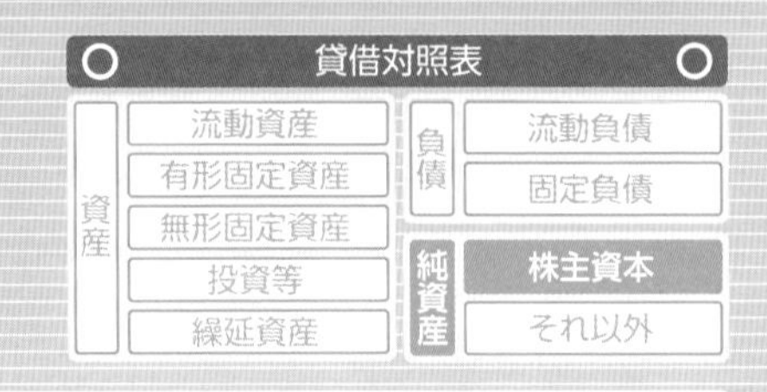

関連 ケース (P67)、資本金 (P258)

資本剰余金とは、**会社設立時**や**増資**の時に資本取引から生じた余剰金、つまり、**出資者から拠出してもらった資金のうち、資本金としなかった金額**や、自己株式の処分などで生じるものを計上する勘定科目をいいます。「資本剰余金」は、**「資本準備金」**と**「その他資本剰余金」**とに区分されます。

「資本準備金」は、会社法第445条の規定により積立を必要とするもので、増資時などに払い込まれた資金のうち**資本金としなかった金額**や、**剰余金の配当に伴う積立**などです。なお、資本剰余金を配当した場合、その配当金額の10分の1を、「資本準備金」と「利益準備金」の合計額が資本金の4分の1に達するまで積み立てることとされています。

「その他資本剰余金」は、「資本準備金」以外の資本剰余金で、**自己株式を処分した場合の差額**や、**減資による差額**などです。

摘要

- 会社設立
- 減資による積立
- 新株発行
- 株式発行差金
- 自己株式処分
- 法定準備金
- 企業再編による積立
- 資本金組入
- 新株式申込証拠金の振替
- 欠損金補填
- 剰余金の配当による積立
- 新株予約権行使

パターン別仕訳例

増加する場合

増資に伴い新株を発行し、払込金1,000万円は普通預金に預け入れた。なお、払込金額の2分の1を資本金とした。

借方		貸方	
普通預金	1,000	資本金	500
		資本準備金	500

取引例 ●会社設立 ●新株発行 ●増資 ●企業再編による積立 等

減少する場合

資本準備金の一部100万円を、資本金に組み入れた。

借方		貸方	
資本準備金	100	資本金	100

取引例 ●資本金の組み入れ ●減資 ●欠損金補填 等

❶ 会社設立の場合

会社の設立に際して、設立登記が完了し、発起人より株式払込金に相当する普通預金1,000万円の引渡しを受けた。なお、払込金額の２分の１を資本金とした。

借方		貸方	
普通預金	1,000	資本金	500
		資本剰余金	500

❷ 新株発行を伴う増資の場合

増資に際して、普通株1,000株、１株８万円の条件で発行することにした。申込期日（4月15日）となり、銀行から申込証拠金の入金の連絡があった。払込期日（4月25日）に当座預金に振替えた。なお、払込金額の２分の１を資本金とする。

申込期日の翌日（4月16日）

借方		貸方	
別段預金	8,000	新株式申込証拠金	8,000

払込期日（4月25日）

借方		貸方	
新株式申込証拠金	8,000	資本金	4,000
		資本準備金	4,000
当座預金	8,000	別段預金	8,000

❸ 資本準備金の取崩しの場合

株主総会決議において、債権者保護の手続きを経て、資本準備金1,000万円を取崩し、法的手続きを完了した。

借方		貸方	
資本準備金	1,000	その他資本剰余金	1,000

改正前商法では、「資本準備金」は欠損補填または資本組み入れの場合にしか取崩すことができませんでした。しかし、会社法では**法的手続きをとることで「資本準備金」は取崩すことができ、**その際に「その他資本剰余金」に計上します。

会計処理のポイントは？

- 払い込みまたは給付された額の１／２を超えない額を、「資本金」としないこと（「資本準備金」とすること）ができます。

りえきじょうよきん
利益剰余金

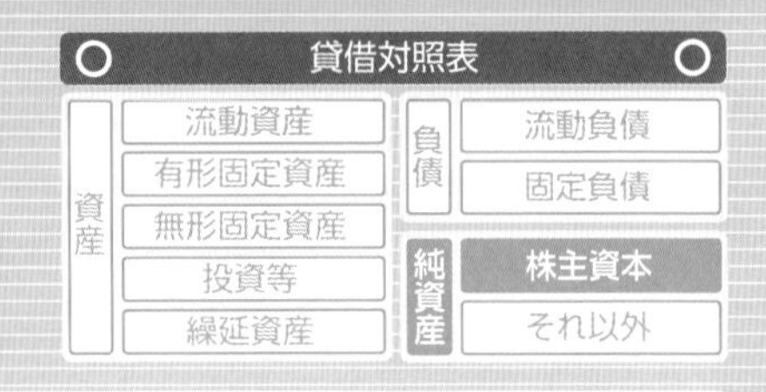

関連 資本金（P258）、資本剰余金（P260）

利益剰余金とは、損益取引によって生じたもののうち、**社内に留保された金額**を表す勘定科目です。「利益剰余金」は**「利益準備金」**と**「その他利益剰余金」**とに区分されます。

「利益準備金」は、会社法第445条の規定により積立を必要とするもので、**剰余金の配当に伴う積立額**などです。なお、「利益準備金」は「資本準備金」とともに、法定準備金にあたります。

「その他利益剰余金」は、「利益準備金」以外の利益剰余金で、当期純利益が生じた場合に計上される額**（繰越利益剰余金）**や、会社が独自の判断に基づき積み立てる額**（任意積立金）**があります。「任意積立金」には、使用目的を限定しない**「別途積立金」**や、使用目的を毎期の配当が平均的に行えるように限定した**「配当平均積立金」**、税法上の特例を利用するための**「圧縮積立金」**などがあります。

摘要

- 企業再編による積立
- 欠損補填
- 資本金組入
- 剰余金配当
- 任意積立金
- 積立金
- 当期純利益計上
- 配当
- 利益準備金振替
- 別途積立金
- 配当平均積立金
- 圧縮積立金

パターン別仕訳例

増加する場合

株主総会の普通決議を経て、その他利益剰余金1,000万円を、資本金500万円と利益準備金500万円に計上した。

借方		貸方	
その他利益剰余金	1,000	資本金	500
		利益準備金	500

取引例 •剰余金の配当に伴う積立 •当期純利益の計上 •企業再編による積立 等

減少する場合

株主総会にて、利益準備金100万円による剰余金の補填が決議された。

借方		貸方	
利益準備金	100	その他利益剰余金	100

取引例 •欠損金補填 •剰余金配当 等

❶配当にともなう積立の場合

株主に1,000万円を配当し、100万円を利益準備金に積み立てた。

借方		貸方	
その他の利益剰余金	1,000	未払金	1,000
その他の利益剰余金	100	利益準備金	100

会社法においては、利益準備金と資本準備金の合計額が資本金の4分の1に達するまでは、配当した剰余金の額の10分の1を「利益準備金」として積み立てなくてはなりません。

❷積立金の積立・取崩しの場合

株主総会の決議によって、配当平均積立金1,000万円を積み立てた。

借方		貸方	
その他利益剰余金	1,000	配当平均積立金	1,000

株主総会の決議によって、配当平均積立金1,000万円が取崩された。

借方		貸方	
配当平均積立金	1,000	配当平均積立金取崩	1,000
配当平均積立金取崩	1,000	その他利益剰余金	1,000

その他利益剰余金のうち、任意積立金のように株主総会または取締役会の決議に基づき設定されるものは、その内容を示す科目で表示します。

❸利益準備金の取崩しの場合

株主総会決議において、繰越利益剰余金△1,000万円を利益準備金で補填することになった。

借方		貸方	
利益準備金	1,000	その他利益剰余金	1,000

会社法では、**法的手続きをとることで「利益準備金」は取崩すことができ、**その際に「その他利益剰余金」に計上します。

会計処理のポイントは?

- 企業会計では、資本と利益を明確に区分することが求められています。そのため、「資本金」などを増減させる資本取引から生じた剰余金を「資本剰余金」として、他方、損益を変動させる損益取引から生じた剰余金を「利益剰余金」として区別しています。

じこかぶしき

自己株式

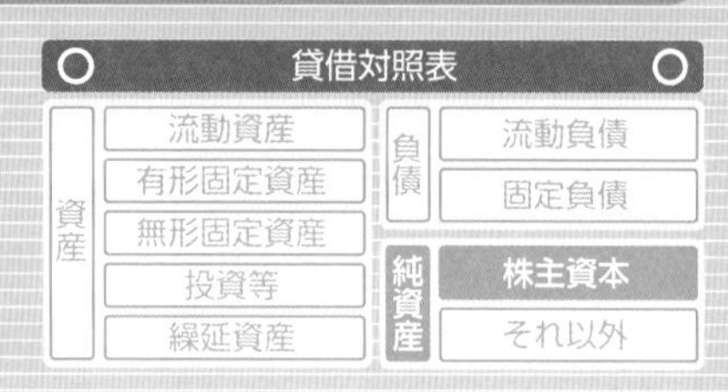

関連 資本剰余金 (P260)、利益剰余金 (P262)、新株予約権 (P268)

自己株式とは、会社が**自社の発行している株式を取得した場合の株式**を表す勘定科目です。実質は資本の払い戻しと同じなので、株主資本の控除項目となります。

自己株式は自社の株式で、いわゆる金庫株とも呼ばれます。「自己株式」自体は他社の株式と変わりなく、どちらも有価証券です。しかし、自社の株式を自らが取得することは、**実質的に資本の払い戻しの性質**を持ちますので、資産の部に表示せずに**株主資本の控除項目**として表示します。よって、**資産のマイナス勘定**となります。

自己株式の取得は、旧商法では原則的に禁止されていました。しかし、会社法においては、株主総会の決議によって、取得する株式の数などの一定の事項を定めれば、分割可能額の範囲内で**株主との合意による自己株式の取得ができる**ようになりました。

またその他にも、取得条項付株式において条件が成立して取得する場合、単位未満株式の買取請求に応じる場合、合併後消滅する会社からその会社の株式を承継する場合なども、自己株式を取得することができます。

摘要

- 自己株式の消却
- 自己株式の処分
- 自己株式の取得
- 自己株式の譲渡
- 新株予約権
- ストック・オプション
- 取得条項付株式
- 単位未満株式

パターン別仕訳例

増加する場合

自己株式100万円を取得し、代金を普通預金から支払った。

借方		貸方	
自己株式	1,000	普通預金	1,000

取引例
- 自己株式の取得 等

減少する場合

保有していた自己株式100万円を処分し、代金が普通預金に入金された。

借方		貸方	
普通預金	100	自己株式	100

取引例
- 自社の株式の処分
- 自社の株式の消却
- 自社の株式の譲渡 等

❶自己株式の取得の場合

株主総会決議において、株式10,000株を1,000万円で取得し、普通預金から支払った。

借方		貸方	
自己株式	1,000	普通預金	1,000

❷自己株式の処分の場合

保有する自己株式のうち5,000株（500万円）を600万円で処分し、代金を普通預金とした。

借方		貸方	
普通預金	600	自己株式	500
		自己株式処分差益	100

「自己株式処分差損益」は、会計年度単位で相殺した上、**「自己株式処分差益」の場合は「その他資本剰余金」に計上**し、**「自己株式処分差損」の場合は「その他資本剰余金」から減額**（減額しきれない場合は「その他利益剰余金」から減額）します。

❸自己株式の消却の場合

株主総会決議において、利益による株式の消却のために自己株式を取得する決議を行った。そこで、株式10,000株を1,000万円で取得し、普通預金から支払った。その後、取締役会決議において、自己株式を消却した。

借方		貸方	
自己株式	1,000	普通預金	1,000
その他利益剰余金	1,000	自己株式	1,000

会社法では、「自己株式」は、期間や数量等の制限がなく保有することができるようになったため、**利益による株式の消却のために「自己株式」を取得した場合も、「自己株式」として処理**します。その後、消却にあたり「自己株式」を減少させ、同額を「その他資本剰余金」を減少させます。なお、控除しきれない場合は「その他利益剰余金」を減少させます。

会計処理のポイントは？

- 期末に保有する「自己株式」は、純資産の部の株主資本の末尾に「自己株式」として、一括して控除する形式で表示します。

そのたゆうかしょうけんひょうかさがくきん

その他有価証券評価差額金

関連 繰延税金資産 (P148)、投資有価証券 (P186)、繰延税金負債 (P240)

その他有価証券評価差額金とは、**その他有価証券を毎期末に時価評価した場合の相手勘定**を表す勘定科目です。持合株式など、業務提携等の目的で持っている株式などを、期末に時価評価した場合に使用するものです。その他有価証券とは売買目的有価証券、満期保有目的の債権、子会社株式、関連会社株式以外の有価証券です。

その他有価証券評価差額金の会計処理は、次のいずれかの方法によります。

①**全部純資産直入法**：時価と取得原価との評価差額を、「その他有価証券評価差額金」として純資産の部に計上する方法

②**部分純資産直入法**：評価益の場合は評価差額を「その他有価証券評価差額金」として純資産の部に計上し、評価損の場合は評価差額を「その他有価証券評価損」として、当期の損失として計上する方法

摘要

- その他有価証券の評価益
- その他有価証券の評価損

パターン別仕訳例

増加する場合

期末に、その他有価証券を時価評価したところ、評価益100万円が発生していた。なお、実効税率を40%とする。

借方		貸方	
その他有価証券	100	その他有価証券評価差額金	60
		繰延税金負債	40

取引例
- その他有価証券の評価益
- その他有価証券評価差額の洗替え 等

減少する場合

期末に、その他有価証券を時価評価したところ、評価損100万円が発生していた。なお、実効税率を40%とする。

借方		貸方	
その他有価証券評価差額金	60	その他有価証券	100
繰延税金資産	40		

取引例
- その他有価証券の評価損
- その他有価証券評価差額の洗替え 等

❶評価益の場合

期末に、その他有価証券2,000万円を時価評価したところ、評価益1,000万円が発生していた。なお、実効税率を40%とする。

借方		貸方	
その他有価証券	1,000	その他有価証券評価差額金	600
		繰延税金負債	400

税効果会計が適用されるため、税効果額を評価差額から控除します。

❷評価損の場合

期末に、その他有価証券2,000万円を時価評価したところ、評価損800万円が発生していた。なお、実効税率を40%とする。

全部純資産直入法

借方		貸方	
その他有価証券評価差額金	120	その他有価証券	200
繰延税金資産	80		

部分純資産直入法

借方		貸方	
その他有価証券評価損	200	その他有価証券	200
繰延税金資産	80	法人税等調整額	80

❸洗替えの場合

前期末に、その他有価証券2,000万円を3,000万円と時価評価し、期首に洗替処理を行った。なお、実効税率を40%とする。

借方		貸方	
その他有価証券評価差額金	600	その他有価証券	1,000
繰延税金負債	400		

その他有価証券は、毎期末の時価と取得原価との比較によって算定(**洗替え**)します。

会計処理のポイントは?

- 原則として、全部純資産直入法を適用しますが、継続適用を条件として部分純資産直入法によることも認められています。

しんかぶよやくけん

新株予約権

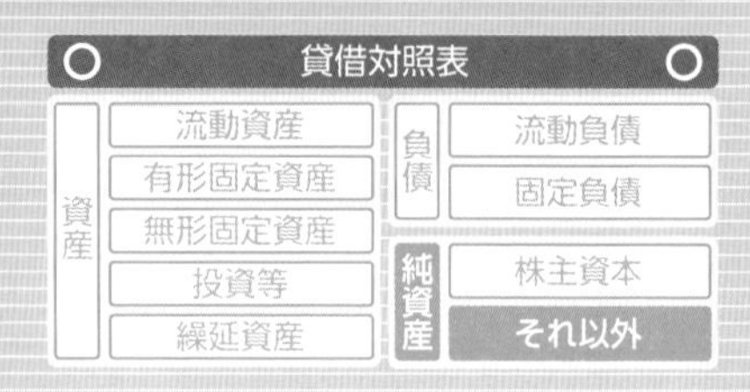

関連 資本金 (P258)、資本剰余金 (P260)、自己株式 (P264)

新株予約権とは、簡単に言うと、決められた期間と価額で、会社に対して権利行使することで、株式を取得することができる権利のこと。**新株予約権者**が、あらかじめ定められた期間に、定められた価額で株式会社に対して**権利行使した場合**に、その**会社の株式を**新株の発行または自己株式の移転により**取得できる権利**を表す勘定科目です。新株予約権は発行時と権利行使時に注意しましょう。

新株予約権の発行に伴う払込金額は、純資産の部に**「新株予約権」**として計上します。その後、権利行使の時に、新株予約権の発行に伴う払込金額と新株予約権の行使に伴う払込金額は、**「資本金」**または**「資本金」**と**「資本準備金」**に振替えます。

ストック・オプション制度とは、会社が役員等に対して、**あらかじめ定められた価額で会社の株式を取得することができる権利を付与**し、役員等は、将来、株価が上昇した時点で、権利行使を行い、株式を取得して売却することで、株価上昇分の報酬が得られる制度です。

ストック・オプション制度では、その取得に応じて実質的な報酬として、**「株式報酬費用」**を計上するとともに**「新株予約権」**を計上します。

摘要

- 新株予約権権利行使
- 新株予約権失効
- 新株予約権発行
- ストック・オプション
- 新株発行
- 自己株式移転

パターン別仕訳例

増加する場合

ストック・オプション制度として、新株予約権100万円を役員に付与した。

借方		貸方	
株式報酬費用	100	新株予約権	100

取引例
- 新株予約権の発行
- ストック・オプションの付与 等

減少する場合

新株予約権100万円が行使され、普通預金100万円が払い込まれた。行使された金額の全額を、資本金に振替えた。

借方		貸方	
新株予約権	100	資本金	200
普通預金	100		

取引例
- 新株予約権の権利行使
- 新株予約権の失効 等

❶発行時の場合

新株予約権3,000万円を発行し、普通預金に振り込まれた。

借方		貸方	
普通預金	3,000	新株予約権	3,000

❷権利行使時の場合

新株発行：新株予約権のうち1,000万円が行使され、4,000万円が普通預金に振り込まれた。行使された金額の1/2を資本金に、1/2を資本準備金に振替えた。

借方		貸方	
新株予約権	1,000	資本金	2,500
普通預金	4,000	資本準備金	2,500

自己株式移転：新株予約権のうち1,000万円が行使され、4,000万円が普通預金に振り込まれた。なお、会社は自己株式を6,000万円取得していたものとする。

借方		貸方	
新株予約権	1,000	自己株式	6,000
普通預金	4,000		
自己株式処分差損	1,000		

自己株式移転の会計処理は、自己株式を処分する場合の自己株式差額と同様に「その他資本剰余金」で処理します。つまり、**自己株式処分差益は「その他資本剰余金」に計上し、自己株式処分差損は「その他資本剰余金」から控除**します。

❸失効（行使期限到来）の場合

新株予約権のうち1,000万円に関して、期限が到来しても行使されなかった。

借方		貸方	
新株予約権	1,000	新株予約権戻入益	1,000

新株予約権の権利が**失効した場合**は、**「新株予約権戻入益」**として、期限の到来した期の特別利益として処理されます。

会計処理のポイントは？

- ストック・オプション制度における「株式報酬費用」は、人件費の項目として損益計算書に表示します。

第6章

Account Title and Journalizing Dictionary

営業損益の項目

うりあげだか
売上高

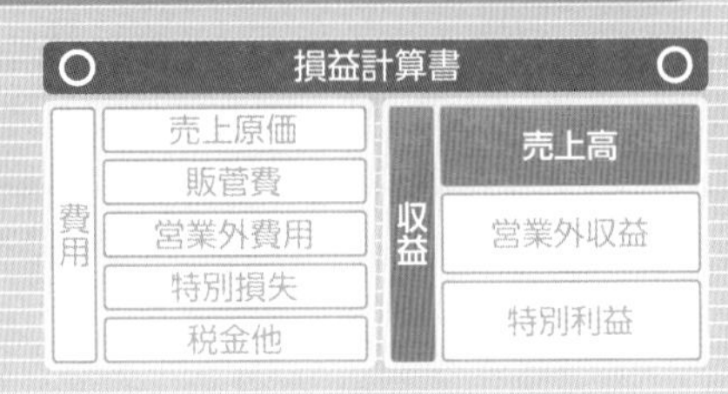

関連 ケース(P71,72)、商品(P114)、売上割引(P364)、契約資産(P136)、契約負債(P226)、返品資産(P138)、返金負債(P228)

「売上高」とは、商品・製品の販売や役務（サービス）の提供などの**販売代金の純額**を表す勘定科目です。会社の主たる**営業活動により得られた収益**のことです。営業活動は業務内容により異なりますが、商品・製品の販売、サービスの提供、請負による収入などを指します。

「売上高」の損益計算書の表示に関して、サービス業などの役務の提供は**「営業収益」**や**「営業収入」**、建設業などでは**「完成工事高」**といった勘定科目を用います。なお、仕訳においては「売上」を使うことが多いです。

「売上高」の計上時期には、次のような基準があります。

①**出荷基準**：物品を出荷した時に計上する

②**納品基準**：物品を相手方に引き渡した時に計上する

③**検収基準**：相手方が物品の内容等を確認した時に計上する

どの基準を採用するかは会社の任意ですが、継続して適用する必要があります。

摘要

- 委託品販売
- 請負サービス
- 売上
- 加工賃収入
- 割賦販売
- 建設工事
- サービス料収入
- 商品売上
- 試用品販売
- 製品売上
- 延払条件付販売
- 予約販売
- 積送品の販売
- 完成工事
- 不動産賃貸収入
- 売上戻り
- 売上値引き
- 売上割戻し
- 受託販売
- 営業収益
- 掛け売上
- 顧問料収入
- 仲介手数料
- クレジット売上

パターン別仕訳例

増加する場合

定価12万円の商品を値引きして10万円で販売し、代金は現金で受け取った。

借方		貸方	
現金	10	売上	10

取引例 ●商品/製品などの売上　●サービス料の収入　●請負収入　●建設工事高 等

減少する場合

掛売りした商品10万円が品違いのため返品された。

借方		貸方	
売上	10	売掛金	10

取引例 ●品違いによる返品（売上返品）　●売上値引き　●売上割戻し（リベート）等

商品売買取引の処理には、総記法、分記法、三分法といった方法があります。ここでは、一般的な三分法を取り上げます。総記法、分記法に関しては「商品／棚卸資産」（P114）を参照してください。

❶ 三分法の場合

三分法は、商品勘定を取引内容に応じて「仕入」「売上」「繰越商品」の３つに分けて処理する方法です。

仕入：商品200万円を掛で仕入れた。

借方		貸方	
仕入	200	買掛金	200

売上：原価120万円の商品を180万円で掛売りした。

借方		貸方	
売掛金	180	売上	180

決算：決算処理を行った。期首時点の在庫は0万円、期末在庫は80万円とする。

借方		貸方	
仕入	0	繰越商品	0
繰越商品	80	仕入	80

「繰越商品」は、在庫商品を示します。**決算時に前期末在庫と当期末在庫の洗替処理**をします。

売上原価は、販売業の場合、次のように計算されます。

売上原価120 ＝ 期首商品棚卸高0 ＋ 当期商品仕入高200 － 期末商品棚卸高80

会計処理のポイントは？

- 「売上高」から控除する項目に、「**売上戻り**（売上品の品質上の欠陥、損傷、品違いなどの理由で返品された額）」、「**売上値引**（売上品の数量不足、品質不良などにより売上代金より控除した額）」、「売上割戻し（多額・多量の売上に対する売上代金の割戻し額、いわゆるリベート）」があります。実務上はどれも、**「売上高」から直接控除**します。

得意先にリベートとして現金1万円を支払った。

借方		貸方	
売上	1	現金	1

- **「売上割引」**は、代金の回収を通常より早期に行ったことによる金融費用と考えられますので、営業外費用（「売上割引」）として処理します。
- 会計監査を受ける上場会社等は、2021年4月から始まる会計年度から「収益に関する会計基準」が強制適用となります。

しいれだか
仕入高

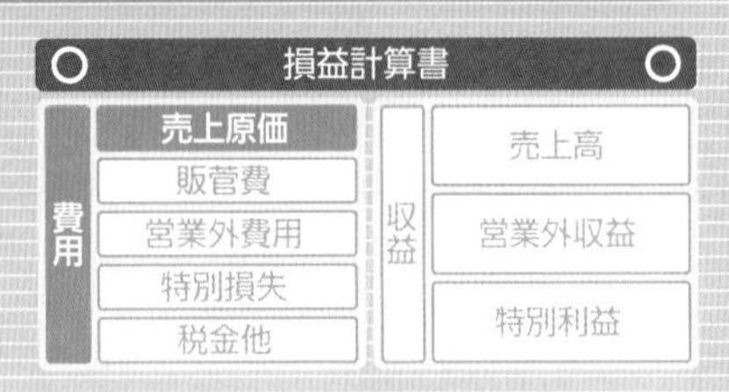

関連 ケース (P73,88)、商品 (P114)、仕入割引 (P364)、返品資産 (P138)、返金負債 (P228)

仕入高とは、**販売目的のための物品を購入するための費用**を表す勘定科目をいいます。「仕入高」の取得原価には、原則として、仕入れに伴う引取運賃や購入手数料、関税などの**付随費用も加算して計上**します。

一般的には、仕訳では「仕入」を使用しますが、損益計算書上は「仕入高」もしくは「仕入」勘定で原価を算定した後の**「売上原価」**と表示されます。

「仕入高」の計上時期は、次の2つがあります。どちらの基準を採用するかは会社の任意ですが、継続して適用する必要があります。

①**着荷基準**:物品を入荷した時に計上する

②**検収基準**:入荷した物品の内容等を確認した時に計上する

摘要

- 購入手数料
- 商品仕入
- 商品仕入関連費用
- 製品仕入
- 製品仕入関連費用
- 引取運賃
- 付随費用
- 仕入戻し
- 仕入値引き
- 仕入割戻し
- 売上原価
- 原価
- 商品
- 関税
- 運送料

パターン別仕訳例

増加する場合

商品100万円を仕入れて、購入手数料5万円と合わせて、代金は小切手で支払った。

借方		貸方	
仕入	105	当座預金	105

取引例
- 商品/製品などの仕入
- 仕入れに伴う付随費用 等

減少する場合

掛で仕入れた商品10万円を、品違いのため返品した。

借方		貸方	
買掛金	10	仕入	10

取引例
- 売上原価へ振替品違いによる返品
- 品違いによる返品(仕入返品)
- 仕入値引き
- 仕入割戻し(リベート)等

商品売買取引の処理には、総記法、分記法、三分法といった方法があります。ここでは、一般的な三分法を取り上げます。総記法、分記法に関しては、「商品/棚卸資産」(P114)を参照してください。

❶ 三分法の場合

三分法は、商品勘定を取引内容に応じて「仕入」「売上」「繰越商品」の3つに分けて処理する方法です。

商品200万円を掛で仕入れた。

借方		貸方	
仕入	200	買掛金	200

売上:原価120万円の商品を180万円で掛売りした。

借方		貸方	
売掛金	180	売上	180

決算:決算処理を行った。期首時点の在庫は0万円、期末在庫は80万円とする。

借方		貸方	
仕入	0	繰越商品	0
繰越商品	80	仕入	80

「繰越商品」は、在庫商品を示します。**決算時に前期末在庫と当期末在庫の洗替処理**をします。

売上原価は、販売業の場合、次のように計算されます。
売上原価120 = 期首商品棚卸高0 + 当期商品仕入高200 − 期末商品棚卸高80

会計処理のポイントは?

- 「仕入高」から控除する項目に、「**仕入戻し**(仕入品の品質上の欠陥、損傷、品違いなどの理由で返品した額)」、「**仕入値引**(仕入品の数量不足、品質不良などにより仕入代金より控除される額)」、「**仕入割戻し**(多額・多量の仕入に対する仕入代金の割戻し額、いわゆるリベート)」があります。実務上はどれも、**「仕入高」から直接控除**します。

仕入先に品違いのため掛で仕入れた商品1万円を返品した。

借方		貸方	
買掛金	1	仕入	1

- **「仕入割引」**は、代金の支払いを通常よりも早期に行ったことによる金融収益と考えられますので、営業外収益(「仕入割引」)として処理します。

はんばいそくしんひ

販売促進費

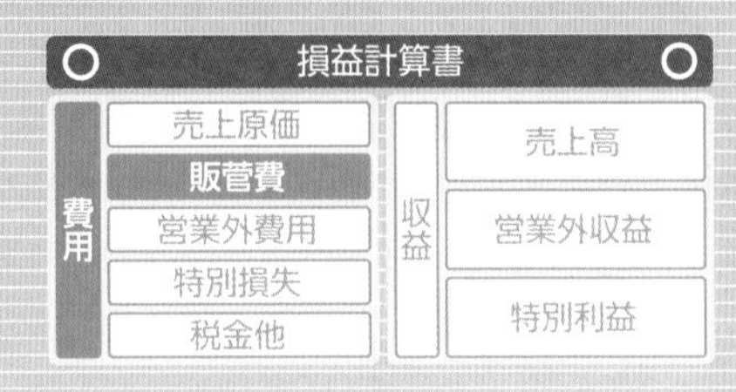

関連 ケース (P78)、交際費 (P300)、広告宣伝費 (P302)、支払手数料 (P326)

販売促進費とは、**売上の増加や販売の促進をさせるために支出する費用**を総称する勘定科目です。売上の増加や促進を図るために使った費用の総称。展示会の費用や、代理店などに支払う販売手数料などが挙げられます。

「販売促進費」の勘定科目とは別に、**「販売手数料」**や**「販売奨励金」**といった勘定科目を設けて処理する会社もあります。

「販売促進費」と間違わないように注意したい科目として、弁護士、公認会計士、税理士などの**外部の専門家に支払う報酬**があります。これらは直接的に販売を促進する費用ではないので、**「支払手数料」**を用います。

また、一定期間に多額・多量の売上をあげた得意先に対して、**売上代金の一部を免除した場合**は、**売上割戻し**として処理します。なお、**売上割戻し**は**売上高から控除**されます。

摘要

- 売上奨励金
- 景品付販売費用
- コンパニオン費用
- 紹介料
- 少額景品
- 情報提供料
- 抽選付販売費用
- 販売促進費用
- 販売手数料
- 販売奨励金
- 金品引換券付販売費用
- キャンペーン費用
- 展示会費用
- 見本市出展費用
- サンプル費用

パターン別仕訳例

増加する場合

商品の販売促進のため、特定地域の得意先に販売奨励金10万円を小切手で支払った。

借方		貸方	
販売促進費	10	当座預金	10

取引例
- 売上奨励金の支払い
- コンパニオン費用の支払い
- 紹介料・仲介料の支払い 等

減少する場合

販売促進費で処理していた特約店の旅行招待の代金10万円は、交際費に該当した。

借方		貸方	
交際費	10	販売促進費	10

取引例
- 他勘定への振替
- 取消や修正 等

❶ 一般的な取引の場合（1）

新商品説明会場のコンパニオン費用50万円を、派遣会社に小切手で支払った。

借方		貸方	
販売促進費	50	当座預金	50

「販売促進費」は、広義には販売促進のために発生する費用全般を指します。一般的には、**広義の販売促進から人的販売、広告宣伝、交際費を除いた費用**と狭義に捉えたほうが好ましいです。具体的には、陳列、実演、見本配布、コンテスト、展示会、見本市、販売店援助などに支出した費用です。

❷ 一般的な取引の場合（2）

新商品のサンプル10万円を購入し、代金を小切手で支払った。

借方		貸方	
販売促進費	10	当座預金	10

不特定多数の者に見本品を提供するための費用は、「交際費」には該当しません。

❸ 注意を要する場合

ある地域の特約店を旅行に招待し、現地で新製品の説明会を行った。これらのための費用1,000万円を小切手で支払った。なお、費用の50％は交際費に該当する。

借方		貸方	
販売促進費	500	当座預金	1,000
交際費	500		

地域を特定した取引先を**販売促進の目的（実質的に）のために、旅行に招待する場合**は、「販売促進費（販売奨励金）」として計上します。ただし、名目が販売促進でも、実質が接待旅行のような場合には、ほとんどが「交際費」に該当します。

会計処理のポイントは？

- 「販売促進費」は「交際費」と区別がつきにくく、税務上の「交際費」にあたるかどうかが問題となります。税務調査で指摘を受けやすい勘定科目ですので、支出の目的に応じ、処理することが必要です。
- 情報提供料などを支払った場合、情報提供を業としない者に対しては、あらかじめ締結された契約に基づくことなど、一定の要件を満たせば、「交際費」とはせずに販売手数料として「販売促進費」で処理します。

にづくりはっそうひ

荷造発送費

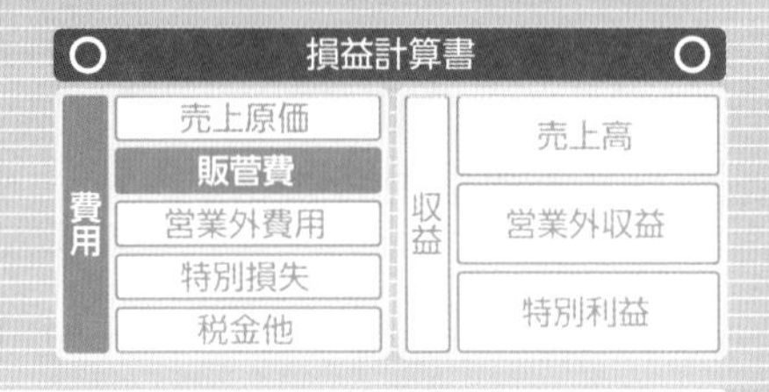

関連 貯蔵品（P124）

荷造発送費とは、顧客からの依頼により商品を納品する際、**梱包して荷造りするための資材の購入費用（荷造費）**や、何らかの**輸送手段を使った発送のための運賃（発送費）**を表す勘定科目です。具体的には、商品や製品を出荷する際に使う段ボール箱、荷造用ひも、ガムテープ、宅配便代、小包料金など、梱包や発送にかかる費用のことです。

「荷造発送費」の他、**「荷造運賃」**、**「荷造運送費」**などの勘定科目を使うこともあります。公益法人は**「通信運搬費（つうしんうんぱんひ）」**という勘定科目を使います。

製品や商品の出荷にかかる運賃や付随費用は「荷造発送費」で処理します。

一方、**購入、製造等にかかる棚卸資産に要した運賃や付随費用は、原則として、棚卸資産の取得価額に算入**します。ただし、買入事務、検収、整理等の費用、販売所等から別の販売所等に移管した運賃、荷造費用で、**購入金額のおおむね3%以内の場合**には、棚卸資産の取得価額に算入せずに、販売費及び一般管理費とすることができます。

摘要

- エアクッション
- ガムテープ代
- 航空貨物運賃
- 小包料金
- コンテナ代
- 梱包材代
- 梱包費用
- 船舶運賃
- 宅配便
- 段ボール箱
- 着払運賃
- テープ代
- トラック便運賃
- バイク便代
- 発送運賃
- 発泡スチロール
- 包装材費用
- 輸出関係手数料
- 運送代
- EMS（国際スピード郵便）
- 荷造費用

パターン別仕訳例

増加する場合

得意先へ商品を売り上げ、宅配便代1万円を現金で支払った。

借方		貸方	
荷造発送費	1	現金	1

取引例
- 荷造りのための費用
- 運送のための費用 等

減少する場合

仕入付随費用1万円を誤って、荷造発送費で処理していた。

借方		貸方	
仕入	1	荷造発送費	1

取引例
- 他勘定への振替
- 取消や修正 等

❶ 一般的な取引の場合

得意先に新製品を発送して、運送会社から１万円の請求書を受け取った。

借方		貸方	
荷造発送費	1	未払金	1

会社によっては、荷造費と発送費を区分することもありますが、両者をまとめて「荷造発送費」とするのが一般的です。

発送するものが製品などではなく、**書類などであれば「通信費」**で処理します。

❷ 貯蔵品として計上する場合

購入時：荷造り用の段ボール箱とガムテープを購入して、代金５万円を現金で支払った。

借方		貸方	
荷造発送費	5	現金	5

決算時：期末に未使用の荷造り用の段ボール箱とガムテープ２万円を、貯蔵品として資産に計上した。

借方		貸方	
貯蔵品	2	荷造発送費	2

「貯蔵品」として計上すべき荷造材料について、継続して購入時の損金の額に算入する場合、これが認められます。

❸ 得意先が負担する場合

得意先に商品を売り上げた際の運送代１万円を現金で支払った。しかし、得意先が運送代を負担してくれることになった。

借方		貸方	
荷造発送費	1	現金	1
立替金	1	荷造発送費	1

会計処理のポイントは？

- 国内の運送費は消費税の課税対象になりますが、海外への輸送は対象となりません。

がいちゅうひ
外注費

関連 ケース (P78,82)、販売促進費 (P276)、支払手数料 (P326)

外注費とは、会社の業務の一部を外部に委託することにより発生する費用を表す勘定科目です。たとえば、会社内の給与計算や事務処理を、外部の計算センターに委託する場合などです。

会社の業務の一部を外部に委託する場合、会社のどの業務を委託するかによって、使用される勘定科目が異なります。

- 製造や工事に関するもの (特約店、仲介業者などへの手数料) ➡ **外注加工費**
- 販売に関するもの (特約店、仲介業者などへの手数料) ➡ **販売促進費 (販売手数料)**
- 一般管理に関するもの (事務処理などの委託料) ➡ **外注費**
- 一般管理に関するもの (弁護士、税理士などへの報酬) ➡ **支払手数料**
- 臨時雇用者に関するもの (アルバイト、パートなどへの支払い) ➡ **雑給**

摘要

- アウトソーシング費用
- イラスト代
- 外注の費用
- 業務委託
- 原稿料
- 写真の報酬
- デザイン料
- 調査外注費用
- 委託費用

パターン別仕訳例

増加する場合

商品カタログの制作をデザイン会社に依頼し、デザイン費用として10万円を現金で支払った。

借方		貸方	
外注費	10	現金	10

取引例
- アウトソーシングの費用
- 業務委託の費用 等

減少する場合

特約店に売上奨励金を支払った費用10万円を、誤って外注費で処理していた。

借方		貸方	
販売促進費	10	外注費	10

取引例
- 他勘定への振替
- 取消や修正 等

❶ 法人への外注の場合

従業員の給与計算を計算センターに委託し、その代金10万円を小切手で支払った。

借方		貸方	
外注費	10	当座預金	10

部品の加工を外部に依頼し、その代金10万円を小切手で支払った。

借方		貸方	
外注加工費	10	当座預金	10

製造業や建設業などで、製造工程や工事の一部を他の会社に委託する場合は、「外注加工費」として製造原価や建設原価に計上します。

❷ 個人への外注の場合

個人事業主に雑誌の原稿を依頼し、その代金10万円を現金で支払った。なお、報酬の10.21%を源泉徴収した（単位：円）。

借方		貸方	
外注費	100,000	現金	89,790
		預り金	10,210

外注した報酬や料金の支払先が**個人事業主である場合**は、依頼した仕事の内容によって、原則として**10.21%の所得税を源泉徴収**しなければなりません。「外注費」で源泉徴収が必要な報酬や料金は、以下のようなものです。

- **原稿の報酬**…原稿料、演劇・演芸の台本の報酬、書籍等の編集料など
- **写真の報酬**…雑誌、広告、その他印刷物などに掲載するための写真の報酬、料金
- **イラストの報酬**…新聞、雑誌などに掲載するイラストの料金
- **デザインの報酬**…工業デザイン、グラフィックデザイン、インテリアデザインなど

ただし、同一人物に対して、**一度に支払われる金額が100万円を超える場合**、源泉徴収の額は次のようになります。

（1回の支払額-100万円）×20.42%+102,100円

会計処理のポイントは？

- 依頼先（個人）への報酬や料金を、謝金、取材費、調査費、車代などの名目で支払う場合があります。しかし、支払った名目にかかわらず実態が原稿の報酬などと同じ場合は、全て源泉徴収の対象になります。ただし、法人への支払いは、源泉徴収の必要はありません。

やくいんほうしゅう

役員報酬

関連 預り金（P218）、給与手当（P284）、賞与（P286）

役員報酬とは、会社の取締役、監査役などの**役員に対して、一定の支給基準によって規則的に支給される報酬・給与**を表す勘定科目です。非常勤役員などに年棒として払うケースも含まれます。名義のいかんを問わず、金銭収受の他、現物給付なども含まれます。

報酬と賞与の違いは、定期的か、臨時的かによって区分されます。**定期的に支給されるものは報酬**で、**臨時的に支給されるものは賞与**です。定期的とは、規則的に反復または継続的に支給されている状態をいいます。

役員に支給する給与のうち、次の３つが損金に算入することができます。

①**定期同額給与**…支給の形態があらかじめ定められているもの

②**事前確定届出給与**…税務署への届出で支給時期・金額が確定的にあらかじめ定められているもの

③**利益連動給与**…有価証券報告書等により給与の算定方法があらかじめ定められているもの

摘要

- 社長への報酬
- 取締役への報酬
- 顧問報酬
- 使用人兼務役員への役員報酬
- 監査役への報酬
- 役員への報酬
- 相談役への報酬
- 渡し切り交際費
- 会長への報酬
- 非常勤役員への報酬
- 定期同額給与
- 事前確定届出給与

パターン別仕訳例

増加する場合

役員に毎月10万円の交際費を、源泉徴収税等１万円を差し引いて現金で支給している。

借方		貸方	
役員報酬	10	現金	9
		預り金	1

取引例 ●取締役や監査の報酬 ●顧問、会長、相談役の報酬 ●渡し切り交際費 等

減少する場合

業績悪化のため、先月分の役員報酬の一部50万円を減額した。

借方		貸方	
未収金	50	役員報酬	50

取引例 ●役員報酬減額 ●取消や修正 等

❶ 役員への支給の場合

役員に対して今月分の役員報酬100万円について、源泉徴収税等20万円を差し引いて現金で支払った。

借方		貸方	
役員報酬	100	現金	80
		預り金	20

源泉徴収税、社会保険料等を控除して支給します。ただし、役員は雇用保険には加入できませんので、雇用保険の控除はありません。

❷ 使用人兼務役員の場合

使用人兼務役員の取締役工場長に、給料70万円と役員報酬10万円を現金で支払った。なお、源泉徴収税等15万円を差し引いた。

借方		貸方	
役員報酬	10	現金	65
給与手当	70	預り金	15

役員のうち、取締役工場長のように、使用人としての職制上の地位を有しているものについては、その給与の一部を、使用人としての役務の対価として受給しているものとして、「役員報酬」としないことが認められています。つまり、使用人兼務役員の場合、使用人としての給与は「役員報酬」とは別に、使用人としての職務に応じて会計処理されます。

会計処理のポイントは?

- 業務の対価として**不相当に高額と考えられる報酬**は、税法上、損金に認められません。
  不相当に高額がどうかの判定は、形式基準と実質基準によります。

  【形式基準】

  定款の規定または株主総会等の決議によって、役員報酬の支給限度額を超える報酬を支給した場合、その超える分の額。

  【実質基準】

  その役員の職務内容、法人の収益および使用人に対する給与の支給状況、同業種・類似規模法人の支給状況等に照らし合わせて、不相当に高額と認められる場合、その高額部分。
- 臨時支給や株主総会決議等によらない増額等は、税法上、「役員報酬」ではなく役員賞与とみなされ、全額が損金となりません。

きゅうよてあて
給与手当

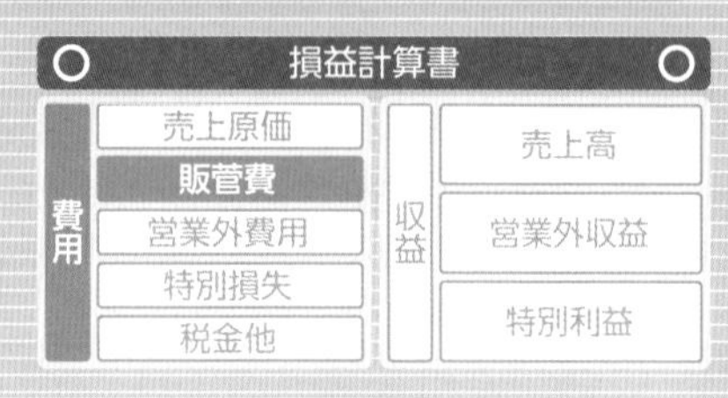

関連 ケース (P76,80,81,82,86,89)、未払金 (P220)、未払費用 (P222)、通勤費 (P306)

給料手当とは、**雇用契約に基づく労働の対価**で、営業や一般事務に従事する**従業員に対して支払われる給料、賃金、賞与および役職手当、家族手当、住宅手当、時間外手当などの各種手当の総額**を表す勘定科目です。いわゆる会社員の給料です。

「給料手当」は販売費及び一般管理費に区分されますが、工場労働者など**製造にかかわる人**に支払われる額は製造原価にあたるため、一般的に**「賃金」**などの別の勘定科目で処理されます。また、アルバイトやパートなどに対して支払われる給与は、正社員との雇用形態の違いから、**「雑給」**と区分して表示することが多くあります。

摘要

- 給料
- 給与
- 各種手当
- 役職手当
- 家族手当
- 住宅手当
- 残業手当
- 時間外手当
- 出張手当
- 通勤手当
- 現物支給
- 出向者給与
- 従業員給与
- 使用人兼務役員の使用人分給料
- 資格手当

パターン別仕訳例

増加する場合

今月分の給与50万円について、源泉徴収税等5万円を差し引いて現金で支払った。

借方		貸方	
給与手当	50	現金	45
		預り金	5

取引例
- 従業員の給与
- 従業員の手当 等

減少する場合

未払い分の給与の一部5万円を減額した。

借方		貸方	
未払金	5	給与手当	5

取引例
- 給与減額
- 取消や修正 等

❶ 一般的な取引の場合

従業員に対して今月分の給与28万円と店長手当2万円について、源泉徴収税等3万円を差し引いて現金で支払った。

借方		貸方	
給与手当	30	現金	27
		預り金	3

給料の他、役職手当、住宅手当などの**各種手当の総額を「給与手当」として計上**します。源泉徴収税、社会保険料等を「預り金」とし、残額を控除して支給します。

❷ 出向者の給与の場合

子会社に社員を出向させている。その出向先の給与水準との格差を補填するため、10万円を出向先の会社に現金で支払った。

借方		貸方	
給与手当	10	現金	10

出向した社員の給与は、出向先で負担すべきものです。しかし、依然として、出向元法人と出向者の間に雇用契約があります。そこで、出向元法人にもこれまで通りの給与水準を保証する義務があります。

❸ 決算時の処理の場合

当社は、給料を20日締めの25日払いとし、支払い時に給与手当として計上している。
決算において、21日から末日までの給料100万円を未払費用に計上する。

借方		貸方	
給与手当	100	未払費用	100

決算時においては、支給時に費用として通常処理していても、給与手当の締切日以後から末日までの発生額を計算して、「未払費用」に計上します。

会計処理のポイントは？

- 税法上、役員以外の一般社員の給与については、なんら規制がなく、そのままの額が損金となります。ただし、役員の親族である使用人の給与については、業務の対価として不相当に高額と考えられる給与のうち、その高額な部分は損金に認められません。

しょうよ
賞与

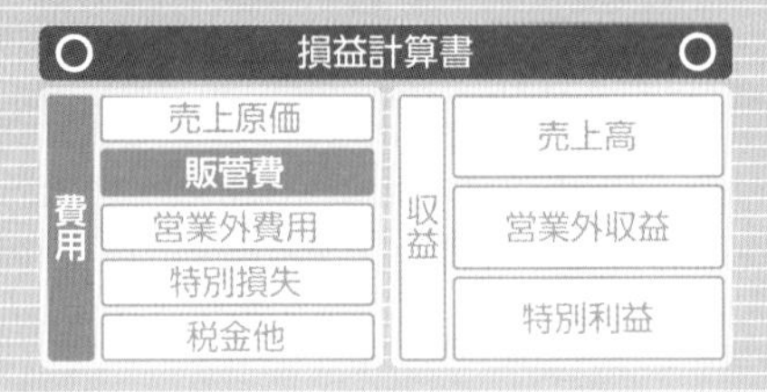

関連 預り金 (P218)、賞与引当金 (P234)、給与手当 (P284)

賞与とは、会社の**従業員に対して、毎月の給与以外に臨時的に支給される金額**を表す勘定科目です。一般的に、夏、冬、決算期末などに従業員に対して支払われるボーナスのことです。

報酬と賞与の違いは、定期的か、臨時的かによって区分されます。**定期的に支給されるものは報酬**で、**臨時的に支給されるものは賞与**となります。定期的とは、**規則的に反復**または**継続的**に支給されている状態をいいます。

税務上、原則として、**役員に対する賞与は損金とはなりません**。ただし、**事前確定届出給与の届出**をし、その通りに支給すれば損金となります。

一方、**従業員に対する賞与**は**支給時に損金**となります。決算賞与など**未払いの賞与がある場合**、次の場合は当期の損金とすることができます。

- 事業年度末までに賞与の支給を受ける全ての従業員に対して、その賞与の額を各人別、かつ、同時期に通知すること
- 翌期1ヶ月以内に支給を受ける全ての従業員に賞与が支払われること
- 損金経理すること

摘要

- ボーナス
- 奨励金
- 賞与
- 特別賞与
- 決算賞与
- 年末手当
- 従業員賞与
- 使用人兼務役員賞与（使用人部分）
- 事前確定届出給与賞与

パターン別仕訳例

増加する場合

従業員に夏のボーナス30万円を、源泉所得税等5万円を差し引いて現金で支給した。

借方		貸方	
賞与	30	現金	25
		預り金	5

取引例
- 賞与の支払い
- 従業員のボーナス 等

減少する場合

役員への報酬100万円を賞与としていたので、役員報酬へ振替えた。

借方		貸方	
役員報酬	100	賞与	100

取引例
- 他勘定への振替
- 取消や修正 等

❶ 賞与を支払った(賞与引当金の計上なし)場合

従業員に対して冬の賞与とした100万円について、源泉徴収税等15万円を差し引いて現金で支払った。

借方		貸方	
賞与	100	現金	85
		預り金	15

賞与の総額から、源泉徴収税、住民税、社会保険料等を控除して支給します。

❷ 賞与を支払った(賞与引当金の計上あり)場合

計上:決算にあたり、昨年12月から本年5月分(6月支給)の賞与の見積額2,400万円に基づいて、当期の賞与引当金を設定した(3月決算)。

借方		貸方	
賞与引当金繰入額	1,600	賞与引当金	1,600

*賞与引当金繰入額1,600万円 = 賞与見積額2,400万円 × (4月/6月)

支払:上記の後、翌期6月2,500万円を賞与として源泉所得税等300万円を控除して、普通預金から従業員各人の口座に振込払いをした。

借方		貸方	
賞与引当金	1,600	当座預金	2,200
賞与	900	預り金	300

決算時に計上された**「賞与引当金」は、賞与支給時に全額取崩されます。**その際、支給額が「賞与引当金」より大きい場合は、その差額を**「賞与」**として費用計上します。反対に支給額が「賞与引当金」より小さい場合は、その差額を**「前期損益修正益」**として計上します。

会計処理のポイントは?

- 税法上、平成10年度の改正によって**賞与引当金制度は廃止**されたため、「賞与引当金」は会計上の引当金となります。税法上は、賞与を支給した段階で損金として認められるので、当期の損金とならず申告調整が必要になります。ただし、**事業年度末までに支給額が受給者に通知**され、その後すみやかに支払われること等の要件を満たせば、「未払費用」として計上し、**当期の損金に算入**できます。

たいしょくきん

退職金

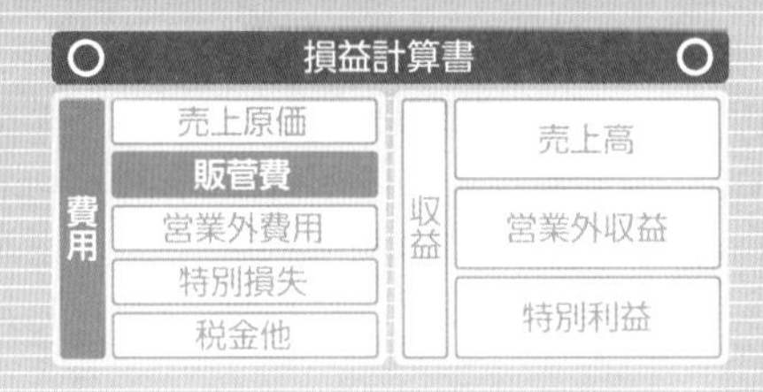

関連 未払金 (P220)、退職給付引当金 (P252)

退職金とは、役員や従業員が退職した際、過去の勤務の対価として、退職を理由に支払われるものを表す勘定科目です。「退職金」には、退職時に一括して支払われる退職一時金と、企業年金制度から退職後の一定期間にわたって支払われる退職年金があります。

退職金も、以下の方法で源泉徴収をします。

- **「退職所得の受給に関する申告書」の提出を受けている場合**

  (退職金の支給額－退職所得控除額) × 1/2 ×所得税率

  退職所得控除額は次のように計算します。

勤続年数＝ A	退職所得控除額
20年以下	40万円× A (80万円に満たない場合は80万円)
20年超	800万円＋70万円× (A －20年)

- **「退職所得の受給に関する申告書」の提出を受けていない場合**

  退職金の支給額× 20%

摘要

・従業員退職金　・退職金　・退職年金　・適格退職年金　・役員退職慰労金　・退職一時金

パターン別仕訳例

増加する場合

従業員に対して、退職金400万円を普通預金から支払った。なお、源泉税80万円を差し引いた。

借方		貸方	
退職金	400	普通預金	320
		預り金	80

取引例 ●従業員の退職金　●役員の退職金 等

減少する場合

前期末に退職金引当金で計上していた分を、退職金100万円と相殺した。

借方		貸方	
退職給付引当金	100	退職金	100

取引例 ●退職給付引当金との相殺　●他勘定への振替え 等

❶ 退職給付引当金を計上していない場合

定年退職した従業員に対して、退職金500万円を普通預金から支払った。源泉税5万円を差し引いた。

借方		貸方	
退職金	500	普通預金	495
		預り金	5

従業員の「退職金」は、退職日の属する事業年度の損金となります。

❷ 退職給付引当金を計上している場合

定年退職した従業員に対して、退職金500万円を普通預金から支払った。源泉税5万円を差し引いた。なお、この従業員には退職給付引当金400万円が設定されている。

借方		貸方	
退職金	100	普通預金	495
退職給付引当金	400	預り金	5

「退職給付引当金」を設定している場合は、まず、「退職給付引当金」を取崩してから、**不足額を「退職金」勘定で処理**します。「退職給引当金」は、毎期、その期に発生した「退職給付引当金」の額（退職給付費用）を計上します。

❸ 役員の退職金の場合

退職した役員に対して、役員退職金3,000万円を支払うことが株主総会で決議された。なお、支払いの方法は3回の分割払いとして、直ちに1回分1,000万円が現金で支払われた。

借方		貸方	
役員退職金	3,000	現金	1,000
		未払金	2,000

税法上、**「役員退職金」**は株主総会の決議等により、具体的にその額が確定した日の属する事業年度の損金となります。

会計処理のポイントは?

- 「退職金」であっても、会社の業務に従事した期間、退職の事情、同種・類似規模の会社の役員に対する退職給与の支給状況等に照らし、過大と認められる部分の金額は損金の額に算入されません。

たいしょくきゅうふひよう

退職給付費用

関連 退職給付引当金（P252）、退職金（P288）

退職給付費用とは、将来、従業員が退職する際に支払われる**退職給付に備えるための引当金のうち、当期に引き当て計上した金額**を処理する勘定科目です。

「退職給付費用」の対象とする退職給付は、**退職一時金**（従業員の退職に基づいて企業が直接負担するもの）の他、**退職年金**（企業年金制度から給付されるもの）を含みます。

将来の退職給付の支払いは、従業員が毎年勤務した労働の対価として支払われる賃金の後払い的なものです。そこで、**勤務期間に応じて費用化**し、引当計上します。

具体的には、将来の退職給付のうち、**当期の負担に属する額**を**「退職給付費用」**（当期の費用）として**「退職給付引当金」**に繰り入れ、その累積額を貸借対照表の負債の部に**「退職給付引当金」**として表示します。

摘要

- 退職給付引当金繰入
- 退職給付費用
- 退職金見積額
- 従業員退職給付引当金繰入額
- 役員退職給付引当金繰入額
- 退職金予定額
- 退職金要支給額

パターン別仕訳例

増加する場合

決算にあたり、将来の退職金支給額のうち、当期の負担分100万円を退職給付引当金として繰り入れた。

借方		貸方	
退職給付費用	100	退職給付引当金	100

取引例
- 退職給付引当金の繰入 等

減少する場合

決算にあたり、退職給付費用のうち10万円分を修正した。

借方		貸方	
退職給付引当金	10	退職給付費用	10

取引例
- 他勘定への振替え
- 取消や修正 等

❶ 退職給付費用を繰り入れた場合

決算にあたり、退職給付費用2,000万円を繰り入れた。

借方		貸方	
退職給付費用	2,000	退職給付引当金	2,000

退職給付費用は、原則として次の式によって計算されます。

退職給付費用＝勤務費用＋利息費用－期待運用収益＋過去勤務債務＋数理計算上の差異

勤務費用…退職給付見込額のうち、当期に発生した認められる額（割引計算）

利息費用…期首の退職給付債務に割引率を乗じた額

期待運用収益…期首の年金資産に期待運用収益率を乗じた額

過去勤務債務…退職給付水準の改訂等で発生した退職給付債務の増加・減少額を、平均残存勤務期間以内の一定年数で按分した額

数理計算上の差異…年金資産の期待運用収益と実際の運用成果との差異、数理計算に用いた見積数値と実績との差異、見積数値の変更等により発生した差異を、平均残存勤務期間以内の一定年数で按分した額

❷ 退職した場合

従業員（退職給付引当金1,000万円設定済み）が退職することになり、退職金1,500万から源泉所得税等150万円を控除して、普通預金から従業員の口座に振込払いをした。

借方		貸方	
退職給付引当金	1,000	普通預金	1,350
退職金	500	預り金	150

会計処理のポイントは？

- **各人の必要な退職給付引当金**は、**退職給付債務**から**年金資産（時価）**を差し引いて計算します。なお、**退職給付債務**は、退職時に支払うことが予定されている退職金総額（退職給付見込額）のうち、当期末までに発生したと認められる額を、一定の割引率を用いて退職時から現在までの期間（残存勤務期間）で割引計算します。

  また、**年金資産**とは、企業年金制度に基づいて退職給付のために積み立てられている資産のことです。
- 小規模企業（従業員300人未満）等については、退職一時金制度に関して、継続適用を要件として、例外的に期末自己都合要支給額（期末に従業員が退職したと仮定した場合に必要な退職金額）を退職給付債務とする方法などが認められています。

ほうていふくりひ
法定福利費

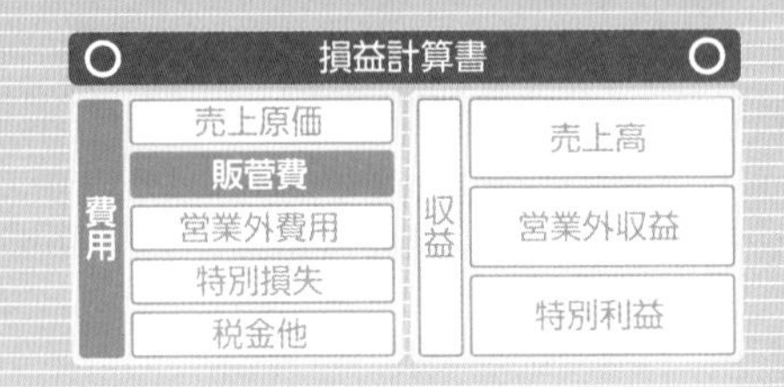

関連 ケース (P86)、立替金 (P128)、預り金 (P218)

法定福利費とは、**従業員の福利厚生のために支出する費用のうち法律に基づいて支払われる費用**を表す勘定科目です。具体的には、**社会保険料**(健康保険料、介護保険料、厚生年金保険料)や**労働保険料**(雇用保険料、労災保険料)などの法定保険料のうち、**事業主(個人事業主)・会社**が負担する分です。

会社・事業主と従業員の保険料の負担割合は、保険の種類によって異なります。

- **健康保険**:会社と従業員が折半
- **厚生年金保険**:会社と従業員が折半
- **雇用保険**:会社と従業員が一定割合で負担
- **労災保険**:会社が全額負担

摘要

- 介護保険料
- 健康保険料(事業主負担分)
- 厚生年金保険料(事業主負担分)
- 雇用保険料(事業主負担分)
- 児童手当拠出金
- 社会保険料(事業主負担分)
- 身体障害者雇用納付金
- 労災保険料
- 労働保険料(事業主負担分)
- 法定保険料(事業主負担分)

パターン別仕訳例

増加する場合

社会保険料10万円を従業員負担分10万円とあわせて、現金で納付した。

借方		貸方	
法定福利費	10	現金	20
預り金	10		

取引例
- 社会保険料(健康保険、厚生年金など)の納付
- 労働保険(雇用保険、労災保険)の納付 等

減少する場合

従業員負担分の社会保険料1万円を納付した際に法定福利費で処理したため、預り金と振替えた。

借方		貸方	
預り金	1	法定福利費	1

取引例
- 他勘定への振替
- 取消や修正 等

❶ 社会保険の場合

従業員に本人負担分の社会保険料3万円を差し引いて、給料30万円を現金にて支払った。その後、月末に保険料を現金にて納付した。

保険料の徴収時

借方		貸方	
給料手当	30	現金	27
		預り金（本人負担分）	3

保険料の納付時

借方		貸方	
預り金（本人負担分）	3	現金	6
法定福利費（会社負担分）	3		

健康保険や厚生年金保険は、前月分の保険料を当月分の給料から控除します。

❷ 雇用保険の場合

概算保険料の納付時

労働保険の概算保険料30万円を現金で支払った。なお、本人負担分は10万円である。

借方		貸方	
法定福利費（会社負担分）	20	現金	30
立替金（本人負担分）	10		

保険料の徴収時

従業員の労働保険料1万円を差し引いて、給料30万円を現金にて支払った。

借方		貸方	
給与手当	30	現金	29
		立替金（本人負担分）	1

労働保険料は、毎年5月に概算額を一括納付します。その際、会社負担分を「法定福利費」、従業員負担分を「立替金」または「預り金」に計上します。

会計処理のポイントは？

- 社会保険料の徴収の処理は毎月行われますので、摘要に“○月分××保険料”などと記入した方がわかりやすいです。

ふくりこうせいひ
福利厚生費

関連 ケース (P78,80,81)、給与手当 (P284)、法定福利費 (P292)、交際費 (P300)

福利厚生費とは、**従業員の健康、衛生、生活、慰安、冠婚葬祭などの福利厚生のために支出する費用**を表す勘定科目です。

社会保険や労働保険の会社負担分として**「法定福利費」の勘定科目を設けない場合**は、社会保険料や労働保険料の会社負担分も**「福利厚生費」として処理**します。

摘要

- 慰安旅行費用
- 運動会費用
- 飲料代 (社内)
- 教育訓練費用
- 共済制度掛金
- クリーニング代
- 慶弔見舞金
- 健康診断費用
- 研修費
- サークル活動補助金
- 資格取得費用
- 社員寮費用
- 社員旅行費
- 常備医薬品
- 新年会／忘年会費
- 食事支給
- 食事補助
- 制服費
- 予防接種費用
- 医療関係費用
- 厚生施設関係費用
- 親睦活動関係費用
- 香典 (社内)
- 見舞金 (社内)
- 結婚祝い (社内)
- 出産祝い (社内)
- 残業食事代
- 人間ドッグ

パターン別仕訳例

増加する場合

社員が出産したので、慶弔金規程に基づき現金１万円を支払った。

借方		貸方	
福利厚生費	1	現金	1

取引例
- 厚生施設関係の費用
- 親睦活動関係の費用
- 慶弔関係の費用
- 消耗品関係の費用 等

減少する場合

福利厚生費で処理していた１万円が、交際費にあたることが判明した。

借方		貸方	
交際費	1	福利厚生費	1

取引例
- 他勘定への振替
- 取消や修正 等

❶ 一般的な取引の場合

残業時の食事代1万円を会社が負担し、現金で支払った。

借方		貸方	
福利厚生費	1	現金	1

残業時の食事代は、「給与手当」ではなく、「福利厚生費」になります。

❷ 注意を要する場合

会社全体の忘年会費用20万円と、その後、数名の社員が参加した2次会費用5万円を現金で支払った。

借方		貸方	
福利厚生費	20	現金	25
交際費	5		

3泊4日の社員海外旅行で、全社員の70%が参加した。この旅行費用の総額100万円を現金で支払った。

借方		貸方	
福利厚生費	100	現金	100

社外の人や一部の社員が支払うべき金額を会社が負担した場合は、「交際費」や「給料手当」とみなされます。

会社が社員の慰安旅行の費用を負担した場合、原則として「福利厚生費」になります。税法上、**海外旅行**であっても、期間が**4泊5日以内**で、役員や従業員の参加割合が**50%以上**であれば、**「福利厚生費」**に計上できます。

会計処理のポイントは?

- 会社が従業員のために支出した福利厚生関係の費用であっても、全てが、「福利厚生費」として処理されるわけではありません。一定の限度額を超過したものについては現物給与として、**従業員個人の所得税課税の問題**が生じてくる可能性もあります。また、**交際費課税**の問題もありますので、注意が必要です。こうした問題を避けるために、各種の規程を作成し、継続して適用していくことが好ましいです。

かいぎひ
会議費

関連 交際費（P300）

会議費とは、事業活動を推進するために必要な**会議のために支出する費用**を表す勘定科目です。具体的には、会議のための部屋代、茶菓子代、資料代などです。会議には、来客との商談、打合せなども含まれます。

「会議費」については、事務上、「交際費」との区分が問題となります。「会議費」として計上するには、**参加者は社内外の人を問いません**が、その**内容が会議としての実体を備えていること**、その**費用が常識程度のものであること**が必要となります。

摘要

- 会議飲食代
- 会議会場使用料
- 会議関連費用
- 会議資料代
- 会議通知費用
- 製品説明会費用
- 取引先打合せ費用
- 会議用茶菓子代
- 会議用弁当代
- 商談関連費用
- 打ち合わせ費用
- プロジェクター使用料
- 会場設置費用
- OA機器使用料
- レンタル会議室代

パターン別仕訳例

増加する場合

営業会議に際して、コーヒー代1万円を現金で支払った。

借方		貸方	
会議費	1	現金	1

取引例
- 会議会場の使用料
- 会議の際の茶菓子代
- 打ち合わせの飲食代
- 商談の飲食代 等

減少する場合

会議費で処理していた取引先との会食代3万円が、交際費にあたることが判明した。

借方		貸方	
交際費	3	会議費	3

取引例
- 他勘定への振替
- 取消や修正 等

❶ 一般的な取引の場合

会議用資料の作成代として、現金1万円を支払った。

借方		貸方	
会議費	1	現金	1

昼食時の会議において、参加者に弁当を出し、代金3万円を現金で支払った。

借方		貸方	
会議費	3	現金	3

取引先との商談で、レストランの飲食代1万円（2名分）を現金で支払った。

借方		貸方	
会議費	1	現金	1

通常会議を行う場所で会議が行われ、その場所で通常供される昼食程度の飲食費は「会議費」として認められますが、それ以外は「交際費」等となります。
平成18年度税制改正において、**1人5,000円以下の飲食代であれば「交際費」から除外**されることになりました。その際、飲食等のあった年月日、参加者の氏名、人数、金額、飲食店の名称などを記載してある書類を保管しておく必要があります。

❷ 遠隔地での会議等の場合

販売会議のため会場使用料30万円、遠隔地から出席した取引先の交通費、宿泊費、飲食代等30万円を小切手で支払った。

借方		貸方	
会議費	60	当座預金	60

販売会議後、一部の取引先を接待し、飲食代3万円を現金で支払った。

借方		貸方	
交際費	3	現金	3

取引先を旅行などに招待して、その際に新製品の説明会を開催した場合、会議としての実体を備えている場合には、「会議費」として認められます。ただし、会議といっても実体は接待であるような場合は、「交際費」等になります。

会計処理のポイントは？

- 「会議費」と「交際費」は外観が類似していることから、税務調査の対象になりやすいです。日頃から、議事録や会議費規程などの作成を行い、資料として保管していくことなどが大切になってきます。

しょかいひ
諸会費

損益計算書			
費用	売上原価	収益	売上高
	販管費		営業外収益
	営業外費用		特別利益
	特別損失		
	税金他		

関連 役員報酬（P282）、給与手当（P284）、交際費（P300）、出資金（P188）

諸会費とは、**業務に必要な各種の団体（同業者団体、商工会議所、町内会、法人会など）に支払った会費**（入会金や年会費など）を表す勘定科目です。

業務とは直接関係がなく、会員間の親睦を深めることを目的としている会の会費の場合には**「交際費」**として処理します。また、**特定の役員や従業員の親睦や福利厚生**を目的としている場合には、**「役員報酬」**や**「給料手当」**として処理します。

摘要

- 協賛金
- 協同組合費
- 協力会会費
- 組合費
- クラブ会費
- 工業会会費
- 自治会費
- 商工組合会費
- 商工会議所会費
- 商店連合会会費
- 町内会会費
- 通常会費
- 定例会費
- 同業者団体会費
- 特別会費
- 分担金
- 法人会会費
- 臨時会費
- クレジットカード年会費
- 友の会会費
- 納税協会会費

パターン別仕訳例

増加する場合

法人会員のクレジットカードの年会費２万円が、普通預金より引き落とされた。

借方		貸方	
諸会費	2	普通預金	2

取引例
- 各種会費の支払い 等

減少する場合

諸会費で処理していた社交団体の年間費３万円が、交際費にあたることが判明した。

借方		貸方	
交際費	3	諸会費	3

取引例
- 他勘定への振替
- 取消や修正 等

❶ 一般的な取引の場合

商工会議所の年会費５万円を現金で支払った。

借方 諸会費	5	貸方 現金	5

業務上に必要な同業者団体の年会費10万円を普通預金から振り込んだ。

借方 諸会費	10	貸方 諸会費	10

❷「諸会費」で処理しない場合（1）

業務の遂行上で必要なゴルフクラブの入会金50万円を、普通預金から振り込んだ。

借方 出資金	50	貸方 普通預金	50

ゴルフクラブに会社が法人会員として入会した場合や、業務遂行上で必要な場合など、ゴルフクラブの入会金は「出資金」として法人の資産に計上できます。その他の場合、ゴルフクラブの入会金は役員などの「役員報酬」に、年会費は役員などの「役員報酬」や「交際費」に計上されます。

❸「諸会費」で処理しない場合（2）

親睦を主な目的とする経営者団体に加入し、法人会員として入会金と年会費60万円を普通預金から支払った。

借方 交際費	60	貸方 普通預金	60

ライオンズクラブ、ロータリークラブ、社交団体への入会金などは、「交際費」になります。また、特定の個人が支払うべき会費は、「役員報酬」や「給与手当」にあたります。

会計処理のポイントは？

- 「諸会費」として計上しようとした費用の実体が、「交際費」「役員報酬」「給料手当」などに当たる場合、税務調査では否認されます。計上しようとする金額がどの科目に該当するか、確認する必要があります。
- クレジットカードの年会費は、消費税の対象となります。

こうさいひ

交際費

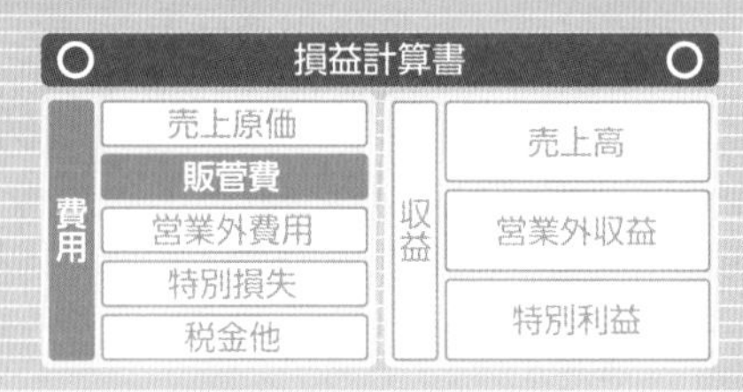

関連 ケース(P78,80)、給与手当(P284)、福利厚生費(P294)、会議費(P296)

交際費とは、得意先、仕入先その他事業に関係ある者に対して、営業上必要な接待、供応、慰安、贈答、その他これに類似する行為のために支出した費用を表す勘定科目です。「接待交際費」の科目名を使用することもあります。接待や交際のための飲食代や、送迎、土産代、お歳暮、お中元、お祝いなどのことです。

「交際費」は会社の営業のために必要な費用ですので、会計上は費用として計上されます。しかし、行き過ぎた接待に対する社会的な批判や、無駄な費用の節約による企業経営の健全化などの観点から、**税務上、一定の限度額を超える「交際費」を損金に算入しないこと**とされています。

摘要

- 飲食代(接待)
- お歳暮費用
- お中元費用
- 観劇招待(接待)
- 結婚祝い(取引先)
- 香典(取引先)
- ゴルフ会員権名義書換料
- ゴルフプレー費用
- 謝礼金
- 親睦旅行(取引先)
- 接待用送迎交通費
- 餞別代(取引先)
- 創立記念招待費用
- 見舞金(取引先)
- 土産代
- ライオンズクラブ会費
- レジャークラブ会費
- ロータリークラブ会費
- 宴会費用(取引先)
- 手土産代
- 贈答用ビール券
- お車代
- 開店祝い
- 接待費用

パターン別仕訳例

増加する場合

得意先を接待して、会食代5万円を現金で支払った。

借方		貸方	
交際費	5	現金	5

取引例 ●各種交際のための支払い ●各種接待のための支払い 等

減少する場合

交際費で処理していた飲食代1万円が、会議費にあたることが判明した。

借方		貸方	
会議費	1	交際費	1

取引例 ●他勘定への振替 ●取消や修正 等

❶ 一般的な取引の場合

取引先との接待に飲食代と送迎交通費10万円を現金で支払った。

借方		貸方	
交際費	10	現金	10

得意先のお中元として、ギフトセット3万円をクレジットカードで購入した。

借方		貸方	
交際費	3	未払金	3

クレジットカードで物品などを購入した場合、「未払金」で処理します。その後、銀行口座から引き落としされた時に、「未払金」を振替えます。

❷ 注意が必要な場合

取引先と打合せを行いお茶代1万円、その後、開催した懇親会の飲食代5万円を現金で支払った。

借方		貸方	
会議費	1	現金	6
交際費	5		

「交際費」に関しては、税務上、損金算入できるかどうかには厳しい取り決めがされています。たとえ他の科目で計上したとしても、その実体や目的に応じて、税務調査で「交際費」と判断される可能性もあります。
特に損金に算入できる「会議費」、「役員報酬」、「給与手当」、「福利厚生費」、「寄付金」との区分には、注意する必要があります。

会計処理のポイントは?

- **個人事業者の場合、「交際費」の全額が損金として認められています。**一方、**法人の場合、**損金算入のできる額は、**法人の期末の資本等の額に応じて定められています**(平成26年度税制改正)。
  資本等の額が1億円超…①飲食の費用の50%を損金の額に算入
  資本等の額が1億円以下…②年800万円までは損金の額に算入(上記①との選択適用)
- 平成18年度税制改正において、**1人あたり5,000円以下の飲食**その他これに類する行為のための支出は、**「交際費」から除外される**ことになりました。つまり、取引先などとの飲食代に関して、その金額が1人あたり5,000円以下であれば、「会議費」などに計上できるということです。
  この適用を受けるためには、飲食等のあった年月日、参加した得意先の氏名、参加者の人数、金額、飲食店の名称などが記載してある書類を保存することが必要になります。

こうこくせんでんひ

広告宣伝費

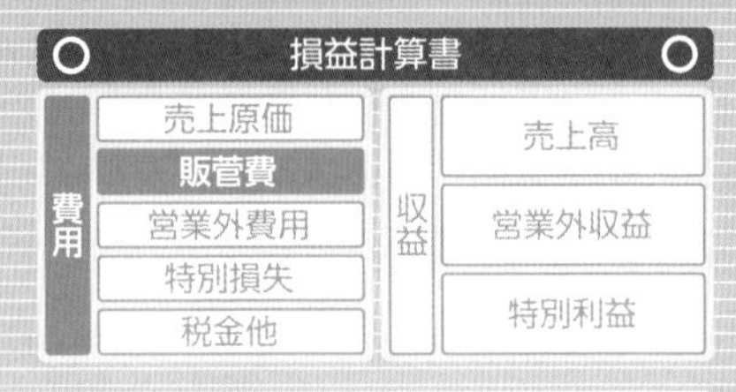

関連 ケース (P79)、貯蔵品 (P124)、前払費用 (P144)、構築物 (P158)

広告宣伝費とは、**不特定多数の人に対する宣伝効果（売上の増加や会社のイメージアップなど）を意図して支出した費用**を表す勘定科目です。

「広告宣伝費」には、人材募集のための求人広告、決算公告などの費用も含まれます。

摘要

- IR費用
- 横断幕作成費
- 看板（少額）
- 雑誌広告掲載料
- ダイレクトメール費用
- 中吊広告費用
- ビラ印刷配布費用
- 見本品提供
- 求人広告費用
- 会社案内作成
- ネット広告
- インターネットサイト広告掲載料
- カタログ制作費
- キャンペーン費用
- 試供品
- タオル（社名）
- パンフレット
- 福引券印刷費用
- ラジオ広告放送料
- 決算公告費用
- Web広告
- プロモーション費用
- うちわ（社名）
- カレンダー（社名）
- 広告用写真代
- 新聞広告掲載料
- テレビ広告放送料
- PR費用
- ポスター制作費
- 展示会出品費用
- 社名入り手帳
- 採用エージェント

パターン別仕訳例

増加する場合

雑誌への広告掲載料として現金５万円で支払った。

借方		貸方	
広告宣伝費	5	現金	5

取引例
- 雑誌などの広告掲載料の支払い
- パンフレットや会社案内などの費用
- テレビなどの放送料の支払い
- 試供品や見本品などの頒布の費用 等

減少する場合

広告宣伝費で処理していた広告用看板の設置費用50万円が、構築物であることが判明した。

借方		貸方	
構築物	50	広告宣伝費	50

取引例
- 他勘定への振替
- 取消や修正 等

❶ 一般的な取引の場合

ダイレクトメールの製作と発送のために現金50万円を支払った。

借方		貸方	
広告宣伝費	50	現金	50

商品のカタログ1,000部を1万円で購入し、代金を現金で支払った。その後、800部配布し、期末時点では200部残っている。

借方		貸方	
広告宣伝費	1	現金	1

税法上、**パンフレット、カタログ、ダイレクトメール**などは、原則として、購入時には**「貯蔵品」**として資産に計上し、配布時に損金とします。ただし、金額的に重要でない場合は、購入時に**「広告宣伝費」**として損金とすることも認められています。

❷ 資産に計上する場合

広告用のネオンサインを設置し、その代金として50万円を現金で支払った。

借方		貸方	
構築物	50	現金	50

広告用のネオンサインや看板などを設置した場合、その取得価額が10万円未満のものは**「広告宣伝費」**にあたりますが、10万円以上のものは**「構築物」**として資産に計上します。

❸ 長期の場合

広告塔を借り、1年分の広告掲載料120万円を9月末に現金で支払った。なお、当社は3月決算である。

借方		貸方	
広告宣伝費	120	現金	120

決算時

借方		貸方	
前払費用	60	広告宣伝費	60

広告塔を長期で借りた場合、原則として、決算期末に**未経過分を「前払費用」に計上**します。ただし、税法上、支払日から1年以内の「前払費用」に関しては、継続適用を条件に一括して損金にできます。

会計処理のポイントは？

- **ホームページやWebサイトなどの制作を業者に委託した場合**の費用は、原則として**「広告宣伝費」**となります。

りょひこうつうひ

旅費交通費

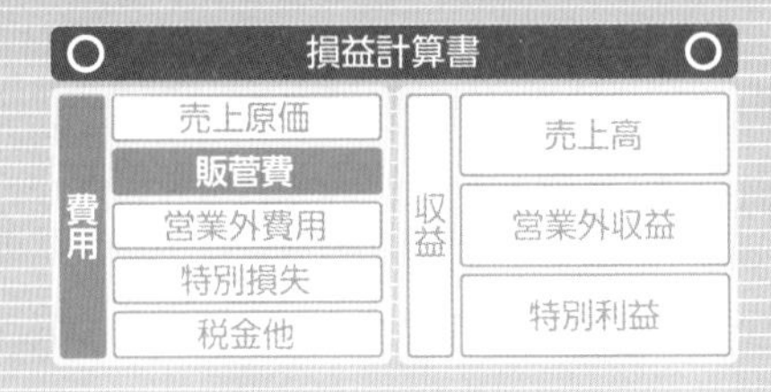

関連 役員報酬（P282）、給与手当（P284）、交際費（P300）

旅費交通費とは、**役員や従業員の出張や近距離の移動の際にかかる費用**で、**旅費**と**交通費**をあわせて表す勘定科目です。

旅費は、役員や従業員が業務上で遠隔地に出張した場合に、**旅費規程によって支給される金額**をいいます。**交通費**とは、一般に業務上での近距離移動のために使った**電車、バス、タクシー等の実費**をいいます。

「旅費交通費」に含まれる支出は、**業務上必要と認められるもの**に限られます。さらに、その支出額が、同業種・同規模の会社と比較して相当のものであり、かつ、従業員等のバランスがとれている必要があります。

摘要

- 回数券
- ガソリン代
- 仮払い出張費
- 仮払い出張費精算
- 帰郷旅費
- 空港使用料
- 航空料金（出張）
- 高速道路料金
- 宿泊費（出張）
- 出張手当
- 出張日当
- 食事代（出張）
- 滞在費（出張）
- タクシー代
- 通勤手当
- 定期券代
- 電車賃
- パーキング料金
- バス代
- パスポート交付手数料
- ビザ取得費用
- 有料道路料金
- 転勤旅費
- Suicaチャージ

パターン別仕訳例

増加する場合

出張から戻った社員に、旅費規程に基づく出張日当1万円を現金で支払った。

借方		貸方	
旅費交通費	1	現金	1

取引例
- 国内遠隔地への出張のための費用の支払い
- 海外出張のための費用の支払い
- 近隣の目的地への電車、バス等の実費の支払い 等

減少する場合

旅費交通費で処理していたタクシー代1万円は、交際費であることが判明した。

借方		貸方	
交際費	1	旅費交通費	1

取引例
- 他勘定への振替
- 取消や修正 等

❶ 後払い精算の場合

従業員が地方の得意先へ出向いた際の、往復の電車賃1万円を現金で支払った。

借方		貸方	
旅費交通費	1	現金	1

❷ 仮払い精算の場合

従業員が地方出張するので、現金10万円を仮払いした。

借方		貸方	
仮払金	10	現金	10

出張後、出張旅費が精算され、現金1万円が返却された。なお、支出額には交際費にあたるもの2万円が含まれている。

借方		貸方	
旅費交通費	7	仮払金	10
交際費	2		
現金	1		

適正な出張費は、税法上、給与所得にはみなされないで、「旅費交通費」となります。出張費の精算は、領収書などに基づく**実費精算**と、社内で取り決めた日当や宿泊費などの**旅費規程に基づく精算**方法があります。

❸ 海外渡航の場合

役員が海外出張するため、仮払金として現金40万円を支給してあったが、出張後、精算された。そのうちの一部5万円は観光旅行に要した費用であった。

借方		貸方	
旅費交通費	35	仮払金	40
役員報酬	5		

業務と観光に要した海外渡航の費用は、税務上、業務に関するものは損金ですが、観光に関するものは損金とならず「役員報酬」となります。

会計処理のポイントは?

- 国内出張の費用は消費税の課税対象となりますが、海外出張の費用は対象になりません。

つうきんひ
通勤費

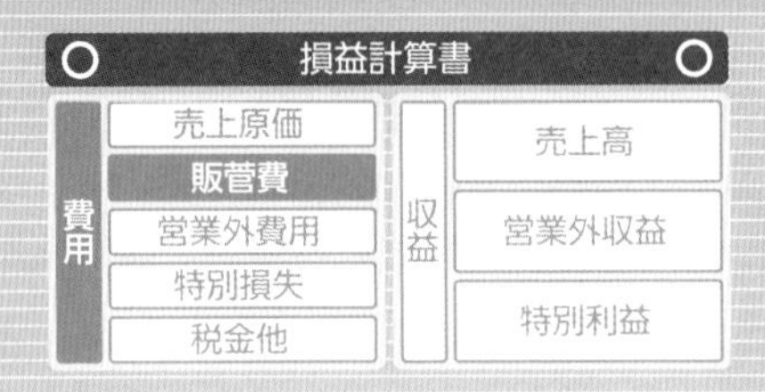

関連 役員報酬 (P282)、給与手当 (P284)、旅費交通費 (P304)

通勤費とは、**役員や従業員が会社へ通勤するために支出した費用**を表す勘定科目です。具体的には、電車、バスなどの通勤定期代や回数券代のほか、自動車や自転車などで通勤する人への現金支給なども含まれます。

通勤費と似た勘定科目に、「旅費交通費」があります。役員や従業員が出張に際してかかった費用や、業務上の移動に際してかかった費用は「旅費交通費」で処理します。

なお、**「通勤費」勘定を設けずに「旅費交通費」**で処理したり、**通勤手当として「給料手当」**で処理したりする場合もあります。

「通勤費」は会社から従業員へ支給されますが、従業員の**所得税の計算においては、一定限度額までは非課税**となります。限度額を超えて、支給された金額は、所得税計算上、従業員の給与とみなされて課税対象となります。

摘要

●回数券　●高速道路料金　●通勤定期券代　●通勤手当　●電車賃　●バス回数券代
●有料道路料金　●ガソリン代　●バス代　●通勤費用　●乗車券　●地下鉄運賃

パターン別仕訳例

増加する場合

通勤定期代1万円を現金で支払った。

借方		貸方	
通勤費	1	現金	1

取引例
●通勤定期代の支払い　●有料道路代の支払い
●通勤費規程による現金の支給 等

減少する場合

通勤費で処理していた通勤手当の一部1万円が、非課税限度額を超えていることがわかり、給与手当に振替えた。

借方		貸方	
給与手当	1	通勤費	1

取引例
●他勘定への振替　●取消や修正 等

❶ 一般的な取引の場合

自動車で通勤している従業員に、ガソリン代3万円を事前に現金にて支払った。

借方		貸方	
仮払金	3	現金	3

通勤費を精算し、現金1万円が返却された。

借方		貸方	
通勤費	2	仮払金	3
現金	1		

従業員に月額の通勤定期代として、12万円を現金で支払った。

借方		貸方	
通勤費	10	現金	12
給与手当	2		

会計処理のポイントは?

- 通勤費の1ヶ月あたりの非課税限度額は、次のようになります(平成28年1月1日以降)。

通勤方法	非課税限度額	
①電車、バスまたは有料道路を利用	経済的かつ合理的な運賃等の額(最高限度 150,000円)	
②自動車や自転車などを利用	通勤距離が片道55km以上である場合	31,600円
	通勤距離が片道45km以上55km未満である場合	28,000円
	通勤距離が片道35km以上45km未満である場合	24,400円
	通勤距離が片道25km以上35km未満である場合	18,700円
	通勤距離が片道15km以上25km未満である場合	12,900円
	通勤距離が片道10km以上15km未満である場合	7,100円
	通勤距離が片道2km以上10km未満である場合	4,200円
	通勤距離が片道2km未満である場合	全額課税
③電車、バスの通勤用定期乗車券	経済的かつ合理的な運賃等の額(最高限度 150,000円)	
④電車、バスまたは有料道路のほか、自動車や自転車なども利用	合理的な運賃等の額と②の合計額(最高限度 150,000円)	

ちんしゃくりょう
賃借料

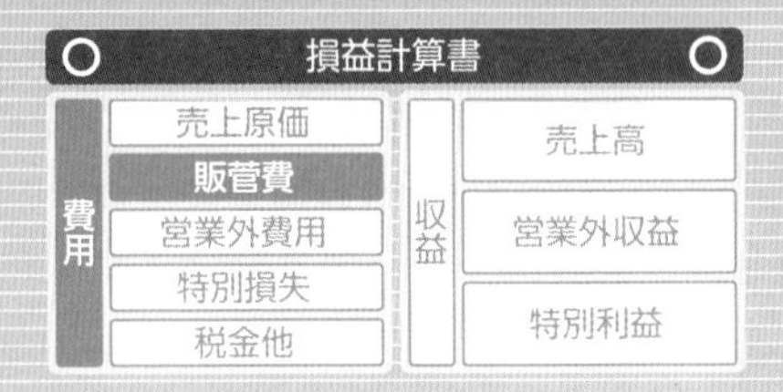

関連 前払費用 (P144)、地代家賃 (P310)、リース資産 (P172)、リース債務 (P254)

賃借料とは、OA機器、工作機械、コンピュータなどの**動産を賃借することで、その動産の所有者に支払う賃料**を表す勘定科目です。いわゆるレンタル料やリース料です。

OA機器のリースには、**「リース料」**などの勘定科目を用いることもあります。また、土地や建物などの**不動産の賃借料**は、**「地代家賃」**の勘定科目で処理するのが一般的です。

摘要

- OA機器賃借料
- 機械賃借料
- 工作機械賃借料
- コピー機賃借料
- コンピュータ賃借料
- パソコン賃借料
- 会議室使用料
- 複写機リース料
- リース料金
- レンタカー料金
- レンタル料金
- 貸し金庫料
- 観葉植物レンタル代
- 什器レンタル料
- イベント機材レンタル代
- 販売スペース使用料
- 絵画レンタル料
- ユニフォーム・レンタル料金

パターン別仕訳例

増加する場合

パソコンを1週間レンタルする契約を結び、レンタル料1万円を現金で支払った。

借方		貸方	
賃借料	1	現金	1

取引例 ●機械の賃借料 ●事務機器のリース料 ●レンタル代 ●会議室使用料 等

減少する場合

決算期末に、支払済みの翌期分の機械のリース料2万円を繰延べた。

借方		貸方	
前払費用	2	賃借料	2

取引例 ●他勘定への振替 ●取消や修正 ●未経過のリース料の繰延 等

❶ 支出時に費用処理し、決算時に資産計上する場合

10月に工作機械を1年間借りる契約を結び、1年分の賃料120万円を小切手で支払った。

借方		貸方	
賃借料	120	当座預金	120

決算期（3月末）になり、上記で支払った賃料のうち未経過分を繰延べた。

借方		貸方	
前払費用	60	賃借料	60

未経過の「賃借料」は、上記のように一旦費用処理して期末に「前払費用」に振替える方法のほか、下記のように最初に「前払費用」に計上して、月毎に「賃借料」に振替える方法もあります。

契約時：

借方		貸方	
前払費用	120	賃借料	120

月末毎：

借方		貸方	
賃借料	10	前払費用	10

❷ リース取引（オペレーティング・リース）の場合

コンピュータを3年リースで賃借し、1年目のリース料30万円を小切手で支払った。

借方		貸方	
賃借料	30	当座預金	30

リース取引は、ファイナンス・リースとオペレーティング・リースに大別されます。**ファイナンス・リース**とは、**リース期間の途中で契約が解除できない取引**で、その資産からもたらされる経済的利益を借り手が実質的に享受するとともに、その物件を使用することに伴うコストを実質的に負担するリース取引です。
一方、**オペレーティング・リース**とは、ファイナンス・リース以外のリース取引です。

会計処理のポイントは？

- **ファイナンス・リースのうち、資産の取得とみなされた取引**は、**通常の売買取引**に準じて、リース資産とリース債務を計上します。なお、リース資産については減価償却をします。
- **ファイナンス・リースのうち、資産の取得とみなされない取引とオペレーティング・リース**については、リース料を**「賃借料」として費用処理**します。ただし、財務諸表に一定の事項を注記します。

ちだいやちん
地代家賃

関連 ケース(P75)、借地権(P180)、長期前払費用(P192)、差入保証金(P194)、事業主貸(P384)

地代家賃とは、土地や建物などの不動産を賃借することで、その不動産の所有者に支払う賃料を表す勘定科目です。

支出の内容に合わせて、適切な勘定科目で処理します。

	支出の内容(摘要)	勘定科目	表示区分
土地	権利金	借地権	資産(固定資産)
	仲介手数料	借地権	資産(固定資産)
	地代	地代家賃	費用(販管費)
建物	保証金・敷金	差入保証金	資産(固定資産)
	仲介手数料	支払手数料	費用(販管費)
	礼金・更新料	長期前払費用	資産(固定資産)
	家賃	地代家賃	費用(販管費)

摘要

- 事務所家賃
- 借室料
- 借地料
- 車庫代
- 社宅家賃
- 倉庫賃借料
- 賃貸家賃
- 月極駐車場料金
- 駐車場賃借料
- 道路占有料
- 家賃支払い
- 工場用地賃借料
- 店舗家賃
- 不動産賃借料
- オフィス家賃
- レンタルスペース家賃
- トランクルーム
- ウィークリーマンション
- 地代

パターン別仕訳例

増加する場合

月極駐車場の料金1万円を現金で支払った。

借方		貸方	
地代家賃	1	現金	1

取引例
- 土地や建物の賃借料
- 事務所の家賃の支払い 等

減少する場合

決算期末に、支払済みの翌期分の家賃10万円を繰延べた。

借方		貸方	
前払費用	10	地代家賃	10

取引例
- 他勘定への振替
- 取消や修正
- 未経過の地代家賃の繰延 等

❶ 支出時に費用処理し、決算時に資産計上する場合

10月に、社宅用の住宅の家賃1年分120万円を小切手で支払った。

借方		貸方	
地代家賃	120	当座預金	120

決算期（3月末）になり、上記で支払った家賃のうち未経過分を繰延べた。

借方		貸方	
前払費用	60	地代家賃	60

未経過の「地代家賃」は、上記のように一旦費用処理して期末に「前払費用」に振替える方法のほか、下記のように最初に「前払費用」に計上して、月毎に「地代家賃」に振替える方法もあります。

契約時：

借方		貸方	
前払費用	120	地代家賃	120

月末毎：

借方		貸方	
地代家賃	10	前払費用	10

❷ 契約した場合

事務所を賃借して、家賃50万円と権利金100万円、また、敷金と仲介手数料を各1ヶ月分小切手で支払った。

借方		貸方	
地代家賃	50	当座預金	250
差入保証金（敷金）	100		
長期前払費用（権利金）	50		
支払手数料	50		

賃貸借契約において、解約・明け渡しに際して**返還されない権利金**などは、税務上の**繰延資産（「長期前払費用」）**として扱われ、原則として賃借期間内に償却して費用化します。一方、現状復帰に要する費用を控除して、**将来返還される保証金や敷金**は**「差入保証金」**として資産計上します。

会計処理のポイントは？

- **個人事業者**は、店舗兼住宅や事務所兼自宅などにかかる支出を、**事業分（「地代家賃」）**と**家事分（「事業主貸」）**に按分して計上することができます。按分率は、個人事業者自身で、事業に使用する比率をとして妥当な割合を検討し、決定します。

すいどうこうねつひ
水道光熱費

関連 貯蔵品 (P124)、未払費用 (P222)、事業主貸 (P384)

水道光熱費とは、製造部門以外の部門で消費される**水道料、ガス料、電気料などの費用**を総合して表す勘定科目です。「水道光熱費」には、冷暖房用の燃料としての重油なども含まれます。公益法人は**「光熱水料費（こうねつすいりょうひ）」**という勘定科目を使います。

製造部門以外で消費された場合には、「水道光熱費」として販売費及び一般管理費の一項目として表示されます。

他方、水道料、ガス料、電気料などが製造部門で使用される場合には、「水道光熱費」は、直接原価や製造経費に含められ、原価計算の手続きに基づき製造原価に配分されます。

摘要

•ガス料金 •下水道料金 •水道料金 •暖房費 •電気料 •灯油代 •プロパンガス料金
•冷房費 •冷暖房用軽油代 •冷暖房用重油代 •光熱水費 •光熱費

パターン別仕訳例

増加する場合

本社の電気代1万円が、普通預金口座から引き落とされた。

借方		貸方	
水道光熱費	1	普通預金	1

取引例 •水道料の支払い •ガス料の支払い •電気料の支払い 等

減少する場合

期首に計上した水道光熱費1万円は、前期末に未払金として計上していたものであったので、振替処理を行った。

借方		貸方	
未払金	1	水道光熱費	1

取引例 •他勘定への振替 •取消や修正 等

❶ 請求時に計上する場合

翌月引き落としの、店舗の電気料10万円の請求書を受け取った。

借方		貸方	
水道光熱費	10	未払費用	10

翌月、店舗の電気料10万円が普通預金から引き落とされた。

借方		貸方	
未払費用	10	普通預金	10

❷ 支払日で計上する場合

先月に請求された店舗の電気料10万円が、今月、普通預金口座から引き落とされた。

借方		貸方	
水道光熱費	10	普通預金	10

水道、ガス、電気などの費用は、本来、メーターを測定され請求されたその月に使用した料金を計上します。ただし、毎期同じ程度の額であれば、支出した金額全額をその期の費用として処理することもできます。

冷暖房用の重油等は、期末に残高を計算して「貯蔵品」に計上する必要があります。ただし、金額的に重要性に乏しい場合には、「貯蔵品」として計上しなくてもかまいません。

ビル等を賃借している場合には、共益費として負担した金額が「水道光熱費」として計上されます。ただし、他の清掃費などの負担金と区分ができない場合には、「共益費」として処理するか、「地代家賃」などで処理します。

❸ 個人事業者の場合

事務所兼自宅の水道光熱費8万円が、普通預金から引き落とされた。ただし、事務所50%、自宅50%の按分率としている。

借方		貸方	
水道光熱費	4	普通預金	8
事業主貸	4		

会計処理のポイントは?

- 個人事業者は、店舗兼住宅や事務所兼自宅などにかかる支出を、**事業分（「水道光熱費」）**と**家事分（「事業主貸」）**に按分して計上することができます。按分率は、個人事業者自身で、事業に使用する比率を検討し、決定します。

しんぶんとしょひ

新聞図書費

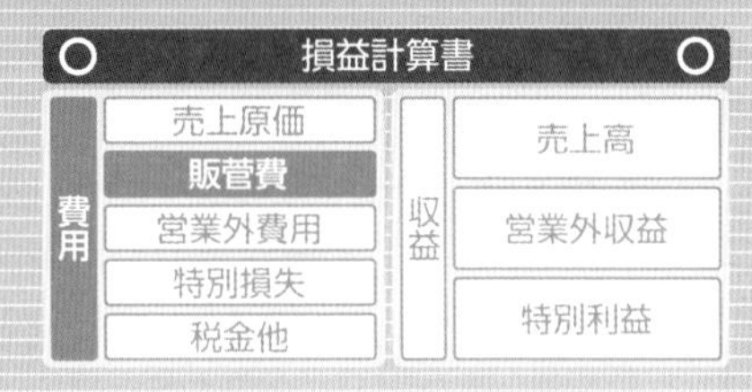

関連 前払費用（P144）、COLUMN（P162）、未払金（P220）、雑費（P344）

新聞図書費とは、**業務の遂行や情報収集のために購入する新聞、雑誌や業界紙の定期購読料、また書籍や雑誌の購入費用**などを統合的に表す勘定科目です。

会社が購入する**美術全集や百貨事典**は、通常、**減価償却資産**にあたります。**「備品」**などの勘定科目を用いて、固定資産に計上します。ただし、税法上、取得原価10万円未満の**少額減価償却資産**である場合は、その資産を事業の用に供した事業年度において、その取得価額を**損金に算入**できます。

摘要

- 新聞購入代
- 官報購入代
- 雑誌購入代
- 書籍購入代
- 新聞購読料
- 地図購入代
- 定期刊行物購読料
- 統計資料購入代
- 業界紙購入代
- 情報誌購入代
- 実用書購入代
- 図書購入代
- 年間購読料
- データベース利用料
- レンタルDVD代
- レンタルCD代
- 有料サイト会員費
- 情報サイト会費
- メールマガジン購読料
- サブスクリプションサービス料

パターン別仕訳例

増加する場合

新聞の購読料1万円が、普通預金の口座から引き落とされた。

借方		貸方	
新聞図書費	1	普通預金	1

取引例
- 新聞や業界紙の購読料
- 書籍や雑誌の購入 等

減少する場合

ギフトにするための図書券1万円を誤って新聞図書費で処理していたので、振替処理を行った。

借方		貸方	
交際費	1	新聞図書費	1

取引例
- 他勘定への振替
- 取消や修正 等

❶ 一般的な取引の場合

業務で使用する住宅地図と道路地図を購入し、代金1万円を現金で支払った。

借方		貸方	
新聞図書費	1	現金	1

調査などの目的で購入した場合は、「調査費」や「研究開発費」で処理することもあります。

「新聞図書費」の中に個人的なものが含まれている場合は、「役員報酬」「給与手当」等で処理をします。

借方		貸方	
給与手当	1	新聞図書費	1

❷ クレジット決済の場合

有料サイトから業務上必要な情報をダウンロードして、利用料1万円をクレジットカードで決済をした。

借方		貸方	
新聞図書費	1	未払金	1

クレジットカードによる決済は、**「未払金」**の勘定科目で処理します。その後、銀行口座から引き落としされた時に、「未払金」を振替えます。

❸ 年間購読の場合

10月から業界雑誌の購読を開始し、購読料1年分の12万円を現金で支払った。なお、当社は3月決算である。

借方		貸方	
新聞図書費	12	現金	12

雑誌購読料のうち、決算期末においてまだ受け取っていない半年分の6万円については、本来は当期の費用にはなりませんので、「前払費用」に振替えることが必要なります。

借方		貸方	
前払費用	6	新聞図書費	6

税法上、1年以内の「前払費用」を継続的に支払った年度の損金としている場合は、損金の額に算入することが認められています。よって、その場合は「前払費用」として処理とする必要はありません。

会計処理のポイントは？

- 書籍購入の支出の金額が多くない場合などには、「雑費」として処理することもあります。

つうしんひ
通信費

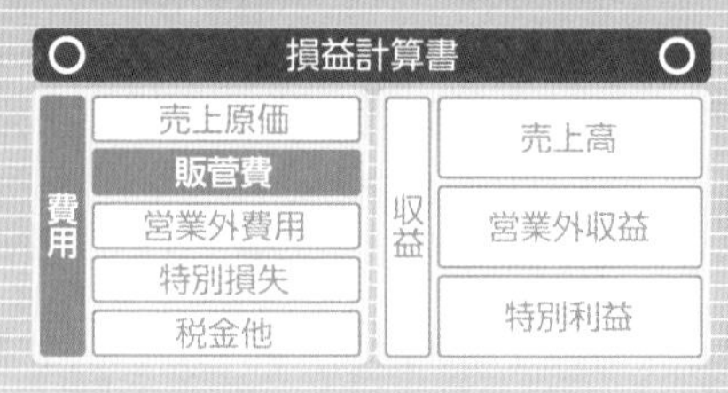

関連 ケース(P74)、貯蔵品(P124)、未払金(P220)、広告宣伝費(P302)、消耗品費(P318)

通信費とは、社内の従業員同士や取引先との連絡をとる場合などに使用する、**電話、ファックス、電報、郵便、インターネット接続料など、各種通信手段の使用料などの費用**を総合して表す勘定科目です。公益法人は**「通信運搬費(つうしんうんぱんひ)」**という勘定科目を使います。

電子マネー機能のある携帯電話を使用している場合は、利用内容を確認できる資料をもとに、その**利用内容に応じた勘定科目**(「通信費」「消耗品費」「旅費交通費」など)を使います。

摘要

- インターネット料金
- 書留料金
- 切手代
- 携帯電話料金
- 航空郵便料
- 公衆電話代
- 国際宅配便(書類)
- 小包料金(書類)
- 速達料金
- 宅配便(書類)
- 通話料金
- テレホンカード購入代金
- 電報料金
- 電話料金
- 内容証明料金
- バイク便代(書類)
- ハガキ代
- ファクシミリ代
- プロバイダー料金
- 郵送料
- ゆうパック料金
- 郵便切手代
- 郵便料金
- 郵便別納郵便
- コンピュータ専用回線使用料
- インターネット関連費用

パターン別仕訳例

増加する場合

電話料金1万円が、普通預金から引き落とされた。

借方		貸方	
通信費	1	普通預金	1

取引例
- 電話料、電報料の支払い
- インターネット料金の支払い
- 切手、ハガキの購入代金
- 書類送付料金の支払い 等

減少する場合

収入印紙1万円の購入を誤って通信費で処理していたので、振替処理を行った。

借方		貸方	
租税公課	1	通信費	1

取引例
- 他勘定への振替
- 取消や修正 等

❶ 一般的な取引の場合

切手を購入し、代金1万円を現金で支払った。

借方 通信費	1	貸方 現金	1

決算期末時点での切手などの未使用分は、理論的には「貯蔵品」として資産計上することになりますが、金額が少なく1年以内に消費されるものであれば、「通信費」のまま処理してもかまいません。

携帯電話料金1万円が普通預金から引き落とされた。

借方 通信費	1	貸方 普通預金	1

電話料金やインターネット料金などの通信費用は、請求書の日付または銀行の引き落としの日付のどちらかで継続的に計上します。
発生主義の観点から、請求書の日付で処理した場合は、一旦、「未払金」に計上します。

借方 通信費	1	貸方 未払金	1

❷ 類似した取引の場合

バーゲンセールのダイレクトメールを発送し、その郵便料金10万円を現金で支払った。

借方 広告宣伝費	10	貸方 普通預金	10

郵便料金自体は「通信費」となりますが、支出の目的から勘案し、「広告宣伝費」とした方が妥当です。

収入印紙を購入して、代金1万円を現金で支払った。

借方 租税公課	1	貸方 現金	1

収入印紙は印紙税の納付のために購入するので、「租税公課」の勘定を使います。

会計処理のポイントは?

- 国内の電話料などは消費税の対象になりますが、国際電話料などは対象になりません。

しょうもうひんひ
消耗品費

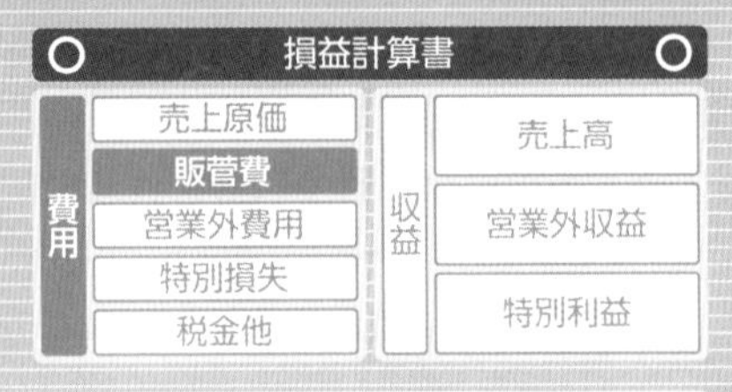

関連 ケース(P74,75)、貯蔵品(P124)、工具器具備品(P166)、未払金(P220)、事務用品費(P320)

消耗品費とは、**使用することで消耗や磨耗したりする、事務用消耗品や消耗工具器具備品などの購入費用**を表す勘定科目です。「消耗品費」とは別に、**「事務用品費」**という勘定科目を設けている場合は、事務用以外の消耗品だけを「消耗品費」で処理します。

消耗品は、購入時に資産計上し、使用の都度、費用に振替える処理が理論的には好ましいですが、消耗品の管理が煩雑になることや金額の重要性が低いことなどから、**購入時に「消耗品費」として費用計上**することが一般的です。

摘要

- 椅子代
- ガラス代
- キャビネット代
- 蛍光灯代
- コーヒー代
- 作業用手袋代
- 自転車購入
- 事務用机購入
- 事務用品購入
- 消耗品購入
- 書棚購入
- スリッパ代
- 石鹸代
- 洗剤代
- 台車購入
- 電球代
- 電池代
- トイレットペーパー代
- のし袋
- フィルム代
- ホワイトボード購入
- ロッカー購入
- 工具
- 時計
- トナー代
- USBメモリー
- 携帯電話機

パターン別仕訳例

増加する場合

事務用の机を現金3万円で購入した。

借方		貸方	
消耗品費	3	現金	3

取引例 ●事務用消耗品の購入 ●消耗工具・器具備品の購入 等

減少する場合

机8万円、イス24万円(4脚)の応接セット32万円を購入し、消耗品費に計上していたが、工具器具備品に振り替えた。

借方		貸方	
工具器具備品	32	消耗品費	32

取引例 ●他勘定への振替 ●取消や修正 ●貯蔵品への振替 等

❶ 一般的な取引の場合

石鹸と洗剤を購入して、代金1万円を現金で支払った。

借方		貸方	
消耗品費	1	現金	1

1台8万円のノートパソコンを2台購入し、代金16万円を現金で支払った。

借方		貸方	
消耗品費	16	現金	16

支出した総額は10万円以上（会計処理のポイントは？を参照）ですが、ノートパソコン1台で利用ができます。よって、1台の単価が10万円未満ですので、「消耗品費」で処理できます。

❷ 資産計上する場合

購入：作業用の工具5万円を現金で購入した。

借方		貸方	
消耗品費	5	現金	5

決算期末の棚卸で、作業用工具2万円分が残っていることがわかり、貯蔵品として計上した。

期末

借方		貸方	
貯蔵品	2	消耗品費	2

翌期首

借方		貸方	
消耗品費	2	貯蔵品	2

購入時に費用計上した「消耗品費」で、期末時点で未使用のものがある場合、原則、「貯蔵品」として資産計上します。ただし、重要性に乏しいものは資産計上しなくてもかまいません。

税法上も、毎期一定数量購入し、経常的に消費するものは「消耗品費」として損金処理できます。

会計処理のポイントは？

- 消耗品と「工具器具備品」の違いは、その**取得価額が 10万円未満**のものか、または**耐用年数が1年未満**のものかどうかです。耐用年数が1年未満であったり、取得価額が10万円未満であれば、「消耗品費」として費用計上できます。
ただし、応接セットのように、椅子と机のセットとして機能するものは、イスと机を1セットとして、10万円未満かどうかを判断します。

じむようひんひ

事務用品費

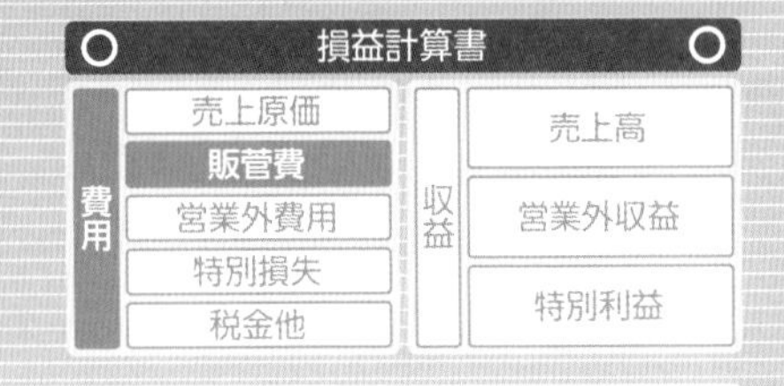

関連 貯蔵品 (P124)、消耗品費 (P318)

事務用品費とは、事務作業において消費する**筆記用具や書類帳票類**、また、**OA 機器関連、書類印刷物や記憶媒体等の費用**を計上する勘定科目をいいます。なお、「事務用品費」という勘定科目を設けていない場合は、**「消耗品費」**として処理します。

事務用品は購入時に資産計上し、使用の都度、費用に振替える処理が理論的には好ましいですが、事務用品の管理が煩雑になることや金額の重要性が低いことなどから、**購入時に「事務用品費」として費用計上**することが一般的です。

摘要

- 印鑑代
- インクカートリッジ代
- 印刷費用
- 鉛筆代
- 給料袋代
- クリアファイル代
- 小切手帳代
- コピー用紙代
- ゴム印代
- コンピュータ用紙代
- CD-R代
- 事務用品
- 請求書用紙代
- 帳票用紙代
- 手形帳代
- 伝票代
- 納品書用紙代
- バインダー代
- 便箋代
- ファクシミリ用紙
- 封筒代
- 報告書用紙代
- ボールペン代
- 名刺代
- 領収書用紙代
- 電卓代
- 文房具

パターン別仕訳例

増加する場合

名刺代1万円を現金で支払った。

借方		貸方	
事務用品費	1	現金	1

取引例 ●事務用品の購入 ●印刷物の費用の支払い 等

減少する場合

収入印紙1万円を事務用品費で処理していたが、租税公課に振り替えた。

借方		貸方	
租税効果	1	事務用品費	1

取引例 ●他勘定への振替 ●取消や修正 ●貯蔵品への振替 等

❶ 一般的な取引の場合

ボールペンを購入し、代金1万円を現金で支払った。

借方		貸方	
事務用品費	1	現金	1

インクカートリッジ1万円をクレジットカードで購入した。

借方		貸方	
事務用品費	1	未払金	1

石鹸やトイレットペーパーなどの事務用でないものは、「消耗品費」として処理します。

❷ 資産計上する場合

購入：コピー用紙をまとめて購入し、5万円を現金で購入した。

借方		貸方	
事務用品費	5	現金	5

決算期末の棚卸で、コピー用紙2万円分が残っていることがわかり、貯蔵品として計上した。

期末

借方		貸方	
貯蔵品	2	事務用品費	2

翌期首

借方		貸方	
事務用品費	2	貯蔵品	2

購入時に費用計上した「事務用品費」で、期末時点で未使用のものがある場合、原則、「貯蔵品」として資産計上します。ただし、重要性に乏しいものは資産計上しなくてもかまいません。
税法上も、毎期一定数量購入し、経常的に消費するものは「貯蔵品」として資産計上せずに「事務用品費」として損金処理できます。

会計処理のポイントは？

- 「事務用品費」の対象は、事務作業で使用するノート、ボールペンなどの筆記用具、コピー用紙、ファイルなどの消耗品などで、短期間で使い切ってしまったりするようなものです。「消耗品費」との区別は、社内の規程に従います。

しゃりょうひ

車両費

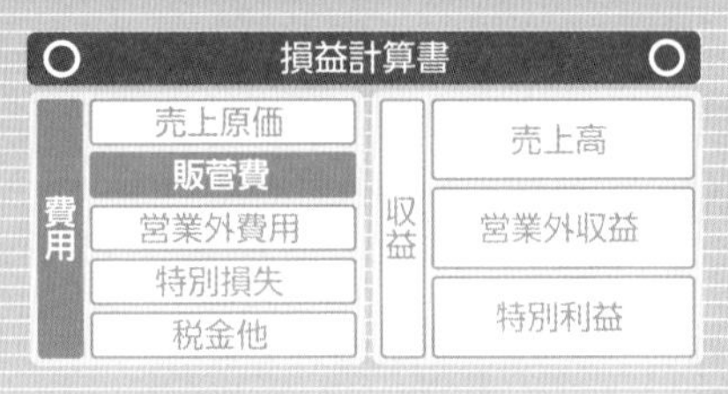

関連 貯蔵品 (P124)、立替金 (P128)、車両運搬具 (P164)、消耗品費 (P318)、事業主貸 (P384)

車両費とは、**業務用の車両運搬具に使用されるガソリン等の燃料代や、車検等の維持管理費用**を一括して計上する勘定科目をいいます。**「車両関係費」**や**「車両維持費」**といった科目名を使用することもあります。

業務用の車両が少ない場合は、「車両費」の勘定科目を設けないこともあります。その際は、**ガソリン代は「旅費交通費」、オイル代等は「消耗品費」、車両修理費用等は「修繕費」、税金や保険料は「租税公課」「支払保険料」**の勘定科目を使います。

摘要

- ガソリン代
- オイル代
- オイル交換
- 軽油代 (車両)
- 自動車購入費用
- 車検費用
- 車庫証明費用
- 車両修理費用
- 車両整備費用
- 車両定期点検費用
- 重油代 (車両)
- タイヤ購入費用
- 通行料
- パンク修理代
- ETC

パターン別仕訳例

増加する場合

社用車の車検費用15万円を現金で支払った。

借方		貸方	
車両費	15	現金	15

取引例
- 車両の燃料代の支払い
- 車両の維持費用の支払い 等

減少する場合

乗用車の荷台を改造し、その費用50万円を車両費で計上していたが、営業用車として価値を高めるため車両運搬具へ振替えた。

借方		貸方	
車両運搬具	50	車両費	50

取引例
- 他勘定への振替
- 取消や修正
- 貯蔵品への振替 等

❶ 一般的な取引の場合

営業車用のガソリン代1万円を現金で支払った。

借方		貸方	
車両費	1	現金	1

工場関係の車両に関する「車両費」は、製造経費または製造間接経費として処理されます。

❷ 資産計上する場合

車両用の燃料をまとめて購入し、200万円を現金で購入した。

借方		貸方	
車両費	200	現金	200

決算期末の棚卸で、自社の貯蔵タンクに保有している自動車用の燃料100万円分を貯蔵品として計上した。

期末

借方		貸方	
貯蔵品	100	車両費	100

翌期首

借方		貸方	
車両費	100	貯蔵品	100

自社の貯蔵タンクなどに保有されている燃料は、期末には残高を「貯蔵品」として資産計上する必要があります。

❸ 業務用車両をプライベートで使用した場合

決算にあたり、期中に経費として処理したガソリン代10万円のうち、個人事業主がプライベートで使用した3万円を経費から控除した。

借方		貸方	
事業主貸	3	車両費	3

法人の場合は、**「立替金」**の勘定科目を使用し、その後、できるだけ早く「立替金」を精算します。

会計処理のポイントは？

- 個人で使用した分と業務で使用した分は、「走行距離の割合」や「使用時間の割合」などの合理的基準で按分します。

しはらいほけんりょう
支払保険料

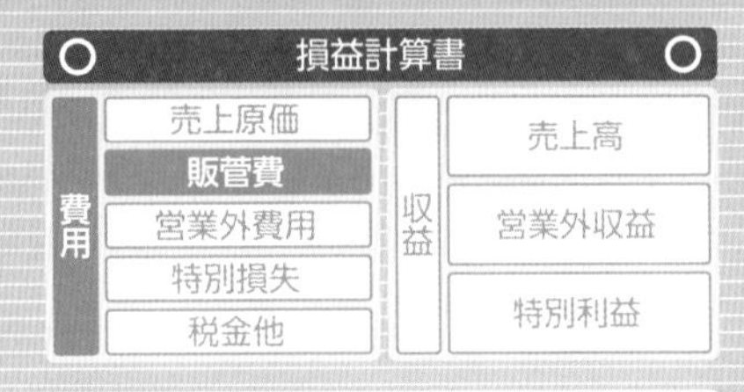

関連 ケース(P70)、前払費用(P144)、役員報酬(P282)、給与手当(P284)

支払保険料とは、簡単に言うと「保険契約に基づき保険会社に対して支払う保険料」のこと。事業運営する上で発生する事故等による**損害に備えるため**、保険会社に対して保険契約に基づき支払う保険料を表す勘定科目です。会社や事業主が契約者で保険受取人となる損害保険や、非貯蓄の掛け捨て型の生命保険などが対象となります。死亡保険と生存保険を同額ずつ組み合わせた養老保険の会計処理については、下記の表を参考にしてください。

保険金の受取人		勘定科目(支払う保険料の会計処理)
死亡保険金	満期生存保険金	
法人	法人	「保険積立金」として資産計上
被保険者の遺族	被保険者	被保険者の「給与手当」として費用計上
被保険者の遺族	法人	1/2は「保険積立金」として資産計上 1/2は「支払保険料」として費用計上

摘要

- 運送保険料
- 火災保険料
- 交通障害保険料
- 自動車任意保険料
- 自賠責保険料
- 傷害保険料
- 生命保険料
- 総合保険料
- 損害賠償責任保険料
- 損害保険料
- 中小企業退職金共済
- 建物共済保険料
- 動産総合保険料
- 盗難保険料
- 輸出海上保険料
- 輸入海上保険料
- 養老保険料
- 旅行保険料
- 労働者災害補償保険料
- 経営セーフティ共済
- PL保険料

パターン別仕訳例

増加する場合

店舗の火災保険料2年分の24万円を現金で支払った。

借方		貸方	
支払保険料	24	現金	24

取引例 ●生命保険料の支払い ●損害保険料の支払い 等

減少する場合

決算にあたり、翌期分の火災保険料の12万円を前払費用に振替えた。

借方		貸方	
前払費用	12	支払保険料	12

取引例 ●他勘定への振替 ●取消や修正 ●前払費用への振替 等

❶ 短期の損害保険の場合

1月に工場の火災保険料1年分の30万円を現金で支払った。当社は3月決算である。

借方		貸方	
支払保険料	30	現金	30

短期の損害保険は、期末に支払った保険料のうち、**未経過分を「前払費用」に計上**するのが原則です。ただし、**1年分の保険料**であれば、継続処理を前提に支払った時に**「支払保険料」として損金にする**ことも認められています。

❷ 長期の損害保険の場合

店舗につき、保険金額3,000万円、保険金額3年間の損害保険契約を締結し、今年分の保険料50万円を現金で支払った。なお、保険金1,000万円あたりの保険料中の積立保険料は10万円である。

借方		貸方	
保険積立金	30	現金	50
支払保険料	20		

＊保険積立金30万円＝保険金額3,000万円×（10万円÷1,000万円）

保険期間が3年以上で、かつ保険期間満了後に満期返戻金の支払いがある**長期損害保険**では、支払った保険料のうち、**積立保険料に相当する部分は「保険積立金」として資産に計上**します。

❸ 定期保険の場合

会社を受取人として、従業員の定期保険（満期保険金なし）の保険料10万円を現金で支払った。

借方		貸方	
支払保険料	10	現金	10

満期保険金のない掛け捨て型の定期保険に関しては、会社が受取人である場合、「支払保険料」で処理します。ただし、役員等のみを被保険者とする場合には、「役員報酬」等として扱います。

会計処理のポイントは？

- 満期保険金のある貯蓄型の養老保険に関しては、保険金の受取人が誰かによって保険料の取扱いが異なります。

しはらいてすうりょう
支払手数料

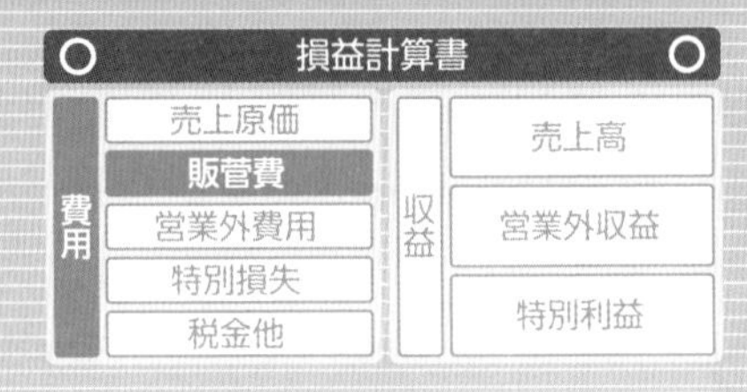

関連 預り金(P218)、販売促進費(P276)、外注費(P280)、支払利息割引料(P350)

支払手数料とは、次の2つを合わせて表す勘定科目です。

①弁護士、公認会計士、税理士、コンサルタント等の**外部の専門家に支払う報酬**

②**金融機関等に支払う振込、送金等の手数料**

類似した勘定科目として、外部者や金融機関に支払う費用であっても、次の3つには注意しましょう。

①**販売代理店などに支払う手数料**は、販売活動に伴うものなので**「販売促進費」**

②**事務処理業務などを外部にアウトソーシングした場合の手数料**は一般管理活動に伴うものなので**「外注費」**

③**金融機関などに支払う借入に対する利息**などは資金調達による金融費用なので**「支払利息割引料」**

摘要

- 斡旋費用
- 監査報酬
- 鑑定費用
- 経営コンサルタント報酬
- 公認会計士報酬
- 市場調査委託料
- 司法書士報酬
- 事務取扱手数料
- 社会保険労務士報酬
- 税理士決算報酬
- 税理士顧問料
- 送金手数料
- 仲介手数料
- 登録手数料
- 取立手数料
- 不動産鑑定士報酬
- 振込手数料
- 弁護士報酬
- 弁理士報酬
- 預金振替手数料
- 警備料
- 清掃料
- ロイヤリティ
- 加盟店手数料

パターン別仕訳例

増加する場合

警備会社のセキュリティサービス料として、2万円が普通預金口座から引き落とされた。

借方		貸方	
支払手数料	2	普通預金	2

取引例 ●外部専門家への報酬 ●金融機関への振込手数料 等

減少する場合

決算にあたり、市場調査会社に支払った翌期分の業務委託料10万円を前払金に振替えた。

借方		貸方	
前払金	10	支払手数料	10

取引例 ●他勘定への振替 ●取消や修正 等

❶ 一般的な取引の場合

銀行から振込みをした際、振込手数料210円が普通預金から引き落とされた（単位：円）。

借方		貸方	
支払手数料	210	普通預金	210

❷ 源泉徴収（税理士など）が必要な場合

顧問弁護士に月の顧問料100,000万円を、源泉所得税を控除した後、小切手で支払った（単位：円）。

借方		貸方	
支払手数料	100,000	当座預金	89,790
		預り金	10,210

＊預り金10,210円＝支払手数料100,000円×10.21％

弁護士、公認会計士などの外部の専門家に支払う場合、顧問料、業務委託報酬等に関して、**所得税を源泉徴収する義務**があります。源泉徴収税分は「預り金」として処理します。外部の専門家（司法書士、土地家屋調査士、海軍代理士を除く）に対する源泉徴収額は次のように計算します。

1回の支払い金額100万円以下の場合：1回の支払い金額×10.21％
1回の支払い金額100万円超の場合：（一回の支払金額-100万円）×20.42％+102,100円

❸ 源泉徴収（司法書士など）が必要な場合

登記が完了したので、司法書士に報酬100,000円を、源泉徴収税を控除した後、小切手で支払った（単位：円）。

借方		貸方	
支払手数料	100,000	当座預金	90,811
		預り金	9,189

＊預り金9,189円＝（支払手数料100,000-10,000円）×10.21％

司法書士、土地家屋調査士、海軍代理士の業務に関する源泉徴収額は、次のように計算します。
（1回の支払い金額－1万円）×10.21％

会計処理のポイントは？

- 源泉徴収した額を、原則として支払い月の翌月10日までに税務署に納付します。

しゅうぜんひ
修繕費

関連 建物 (P154)、減価償却費 (P332)

修繕費とは、一言で言うと、修理代のことです。会社が保有する建物や機械装置などの**有形固定資産を維持管理するための、修理・保守・メンテナンス等の費用**を表す勘定科目です。①固定資産の**通常の維持管理のため**、または②き損した固定資産の**現状を回復するため**に必要と認められる部分の金額が「修繕費」となります。

固定資産の修理にかかる支出であっても、修理の結果、**資産の価値が増加したり、資産の耐用年数が延長**したりする場合には、資産の増加とみなし、**資本的支出として資産計上**されます。なお、資本的支出とは、修理することで固定資産の価値を増加させたり、その使用可能期間を延長させたりする支出をいいます。

摘要

- 維持管理費用
- OA機器保守費用
- 解体費
- 壁塗り替え費用
- 原状回復費用
- 車検費用
- 設備移転費用
- 地盛費用
- 定期点検費用
- 点検整備費用
- 電話移設工事費用
- 備品修繕費用
- 部品取替え費用
- 床張替え費用
- メンテナンス料
- 修理代
- 保守費用
- LAN設備移設工事
- オーバーホール費用
- コピー機修理費用
- パソコン修理代

パターン別仕訳例

増加する場合

コピー機のメンテナンス料1万円を現金で支払った。

借方		貸方	
修繕費	1	現金	1

取引例 ●維持管理費用 ●メンテナンス費用 ●故障修理費用 ●部品取替え費用 等

減少する場合

決算にあたり、修繕費で処理していた建物改修工事100万円が資本的支出にあたることが判明したので、振替えた。

借方		貸方	
建物	100	修繕費	100

取引例 ●他勘定への振替 ●取消や修正 等

❶ 通常の修繕の場合

自動車の定期点検にあたりオイル交換等を行い、現金10万円を支払った。

借方		貸方	
修繕費	10	現金	10

実務上、「修繕費」と資本的支出を区分することは難しいため、税法上は、下記のような場合、「修繕費」とすることを認めています。

・20万円未満の少額支出である場合
・概ね3年以内の周期で行われる場合
・明らかに資本的支出でない場合で、60万円未満の支出、または前期末の取得価額の概ね10%以下の支出

❷ 資本的支出の場合

建物の改良のため、小切手で1,000万円を支払った。この改良により、建物の耐用年数が次のように増加した。

取得時の使用可能耐用年数　15年
現在までの経過年数　8年
支出後の使用可能耐用年数　10年

借方		貸方	
建物	300	当座預金	1,000
修繕費	700		

＊資本的支出300万円＝1,000万円×｛10年－（15年－8年）｝÷10年

資産の耐用年数が延長される場合、その部分を資産の増加とみなし、**資本的支出として固定資産の取得原価に算入**します。資産計上された額は期間に応じて、減価償却を行っていきます。

賃借している建物に、床のタイル工事などの造作をした場合の費用は、資本的支出として減価償却資産に計上します。

会計処理のポイントは？

●資産の使用可能期間を延長させる場合、次の式によって資本的支出を計算します。

資本的支出＝支出金額×｛支出後の使用可能耐用年数－（取得時の使用可能耐用年数－現在までの経過年数）｝÷支出後の使用可能耐用年数

そぜいこうか
租税公課

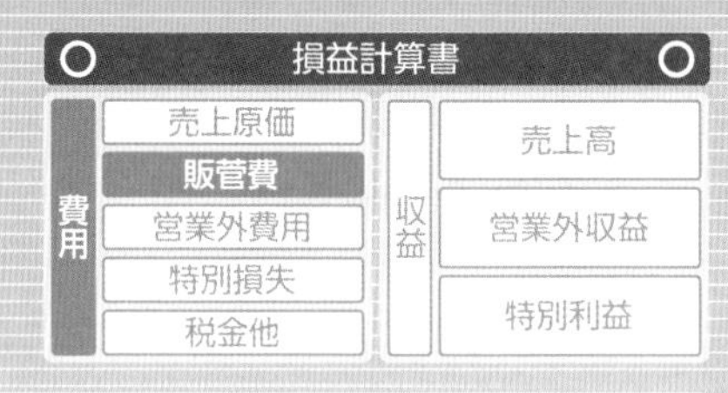

関連 ケース (P84,85)、未払消費税 (P244)、法人税等 (P378)、事業主貸 (P384)

租税公課とは、**国税や地方税などの租税**と、国や地方公共団体から課せられる**租税以外の金銭負担である公課**を合わせて表す勘定科目です。消費税、固定資産税、自動車税、不動産取得税、登録免許税、印紙税、事業税、印鑑証明書や住民票の発行手数料などです。

「租税公課」は、会計上、費用として処理されます。同様に税法上も、原則として損金に算入されます。

しかし、**法人の所得に対して課される法人税、住民税**の他、**延滞税や加算税といった懲罰的な性格を有するもの**など、一定のものは**損金に算入できません。**

摘要

- 印紙税
- 延滞税
- 外国税
- 加算税
- 源泉税
- 固定資産税
- 事業所税
- 事業税
- 自動車税
- 地価税
- 登録免許税
- 道路占有料
- 特別地方消費税
- 特別土地保有税
- 都市計画税
- 不動産取得税
- 利子税
- 住民票発行手数料
- 印鑑証明
- 罰金
- 科料
- 過料
- 交通反則金
- 収入印紙代
- パスポート交付手数料
- ビザ取得費用

パターン別仕訳例

増加する場合

自動車税5万円を現金で支払った。

借方		貸方	
租税公課	5	現金	5

取引例
- 印紙税や登録免許税等の支払い
- 自動車税や固定資産税等の支払い 等

減少する場合

決算にあたり、個人事業の所得税と住民税を租税公課10万円で処理していたことが判明し、振替えた。

借方		貸方	
事業主貸	10	租税公課	10

取引例
- 他勘定への振替
- 取消や修正 等

❶ 公課（収入印紙など）の場合

収入印紙を購入して、現金1万円を支払った。

借方		貸方	
租税公課	1	現金	1

収入印紙は郵便局等で購入しますが、切手（「通信費」）と異なり「租税公課」で処理します。期末に多額の収入印紙を保管している場合は、「貯蔵品」の勘定科目に振替えます。

❷ 租税（固定資産税や消費税など）の場合

所有する土地と建物について、固定資産税の納税通知書が届き、現金200万円を納付した。

借方		貸方	
租税公課	200	現金	200

決算にあたり、消費税50万円が確定した。なお、当社は消費税に関しては税込み経理を行っている。

決算時

借方		貸方	
租税公課	50	未払消費税	50

納付時

借方		貸方	
未払消費税	50	現金	50

消費税に関して税込み経理を行っている場合、決算時に「租税公課」として費用に計上します。また、決算時には仕訳をせず、納付時に「租税公課」として費用に計上することもできます。

会計処理のポイントは？

- 事業税や事業所税などの**申告納税方式の税金**は、申告書の提出日に計上し、その事業年度の損金にします。一方、固定資産税や都市計画税などの**賦課課税方式の税金**は、賦課決定のあった日に計上します。ただし、納期が分割している場合は、納期ごとに計上することができます。
- **個人事業者の場合、事業税は「租税公課」として費用処理**しますが、**所得税及び住民税**は事業に関係なく課される税金なので**「事業主貸」**で処理します。

げんかしょうきゃくひ
減価償却費

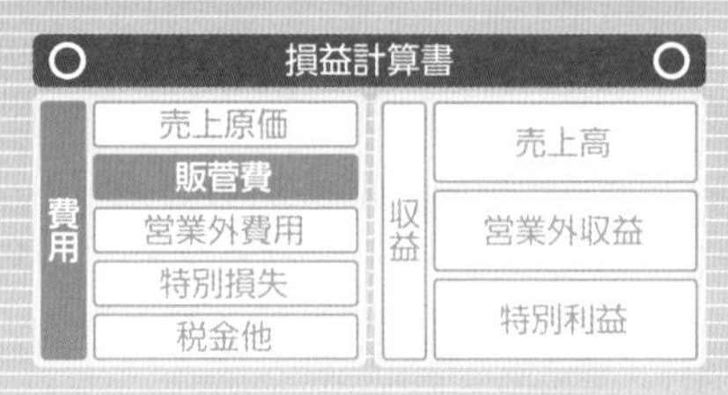

関連 ケース (P74,90)、減価償却累計額 (P174)、COLUMN (P334,335)、事業主貸 (P384)

減価償却費とは、建物や備品などの**有形固定資産（土地を除く）の取得原価**を、**使用する期間に配分することにより**、収益に対応する**費用として計上した額**を表す勘定科目です。

減価償却とは、合理的に決定された**一定の方法に従って、毎期、規則的に固定資産の適正な原価配分をする手続き**です。減価償却によって、毎期の費用配分額を処理する勘定科目が「減価償却費」です。

減価償却を勘定処理する方法には、減価償却額を直接有形固定資産から控除する方法（**直接法**）と、「減価償却累計額」という勘定を用いて間接的に控除する方法（**間接法**）があります。間接法の場合のみに、「減価償却累計額」が用いられます。

事業年度の途中で取得した資産の減価償却の計算方法は、通常の減価償却の計算で計算した減価償却費を、その事業年度において**事業に使用した月数で按分**して計算します。

摘要

- 機械装置減価償却
- 減価償却超過額修正
- 減価償却不足額修正
- 工具器具備品減価償却
- 構築物減価償却
- 固定資産減価償却
- 車両運搬具減価償却
- 建物減価償却
- 有形固定資産減価償却

パターン別仕訳例

増加する場合

期末に車両の減価償却（直接法）を行い、減価償却費50万円を計上した。

借方		貸方	
減価償却費	50	車両	50

取引例
- 固定資産の減価償却 等

減少する場合

決算にあたり、車両の減価償却費50万円を計上していたが、プライベートでの使用割合が40%とわかり、修正をした。

借方		貸方	
事業主貸	20	減価償却費	20

取引例
- 他勘定への振替
- 取消や修正
- 事業主貸への振替 等

❶ 通常の処理の場合

期末に建物1,000万円の減価償却費として、100万円を計上した。

間接法

借方 減価償却費	100	貸方 減価償却累計額	100

直接法

借方 減価償却費	100	貸方 建物	100

減価償却の計算方法には、次のような方法などがあります。

- **定額法…毎期均等額の減価償却費を計上する方法**
- **定率法…毎期期首未償却残高に一定率を乗じた減価償却費を計上する方法**
- **級数法…毎期一定額を算術級数的に逓減した減価償却費を計上する方法**
- **生産高比例法…毎期生産高の度合いに比例した減価償却費を計上する方法**

減価償却の方法は、継続適用を条件として、会社が自由に選択できます。ただし、無形固定資産を対象にした場合は定額法のみです。また、**平成10年4月1日以降に取得された「建物」**に関しても、**定額法のみ**となります。

＊**平成19年4月1日以降に取得の減価償却資産**には、**新しい減価償却の計算方法**が適用されます。

❷ 事業年度の途中で取得した資産の場合

10月1日に建物1,000万円を購入したので、3月の決算時に減価償却費として50万円を計上（間接法）した。

借方 減価償却費	50	貸方 減価償却累計額	50

＊今期の減価償却費50万円＝年間の減価償却費100万円×（6ヶ月÷12ヶ月）

事業年度の途中で取得した資産の減価償却の計算方法は、通常の減価償却の計算で計算した「減価償却費」を、その事業年度において**事業に使用した月数で按分**して計算します。

会計処理のポイントは？

- **個人事業主の場合**、決められた計算方法により、毎年「減価償却費」を計上しなければなりません（**強制償却**）。一方、**法人**は償却限度額より少ない額を「減価償却費」として計上したり、または償却をしないことができます（**任意償却**）。

減価償却制度の改正（平成19年）

(1) 償却可能限度額と残存価額の廃止

①平成19年4月1日以降に取得された減価償却資産

償却可能限度額（取得価額の95%相当額）と残存価額が廃止され、耐用年数が経過した時点で残存簿価1円（いわゆる備忘価額）まで償却できるようになりました。

②平成19年3月31日以前に取得された減価償却資産

従来どおりの減価償却の計算方法（旧定額法、旧定率法）が適用されます。

前事業年度までの各事業年度においてしてきた償却費の累計額が、償却可能限度額（取得価額の95%相当額）まで到達している減価償却資産については、到達した時点の事業年度の翌事業年度以後5年間で残存簿価1円（いわゆる備忘価額）まで償却できるようになりました。

具体的には、次の算式で計算されます。

償却限度額＝｛取得原価－（取得価額の95%相当額）－1円｝×（償却を行う事業年度の月数÷60）

(2) 新しい定率法と定額法

これまでの残存価額は廃止されましたので、「定額法」は次のように計算されます。

取得価額×定額法の償却率
定額法の償却率＝1÷耐用年数　※小数点以下3位未満切り上げ

定率法に関しては、定率法の償却率が定額法の償却率の原則2.5倍に設定されました（250%定率法）。よって、次のように計算されます。

期末帳簿価額×定率法の償却率
定率法の償却率＝（1÷耐用年数）×2.5

ただし、新しい定率法を採用した場合、「定額法の償却率×2.5」では耐用年数経過時点の帳簿価額を備忘価額まで引き下げられないので、新しい定率法で計算した減価償却額が一定の金額を下回ることになったときに、減価償却費の計算を均等償却に切り替えることになります。

具体的には、調整前の償却額（帳簿価額×定率法の償却率）が償却保証額（取得原価×保証率）に満たない場合、均等償却（改定取得価額×改定償却率）に移行します。

改定償却率や保証率等は、耐用年数省令別表第十で定められています。

(3) 法定耐用年数の見直し

一部の減価償却資産に関して、耐用年数が次のように見直されました。

半導体用フォトレジスト製造設備（8年→5年）

フラットパネルディスプレイ・フラットパネル用フィルム材料製造設備（10年→5年）

減価償却制度の改正（平成23年）

平成24年4月1日以降に取得する減価償却資産に関しては、平成19年の改正で、定額法の償却率の2.5倍（250%定率法）になっている**定率法の償却率が2倍（200%定率法）に引き下げ**られます。

新しい減価償却の計算例

平成19年4月1日に機械Aを1,000,000円で取得しました。耐用年数は5年です。

新しい定額法の場合

定額法の償却率(0.200)とします。

	1年目	2年目	3年目	4年目	5年目
期首帳簿価額	1,000,000	800,000	600,000	400,000	200,000
償却限度額	200,000	200,000	200,000	200,000	199,999
期末帳簿価額	800,000	600,000	400,000	200,000	★1

＊1年目～4年目

減価償却費200,000円＝取得原価1,000,000円×定額法の償却率0.200

定額法の償却率0.200＝(1÷耐用年数5年)

＊5年目

減価償却費199,999円＝取得原価1,000,000円×定額法の償却率0.200－1円

定額法の場合、減価償却費は毎期一定ですが、償却最終年度は償却限度額200,000円から★備忘価額(1円)を控除した額が減価償却費199,999円となります。

新しい定率法の場合

定率法の償却率(0.500)、改定償却率(1.000)、保証率(0.06249)とします。

	1年目	2年目	3年目	4年目	5年目
期首帳簿価額	1,000,000	500,000	250,000	125,000	62,500
調整前償却額	500,000	250,000	125,000	62,500	31,250
償却保証額	62,490	62,490	62,490	62,490	62,490
均等償却額					62,500
償却限度額	500,000	250,000	125,000	62,500	62,499
期末帳簿価額	500,000	250,000	125,000	62,500	★1

＊1年目(平成20年3月31日)

減価償却費500,000円＝帳簿価額1,000,000円×定率法の償却率0.500

定率法の償却率0.500＝(1÷耐用年数10年)×2.5

＊2年目

減価償却費250,000円＝帳簿価額(1,000,000円－500,000円)×定率法の償却率0.500

＊3年目～4年目

1、2年目と同様、各期首の帳簿価額に定率法の償却率を乗じて、減価償却費を計算すると、3年目125,000円、4年目62,500円となります。

＊5年目

減価償却費62,499円＝改定取得原価62,500円×改定償却率1.000－1

5年目になると、定率法で計算した減価償却費(調整前償却額31,250円＝期首帳簿価額62,500円×償却率0.500)が償却保証額(62,490円＝1,000,000円×保証率0.06249)に満たないので、この事業年度で均等償却(62,500円＝改定取得価額62,500円×改定償却率1.000)に切り換えます。

ただし、償却最終年度ですので、均等償却額から★備忘価額(1円)を控除した額が減価償却費62,499円となります。

かしだおれひきあてきんくりいれがく

貸倒引当金繰入額

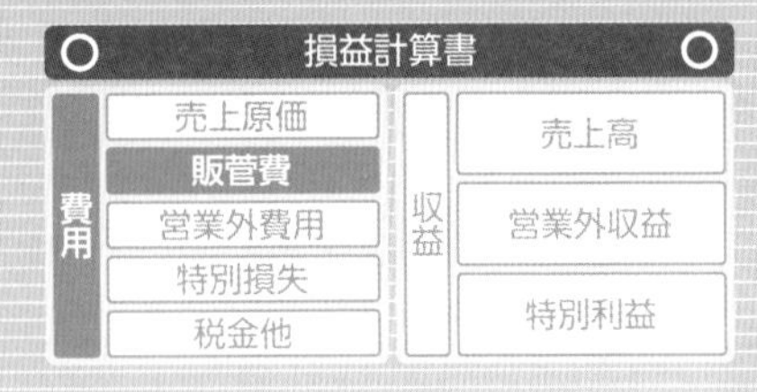

関連 ケース (P90)、貸倒引当金 (P146)、貸倒引当金戻入 (P374)

貸倒引当金繰入額とは、簡単に言うと、倒産などにより取引先から売掛金、受取手形、貸付金などの金銭債権が回収できなくなった場合に備え、引当金として見越計上しておくものです。

取引先に対する**金銭債権が回収できなくなる場合に備え、**期末に金銭債権の評価を行い、**取立不能見込額を費用に繰り入れる際に計上する金額**を表す勘定科目です。

貸倒引当金の対処となる債権は、**「受取手形」、「売掛金」、「未収入金」、「貸付金」**などです。「保証金」、「前払金」、「仮払金」などは対象となりません。

摘要

- 受取手形回収不能見込額
- 売掛金回収不能見込額
- 回収不能見込額
- 貸付金回収不能見込額
- 期末債権回収不能見込額
- 債権回収不能見込額
- 先日付小切手回収不能見込額
- 損害賠償金取立不能見込額
- 未収入金回収不能見込額
- 立替金回収不能見込額
- 貸倒引当金計上
- 貸倒引当金繰入

パターン別仕訳例

増加する場合

前期末に売掛金に対して、貸倒引当金10万円を計上(=繰り入れ)した。

借方		貸方	
貸倒引当金繰入額	10	貸倒引当金	10

取引例
- 回収不能見込額　●取立不能見込額 等

減少する場合

前期末に貸倒引当金10万円を設定したが、今期末に貸倒引当金を7万円と設定し、差額処理(=戻り入れ)した。

借方		貸方	
貸倒引当金	3	貸倒引当金戻入	3

取引例
- 取消や修正 等

❶ 洗替処理の場合

前期末計上分の貸倒引当金30万円を戻し入れ、今期末に売掛金に対して貸倒引当金50万円を繰り入れた（洗替処理した）。

借方		貸方	
貸倒引当金	30	貸倒引当金戻入	30
貸倒引当金繰入額	50	貸倒引当金	50

貸倒引当金の繰入方法には、①**洗替処理**と②**差額処理**があります。税法上は、①洗替処理が原則ですが、②差額処理も一定の要件の下、認められています。

❷ 差額処理の場合

前期末計上分の貸倒引当金30万円を設定したが、今期末に売掛金に対して貸倒引当金50万円と設定した（差額処理した）。

借方		貸方	
貸倒引当金繰入額	20	貸倒引当金	20

会計処理のポイントは？

- 税法では、金銭債権を個別評価金銭債権と一括評価金銭債権に区分して、貸倒引当金の繰入限度額を定めています。

・**個別評価金銭債権**：取引先の個別的な事情に応じて「貸倒引当金繰入額」を計上します。

・**一括評価金銭債権**：個別評価金銭債権以外の債権（一般債権）に関しては、過去の貸倒実績率に基づいて「貸倒引当金繰入額」を計算します。

資本金1億円以下の中小企業に対する貸倒引当金の繰入限度額については、以下の法定繰入率と過去の貸倒実績率のいずれか多い繰入率を採用できます。

▼法定繰入率

卸・小売業（10/1,000）	割賦小売業（7/1,000）	製造業（8/1,000）
金融保険業（3/1,000）	その他の事業（6/1,000）	

平成24年度以降、貸倒引当金の適用法人が銀行、保険会社、その他これに類する法人及び中小法人等に**限定される**ことになりました。これらの法人以外については、段階的に一定の経過措置が講じられた後、平成27年4月1日以降開始の事業年度から廃止されました。

かしだおれそんしつ

貸倒損失

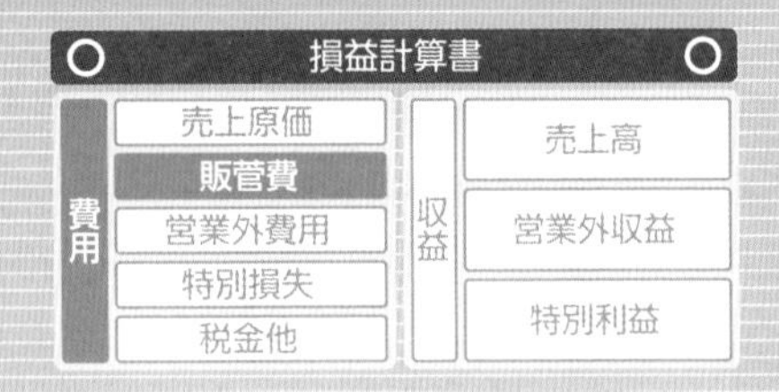

関連 貸倒引当金（P146）、貸倒引当金戻入（P374）

貸倒損失とは、取引先に対する売掛金や受取手形、貸付金などの**債権の回収可能性がほとんどないと認められた場合に、損失額を処理**する勘定科目です。

取引先の倒産などによって、売掛金などの債権が回収できなくなることを、**貸倒**といいます。貸倒が発生した場合、回収不能になった債権に設定している**「貸倒引当金」を超えた部分を損失として処理**します。これが**「貸倒損失」**です。

「貸倒損失」は、損益計算書上、その対象となる債権が通常の取引によって発生した「売掛金」などの営業債権の場合には**販売費及び一般管理費**、それ以外の場合には**営業外費用または特別損失**に表示されます。

摘要

- 売上債権貸倒
- 会社更生法による債権
- 回収不能債権額
- 金銭債権全額回収不能
- 更生開始企業の債権
- 債権切捨て
- 債権放棄
- 書面による債務免除額
- 長期滞留債権
- 手形債権貸倒
- 倒産企業の債権
- 取引停止企業の債権
- 破産企業への債権
- 弁済後1年以上経過した債権
- 民事再生法による債権
- 回収に経済性の乏しい債権
- 債権回収不能額
- 貸倒

パターン別仕訳例

増加する場合

会社更生法の適用を受けて、売掛金100万円の50％が切り捨てられることになった。

借方		貸方	
貸倒損失	50	売掛金	50

取引例
- 債権回収不能額　●取立不能額　●債権切捨て　●債権放棄 等

減少する場合

回収の見込みがないため、過年度において貸倒損失処理していた売掛金100万円のうち、10万円が普通預金に振り込まれた。

借方		貸方	
普通預金	10	償却債権取立益	10

取引例
- 他勘定への振替え 等

❶ 法的な手続きで債権の全部または一部が消滅した場合

債権者集会の協議決定により、貸付金100万円の50%が切り捨てられることになった。

借方		貸方	
貸倒損失	50	貸付金	50

債権の全部または一部が法的な手続きにより消滅する場合には、次のような場合があります。

- 会社更生法の更生計画の認可の決定があった場合、その切捨てられることとなった額
- 民事再生法の再生計画の認可の決定があった場合、その切捨てられることとなった額
- 会社法の特別清算の協定の認可または整理計画の決定があった場合、その切捨てられることとなった額
- 債権者集会の協議決定により切り捨てられることとなった額
- 公正な第三者の斡旋による当事者間の協議による契約で切り捨てられることとなった額
- 債務者の債務超過が相当期間継続し、弁済不能と認められる場合、書面により明らかにされた債務免除額

❷ 債権の全額が回収不能な場合

債務超過が続いている取引先に、売掛金100万円の債務免除通知書を内容証明で送った。

借方		貸方	
貸倒損失	100	売掛金	100

法的手続きによらなくても、債務者の資産状態、支払能力等からみて、**債権の全額が回収できないことが明らかになった場合**、その明らかになった事業年度に**「貸倒損失」として費用計上**できます。債権の全額が回収できないことが明らかになった場合とは、債務者が**破産、強制執行、整理、死亡、行方不明、債務超過、天災事故、経済事情の急変等の事情**が発生したことにより回収の見込みがない場合です。

会計処理のポイントは?

- 本来、金銭債権の貸倒は一部でも回収が見込まれるときは認められません。ただし、売上債権に関しては、次の場合、備忘価額1円を控除した残額を貸倒として損金処理できます。
- 取引を停止して以後1年を経過した場合
- 同一地域にある売上債権の総額が、その取立費用(旅費など)より小さいにもかかわらず、支払い督促をしても支払いがない場合
- 過年度の「貸倒損失」として処理されていた債権が、当期になって回収された場合、その回収金額は「償却債権取立益」として処理します。

きふきん
寄付金

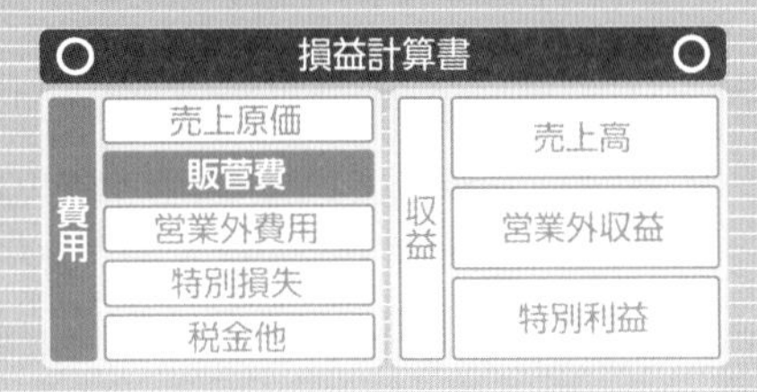

関連 交際費 (P300)、その他の特別損益 (P376)、事業主貸 (P384)

寄付金とは、**事業とは無関係で、相手からの反対給付を求めない金銭や物品の提供をした場合**に、その支出額を表す勘定科目です。具体的には、国、地方公共団体、公益法人、特定公益増進法人や各種団体などへの、見返りを期待しない寄付のことです。

寄付金、見舞金などの名義のいかんにかかわらず、金銭やその他の**資産の贈与**や、サービスの**無償の提供**がなされた場合に、**「寄付金」勘定で処理**します。ただし、事業に直接的、間接的に関係している相手方に対する支出は、「交際費」などの他の勘定科目で処理します。

また、資産の譲渡などをした場合に、その**譲渡の対価が時価に比べて低いとき**は、その差額のうち実質的に贈与と認められる金額は**「寄付金」として処理**されます。

摘要

- 赤い羽根共同募金
- 学校への寄付
- 義援金
- 教会への祭礼寄付
- 共同募金
- 研究機関への寄付
- 後援会への寄付
- 寺院への祭礼寄付
- 指定寄付金
- 社会事業団への寄付
- 神社への祭礼寄付
- 政治団体拠出金
- 町内会への寄付
- 低廉譲渡
- 特定寄付金
- 日本赤十字社への寄付
- 認定NPO法人への寄付
- 無償供与
- 国や地方公共団体への寄付
- 特定公益法人への寄付
- 企業等への寄付

パターン別仕訳例

増加する場合

日本赤十字社に災害義援金1万円を小切手にて寄付した。

借方		貸方	
寄付金	1	当座預金	1

取引例 ●各種団体への寄付 ●低廉譲渡 ●無償供与 等

減少する場合

寄付金として計上していた1万円が、交際費であると判明し交際費に振替えた。

借方		貸方	
交際費	1	寄付金	1

取引例 ●他勘定への振替 ●取消や修正 等

❶現預金による譲渡の場合

県に図書館建設のための費用として、図書館建設のための後援会に1,000万円を小切手で寄付した。

借方		貸方	
寄付金	1,000	当座預金	1,000

税法上、国、地方公共団体に対する「寄付金」は、全額損金に算入が認められています。また、公益法人等に対する「寄付金（指定寄付金）」も同様です。その他の「寄付金」に関しては、損金算入に限度額があります。

❷現預金以外の譲渡の場合

道路の拡張に伴い、隣接している土地（簿価5,000万円、時価8,000万円）の敷地を寄贈した。

借方		貸方	
寄付金	8,000	土地	5,000
		固定資産受贈益	3,000

子会社の再建を図るため、簿価3,000万円の土地（時価8,000万円）を簿価にて譲渡し、その金額が普通預金に振り込まれた。

借方		貸方	
普通預金	3,000	土地	3,000
寄付金	5,000	固定資産受贈益	5,000

資産の譲渡などをした場合に、その譲渡の対価が時価に比べて低い時は、その差額のうち実質的に贈与と認められる金額は「寄付金」となります。

会計処理のポイントは？

- 「寄付金」は、事業とは無関係な支出ですので、損益計算書上、営業外費用でも表示できます。一般的には、販売費及び一般管理費で表示されます。
- **個人事業者の場合**、国や地方公共団体への「寄付金」は**所得控除（寄付金控除）の対象**となりますが、**経費とはなりませんので、「事業主貸」勘定で処理**します。

きょういくけんしゅうひ

教育研修費

関連 預り金（P218）、給与手当（P284）、福利厚生費（P294）、旅費交通費（P304）、賃借料（P308）

教育研修費とは、**業務上で必要な技術や知識を習得することを目的**とし、**従業員を講習会などに参加させるため、また、開催するための費用**を処理する勘定をいいます。

「教育研修費」の他、**「教育訓練費」**、**「研修費」**等の勘定科目が使用されるケースもあります。なお、金額が少額の場合は、**「福利厚生費」**などに含めてしまうこともあります。

中小企業者が従業員に教育訓練を実施した場合には、一定の条件（教育訓練費の額が前年度と比べて10%以上増加等）のもと、**教育訓練費（教育研修費）の一定割合を法人税から控除**することができます（令和6年3月31日までに開始する事業年度まで）。

摘要

- 教育訓練費用
- 研修会参加日当
- 研修会参加費用
- 研修会参加旅費
- 研修会場使用料
- 研修費
- 講師謝礼
- 講習会参加日当
- 講習会参加費用
- 講習会参加旅費
- 講習会場使用料
- セミナー参加費用
- 通信教育費用
- 資格取得費用
- eラーニング費用

パターン別仕訳例

増加する場合

従業員が業界セミナーに参加し、セミナー代1万円を現金で支払った。

借方		貸方	
教育研修費	1	現金	1

取引例
- 研修会参加費用
- 研修会開催費用
- 講師謝金 等

減少する場合

教育研修費として計上していた交通費1万円を、旅費交通費に振替えた。

借方		貸方	
旅費交通費	1	教育研修費	1

取引例
- 他勘定への振替
- 取消や修正 等

❶ 講習会・研修会の参加や開催の場合

従業員を外部の技術講習会に参加させ、参加費1万円を普通預金口座から振り込んだ。

借方		貸方	
教育研修費	1	普通預金	1

管理職研修のための研修会を開催し、会場の使用料と出席者の交通費あわせて20万円を現金で支払った。

借方		貸方	
教育研修費	20	現金	20

社外の研修会場使用料は「賃借料」として、また研修参加者へ支払う研修会場までの交通費は「旅費交通費」として処理することもできます。

❷ 資格取得の場合

業務上で必要な資格を社員が取得したので、その取得費用3万円を現金で支払った。

借方		貸方	
教育研修費	3	現金	3

業務上で必要な資格や免許の取得費用は、「教育研修費」に計上します。ただし、極めて一般的な資格や免許の取得費用は、個人に対する「給与手当」とみなされます。

❸ 講師への謝礼の場合

講演会の講師に対する謝金20万円を、源泉徴収後に現金で支払った。

借方		貸方	
教育研修費	20	現金	18
		預り金	2

＊源泉徴収税2万円＝講習料20万円×10%

研修会の講師に対する謝金は、源泉徴収の対象となります。

会計処理のポイントは?

- 研修会に参加した従業員の出張日当などは、諸手当として源泉徴収の対象となりますので、給与計算において「給与手当」に合計して、源泉税を徴収することが必要となります。

ざっぴ

雑費

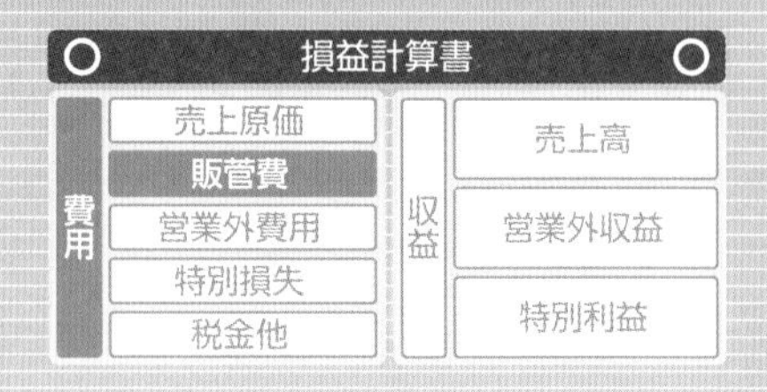

関連 支払手数料 (P326)、雑損失 (P362)

雑費とは、設定している勘定科目にない費用で、発生がまれであり、かつ金額的にも重要性でないものについて処理する勘定科目をいいます。

「雑費」は、他の勘定科目で処理することがふさわしくない項目の集合体です。そのため、「雑費」勘定で処理する内容は多種多様で、企業によっても異なります。「雑費」と似た勘定科目に、「雑損失」があります。他の勘定科目に当てはまらない費用を処理しますが、「雑費」は本来の営業活動から生じた費用で、「雑損失」は本来の営業活動以外によって生じる費用（違約金など）である点が異なります。

摘要

- 観葉植物代
- クリーニング代
- 警備費用
- 事務所引越し費用
- 信用調査費用
- 生花代
- 清掃料金
- テント使用料
- 廃棄物処理費用
- ビル管理費用
- 貸し金庫代
- ゴミ処理費用
- テレビ受信料
- 写真現像代
- 採用関連費用

パターン別仕訳例

増加する場合

受付に飾る生花の代金１万円を現金で支払った。

借方		貸方	
雑費	1	現金	1

取引例 ●求人広告費用 ●生花代 ●ゴミ代 等

減少する場合

雑費として計上していた切手代１万円を通信費に振替えた。

借方		貸方	
通信費	1	雑費	1

取引例 ●他勘定への振替 ●取消や修正 等

❶ 様々な取引の場合

事務所の引っ越し代として、10万円を現金で支払った。

借方		貸方	
雑費	10	現金	10

事務所のカーテンをクリーニングに出し、その代金1万円を現金で支払った。

借方		貸方	
雑費	1	現金	1

取引銀行に貸金庫を借りることになり、貸金庫代1万円を現金で支払った。

借方		貸方	
雑費	1	現金	1

「雑費」の対象となる摘要は広範囲にわたりますが、「雑費」勘定で処理する金額は少額であることが好ましいです。

❷ 勘定科目を設定する場合

顧問弁護士の月額の顧問料10万円を、源泉徴収した後に、小切手で支払った。

借方		貸方	
雑費	10	当座預金	9
		預り金	1

＊源泉徴収税1万円＝顧問料10万円×10%

支払手数料の勘定科目を新設し、上記の顧問料を振替えた。

借方		貸方	
支払手数料	10	雑費	10

「支払手数料」などの勘定科目を設けていない場合、「雑費」の勘定科目で処理することもあります。ただし、弁護士など外部の専門家に支払う顧問料などは、所得税の源泉徴収をする義務がありますので、注意が必要です。

会計処理のポイントは?

- 「雑費」の勘定科目の金額が大きいと、税務署などの印象があまりよくありません。同じ摘要が頻繁に発生したり、金額が大きくなるよう場合は、別途適切な勘定科目を設けることが好ましいです。

第7章

Account Title and Journalizing Dictionary

営業外損益・特別損益他

うけとりりそく
受取利息

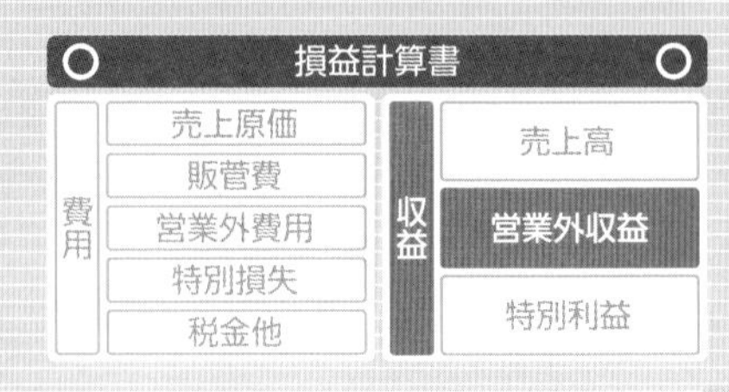

関連 ケース (P68,77,87)、未収収益 (P142)、事業主借 (P386)

受取利息とは、一言で言えば、金融関係の取引で得た利子などのこと。**預貯金**（普通預金、定期預金、郵便貯金、投資信託など）**の利子**、**有価証券**（国債、地方債、社債など）**の利子**、**貸付金の利息**など、**金融上で得た利子**を処理する勘定科目です。

実務上は、**公社債などの利子に関しては「有価証券利息」**の勘定科目で区分することもあります。また、「受取利息」は、**受取配当金と合わせて、「受取利息配当金」**の勘定科目で処理することもあります。

摘要

- 解約時利息
- 書換利息
- 貸付金利息
- 金融債利息
- 国債利息
- 社債利息
- 通知預金利息
- 定期預金利息
- 手形割引料受取
- 普通預金利息
- 保証金利息
- 満期利息
- 有価証券利息
- 郵便貯金利息
- 利息の受取
- 未収利息

パターン別仕訳例

増加する場合

取引先から貸付金の利息3万円が普通預金に入金された。

借方		貸方	
普通預金	3	受取利息	3

取引例 ●預貯金の利子 ●公社債などの利子 ●貸付金の利息 ●手形割引料 等

減少する場合

前期末に貸付金の利息1万円を未収分に計上していたので、翌期首に振替処理を行った。

借方		貸方	
受取利息	1	未収収益	1

取引例 ●未収収益の回収 ●未収収益の期首振替 等

❶様々な取引の場合

取引先から短期の貸付金1,000万円が利息10万円とともに返済され、普通預金に入金された。

借方		貸方	
普通預金	1,010	短期貸付金	1,000
		受取利息	10

定期預金1,000万円が満期になり、源泉所得税15.315%（15,315円）が控除された後の利息86,485円とともに普通預金に入金された（単位：円）。

借方		貸方	
普通預金	10,084,685	定期預金	10,000,000
仮払税金	15,315	受取利息	100,000

受取利息のうち、**預貯金の利子や公社債の利子**などは、その支払いに際して**所得税15%と復興特別所得税0.315%**をあわせて、**15.315%が控除**されて支払われます。

※源泉所得税15,315円＝受取利息100,000円×源泉所得税率15.315%

会計処理としては、原則として「仮払税金」の科目で処理し、決算時に法人税額から控除します。

❷未収利息の処理の場合

期末に、貸付金100万円に対する未収利息1万円を計上した。

決算時

借方		貸方	
未収収益	1	受取利息	1

翌期首時

借方		貸方	
受取利息	1	未収収益	1

「受取利息」の収益の計上については、原則として、利息計算期間の経過に応じて当期に発生した額を当期の収益に計上します。ただし、税法上、一般事業会社の場合、その支払期日が1年以内の一定期日ごとに到来するものについては、利払期日の到来の都度、収益に計上することができます。

会計処理のポイントは？

- **個人事業主の場合**、預貯金の利子は利子所得であって**事業所得ではない**ため、「受取利息」ではなく**「事業主借」の勘定で処理**します。

しはらいりそくわりびきりょう

支払利息割引料

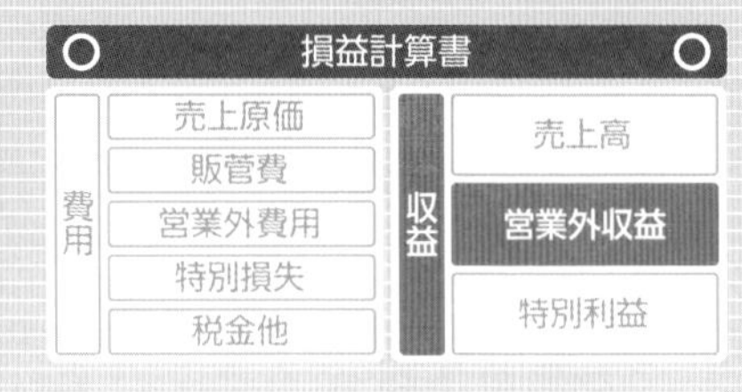

関連 ケース (P69,89)、受取手形 (P98)、前払費用 (P144)、未払費用 (P222)

支払利息割引料とは、**金融機関等からの借入に対する利息**や、**受取手形を満期日前に割り引いた際に支払う割引料**を処理する勘定科目です。その他、金融機関から融資を受けるにあたり、**保証会社などに払う保証料**も含まれます。

実務上は、**借入に対する利息を「支払利息」**の勘定として、**手形の割引料を「支払割引料」**の勘定として区分することがあります。

金融商品会計導入により、手形の割引は売買取引として処理されるため、損益計算書上、**「手形売却損」**として表示されます。また、発行した**社債に関する利息は「社債利息」で処理**します。

摘要

●預り金利息支払い	●借入金利息支払い	●社内預金利息支払い	●手形書換利息支払い
●手形取立手数料	●手形割引料	●ローン利息支払い	●利息支払い
●短期借入金利息支払い	●長期借入金利息支払	●信用保証料	●前払利息

パターン別仕訳例

増加する場合

金融機関から店舗改装用に借り入れた資金の利息3万円が、普通預金口座から引き落とされた。

借方		貸方	
支払利息割引料	3	普通預金	3

取引例 ●借入金の利息の支払い ●手形の割引料 等

減少する場合

決算にあたり、翌期分として支払っていた利息1万円を前払費用に振替処理を行った。

借方		貸方	
前払費用	1	支払利息割引料	1

取引例 ●前払費用への振替 ●他勘定への振替え ●取消や修正 等

❶利息の支払いの場合

借入金の返済期日になり、元本100万円と利息５万円が普通預金から引き落とされた。

借方		貸方	
短期借入金	100	普通預金	105
支払利息割引料	5		

決算にあたり、未だ支払期日が到来していない借入金利息のうち、当期に対応する分が１万円あった。

借方		貸方	
支払利息割引料	1	未払費用	1

利息の支払期日前に決算日を迎えた場合は、当期に対応する部分を「支払利息割引料」として計上します。

利息を前払いした場合は、決算時に**未経過の利息を「前払費用」に計上**し、翌期首ないし月毎に「支払利息割引料」に振替えます。ただし、重要性に乏しく、かつ、毎期継続して処理する場合は振替処理を行わないこともできます。

❷手形の割引の場合

A社振出しの約束手形100万円を、取引銀行にて割引き、割引料２万円を差し引き、残額を当座預金に入金した。なお、この約束手形については、１万円の貸倒引当金が設定されている。

借方		貸方	
当座預金	98	受取手形	100
支払利息割引料（手形売却損）	2		

割引手形の処理には、上記の他、評価勘定による方法、対照勘定による方法等があります。

会計処理のポイントは？

- 借入に際して、保証会社などに払う保証料も「支払利息割引料」で処理しますが、一般的に保証料は借入の全期間に対応するので、一旦、「前払費用」に計上し、期末において当期の負担分を「支払利息割引料」として費用化します。

うけとりはいとうきん
受取配当金

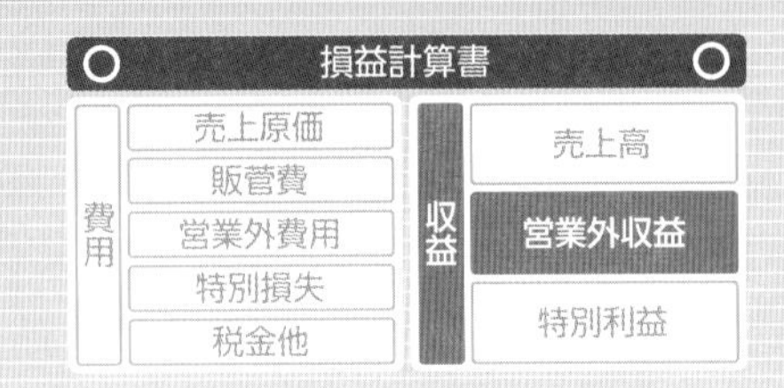

関連 未収金（P134）、受取利息（P348）、事業主借（P386）

受取配当金とは、他の法人から受け取る**配当金**、信用金庫・信用組合など受け取る**剰余金の分配**、証券投資信託の**収益分配金**などを処理する勘定科目です。

ただし、税法上は一定の場合、「受取配当金」を益金には算入しない**（受取配当金の益金不算入）**こととされています。

実務上「受取配当金」は、**受取利息と合わせて、「受取利息配当金」**の勘定科目で処理することもあります。

摘要

- 受取配当金
- 株式配当金
- 収益分配金
- 出資配当金
- 中間配当金
- 投資信託収益分配金
- 特別分配金
- 配当
- 保険契約者配当金
- みなし配当金
- 利益分配金
- 剰余金分配金
- 分配金

パターン別仕訳例

増加する場合

投資信託の収益分配金10万円が、源泉所得税20%が控除されて普通預金に振り込まれた。

借方		貸方	
普通預金	8	受取配当金	10
仮払税金	2		

取引例 ●配当金 ●収益分配金 等

減少する場合

個人事業主に属する配当金1万円を受取配当金で処理していたことが判明し、修正した。

借方		貸方	
受取配当金	1	事業主借	1

取引例 ●他勘定への振替 ●取消や修正 等

❶ 収益分配金の場合

保有する投資信託の収益分配金100,000万円から、源泉所得税15.315%が控除されて再投資された。

分配金受取時

借方		貸方	
有価証券	84,685	受取配当金	100,000
仮払税金	15,315		

投資信託の収益分配金などは、その支払いに際して所得税15%と復興所得税0.315%をあわせて、15.315%が控除されて支払われます。

※源泉所得税15,315円＝受取配当金100,000円×15.315%

会計処理としては、原則として「仮払税金」の科目で処理し、決算時に法人税額から控除します。

❷ 配当金の場合

保有する上場会社の株式の配当金100,000円から源泉所得税15.315%が控除された後、現金を受け取った（単位：円）。

配当受取時

借方		貸方	
普通預金	84,685	受取配当金	100,000
仮払税金	15,315		

上場株式等に対する配当金の源泉税の徴収税率は、所得税15%と復興所得税0.315%を合わせた15.315%となります。また非上場株式の場合は、所得税20%と復興所得税0.42%を合わせた20.42%となります。

※源泉所得税15,315円＝受取配当金100,000円×15.315%

会計処理としては、原則として「仮払税金」の科目で処理し、決算時に法人税額から控除します。

「受取配当金」の収益の計上については、原則として、株主総会等による配当決議があった日に「未収金」として計上します。ただし、税法上、継続適用を条件として配当決議があった日の事業年度に計上することができます。

会計処理のポイントは？

- **個人事業主の場合**、収益分配金や配当金は配当所得であって**事業所得ではないため**、「受取配当金」ではなく**「事業主借」の勘定**で処理します。

ゆうかしょうけんばいきゃくえき（そん）

有価証券売却益（損）

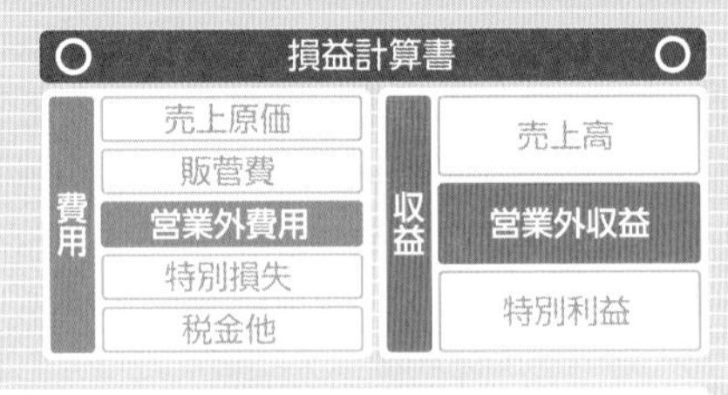

関連 有価証券 (P110)、投資有価証券 (P186)、事業主貸 (P384)、事業主借 (P386)

有価証券売却益（損）とは、簡単に言うと、もともと売却しようと思って保有していた有価証券を売った際に発生する、儲けや損のことです。会社が保有する**有価証券を売却**した場合に、**売却価額と帳簿価額の差額**を処理する勘定科目です。

有価証券の売却価額が帳簿価額を上回る場合は、貸方差額として**「有価証券売却益」**が計上されます。逆に、売却価額が帳簿価額を下回る場合は、借方差額として**「有価証券売却損」**が計上されます。

保有目的別の売却益（損）も確認しておきましょう。

「有価証券売却益（損）」は、流動資産に表示されている売買目的で保有する有価証券の売却に関するものです。固定資産に表示されている**投資有価証券に関するものは「投資有価証券売却益（損）」**として、特別利益・特別損失に計上されます。

摘要

- 貸付信託受益証券売却益（損）
- 公社債投信受益証券売却益（損）
- 投資信託受益証券売却益（損）
- 株式売却益（損）
- 国債売却益（損）
- 有価証券売却益（損）
- 公債売却益（損）
- 社債売却益（損）

パターン別仕訳例

売却益の場合

売買目的で保有していた有価証券100万円を120万円で売却し、手数料2万円を差し引かれて普通預金口座に振り込まれた。

借方		貸方	
普通預金	118	有価証券	100
		有価証券売却益	18

取引例
- 売買目的の有価証券の売却 等

売却損の場合

売買目的で保有していた有価証券100万円を80万円で売却し、手数料2万円を差し引かれて普通預金口座に振り込まれた。

借方		貸方	
普通預金	78	有価証券	100
有価証券売却損	22		

取引例
- 売買目的の有価証券の売却 等

❶ 約定日基準の場合

売買目的保有していた有価証券300万円を200万円で売却し、手数料5万円を差し引かれて普通預金口座に入金された。

約定日（売却日）

借方		貸方	
未収金	195	有価証券	300
有価証券売却損	105		

受渡日

借方		貸方	
普通預金	195	未収金	195

証券会社を通して「有価証券」を売却する場合、一般的に売買委託手数料が差し引かれて送金されますので、「有価証券売却益（損）」は売買委託手数料を差し引いて（含めて）計上します。

日本では、従来、**有価証券の売却損益の認識は受渡日（約定日の４日後）**でしたが、「金融商品に係る会計基準」に基づき**約定日に変更**されました。

❷ 修正受渡日基準

売買目的で保有していた有価証券200万円を300万円で売却し、手数料5万円を差し引かれて普通預金口座に入金された。

約定日（売却日）

借方		貸方	
有価証券	95	有価証券売却益	95

受渡日

借方		貸方	
普通預金	295	有価証券	295

約定日に売却損益のみを認識する修正受渡日基準も認められています。

会計処理のポイントは？

- 有価証券の売却は、消費税法上、非課税となります。ただし、売買委託手数料は消費税が課税されます。
- **個人事業者の有価証券の売買**は、事業所得でなく譲渡所得にあたるため、**「事業主貸」**または**「事業主借」**で処理します。

ゆうかしょうけんひょうかえき（そん）

有価証券評価益（損）

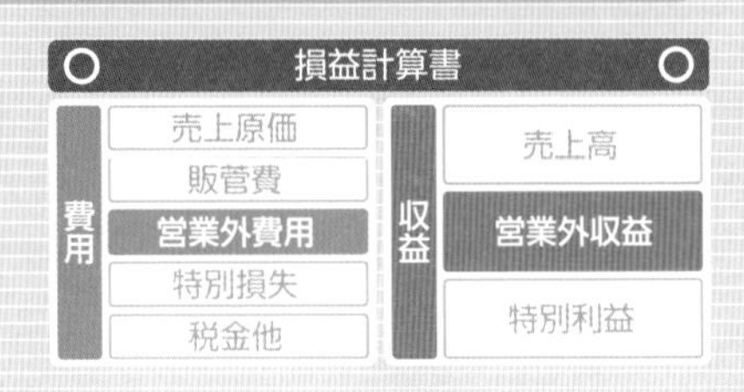

関連 有価証券（P110）、その他有価証券評価差額金（P266）

有価証券評価益（損）とは、**決算時に会社が保有する有価証券の時価と帳簿価額の差額**を処理する勘定科目です。

期末時価が帳簿価額を上回る場合は貸方差額として**「有価証券評価益」**が計上されます。　逆に、期末時価が帳簿価額を下回る場合は、借方差額として**「有価証券評価損」**が計上されます。

保有目的別の評価益（損）も確認しておきましょう。「有価証券評価益（損）」は、流動資産に表示されている売買目的で保有する有価証券の評価に関するものです。

他方、固定資産の部に表示される投資有価証券のうち、子会社株式、関連会社株式等以外の**その他有価証券の評価差額**は、**「その他有価証券評価差額金」**（P266）を参照してください。

摘要

- 株式評価益（損）
- 投資信託受益証券評価益（損）
- 売買目的有価証券評価益（損）
- 有価証券評価益（損）

パターン別仕訳例

評価益の場合

決算にあたり、売買目的で保有していた有価証券（帳簿価額100万円）の時価が120万円であった。

借方		貸方	
有価証券	20	有価証券評価益	20

取引例
- 売買目的の有価証券の評価
- 洗替処理 等

評価損の場合

決算にあたり、売買目的で保有していた有価証券（帳簿価額100万円）の時価が80万円であった。

借方		貸方	
有価証券評価損	20	有価証券	20

取引例
- 売買目的の有価証券の評価
- 洗替処理 等

❶ 簿価<時価（評価益）の場合

決算にあたり、売買目的で保有していた有価証券（簿価200万円）を、時価評価（時価300万円）し、評価益を計上した。

借方		貸方	
有価証券	100	有価証券評価益	100

❷ 簿価>時価（評価損）の場合

決算にあたり、売買目的保有していた有価証券（簿価300万円）を、時価評価（時価200万円）し、評価益を計上した。

借方		貸方	
有価証券評価損	100	有価証券	100

有価証券の期末時価には、売買委託手数料の取引に付随して発生する費用は含めません。

❸ 翌期首の処理の場合

翌期首（上記②の評価損の場合）

借方		貸方	
有価証券	100	有価証券評価損	100

期末における売買目的の有価証券の評価損益は、**洗替方式**により評価損益を益金の額または損金の額に算入します。

決算、有価証券の時価が著しく下落し、回復の見込みがあると認められる場合を除き、時価へ評価替えしなくてはなりません**（強制評価減）**。
「時価の著しい下落」の判定は、次の通りです。

- おおむね時価が取得原価の50%以上下落した場合
- 30%以上の下落については、その下落金額合計が保有会社によって金額的に重要な影響を及ぼす場合
- 30%未満の下落については、著しい下落に該当しない

なお、**「回復の見込」**については、会社が回復の見込みがあると証明した場合は該当しません。

会計処理のポイントは？

- 有価証券の評価差額は、消費税法上、資産の譲渡等に該当しないので、課税対象となりません。

かわせさえき（そん）

為替差益（損）

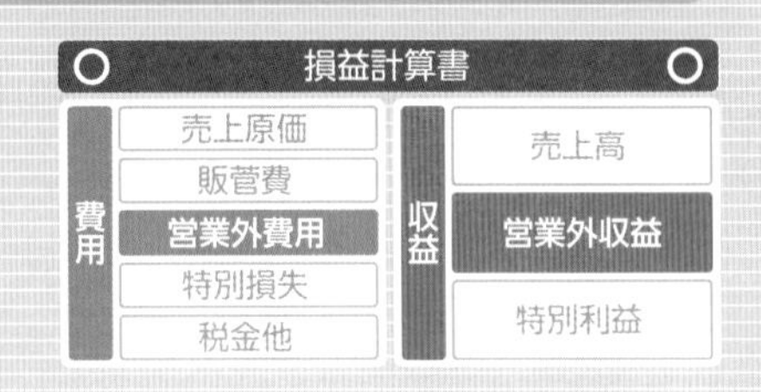

関連 売掛金 (P102)、買掛金 (P210)

為替差益 (損) とは、一言で言うと、外貨建取引による外貨や債権・債務を、決済・換算した際の差益と差損のことです。**外貨建ての資産・負債を円へ換算**したり、**外貨建て債権・債務の決済**をしたりする際に、**差額為替相場の変動による差額**を処理する勘定科目をいいます。

為替相場の変動により生じた差益を**「為替差益」**、逆に、為替相場の変動により生じた差損を**「為替差損」**として処理します。

損益計算書の表示にあたっては、決算時に**「為替差益」と「為替差損」の両方が生じた場合**は、**両者を相殺**して、「為替差益」ないし「為替差損」のどちらか一方を営業外収益ないし営業外費用として表示することになります。

金額的に重要性の乏しい場合は、「雑収入」や「雑損失」に含めて計上することもあります。

摘要

- 海外支店財務諸表換算差益（損）
- 為替換算差益（損）
- 為替決済差益（損）
- 為替予約換算差益（損）
- 在外支店財務諸表換算差益（損）
- 外貨建て取引
- 外貨建て資産・負債の換算
- 換算差額

パターン別仕訳例

差益の場合

決算にあたり、ドル建ての普通預金を円換算して、為替差益10万円を計上した。

借方		貸方	
普通預金	10	為替差益	10

取引例 •為替換算差益 •為替決済差益 •為替予約換算差益 等

差損の場合

決算にあたり、ドル建ての普通預金を円換算して、為替差損10万円を計上した。

借方		貸方	
為替差損	10	普通預金	10

取引例 •為替換算差損 •為替決済差損 •為替予約換算差損 等

❶ 取引発生と決済の場合

米国で商品1万ドルを掛けで仕入れた。取引発生時のレートは、1ドル＝100円であった。

借方		貸方	
仕入	100	買掛金	100

米国で上記商品1.5万ドルを掛けで販売した。取引発生時のレートは、1ドル＝100円であった。

借方		貸方	
売掛金	150	売上	150

上記買掛金の半分5,000ドルが小切手で決済された。決済時のレートは、1ドル＝110円であった。

借方		貸方	
買掛金	50	当座預金	55
為替差損	5		

＊為替差損5万円＝買掛金5,000ドル×（110円－100円）

外貨建取引は、原則として取引発生時の為替相場によって円換算を行います。取引発生時と決済時までに為替相場の変動があった場合に、換算差額が発生します。

❷ 決算時の換算の場合

決算にあたり、上記買掛金5,000ドルと売掛金1.5万ドルを円へ換算した。決算時のレートは、1ドル＝120円であった。

借方		貸方	
売掛金	30	為替差益	30
為替差損	10	買掛金	10

＊為替差損10万円＝買掛金5,000ドル×（120円－100円）
＊為替差益30万円＝売掛金1.5万ドル×（120円－100円）

外貨建金銭債権・債務については、それぞれの金銭債権・債務ごとに、原則として、決算時の為替レートで換算します。

会計処理のポイントは？

- 決済により発生する「為替差益（損）」や、換算により発生する「為替差益（損）」は、消費税の課税対象にはなりません。

ざっしゅうにゅう

雑収入

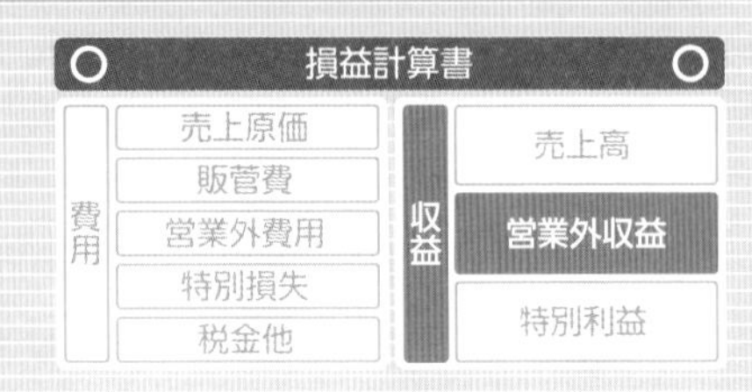

関連 ケース (P70,73,85)、現金 (P92)、事業主借 (P386)

雑収入とは、**本業とは関係のない取引から生じる収益**で、かつ**金額上の重要性が乏しい雑多な項目**を一括して処理するための勘定科目です。例えば、還付加算金の受取り、助成金の受取り、損害賠償金の受取り、現金超過分などがあります。

個人事業主の場合、事業に付随して発生した収益（従業員への貸付金利息、資産購入により受け取る景品など）は、**「雑収入」**にあたります。

一方、**事業に付随しないもの**（知人への貸付金利息、不動産などの貸付収入など）は事業所得にあたりませんので、**「事業主借」**で処理します。

摘要

- 還付加算金受取
- 現金過不足
- 現金超過分
- 廃材処分収入
- 作業くず売却収入
- リサイクル収入
- 自動販売機設置料
- 奨励金受取
- 生命保険金受取
- 代理店手数料収入
- 特約店手数料収入
- 報奨金受取
- 駐車場賃借収入
- 賃貸収入
- 損害賠償金受取
- 保険金受取
- 保険代行手数料
- 補助金受取
- 助成金受取
- 地代収入
- 家賃収入

パターン別仕訳例

増加する場合

作業で発生した鉄くずを売却し、代金１万円を現金で受け取った。

借方		貸方	
現金	1	雑収入	1

取引例
- 現金超過分
- 助成金の受取
- 保険代行手数料
- 賃貸収入
- 作業くず売却収入 等

減少する場合

雑収入として処理して入金額１万円が、営業による商品の販売と判明し、売上に振替えた。

借方		貸方	
雑収入	1	売上	1

取引例
- 他勘定への振替
- 取消や修正 等

❶ 一般的な取引の場合

休憩所にある自動販売機の設定場所提供料として、現金1万円を受け取った。

借方		貸方	
現金	1	雑収入	1

従業員を被保険者として加入していた養老保険が満期となり、満期返戻金として300万円が普通預金の口座に入金された。なお、この保険について保険積立金として250万円を資産計上している。

借方		貸方	
普通預金	300	保険積立金	250
		雑収入	50

従業員の給料から控除した生命保険料100万円から、集金事務手数料3%を控除した金額97万円を、保険会社へ普通預金から支払った。

借方		貸方	
預り金	100	普通預金	97
		雑収入	3

❷ 現金超過が生じた場合

現金の帳簿残高は10万円であったが、現金の実在高は11万円だった。

借方		貸方	
現金	1	現金過不足	1

期末になっても、上記の現金超過分の原因が判明しなかった。

借方		貸方	
現金過不足	1	雑収入	1

現金出納帳の帳簿残高と実在高が一致しない場合は、一時的に「現金過不足」勘定で処理をして、帳簿残高を現金の実在高に合わせます。後日、原因がわかったときに適正な勘定に振替えることになります。
ところが、会計期末になっても**原因が判明しない場合は、「雑収入」または「雑損失」勘定に振り替え**ます。

会計処理のポイントは?

- 「雑収入」の対象となる摘要は、広範囲にわたります。ただし、同じ摘要が頻繁に発生したり、金額が大きくなるような場合は、別途適切な勘定科目を設けることが好ましいです。

ざっそんしつ

雑損失

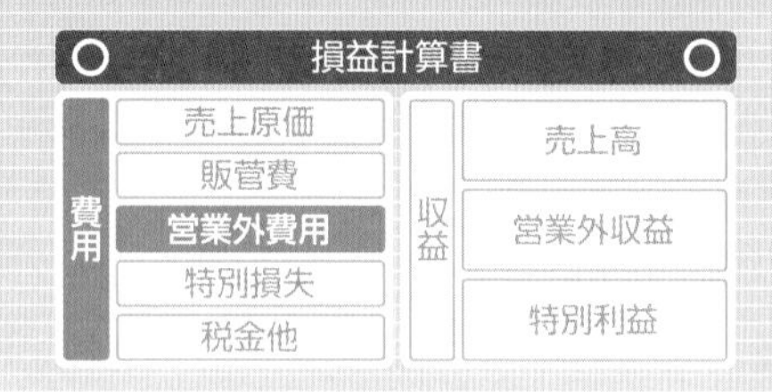

関連 現金 (P92)、雑費 (P344)

雑損失とは、**本業とは関係のない取引から生じる費用**で、かつ**金額上の重要性が乏しい雑多な項目**を一括して処理するための勘定科目です。例えば、税金の延滞料、罰金、盗難による損失、損害賠償金の支払い、現金不足分などがあります。

「雑損失」と似た勘定科目に、**「雑費」**があります。他の勘定科目に当てはまらない費用を処理しますが、**「雑損失」は本来の営業活動以外によって生じる費用**で、**「雑費」は本来の営業活動から生じた費用**（信用調査費用など）である点が異なります。

摘要

- 違約金支払い
- 科料支払い
- 過料支払い
- 現金不足分
- 社葬費用
- 速度超過罰金支払い
- 駐車違反罰金支払い
- 交通反則金支払い
- 損害賠償金支払い
- 盗難による損失
- 罰金支払い
- リース契約の解約金
- 補償金支払い
- 廃材処分による支払い
- 弁償費用

パターン別仕訳例

増加する場合

事務機器のリース契約を契約期間中に解除して、解約金10万円を普通預金から振り込んだ。

借方		貸方	
雑損失	10	普通預金	10

取引例
- 解約金や違約金などの支払い
- 罰金などの支払い
- 盗難による損失
- 現金不足分 等

減少する場合

雑損失として計上していた信用調査費用1万円を、雑費に振替えた。

借方		貸方	
雑費	1	雑損失	1

取引例
- 他勘定への振替
- 取消や修正 等

❶一般的な取引の場合

営業所で盗難が発生し、現金10万円が盗まれた。

借方		貸方	
雑損失	10	現金	10

顧客訪問中に営業車が駐車違反を犯し、罰金1万円を会社が負担した。

借方		貸方	
雑損失	1	現金	1

盗難による損失は、警察に届け出る必要があります。

税法上は、法人が納付する罰金、科料（軽い刑事罰）、過料（軽い行政罰）を損金に算入することはできません。また、会社が役員や従業員の交通反則金等を負担した場合、業務の遂行に関連するものであっても、税法上は損金とはなりません。業務の遂行以外のものである場合は、「役員報酬」や「給与手当」と見なされます。

罰金、科料、過料、交通反則金などは、「租税公課」で処理することもできます。

❷現金不足が生じた場合

現金の帳簿残高は10万円であったが、現金の実在高は9万円だった。

借方		貸方	
現金過不足	1	現金	1

期末になっても、上記の現金不足分の原因が判明しなかった。

借方		貸方	
雑損失	1	現金過不足	1

現金出納帳の帳簿残高と実在高が一致しない場合は、一時的に「現金過不足」勘定で処理をして、帳簿残高を現金の実在高に合わせます。後日、原因がわかったときに適正な勘定に振替えることになります。
ところが、会計期末になっても**原因が判明しない場合は、「雑収入」または「雑損失」勘定に振り替え**ます。

会計処理のポイントは？

- 販売費及び一般管理で表示される「雑費」とは異なり、「雑損失」は本業とは関係のない臨時的な支出かどうかで判断します。

しいれわりびき・うりあげわりびき

仕入割引・売上割引

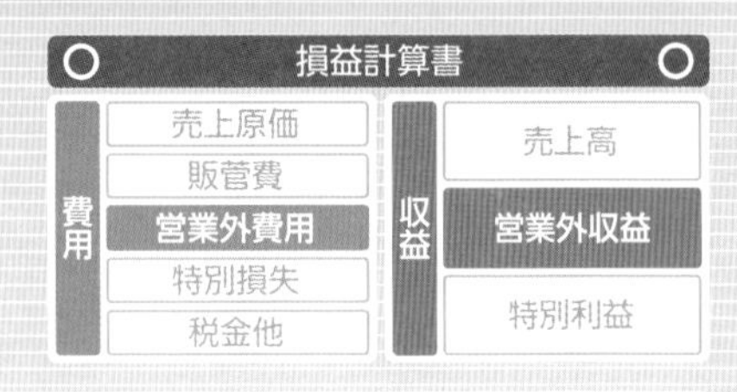

関連 売掛金 (P102)、買掛金 (P210)、売上高 (P272)、仕入高 (P274)

簡単に言うと、買掛金や売掛金などの早期決済に伴う利息に相当する、金融収益（仕入割引）や金融費用（売上割引）のことです。

仕入割引とは、買掛金などの仕入債務の代金を支払期日前に決済した場合に受ける**仕入代金の割引額**を処理する勘定科目です。

一方、**売上割引**とは、売掛金などの売上債権の代金の支払期日前に支払いを受けた場合に行う、**売上代金の一部免除額**を処理する勘定科目です。つまり、「売上割引」は、「仕入割引」を受けた相手方が使用する勘定科目です。

「仕入割引」や「売上割引」と似た取引として、品違いなどによる商品の**返品**、数量不足などによる**代金の値引き**、多量取引による**リベート**があります。「仕入割引」や「売上割引」とは、会計処理が異なります（右ページ「会計処理のポイントは？」を参照）ので、注意が必要です。

摘要

- 売上割引
- 売掛金の一部免除
- 売上債権の割引
- 仕入割引
- 買掛金の一部免除
- 仕入債務の割引

パターン別仕訳例

仕入割引の場合

仕入先から買掛金50万円の早期決済の要請を受けて、了承した。支払期日前に仕入割引額1万円を差し引いて現金で支払った。

借方		貸方	
買掛金	50	現金	49
		仕入割引	1

取引例 ●買掛金の早期決済 ●支払手形の早期現金決済 等

売上割引の場合

得意先へ売掛金50万円の早期入金を要請し、承諾をえた。得意先から支払期日前に売上割引額1万円を差し引いて、現金で支払いを受けた。

借方		貸方	
現金	49	売掛金	50
売上割引	1		

取引例 ●売掛金の早期回収 ●受取手形の早期現金回収 等

❶仕入代金を割り引いた場合

仕入先から買掛金100万円の早期決済の要請を受けて、支払期日前に仕入割引額5万円を差し引いて当座預金より支払った。

借方		貸方	
買掛金	100	当座預金	95
		仕入割引	5

「仕入割引」とは、代金の支払いを通常の場合よりも早期に行ったことによる**金融収益**と考えられます。よって、「仕入」勘定から直接控除せずに、**営業外収益**として計上します。

❷売上代金を割り引いた場合

当社の資金繰りの事情から、得意先へ売掛金100万円の早期入金を要請し、承諾を得た。その後すぐに得意先から、支払期日前に売上割引額5万円を差し引いて当座預金に入金された。

借方		貸方	
当座預金	95	売掛金	100
売上割引	5		

「売上割引」とは、代金の回収を通常の場合よりも早期に行ったことによる**金融費用**と考えられます。よって、「売上」勘定から直接控除せずに、**営業外費用**として計上します。

会計処理のポイントは？

- 仕入関連

①**仕入戻し**（仕入品の品質上の欠陥、損傷、品違いなどの理由により返品した額）

②**仕入値引**（仕入品の数量不足、品質不良により仕入代金から控除される額）

③**仕入割戻し**（多額多量の仕入に対する仕入代金の割戻し額、いわゆるリベート）は、それぞれの名称の勘定科目を設けて「仕入」から控除するために使用するか、実務上は**「仕入」から直接控除**することもできます。

- 売上関連

①**売上戻り**（売上品の品質上の欠陥、損傷、品違いなどの理由により返品された額）

②**売上値引**（売上品の数量不足、品質不良により売上代金から控除される額）

③**売上割戻し**（多額多量の仕入に対する売上代金の辺戻り額、いわゆるリベート）は、それぞれの名称の勘定科目を設けて「売上」から控除するために使用するか、実務上は**「売上」から直接控除**することもできます。

こていしさんばいきゃくえき（そん）

固定資産売却益（損）

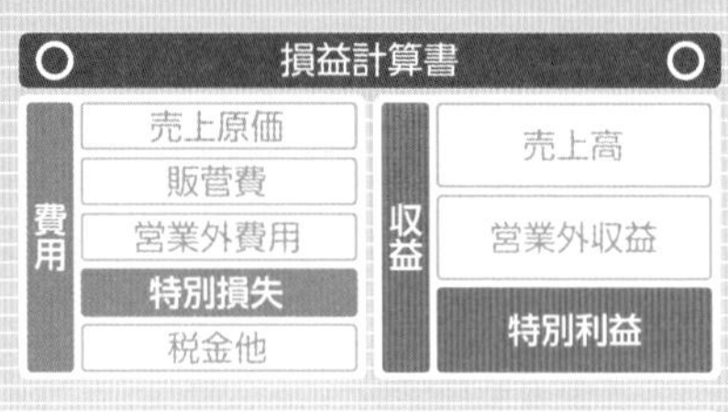

関連 有形固定資産（P154～169）、減価償却累計額（P174）、減価償却費（P332）、事業主借（P386）

固定資産売却益（損）とは、会社が保有する**固定資産を売却した場合**に、**売却価額と帳簿価額の差額**を処理する勘定科目です。保有する固定資産としては、土地、建物、機械、車両など、差額は利益もしくは損失となります。

固定資産の売却価額が帳簿価額を上回る場合は、貸方差額として**「固定資産売却益」**が計上されます。逆に、売却価額が帳簿価額を下回る場合は、借方差額として**「固定資産売却損」**が計上されます。

「固定資産売却益（損）」は、固定資産の種類や内容を示す名称をつけた勘定科目で表示するものとされています。ただし、その事項を勘定科目で表示することが難しい場合は、注記によることも認められています。

摘要

- 機械下取り益（損）
- 機械売却益（損）
- 自動車売却益（損）
- 車両売却益（損）
- 設備売却益（損）
- 装置売却益（損）
- 建物売却益（損）
- 土地売却益（損）
- 備品売却益（損）

パターン別仕訳例

売却益の場合

会社が保有していた土地1,000万円を1,200万円で売却し、代金が普通預金口座に入金された。

借方		貸方	
普通預金	1,200	土地	1,000
		固定資産売却益	200

取引例
- 固定資産の売却
- 固定資産の下取り 等

売却損の場合

会社が保有していた土地1,000万円を800万円で売却し、代金が普通預金口座に入金された。

借方		貸方	
普通預金	800	土地	1,000
固定資産売却損	200		

取引例
- 固定資産の売却
- 固定資産の下取り 等

❶簿価＜売却価額（売却益）の場合

期首に、取得原価200万円の機械（減価償却累計額120万円）を、100万円で売却し、引取費用5万円を差し引かれて代金が普通預金口座に入金された。

借方		貸方	
普通預金	95	機械装置	200
減価償却累計額	120	固定資産売却益	15

❷簿価＞売却価額（評価損）の場合

期首に、取得原価200万円の機械（減価償却累計額120万円）を60万円で売却し、引取費用5万円を差し引かれて代金が普通預金口座に入金された。

借方		貸方	
普通預金	55	機械装置	200
減価償却累計額	120		
固定資産売却損	25		

❸買い換えの場合

取得価額200万円、簿価50万円（減価償却累計額150万円）の本社で使用する車両を30万円で下取りにだし、新車250万円に買い替えた。代金は小切手で支払った。

借方		貸方	
当座預金	30	車両運搬具	200
減価償却累計額	150		
固定資産売却損	20		

借方		貸方	
車両運搬具	250	当座預金	250

車両を下取りに出して新車を購入した場合は、売却と購入の別個の取引として考えて処理します。

会計処理のポイントは？

- 固定資産の売却の際は、売却代金に消費税が課税（土地などを除く）されます。
- **個人事業者の固定資産売却**は、**事業所得ではなく譲渡所得**にあたるため、**「事業主借」**で処理します。

こていしさんじょきゃくそん

固定資産除却損

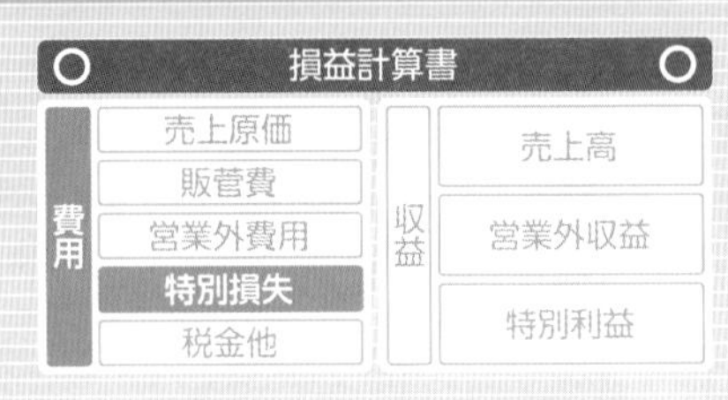

関連 有形固定資産（P154～167）、減価償却累計額（P174）、固定資産売却益（損）（P366）

固定資産除却損とは、会社が保有する**固定資産を除却したり、処分したりした際の損失額**を計上する勘定科目です。固定資産を廃棄処分することを、除却といいます。固定資産とは、建物、機械、備品などです。

次のような場合は、税法上、固定資産の解撤、破砕、廃棄等をしていない場合でも、帳簿上で、資産の帳簿価額からその処分見込価額を控除した金額を「固定資産除却損」として損金の額に算入することができます**（有姿除却）**。

- **使用を廃止**し、今後**通常の方法により事業の用に供する可能性がない**と認められる場合
- 特定の製品の生産のための専用金型等で、その**製品の生産の中止により将来使用される可能性のほとんどない**ことが、その後の状況等からみて明らかな場合

摘要

- 機械除却損
- 構築物除却損
- 自動車除却損
- 車両除却損
- 設備除却損
- 装置除却損
- 建物除却損
- 備品除却損
- 廃棄
- 滅失
- 廃車
- 取り壊し

パターン別仕訳例

増加する場合

使わなくなったコンピュータ（取得価額100万円、減価償却累計額70万円）を、廃棄処分した。

借方		貸方	
固定資産除却損	30	工具器具備品	100
減価償却累計額	70		

取引例 ●固定資産の除却　●固定資産の廃棄 等

減少する場合

備品（取得原価50万円、減価償却累計額40万円）を廃棄処分したつもりで除却処理していたが、実際には廃棄処分されていなかったことが判明し、会計処理を取り消した。

借方		貸方	
工具器具備品	50	固定資産除却損	10
		減価償却累計額	40

取引例 ●他勘定への振替　●取消や修正 等

❶ 廃棄処分時に取り壊し費用等が発生した場合

老朽化した倉庫（取得価額500万円、減価償却累計額400万円）を取り壊した。その際、取り壊し費用として50万円を当座預金から支払った。

借方		貸方	
減価償却累計額	400	建物	500
固定資産除却損	150	当座預金	50

固定資産を除却する際の取り壊し費用なども「固定資産除却損」に算入して処理します。

❷ 破棄処分時に引取料をもらった場合

老朽化した機械（取得価額100万円、減価償却累計額90万円）をスクラップ処分し、業者から現金1万円を受け取った。

借方		貸方	
現金	1	機械装置	100
減価償却累計額	90		
固定資産除却損	9		

廃棄処分することで出た廃材や鉄くず代として業者から代金を受け取った場合は、「固定資産除却損」から控除して処理します。また、業者から受け取った代金を「雑収入」で処理することもできます。

借方		貸方	
現金	1	機械装置	100
減価償却累計額	90	雑収入	1
固定資産除却損	10		

会計処理のポイントは？

- **個人事業者**が固定資産を**廃棄処分**した際に発生する**「固定資産除却損」は、経費**となります。しかし、個人事業者の固定資産を売却した際に発生する損失は、「固定資産売却損」ではなく「事業主借」で処理し、確定申告時に譲渡所得の計算に含めます。

とうしゆうかしょうけんばいきゃくえき（そん）

投資有価証券売却益（損）

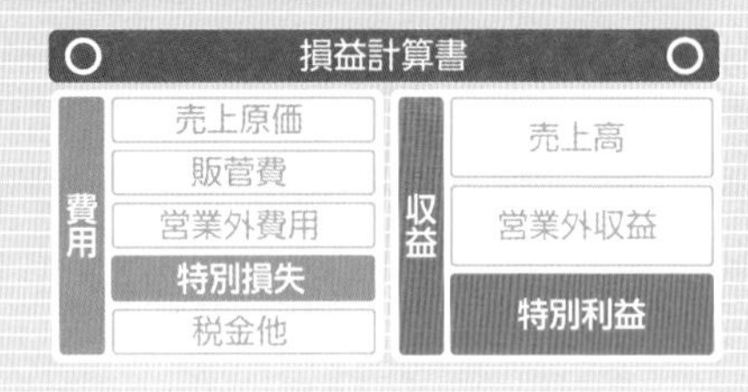

関連 投資有価証券（P186）、有価証券売却益（損）（P354）

投資有価証券売却益（損）とは、会社が**長期目的で保有する有価証券を売却した場合**に、**売却価額と帳簿価額の差額**を処理する勘定科目です。差額とは、儲けや損のことです。

売却価額が帳簿価額を上回る場合は、貸方差額として**「投資有価証券売却益」**が計上されます。対して、売却価額が帳簿価額を下回る場合は、借方差額として**「投資有価証券売却損」**が計上されます。

「投資有価証券売却益（損）」は、固定資産に表示されている子会社株式・関連会社株式やその他有価証券の売却に関するもので、流動資産に表示されている**売買目的で保有する有価証券**の売却に関するものは**「有価証券売却益（損）」**として営業外収益・営業外費用に計上されます。

摘要

- 株式売却益（損）
- 関連会社株式売却益（損）
- 子会社株式売却益（損）
- その他有価証券売却益（損）
- 投資有価証券売却益（損）

パターン別仕訳例

売却益の場合

関連会社株式（帳簿価額100万円）を売却価額120万円で売却し、代金が普通預金口座に入金された。

借方		貸方	
普通預金	120	関連会社株式	100
		投資有価証券売却益	20

取引例
- 売買目的以外の有価証券の売却
- 子会社株式・関連会社株式の売却 等

売却損の場合

関連会社株式（帳簿価額100万円）を売却価額80万円で売却し、代金が普通預金口座に入金された。

借方		貸方	
普通預金	80	関連会社株式	100
投資有価証券売却損	20		

取引例
- 売買目的以外の有価証券の売却
- 子会社株式・関連会社株式の売却 等

❶ 簿価＜売却価額（売却益）の場合

売買目的以外で保有していた200万円を300万円で売却し、手数料5万円を差し引かれて普通預金口座に入金された。

借方		貸方	
普通預金	295	投資有価証券	200
		投資有価証券売却益	95

証券会社を通して有価証券を売却する場合、一般的に売買委託手数料が差し引かれて送金されるので、「投資有価証券売却益（損）」は売買委託手数料を差し引いて（含めて）計上します。

❷ 簿価＞売却価額（売却損）の場合

売買目的以外で保有していた有価証券300万円を200万円で売却し、手数料5万円を差し引かれて普通預金口座に入金された。

借方		貸方	
普通預金	195	投資有価証券	300
投資有価証券売却損	105		

❸ 約定日に損益を認識する場合

売買目的以外で保有していた有価証券300万円を200万円で売却し、手数料5万円を差し引かれて普通預金口座に入金された。

約定日（売却日）

借方		貸方	
未収金	195	投資有価証券	300
投資有価証券売却損	105		

受渡日

借方		貸方	
普通預金	195	未収金	195

従来、有価証券の売却損益は受渡日でしたが、原則、約定日に変更されました。

会計処理のポイントは?

- 投資有価証券の売却は、消費税法上、非課税ですが、売買委託手数料は課税となります。

ぜんきそんえきしゅうせいえき（そん）

前期損益修正益（損）

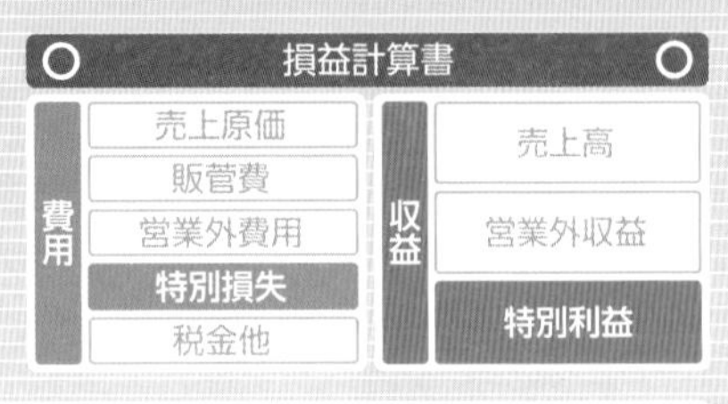

関連 売掛金（P102）、商品（P114）、減価償却累計額（P174）、貸倒損失（P338）、貸倒引当金戻入（P374）

前期損益修正益（損）とは、簡単に言うと、前期以前に計上された収益や費用を修正することによって発生する、収益の額や損失の額のこと。

過年度の損益にすべきであった事項がある場合、前期の決算書は既に確定しているので、**当期の決算書を修正**するための勘定科目です。

「前期損益修正益（損）」は、**特別損益の区分に計上**されます。なぜなら、前期までの経常損益に計上するべき損益を、当期の経常損益に含めてしまうと、**当期の経常損益が適正に表示できなくなるから**です。なお、特別損益に属する項目でも、金額が僅少なものや毎期経常的に発生するものは、経常損益の区分に含めることもできます。

摘要

- 過年度売上高修正益（損）
- 過年度会計修正益（損）
- 過年度減価償却超過額修正益
- 過年度減価償却不足額修正損
- 過年度商品棚卸修正益（損）
- 過年度引当金修正益（損）
- 棚卸資産評価額修正益（損）
- 償却債権取立益（損）

パターン別仕訳例

売却益の場合

前期の決算後、固定資産の減価償却費100万円が過大に計上されていることが判明した。

借方		貸方	
減価償却累計額	100	前期損益修正益	100

取引例
- 過年度の減価償却費の修正
- 過年度の引当金の修正
- 過年度の棚卸資産評価の修正 等

修正損の場合

前期の決算後、固定資産の減価償却費100万円が計上不足であることが判明した。

借方		貸方	
前期損益修正損	100	減価償却累計額	100

取引例
- 過年度の減価償却費の修正
- 過年度の引当金の修正
- 過年度の棚卸資産評価の修正 等

❶ 特別損失として処理する場合

前期の決算後、棚卸資産の実地棚卸高100万円分が過大に計上されていることがわかった。

借方		貸方	
前期損益修正損	100	期首商品棚卸高	100

前期の決算後、前期に計上された掛け売上100万円が、過大に計上されていることがわかった。

借方		貸方	
前期損益修正損	100	売掛金	100

❷ 特別利益として処理する場合

前期の決算後、棚卸資産の実地棚卸高100万円分が計上不足であることがわかった。

借方		貸方	
期首商品棚卸高	100	前期損益修正益	100

前期の決算後、前期に計上された掛け売上100万円が過少に計上されていることがわかった。

借方		貸方	
売掛金	100	前期損益修正益	100

過年度に貸倒損失として処理された債権100万円が、当期になって現金で回収された。

借方		貸方	
現金	100	前期損益修正益	100

過年度に「貸倒損失」として処理されていた債権が当期になって回収された場合、その回収金額を「前期損益修正益」で処理します。別途、**「償却債権取立益」の勘定科目**を使っても構いません。

会計処理のポイントは？

- 「企業会計原則（注解12）」では、前期損益修正の項目として、過年度の引当金の過不足の修正額、減価償却の過不足の修正額、棚卸資産評価の訂正額、償却済債権の取立額が例示されています。
- その他、実務上では、会計方針の変更、会計上の見積りの変更などがあった場合の前期の損益や、過年度の誤った処理の訂正に、「前期損益修正益（損）」の勘定科目を用います。
- 税務調査による修正申告や更正処分の結果を、当期の決算書に遡及修正する場合にも用います。

かしだおれひきあてきんもどしいれ

貸倒引当金戻入

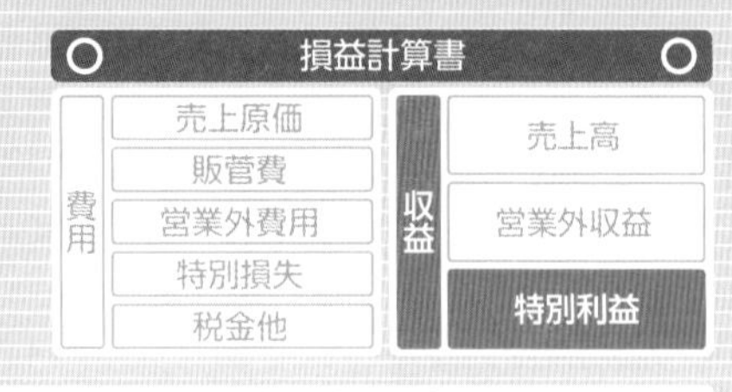

関連 貸倒引当金 (P146)、貸倒引当金繰入額 (P336)、前期損益修正益 (損) (P372)

貸倒引当金戻入益とは、簡単に言うと、前期末の貸倒引当金の残高を、今期末に収益として戻し入れるための勘定科目です。下記の2つのパターンがあります。

①貸倒引当金の前期繰越高の全額を収益に戻し入れる **(洗替処理)**

②貸倒引当金の前期繰越高が、当期の引当額を超えていた場合にその差額を戻し入れる **(差額処理)**

貸倒引当金の繰入方法には、①洗替処理と②差額処理とがあります。

①**洗替処理**:「貸倒引当金」の前期繰越高の全額を収益に戻し入れ、今期分を「貸倒引当金繰入額」として計上する方法です。

②**差額処理**:今期の「貸倒引当金」が前期繰越高を上回る場合には超過分を戻し入れ、下回るには不足分を「貸倒引当金繰入額」として計上する方法です。

摘要

・貸倒引当金洗替　・貸倒引当金戻入　・前期貸倒引当金戻入

パターン別仕訳例

増加する場合

前期末:売掛金に対して貸倒引当金10万円を計上した。

借方		貸方	
貸倒引当金繰入額	10	貸倒引当金	10

今期末:決算にあたり、前期末計上分の貸倒引当金10万円を全額戻し入れ、今期末の売掛金に対して貸倒引当金5万円を設定した。

借方		貸方	
貸倒引当金	10	貸倒引当金戻入	10
貸倒引当金繰入額	5	貸倒引当金	5

取引例 ●貸倒引当金洗替　●貸倒引当金戻入　●前期貸倒引当金戻入 等

「貸倒引当金」に期末残高がある場合は、前期の「貸倒引当金繰入額」が過大であったと考えられるので、「貸倒引当金戻入」は前期の修正として「前期損益修正益」の性格を持ちます。

❶ 洗替処理の場合

前期末計上分の貸倒引当金30万円を戻し入れ、今期末に売掛金に対して貸倒引当金50万円を繰り入れた（洗替処理した）。

前期末：

借方		貸方	
貸倒引当金繰入額	30	貸倒引当金	30

今期末：

借方		貸方	
貸倒引当金	30	貸倒引当金戻入	30
貸倒引当金繰入額	50	貸倒引当金	50

洗替処理の場合、「貸倒引当金」の前期繰越高の**全額を収益に戻し入れます。**

❷ 差額処理の場合

前期末計上分の貸倒引当金30万円を設定したが、今期末に売掛金に対して貸倒引当金10万円と設定した（差額処理した）。

前期末：

借方		貸方	
貸倒引当金繰入額	30	貸倒引当金	30

今期末：

借方		貸方	
貸倒引当金	20	貸倒引当金戻入	20

差額処理の場合、当期引当額（10）を前期末繰越高（30）を**超えていた場合**、その差額（20）を「貸倒引当金戻入」をして**収益計上**します。

会計処理のポイントは？

資本金1億円以下の中小企業に対する貸倒引当金の繰入限度額については、以下の法定繰入率と過去の貸倒実績率のいずれか多い繰入率を採用できます。

▼**法定繰入率**

卸・小売業（10/1,000）	割賦小売業（7/1,000）	製造業（8/1,000）
金融保険業（3/1,000）	その他の事業（6/1,000）	

- 過年度の貸倒損失として処理されていた債権が、当期になって回収された場合、その回収金額は**「償却債権取立益」**として処理します。

回収の見込みがないため、過年度において貸倒損失処理していた売掛金100万円のうち、10万円が普通預金に振り込まれた。

借方		貸方	
普通預金	10	償却債権取立益	10

そのたのとくべつそんえき

その他の特別損益

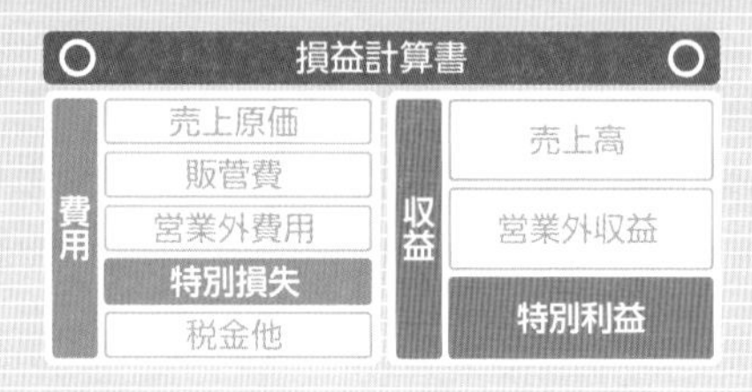

関連 ケース (P73)、有形固定資産 (P154～169)、減価償却累計額 (P174)

その他の特別損益とは、当期の損益のうち、経常的な損益に含めると、当期の経常的な経営成績を適正に表示しなくなる損益を処理する科目です。

特別損益の項目として処理するべき勘定科目には、前述の「固定資産売却益(損)」…「貸倒引当金戻入」の他、次のようなものがあります。

①債務免除益(さいむめんじょえき)

債務免除益とは、財政状態の著しい悪化に対して、取引先や役員等の債権者から受けた**債務の免除額**を計上するための勘定科目です。

摘要 ・買掛金債務免除 ・借入金債務免除 ・未払金債務免除 ・未回収債務免除

パターン別仕訳例

業績悪化に伴い、役員から借り入れた短期借入金100万円について債務免除を受けた。

借方		貸方	
短期借入金	100	債務免除益	100

②保険差益(ほけんさえき)

保険差益とは、**火災保険の金額**が、**火災による焼失した資産や火災の跡片付け費用などを上回った場合**、その**超過額を処理**するための勘定科目です。

摘要 ・焼失資産の保険差益

パターン別仕訳例

保険差益

火災により、倉庫(取得原価1,000万円、減価償却累計額500万円)と商品300万円が焼失した。それに伴う跡片付けの費用として、100万円を小切手で支払った。ただし、保険会社より保険金として1,500万円が当座預金に振り込まれた。

借方		貸方	
減価償却累計額	500	建物	1,000
当座預金	1,500	商品	300
		当座預金	100
		保険差益	600

③受贈益（じゅぞうえき）

受贈益とは、第三者から有形固定資産を**無償譲渡や低廉譲渡された場合**に、**時価との差額**を計上するための勘定科目です。

摘要			
	•広告宣伝用ケース	•広告宣伝用資産	•社名入り自動車
	•商品名入り陳列棚	•贈与商品	•贈与製品

パターン別仕訳例

受贈益

取引先から商品名の入った車両（時価150万円）を50万円で購入し、小切手で支払った。

借方		貸方	
車両運搬具	150	当座預金	50
		受贈益	100

④火災損失（かさいそんしつ）

火災損失とは、**火災により焼失した資産や火災の跡片付け費用**などで損害を受けた場合、その損害額を処理するための勘定科目です。

摘要	
	•焼失資産の損失

パターン別仕訳例

火災により、倉庫（取得原価1,000万円、減価償却累計額500万円）と商品300万円が焼失した。それに伴う跡片付けの費用として100万円を小切手で支払った。

借方		貸方	
減価償却累計額	500	建物	1,000
火災損失	900	商品	300
		当座預金	100

ほうじんぜいとう
法人税等

関連 仮払法人税等 (P152)、未払法人税等 (P246)、租税公課 (P330)、雑収入 (P360)

法人税等とは、**確定した当期の決算について会社が負担すべき法人税等の額**を処理するための勘定科目です。「法人税等」は、損益計算書の税引前当期純利益（損失）の次に表示します。

「法人税等」とは、決算において課税所得（≒会社の利益）を基準として計算された納付すべき税額の総称です。具体的には、**法人税**、**住民税**（道府県民税・市町村民税）、**事業税**（所得割）です。**「法人税、住民税及び事業税」**という科目を使うこともあります。

事業年度が6ヶ月を超える普通法人は、事業年度開始日以後6ヶ月を経過した日から2ヶ月以内に、税務署長に対し中間申告書を提出しなければなりません。なお、中間申告の方法としては、**前期の実績による予定申告**と、**仮決算による中間申告**があります。

遅くとも申告期限の1ヶ月前（事業年度開始日以後7ヶ月）までに、いずれの方法によるのかの選択が求められます。

摘要

・事業税　・住民税　・法人税

パターン別仕訳例

増加する場合

決算にあたり、法人税等の納付額100万円を計上した。

借方		貸方	
法人税等	100	未払法人税等	100

取引例
●法人税等の未納税額　●法人税等の予定納税額 等

減少する場合

中間決算において、中間申告により事業税10万円を納付したが、業績悪化により当期の事業税がゼロとなり、還付されることになり、普通預金に振り込まれた。

借方		貸方	
普通預金	10	法人税等	10

取引例
●中間納付額還付　●他勘定への振替　●取消や修正 等

❶中間納付・予定納付がない場合

決算にあたり、当期の法人税100万円、住民税20万円、事業税20万円を概算した。

借方		貸方	
法人税等	140	未払法人税等	140

上記の未払法人税等を現金で納付した。

借方		貸方	
未払法人税等	140	現金	140

「法人税等」は、その事業年度の終了時に納税義務が生じます。このため、**決算時に当期納税額を計算**して、**「法人税等（法人税・住民税及び事業税）」の科目で費用計上**します。しかし、納付期限は決算日から２ヶ月後ですので、**納付までの期間、「未払法人税等」として計上**します。

❷中間納付・予定納付がある場合

決算にあたり、当期の法人税100万円、住民税20万円、事業税20万円を概算した。なお、仮払法人税等として計上した中間納付額は80万円である。

借方		貸方	
法人税等	140	仮払法人税等	80
		未払法人税等	60

上記の未払法人税等を、現金で納付した。

借方		貸方	
未払法人税等	60	現金	60

１年決算の法人が、中間申告や予定申告で納付した法人税等を処理する科目が「仮払法人税等」です。

「仮払法人税等」として計上した中間納付額がある場合は、当期の負担すべき税額から中間納付額を控除した金額を**「未払法人税等」**として計上します。

会計処理のポイントは？

- 税務調査などで税額が増加した場合、税金を追加して納付します。その際に課される過少申告加算税などは、「租税公課」で処理します。他方、税額が減少した場合、税金が還付されます。その際に付されることのある還付金等は、「雑収入」で処理します。

ほうじんぜいとうちょうせいがく

法人税等調整額

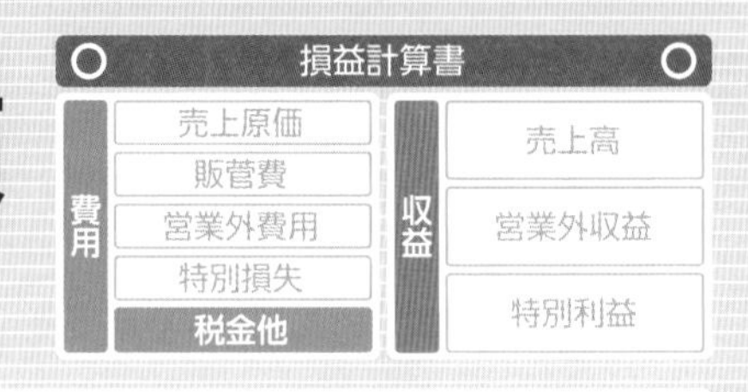

関連 繰延税金資産 (P148)、繰延税金負債 (P240)

＊利益に対して、プラスに働く場合もマイナスに働く場合もあります。

法人税等調整額とは、**税効果会計の適用によって生じる税効果額**で、**将来減算一時差異**や**将来加算一時差異**にかかる法人税等相当額を処理する勘定科目です。会計上と税法上のアンバランスを解消するため、法人税、住民税、事業税の額を調整する項目です。

将来減算一時差異（会計と税務上の差異が将来に解消する時、課税所得を減少させる効果を持つもの）にかかる法人税等相当額として計上される**「繰延税金資産」**と、将来加算一時差異（会計と税務上の差異が将来に解消する時、課税所得を増加させる効果を持つもの）にかかる法人税等相当額として計上される**「繰延税金負債」**の相手勘定として使われます。

税効果会計とは、会計と税務の間における収益と益金、費用と損金の認識時点の違いや会計上の資産・負債の額と税法上の資産・負債の額に相違がある場合、**課税所得（税法）から計算された法人税等の額を、会計上の利益計算の考え方に調整する**ために、適切に期間配分するための会計処理です。

摘要

- 貸倒引当金の計上（損金不算入）
- 税務上の特別償却準備金の計上
- 利益処分方式による減価償却資産の圧縮記帳
- 賞与引当金の計上（損金不算入）
- 棚卸資産評価損の計上（損金不算入）
- 有価証券評価差額の計上

パターン別仕訳例

増加する場合

決算において、将来加算一時差異100万円が認識された。なお、実効税率は40%であった。

借方		貸方	
法人税等調整額	40	繰延税金負債	40

取引例
- 利益処分方式による減価償却資産の圧縮記帳などによる将来加算一時差異の発生
- 貸倒引当金の計上などの将来減算一時差異の解消 等

減少する場合

決算において、将来減算一時差異100万円が認識された。なお、実効税率は40%であった。

借方		貸方	
繰延税金資産	40	法人税等調整額	40

取引例
- 利益処分方式による圧縮記帳を実施した資産の売却などの将来加算一時差異の解消
- 貸倒引当金の計上などの将来減算一時差異の発生 等

❶繰延税金資産の計上の場合

決算において、棚卸資産1,000万円に関して、税務上は損金算入されなかった棚卸資産の評価損100万円が生じ、将来減算一時差異が認識された。なお、実効税率は40%であった。

借方 繰延税金資産	40	貸方 法人税等調整額	40

将来減算一時差異が生じる場合は、「会計上の資産の額<税法上の資産の額」または「会計上の負債の額>税務上の負債の額」となります。例えば、上記のケースでは、「会計上の資産の額（1,000 － 100）<税法上の資産の額（1,000）」です。

繰延税金資産の金額は、将来減算一時差異に、回収が行われると見込まれる期の法定実効税率を乗ずることで計算されます。

将来減算一時差異100万円×実効税率40%＝40万円

なお、法定実効税率は次の算式で計算されます。

法定実効税率＝｛法人税率×（1＋住民税率）＋事業税率｝÷（1＋事業税率）

❷繰延税金資産の取崩の場合

前期末に、税務上は損金算入されなかった棚卸資産の評価損100万円のうち、半分を廃棄処分したため、税務上損金算入が認められた。なお、実効税率は40%であった。

借方 法人税等調整額	20	貸方 繰延税金資産	20

会計と税務上の一時差異が解消した場合、それに対応して計上していた「繰延税金資産」を取崩し、相手勘定として「法人税等調整額」を借方に計上します。

繰延税金資産20万円＝評価損100万円÷2×実効税率40%

会計処理のポイントは?

- 税効果会計の対象となる税金は、利益に関する金額を課税標準とする法人税、住民税、事業税（所得割）です。消費税などは対象となりません。

第8章

Account Title and Journalizing Dictionary

個人事業者の固有項目

じぎょうぬしかし

事業主貸

関連 事業主借 (P386)、元入金 (P388)

事業主貸とは、**個人事業**を営んでいる場合に、**事業の中からその個人事業主に生活費などの資金を支出**した際に会計処理する勘定科目です。いわゆる**個人事業主に対する貸付**を意味する科目です。

「事業主貸」で処理するものは、商売に関係なく事業主に支出された額です。事業の必要経費にできない生活費、所得税・住民税等の立替払額、支払い時に天引きされた源泉税、国民年金の支払いなどがあります。

個人事業の場合は、事業とプライベートの区分が重要です。

多くの場合、事業としての金銭の出し入れと、個人の生活としての金銭の出し入れが一緒になってしまいがちです。そこで、「事業主貸」や**「事業主借」**(P386) の勘定科目を利用して、**会計上、事業と個人生活の金銭の動きを区分**します。

摘要

- 家事消費
- 家事消費分の減価償却費
- 家事消費分の地代家賃
- 個人住民税
- 個人所得税
- 事業主の立替払い
- 生活費の支払い
- 天引きされた源泉税
- 有価証券の購入
- 国民健康保険料の支払い
- 国民年金保険料の支払い

パターン別仕訳例

増加する場合

事業用の普通預金から、健康保険料5万円が引き落とされた。

借方		貸方	
事業主貸	5	普通預金	5

取引例
- 家事消費
- 家事消費分の減価償却費や地代家賃
- 個人住民税、個人所得税などの支払い
- 事業主の立替払い
- 生活費の支払い
- 事業主への貸付 等

減少する場合

決算にあたり、事業主貸の残高50万円と事業主借の残高50万円を相殺した。

借方		貸方	
事業主借	50	事業主貸	50

取引例
- 事業主借との相殺
- 元入金との相殺 等

❶計上する場合

生活費の支払い：生活費として、事業用の普通預金から20万円を引き出した。

借方		貸方	
事業主貸	20	普通預金	20

税金の支払い：事業主の所得税50万円を現金で納付した。

借方		貸方	
事業主貸	50	現金	50

建築費の按分：店舗兼住居の建物を建築して、現金1,000万円を支払った。床面積の利用割合は、店舗60%である。

借方		貸方	
建物	600	現金	1,000
事業主貸	400		

個人事業者の**必要経費にできる税金**は、①事業税、②消費税、③自動車税、④固定資産税、⑤不動産取得税、⑥印紙税等で、租税公課などの勘定で処理します。一方、事業主の①所得税、②住民税、③社会保険料、④延滞税などは、必要経費にできません。

店舗や事務所と兼用の住宅は、固定資産税、登録免許税、不動産取得税なども**事業分の床面積で按分して必要経費を計算**します。

❷相殺する場合

決算にあたり、事業主貸の残高100万円と事業主借の残高50万円と相殺した。

借方		貸方	
事業主借	50	事業主貸	100
元入金	50		

期末には、「事業主貸」と「事業主借」は相殺して、**「元入金」に振替え**ます。

会計処理のポイントは？

- 店舗や事務所と住宅を兼用している場合は、「水道光熱費」、「地代家賃」なども使用割合や床面積で按分します。事業用は経費として、個人用は「事業主貸」として処理します。また、携帯電話などの「通信費」なども、事業用と個人用に按分します。

じぎょうぬしかり

事業主借

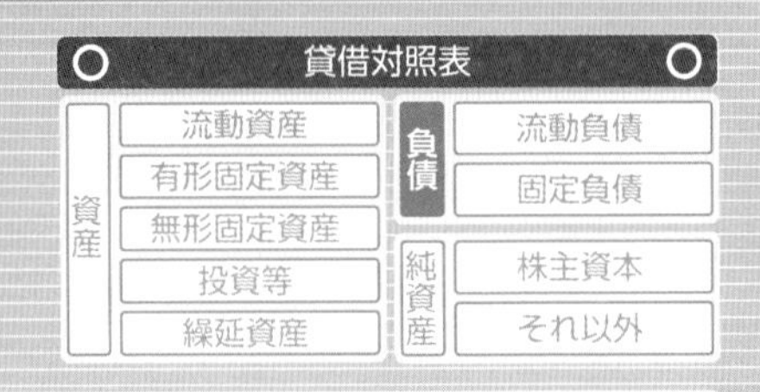

関連 事業主貸 (P384)、元入金 (P388)

事業主借とは、**個人事業**を営んでいる場合に、**個人事業主から事業資金を受け入れたり**、事業に関係のない**事業所得以外の収入を事業に受け入れた際**に会計処理する勘定科目です。いわゆる個人事業主からの借入れを意味する科目です。

「事業主借」で処理するものは、事業主からの一時的な借入、預貯金の利息、配当金、有価証券売却益などがあります。

個人事業の場合は、事業とプライベートの区分が重要です。

多くの場合、事業としての金銭の出し入れと、個人の生活としての金銭の出し入れが一緒になってしまいがちです。そこで、**「事業主貸」**(P384) や「事業主借」の勘定科目を利用して、**会計上、事業と個人生活の金銭の動きを区分**します。

摘要

- 受取配当金
- 貸付金利息
- 株式配当金
- 現金補充
- 個人資金拠出
- 社債利息
- 収益分配金
- 出資配当金
- 中間配当金
- 通知預金利息
- 定期預金利息
- 手形割引料受取
- 投資信託収益分配金
- 配当金
- 普通預金利息
- 保険契約者配当金
- 満期利息
- 有価証券売却益
- 有価証券利息
- 郵便貯金利息
- 個人カードでの支払

パターン別仕訳例

増加する場合

事務所用のイスを1万円で購入し、代金をプライベート用のカードで支払った。

借方		貸方	
消耗品費	1	事業主借	1

取引例 ●事業主からの現金補充 ●預貯金の利息 ●個人資金の拠出 ●配当金 等

減少する場合

決算にあたり、事業主貸の残高50万円と事業主借の残高50万円を相殺した。

借方		貸方	
事業主借	50	事業主貸	50

取引例 ●事業主貸との相殺 ●元入金への振替 等

❶ 事業主からの借入の場合

事業主からの借入：事業資金が不足しているので、事業主が普通預金口座に資金100万円を振り込んで貸し付けた。

借方		貸方	
普通預金	100	事業主借	100

事業外の収入：事業用の普通預金利息1万円が入金された。なお、源泉税等は控除されている。

借方		貸方	
普通預金	1	事業主借	1

事業用の預金に対する利息は、源泉分離課税で課税が終了します。

事業用資産の売却：事業用自動車（取得原価100万円、減価償却累計額40万円）を80万円で売却し、代金が事業用の普通口座に振り込まれた。

借方		貸方	
普通預金	80	車両運搬具	100
減価償却累計額	40	事業主借	20

事業主への返済：余裕資金ができたので、事業主へ現金50万円を返済した。

借方		貸方	
事業主借	50	現金	50

❷ 相殺する場合

決算にあたり、事業主借の残高50万円と事業主借の残高100万円を相殺した。

借方		貸方	
事業主借	50	事業主貸	100
元入金	50		

期末には、「事業主貸」と「事業主借」は相殺して、**「元入金」に振替え**ます。

会計処理のポイントは?

- 事業用資産の売却は、事業所得でなく譲渡所得になりますので、売却益の場合は「事業主借」で、売却損の場合は「事業主貸」で処理します。

もといれきん
元入金

貸借対照表			
資産	流動資産	負債	流動負債
	有形固定資産		固定負債
	無形固定資産	純資産	株主資本
	投資等		それ以外
	繰延資産		

関連 関連ページ:ケース (P66,67)、開業費 (P198)、事業主貸 (P384)、事業主借 (P386)

元入金とは、個人事業者が**個人事業を始めるにあたって拠出した事業資金**を計上する勘定科目です。翌年度以降は、事業主が事業のために拠出している年初の金額 (年初の資産の総額から負債の総額を控除した額) を表します。

簡単に言うと事業の元手資金のことで、得た儲けにより変動するため、会社で言う純資産に近いものとなります。

「元入金」は開業時における個人事業主の出資金で、会社の「資本金」に相当します。ただし、資本金は増資や減資といった手続きをしないと増減しませんが、「元入金」は**事業で得た儲けなどが翌年度以降には加減算される**ため、**毎年、変動**します。

よって、事業が継続していく中では、会社の資本金というよりも**純資産の部 (資本金、剰余金) に相当する勘定科目**と捉えたほうが適切です。

摘要

- 開業資金の拠出
- 個人事業資金
- 事業開始資金
- 年度末振替
- 事業主借との相殺
- 事業主貸との相殺

パターン別仕訳例

増加する場合

個人事業を始めるにあたって、元手として現金100万円を新規事業用の普通預金口座に入金した。

借方		貸方	
普通預金	100	元入金	100

取引例
- 事業資金の払い込み
- 事業資金の拠出
- 青色申告特別控除前所得の振替
- 事業主借との相殺 等

減少する場合

年末に事業主貸50万円と元入金を相殺した。

借方		貸方	
元入金	50	事業主貸	50

取引例
- 事業主貸との相殺 等

❶ 事業の開始の場合

個人事業を開始するにあたり、新規に普通預金口座を開設し、1,000万円を入金した。

借方		貸方	
普通預金	1,000	元入金	1,000

個人事業を始めるため、手持ち資金100万円を事業用に開設した普通預金に預け入れた。その他、開業準備のための広告宣伝費などの開業費25万円がかかっている。

借方		貸方	
普通預金	100	元入金	125
開業費	25		

❷ 事業主貸・事業主借と相殺する場合

年末に事業主貸300万円と事業主借500万円を相殺して、元入金に振替えた。

借方		貸方	
事業主借	500	事業主貸	300
		元入金	200

年末に事業主貸500万円と事業主借300万円を相殺して、元入金に振替えた。

借方		貸方	
事業主借	300	事業主貸	500
元入金	200		

「元入金」は、期首に資産総額から負債総額を引いた金額になるので、期中には変化しません。各期の事業主貸と事業主借は、年末に相殺して**「元入金」に振替処理**します。

「元入金」は利益の変動によって変化します。よって、翌期首の「元入金」は次の式で表わされます。

翌期首「元入金」=前期末「元入金」+青色申告特別控除前所得+「事業主借」−「事業主貸」

会計処理のポイントは?

- **青色申告特別控除**とは、個人事業者が正規の簿記の原則(複式簿記)により、貸借対照表と損益計算書を作成し、青色申告で所得税を確定申告する場合に、最高65万円を所得から控除できる制度のことです。
- 「元入金」は、青色申告をする個人事業者の貸借対照表科目になります。

じかしょうひ
自家消費

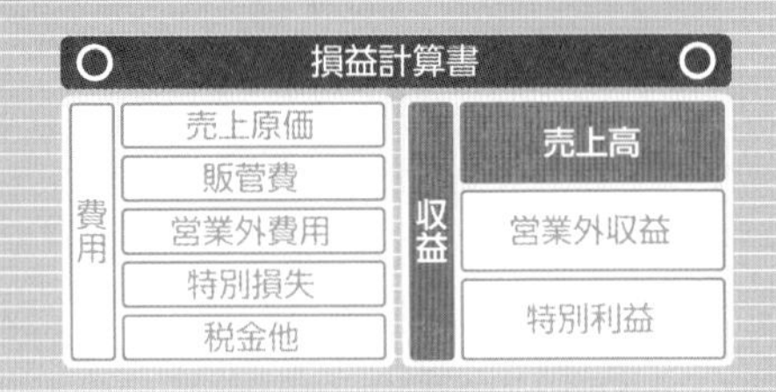

関連 関連ページ:売上高(P272)、事業主貸(P384)

自家消費とは、個人事業者が、商品などの棚卸資産を家事のために消費したり、贈与したり、事業の広告宣伝用や得意先などへの中元・お歳暮などに使用したりした金額を、「売上」として処理するための勘定科目です。

「自家消費」の他、「家事消費等」や「事業用消費」といった勘定科目を使用することもあります。

家事用に消費した分や贈与した「自家消費」は、**「売上高」を構成**します。**青色申告書**の**「月別売上(収入)金額及び仕入金額」**のフォーマット上では、月別売上(収入)に加えるものとして**「家事消費等」**の欄が設けられています。

ただし、家事用に消費した分などを、その都度、「売上高」に計上して処理している場合は、特に「自家消費」の勘定科目を設けなくても構いません。

摘要

- 家事消費
- 事業用資産の自家消費
- 商品の自家消費
- 商品贈与
- 商品贈答
- 棚卸資産の自家消費
- 製品贈与
- 製品贈答
- 製品の自家消費

パターン別仕訳例

増加する場合

個人事業者が店で扱う商品(仕入価額1万円)を、親戚に引っ越し祝いとして送った。

借方		貸方	
事業主貸	1	自家消費	1

取引例
- 家事消費
- 棚卸資産の贈与/贈答 等

減少する場合

店の商品を得意先へ贈与した際、自家消費として1万円を計上して処理したが、売上に振替えた。

借方		貸方	
自家消費	1	売上	1

取引例
- 他勘定への振替
- 取消や修正 等

❶ 原価で計上する場合

個人事業者が店で扱う商品（仕入価額1万円）を、自分用に使用した。

借方		貸方	
事業主貸	1	自家消費	1

個人事業者が店で扱う商品（仕入価額1万円）を、得意先へのお中元として使用した。

借方		貸方	
事業主貸	1	自家消費	1

家事用に消費した分や贈答した分は、「売上高」に計上します。その際、貸方に「自家消費」、借方に「事業主貸」の勘定科目を用います。

❷ 販売価額の70%で計上する場合

個人事業者が店で扱う定価10万円の商品（仕入価額5万円）を、取引先に事業の広告宣伝用として贈与した。

借方		貸方	
事業主貸	7	自家消費	7

個人事業者が定価10万円の商品（仕入価額5万円）を、取引先に現金5万円で販売した。

借方		貸方	
現金	5	売上	5
事業主貸	2	自家消費	2

所得税法では、**家事消費額の算定**は、その商品の仕入価額以上で、通常の販売価格の70%以上の金額を用います。つまり、**商品の仕入価額以上**、もしくは**通常の販売価格の70%以上**のどちらか**高いほう**を計上することができます。

仕入価額5万円　<　販売価額10万円×70%

会計処理のポイントは？

- 個人事業者が棚卸資産などを家事のために消費・使用した場合、その時の時価に相当する金額が課税標準として消費税が課税されます。
- ただし、棚卸資産を自家消費した場合、その棚卸資産の仕入価額以上の金額で、かつ、その棚卸資産の通常他に販売する価額の、おおむね50%以上に相当する金額を対価の額として消費税額を計算したときは、その金額で課税されます。

せんじゅうしゃきゅうよ

専従者給与

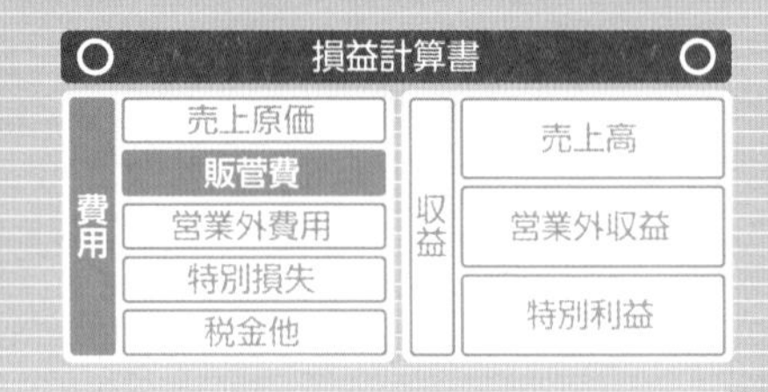

関連 関連ページ:給与手当(P284)、事業主貸(P384)

専従者給与とは、**青色申告の個人事業者が青色事業専従者(いわゆる家族従業員)の給料として支払った金額**を処理する勘定科目です。「専従者給与」は、**青色事業専従者給与の特例**を受けている個人事業者の場合にでてくる勘定科目です。

法人が支払う給与であれば事業の経費となりますが、税法上、個人事業者が家族従業員に対して支払う給与は、原則として必要経費にはなりません。

しかし、個人事業者が**青色申告者の場合**、一定の要件の下で、個人事業者が家族従業員に実際に支払った給与の額を「専従者給与」として、必要経費として処理できます。これを、**青色事業専従者給与の特例**といいます。

摘要

- 夫給与 ・家族給与 ・親族給与 ・専従者給与 ・父給与 ・妻給与 ・配偶者給与
- 母給与 ・息子給与 ・娘給与 ・家族従業員給与

パターン別仕訳例

増加する場合

青色事業専従者である配偶者に、今月分の給与5万円を現金で支払った。

借方		貸方	
専従者給与	5	現金	5

取引例
- 専従者の給与 ・家族従業員の給与 等

減少する場合

友人に対する今月分の給与5万円を「専従者給与」として処理していたので、「給与手当」に振替えた。

借方		貸方	
給与手当	5	専従者給与	5

取引例
- 他勘定への振替 ・取消や修正 等

❶税務署に提出した専従者給与の範囲内の場合

青色事業専従者である家族に、今月分の給与30万円について、源泉徴収税3万円を差し引いて現金で支払った。

借方		貸方	
専従者給与	30	現金	27
		預り金	3

青色申告者には、青色事業専従者給与の特例があります。青色事業専従者給与として認められる要件は、次のとおりです。

（1）青色申告者と生計を一にする配偶者その他の親族や、その年の12月31日現在で年齢が15歳以上の親族に支払われた給与であること。ただし、その年を通じて6月を超える期間（一定の場合には事業に従事することができる期間の2分の1を超える期間）、その青色申告者の営む事業に専ら従事していること。
（2）青色事業専従者給与を支払う年の3月15日までに、「青色事業専従者給与に関する届出書」を所轄の税務署長に提出していること。
（3）届出書に記載されている方法により、記載されている金額の範囲内で支払われたものであること。
（4）青色事業専従者給与は、労務の対価として相当であると認められる金額であること。

❷税務署に提出した専従者給与の範囲を超える場合

青色事業専従者である配偶者に、歩合給40万円について、源泉徴収税4万円を差し引いて現金で支払った。ただし、税務署には配偶者の専従者給与は月30万円と提出してある。

借方		貸方	
専従者給与	30	現金	36
事業主貸	10	預り金	4

税務署に提出した専従者給与を超える金額は、必要経費とは認められません。

会計処理のポイントは？

- 青色申告専従者に対する給与のうち、労務の対価として過大とされる部分は必要経費とは認められません。

第9章

Account Title and Journalizing Dictionary

公益法人の勘定科目

9-1 公益法人の決算書の仕組みはどうなっているのか?

変わる公益法人制度！

平成20年12月1日に、「公益法人改革関連法」が施行されました。これにより、平成25年11月30日までに全ての公益法人は新制度の法人へ移行することとなりました。従来の公益法人制度では、公益法人は社団法人と財団法人に分類されましたが、新たな公益法人制度では、登記により設立した一般社団法人と一般財団法人、また、公益性について内閣総理大臣等よりも認定を受けた公益社団法人、公益財団法人の4つの類型となります。

▼図9-1-1　公益法人の類型

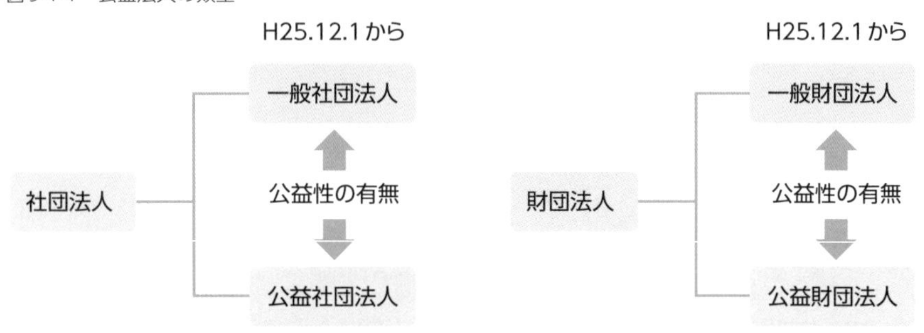

公益法人の決算書

公益法人は、決算書を作成することで、法人の「財政状態」と「運営状況」等の情報を法人の利害関係者に開示します。公益法人の決算書には、「一定時点現在にどれだけの財産があるのか（財政状態）」を表す**貸借対照表**（資産・負債・正味財産）や、「一定期間にどの程度うまく運営されたのか（運営状況）」を表す**正味財産増減計算書**（収益・費用）などがあります。

▼図9-1-2　公益法人の主な決算書

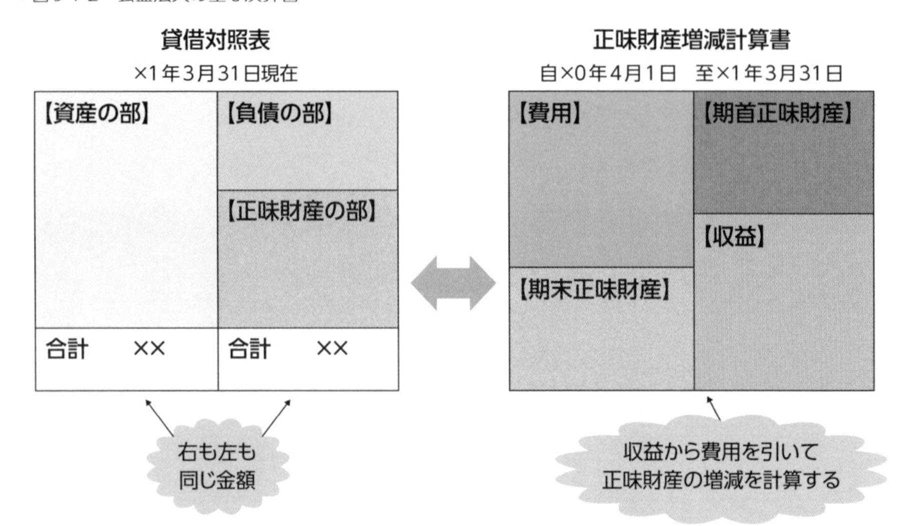

9-2 貸借対照表(B/S)の構造はどうなっているのか?

貸借対照表(B/S)の構成要素と基本構造

貸借対照表は、一定時点(決算日)の財政状態を表わす決算書です。貸借対照表は、企業会計の貸借対照表と同様、大きく資産と負債+正味財産の3つのパートから構成されます。

なお、決算書上、貸借対照表は資産、負債、正味財産の区分が、もう少し詳細に分類されます。

資産の分類

資産の部は、法人の弁済能力や換金能力の観点から、大きく流動資産、固定資産、に分類されます。

●流動資産

主に、1年以内に現金化(1年基準)されるであろう資産です。

●固定資産

主に、1年以内には現金化(1年基準)されないであろう資産です。そのうち、固定資産は、**基本財産、特定資産、その他固定資産**の、さらに3つの区分に分けられます。

【基本財産】

定款において基本財産と定められた資産です。外部関係者から基本財産として寄贈を受ける場合と、法人の運用財産を組み入れたりする場合があります。法人が事業を運営する上で重要な資産のため、他の固定資産とは区別して表示されます。

【特定資産】

特定の事業の実施や建物の取得などの、特定の目的のために使途、運用方法等に制約がある資産です。

【その他固定資産】

基本財産、特定資産に該当しない固定資産です。その他固定資産は、有形固定資産、無形固定資産、投資の、その他の資産に区分されます。

負債の分類

負債の部は、法人の返済期限の観点から、**流動負債、固定負債**の大きく2つに分類されます。

●流動負債

主に、1年以内に支払い(1年基準)されるであろう負債です。

●固定負債

主に、1年を超えて支払い(1年基準)されるであろう負債です。

正味財産の分類

正味財産の部は、資産の部の合計額から負債の部の合計額を控除した残額です。企業会計における純資産の部にあたります。**指定正味財産、一般正味財産、基金**の、大きく3つに分類されます。

●指定正味財産

寄付者等により、その使途に制約がある財産です。

●一般正味財産

正味財産のうち、指定正味財産と基金以外の財産です。

●基金

法人に拠出された金銭、その他の財産です。なお、法人と拠出者との間の合意によって、法人は返還義務を負います。

▼図9-2-1　貸借対照表のフォーマット

貸借対照表

×1年3月31日　現在

【資産の部】	【負債の部】
1. 流動資産	1. 流動負債
	2. 固定負債
2. 固定資産	【正味財産の部】
(1)基本財産	1. 基金
(2)特定資産	2. 指定正味財産
(3)その他固定資産	3.一般正味財産
資産合計	**負債・正味財産合計**

＊公益法人会計基準の運用指針（平成21年10月16日改正）によると、貸借対照表の主な勘定科目は以下の通りです。

【資産の部】

大科目	中科目
流動資産	現金預金、受取手形、未収会費、未収金、前払金、有価証券、貯蔵品
固定資産	
基本財産	土地、投資有価証券
特定資産	退職給付引当資産、○○積立資産
その他固定資産	建物、構築物、車両運搬具、什器備品、土地、建設仮勘定、借地権、電話加入権、敷金、保証金、投資有価証券、子会社株式、関連会社株式

【負債の部】

大科目	中科目
流動負債	支払手形、未払金、前受金、預り金、短期借入金、1年内返済予定長期借入金、賞与引当金
固定資産	長期借入金、退職給付引当金、役員退職慰労引当金、受入保証金

【正味財産の部】

大科目	中科目
基金	基金（うち基本財産への充当額）、基金（うち特定資産への充当額）
指定正味財産	国庫補助金、地方公共団体補助金、民間補助金、寄付金（うち基本財産への充当額）、寄付金（うち特定資産への充当額）
一般正味財産	代替基金、一般正味財産（うち基本財産への充当額）、一般正味財産（うち特定資産への充当額）

9-3 正味財産増減計算書の構造はどうなっているのか？

正味財産増減計算書の構成要素と基本構造

正味財産増減計算書とは、**一定期間（事業年度）の正味財産の増減状況を表す決算書**です。企業会計の損益計算書と同様、収益（正味財産の増加原因）から費用（正味財産の減少原因）を引いて、正味財産の増減を算出します。

正味財産増減計算書は、**一般正味財産増減の部**と、**指定正味財産増減の部**に区分されます。なお、基金を設定した場合には、さらに**基金の部**を設けます。

一般正味財産増減の部の区分

一般正味財産増減の部では、**当期一般正味財産増減額**が表示されます。一般正味財産増減の部は、経常増減の部と経常外増減の部に区分されます。

●経常増減の部の区分

経常増減の区分では、法人の通常の活動によって一般正味財産がどれだけ増減したかを表すことを目的とし、**当期経常増減額**を表示しています。

経常増減の区分では、当期の法人の経常的な活動から生じた経常収益と経常費用を記載して、当期の経常増減額を計算します。

経常収益とは、法人の目的たる事業活動から得られた収益です。これに対して、**経常費用**は、経常的な活動から生じる費用のことです。

正味財産増減計算書上では、経常費用として、事業の目的のために直接必要となる費用である事業費と、各種の事業を管理するため、また経常的に必要となる管理費が計上されます。

●経常外増減の区分

経常外増減の区分は、法人が通常以外の活動によって一般正味財産がどれだけ増減したかを表すことを目的とし、**当期経常外増減額**を表示しています。

●当期経常外増減額

経常外増減の区分では、臨時的に発生した損益や前期の損益の修正項目を表す経常外収益と経常外費用を記載して、**当期経常外増減額**を計算します。

経常外収益とは、臨時に発生した収益と前期損益の修正による収益です。これに対して、**経常外費用**とは、臨時に発生した費用と前期損益の修正による費用です。

指定正味財産増減の部の区分

指定正味財産増減の部では、**指定正味財産の増減額**が表示されます。

●指定正味財産の増減額

指定正味財産増減の区分では、当期の指定正味財産の増加額と減少額を記載して、当期の指定正味財産の増減額を計算します。

▼図9-3-1　正味財産増減計画書のフォーマット

正味財産増減計算書

自×0年4月1日　至×1年3月31日

Ⅰ 一般正味財産増減の部	1. 経常増減の部	経常収益 △経常費用 当期経常増減 …(a)
	2. 経常外増減の部	経常外収益 △経常外費用 当期経常外増減 …(b)
		当期一般正味財産増減額 …(a)＋(b) 一般正味財産期首残高 一般正味財産期末残高 …①
Ⅱ 指定正味財産増減の部		増加額 △減少額 当期指定正味財産増減額 指定正味財産期首残高 指定正味財産期末残高 …②
Ⅲ 正味財産期末残高		正味財産期末残高 …①+②
Ⅲ 基金増減の部		基金受入額 △基金返還額 当期基金増減額 基金期首残高 基金期末残高 …③
Ⅳ 正味財産期末残高		正味財産期末残高 …①+②+③

＊公益法人会計基準の運用指針（平成21年10月16日改正）によると正味財産増減計算書の主な勘定科目は以下の通りです。

【一般正味財産増減の部】

大科目	中科目
経常収益	
基本財産運用益	基本財産受取利息、基本財産受取配当金、基本財産受取賃借料
特定資産運用益	特定資産受取利息、特定資産受取配当金、特定資産受取賃借料
受取入会金	受取入会金
受取会費	正会員受取会費、特別会員受取会費、賛助会員受取会費
事業収益	○○事業収益
受取補助金等	受取国庫補助金、受取地方公共団体補助金、受取民間補助金、受取国庫助成金、受取地方公共団体助成金、受取民間助成金、受取補助金等振替額
受取負担金	受取負担金、受取負担金振替額
受取寄付金	受取寄付金、募金収益、受取寄付金振替額
雑収益	受取利息、有価証券運用益、雑収益
経常費用	

事業費	給与手当、臨時雇用賃金、退職給付費用、福利厚生費、旅費交通費、通信運搬費、減価償却費、消耗什器備品費、消耗品費、修繕費、印刷製本費、燃料費、光熱水料費、賃借料、保険料、諸謝金、租税公課、支払負担金、支払寄付金、委託費、有価証券運用損、雑費
管理費	役員報酬、給与手当、退職給付費用、福利厚生費、会議費、旅費交通費、通信運搬費、減価償却費、消耗什器備品費、消耗品費、修繕費、印刷製本費、燃料費、光熱水料費、賃借料、保険料、諸謝金、租税公課、支払負担金、支払寄付金、支払利息、雑費
基本財産評価損益等	基本財産評価損益等
特定資産評価損益等	特定資産評価損益等
投資有価証券評価損益等	投資有価証券評価損益等
経常外収益	
固定資産売却益	建物売却益、車両運搬具売却益、什器備品売却益、土地売却益、借地権売却益、電話加入権売却益
固定資産受贈益	土地受贈益、投資有価証券受贈益
経常外費用	
固定資産売却損	建物売却損、車両運搬具売却損、什器備品売却損、土地売却損、借地権売却損、電話加入権売却損
固定資産減損損失	土地減損損失、投資有価証券減損損失
災害損失	災害損失
他会計振替額	

【指定正味財産増減の部】

大科目	中科目
受取補助金等	受取国庫補助金、受取地方公共団体補助金、受取民間補助金、受取国庫助成金、受取地方公共団体助成金、受取民間助成金
受取負担金	受取負担金
受取寄付金	受取寄付金
固定資産受贈益	土地受贈益、投資有価証券受贈益
基本財産評価益	基本財産評価益
特定資産評価益	特定資産評価益
基本財産評価損	基本財産評価損
特定資産評価損	特定資産評価損
一般正味財産への振替額	一般正味財産への振替額

【基金増減の部】

大科目	中科目
基金受入額	基金受入額
基金返還額	基金返還額

きほんざいさん

基本財産

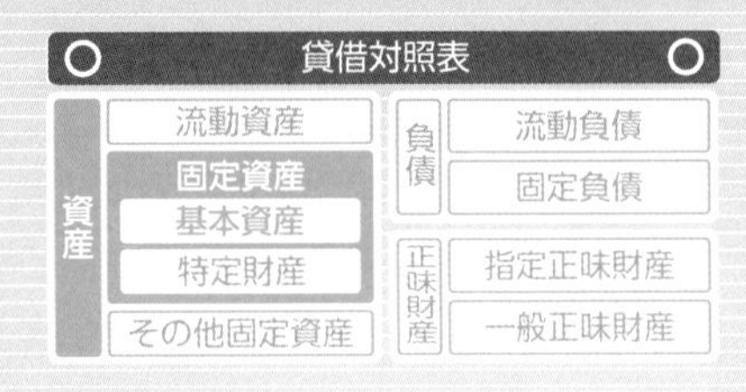

関連 土地 (P168)、投資有価証券 (P186)、基本財産運用益 (P406)

基本財産とは、**法人の定款において基本財産と定められた資産**を表す勘定科目です。

法人が基本財産を設定するかは任意です。しかし、基本財産を設定した場合は、基本財産の維持義務と処分制限が課せられています。基本財産の滅失により法人の目的事業が不能に陥った場合は解散となります。

外部関係者から基本財産として**寄贈を受ける場合**と、法人の**運用財産を組み入れたりする場合**があります。法人が事業を運営する上で重要な資産のため、他の固定資産とは区別して表示されます。

「基本財産」は、貸借対照表上、固定資産の部に大科目として表示されます。さらに、「基本財産」の内訳として、**基本財産に定められた「土地」や「投資有価証券」が中科目で表示**されます。

摘要

- 土地の受け入れ
- 投資有価証券の受け入れ
- 寄贈
- 財産の組み入れ
- 基本財産の振替え
- 基本財産の設定
- 基本財産の処分
- 基本財産の評価
- 寄付

パターン別仕訳例

増加する場合

法人の設立に際して、1,000万円の土地を受け入れた。

借方		貸方	
基本財産（土地）	1,000	固定資産受贈益（土地受贈益）	1,000

取引例 ●基本財産の設定 ●基本財産の受け入れ ●基本財産の振替え ●寄贈 等

減少する場合

定款の変更の手続きを経て、基本財産である土地1,000万円を処分し、売却代金1,000万円が普通預金に振り込まれた。

借方		貸方	
現金預金（普通預金）	1,000	基本財産（土地）	1,000

取引例 ●基本財産の処分 ●取消や修正 等

❶寄贈の場合

A氏より投資有価証券100万円が寄贈され、A氏の意思により基本財産として設定した。

借方		貸方	
基本財産（投資有価証券）	100	固定資産受贈益（投資有価証券受贈益（指定））	100

基本財産は、法人の目的たる**事業を行うために不可欠なもの**であるため、財産的な価値の変動が著しい財産は適当ではありません。そのため、満期保有目的の債券や売買目的の有価証券でない有価証券のうち、基本財産と定めたものが基本財産となります。

❷基本財産へ組み入れた場合

定款の定めにより、定期預金1,000万円を基本財産に振り替えた。

借方		貸方	
基本財産（定期預金）	1,000	その他固定資産（定期預金）	1,000

基本財産は、事業活動の財源となるものであるため、**安全性と確実性がある**と同時に、**一定の運用収益が見込めるもの**である必要があります。そのため、利息等の運用収益が生じない現金への振り替えは好ましくありません。

❸基本財産を処分した場合

事業の大幅な縮小により、資金繰りの悪化が明らかになったため、理事会等の承認を経て、基本財産の定期預金1,000万円を普通預金に振り替えた。

借方		貸方	
現金預金（普通預金）	1,000	基本財産（定期預金）	1,000

基本財産は、事業活動を行うために不可欠なものであるため、**処分に制限**が課されています。やむを得ず処分される場合には、理事会や評議会の承認を得るなどの手続きを踏むことが求められると考えられます。

会計処理のポイントは?

- 基本財産の運用によって受け取る利息等は「基本財産運用益」として処理します。

とくていしさん
特定資産

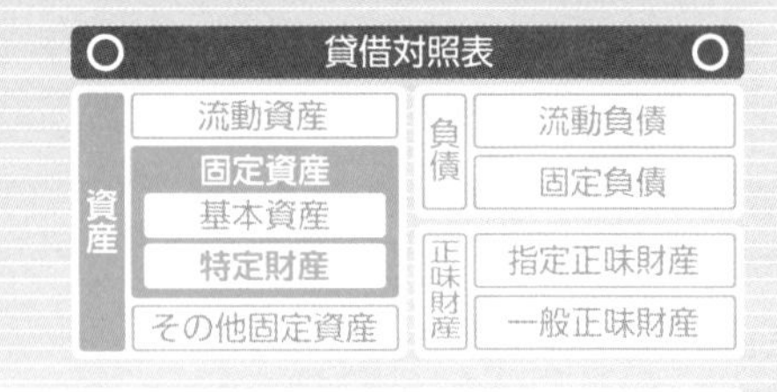

関連 特定資産運用益（P407）、受取寄付金（P412）

特定資産とは、一言で言うと、特定の目的のために使うことが決められている資産のこと。

特定の事業の実施、退職給付の支払い、建物などの資産の取得など、**特定の目的のために使途や運用方法等に制約がある資産**を表す勘定科目です。特定目的のために保有する預金や有価証券等の金融資産の他、土地や建物などの固定資産も含まれます。

「特定資産」は、貸借対照表上、固定資産の部に大科目として表示されます。さらに、「特定資産」の内訳として、その資産の保有目的を示す**「退職給付引当資産」「減価償却引当資産」「○○積立資産」**などの独立の勘定科目が中科目で表示されます。

摘要

- 運用財産の受け入れ
- 特定の事業用資産の受け入れ
- 運用財産の組み入れ
- 退職給付引当資産
- 寄付
- 特定費用準備資金
- 資産取得用資金
- 寄贈
- 特定資産の取崩
- 特定資産の目的外の取崩
- 特定資産の評価

パターン別仕訳例

増加する場合

記念事業を実施するための資金として現金100万円の寄付をA 氏より受け、特定資産とした。

借方		貸方	
特定資産（記念事業積立資産）	100	受取寄付金	100

取引例 ●特定資産の設定 ●特定資産の受け入れ ●特定資産の振替え ●寄贈 等

減少する場合

記念事業の実施に際して、記念事業積立資産100万円を取崩して、現金とした。

借方		貸方	
現金預金（現金）	100	特定資産（記念事業積立資産）	100

取引例 ●特定資産の処分 ●特定資産の取崩 ●取消や修正 等

❶退職給付引当資産の場合

設定：退職給付引当金の計算の結果、新たに現金1,000万円を退職給付引当資産とした。

借方		貸方	
特定資産（退職給付引当資産）	1,000	現金預金（現金）	1,000

支払いと取崩：当期に職員が退職し、退職金として現金100万円を支払った。その支払いに際して、退職給付引当資産を取崩した。

借方		貸方	
現金預金（現金）	100	特定資産（退職給付引当資産）	100
退職給付費用	100	現金預金	100

将来の役員や職員の退職金の支払いを準備するために特定した資産を、「退職給付引当資産」といいます。退職金を支払う場合には、この資産を取崩して支払います。

❷減価償却引当資産の場合

設定：車両の買い替えに備えて、現金200万円を減価償却引当資産とした。

借方		貸方	
特定資産（減価償却引当資産）	200	現金預金（現金）	200

購入と取崩：車両を現金200万円で購入した。その支払いに際して、減価償却引当資産を取崩した。

借方		貸方	
現金預金（現金）	200	特定資産（減価償却引当資産）	200
車両運搬具	200	現金預金	200

特定の償却資産の取得や改良に充てるために特定した資産を、**「減価償却引当資産」**といいます。償却資産を取得等した場合には、この資産を取崩して支払います。

会計処理のポイントは？

- 特定資産の運用によって受け取る利息や賃借料等は、「特定資産運用益」として処理します。

きほんざいさんうんようえき

基本財産運用益

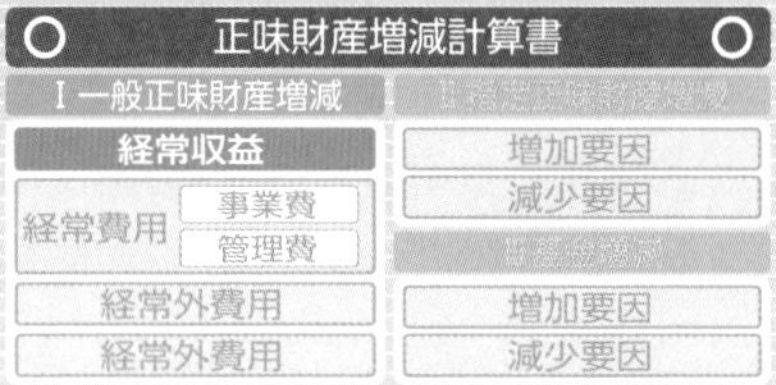

正味財産増減計算書
Ⅰ一般正味財産増減
経常収益
経常費用 事業費 管理費
経常外費用
経常外費用
増加要因
減少要因
増加要因
減少要因

関連 基本財産（P402）

基本財産運用益とは、**定款に基本財産と定められた資産（債券や株式など）を運用することで得た、利息や配当金**を表す勘定科目です。また、賃貸物件を基本財産としている場合は、その**基本財産から得る受取家賃**も含まれます。

「基本財産運用益」は、正味財産増減計算書の経常収益の区分に、大科目として表示されます。さらに、「基本財産運用益」の内訳の**中科目として、「基本財産受取利息」「基本財産受取配当金」「基本財産受取賃借料」**などがあります。

摘要

- 基本財産の運用益
- 基本財産の受取利息
- 基本財産の受取配当金
- 基本財産の受取賃借料

場面別仕訳例

基本財産である定期預金の利息1万円が普通預金に入金された。

借方		貸方	
現金預金（普通預金）	1	基本財産運用益（基本財産受取利息）	1

賃貸している土地（基本財産として設定）の賃借料100万円を現金で受けとった。

借方		貸方	
現金預金（普通預金）	100	基本財産運用益（基本財産受取賃借料）	100

賃貸している土地（基本財産として設定）の賃借料20万円が未収である。

借方		貸方	
未収賃借料	20	基本財産運用益（基本財産受取賃借料）	20

会計処理のポイントは？

- 基本財産から生じた収益と、それ以外の資産から生じた収益とは明確に区別する必要があります。

とくていしさんうんようえき

特定資産運用益

正味財産増減計算書	
Ⅰ一般正味財産増減	Ⅱ指定正味財産増減
経常収益	増加要因
経常費用　事業費／管理費	減少要因
	Ⅲ基金増減
経常外費用	増加要因
経常外費用	減少要因

関連　特定資産（P404）

特定資産運用益とは、**特定の目的のために使途等に制約のある資産（債券や株式など）を運用することで得た、利息や配当金**を表す勘定科目です。また、賃貸物件を特定資産としている場合は、その**特定資産から得る受取家賃**も含まれます。

「特定資産運用益」は、正味財産増減計算書の経常収益の区分に大科目として表示されます。

さらに、「特定資産運用益」の内訳の中科目として、**「特定資産受取利息」「特定資産受取配当金」「特定資産受取賃借料」**などがあります。

摘要

- 特定資産の運用益
- 特定資産の受取利息
- 特定資産の受取配当金
- 特定資産の受取賃借料

場面別仕訳例

特定資産である定期預金の利息1万円が普通預金に入金された。

借方		貸方	
現金預金（普通預金）	1	特定資産運用益（特定資産受取利息）	1

特定資産である株式の配当金1万円が普通預金に入金された。

借方		貸方	
現金預金（普通預金）	1	特定資産運用益（特定資産受取配当金）	1

賃貸している土地（特定の目的のため保有）の賃借料100万円を現金で受けとった。

借方		貸方	
現金預金（普通預金）	100	特定資産運用益（特定資産受取賃借料）	100

会計処理のポイントは？

- 特定資産から生じた収益と、それ以外の資産から生じた収益とは明確に区別する必要があります。

うけとりにゅうかいきん

受取入会金

正味財産増減計算書	
Ⅰ一般正味財産増減	Ⅱ指定正味財産増減
経常収益	増加要因
経常費用（事業費・管理費）	減少要因
	Ⅲ基金増減
経常外費用	増加要因
経常外費用	減少要因

関連 未収金（P134）、受取会費（P409）

受取入会金とは、会に入会するにあたり、**新規の会員から受け取った入会金の収入**を表す勘定科目です。

「受取入会金」は、正味財産増減計算書の一般正味財産増減の部の経常収益の区分に、大科目として表示されます。

「公益法人会計基準の運用指針」では、**中科目も「受取入会金」**の勘定科目が表記されています。

摘要

・新規会員の入会金　・入会金　・入会金の入金

場面別仕訳例

入会にあたり入会金1万円が、新規会員10名から普通預金に振り込まれた。

借方		貸方	
普通預金	10	受取入会金	10

新規会員1名から入会申し込みがあったが、当事業年度末時点では、まだ入会金1万円が振り込まれていない。

借方		貸方	
未収金	1	受取入会金	1

新規会員から振り込まれた入会金1万円を年会費（受取会費）と間違えて処理していたため、受取入会金に振替えた。

借方		貸方	
受取会費	1	受取入会金	1

会計処理のポイントは？

- 事業年度末にまだ入金のない入会金は、「未収金」として計上します。
- 会員から入金のあった年会費などは、「受取会費」の勘定科目で処理します。

うけとりかいひ

受取会費

正味財産増減計算書	
Ⅰ 一般正味財産増減	Ⅱ 指定正味財産増減
経常収益	増加要因
経常費用 事業費 / 管理費	減少要因
	Ⅲ 基金増減
経常外費用	増加要因
経常外費用	減少要因

関連 未収金 (P134)、受取入会金 (P408)

受取会費とは、会に入会している会員から受け取った年会費などの会費収入を表す勘定科目です。

正味財産増減計算書の一般正味財産増減の部の経常収益の区分に、大科目として「受取会費」で表示されます。さらに、「受取会費」の内訳の中科目として、その内容や会員の種類に応じて「正会員受取会費」、「特別会員受取会費」、「賛助会員受取会費」などで表示します。

摘要

- 正会員の年会費の受取
- 特別会員の年会費の受取
- 賛助会員の年会費の受取
- 年会費
- 年会費の入金

場面別仕訳例

正会員のA 氏より今年度の会費10万円が普通預金に振り込まれた。

借方		貸方	
現金預金（普通預金）	10	受取会費（正会員受取会費）	10

特別会員のB 氏より今年度の会費5万円を現金で受けとった。

借方		貸方	
現金預金（現金）	5	受取会費（特別会員受取会費）	5

賛助会員２名から今年度の年会費３万円/ 人が、当事業年度末時点で、まだ振り込まれていない。

借方		貸方	
未収金	6	受取会費（賛助会員受取会費）	6

会計処理のポイントは?

- 事業年度末にまだ入金のない年会費は、「未収金」として計上します。
- 会員から入金のあった入会金は、「受取入会金」の勘定科目で処理します。

じぎょうしゅうえき
事業収益

正味財産増減計算書
Ⅰ 一般正味財産増減
経常収益
経常費用 事業費 管理費
経常外費用
経常外費用
Ⅱ 指定正味財産増減
増加要因
減少要因
Ⅲ 基金増減
増加要因
減少要因

関連 事業費（P414）、管理費（P416）

事業収益とは、公益法人が行う**事業活動から生じる収益**を表す勘定科目です。

「事業収益」は、正味財産増減計算書の経常収益の区分に、大科目として表示されます。

さらに、「事業収益」の内訳の中科目として、その事業内容に応じて「教育事業」「出版事業」などの事業の名称を付した**「教育事業収益」「出版事業収益」**の中科目で計上します。

摘要

- 研修事業の収益
- 検定事業の収益
- 出版事業の収益
- 教育事業の収益
- 調査情報事業の収益
- 事業活動の収益

場面別仕訳例

当法人は実技研修や通信教育などの教育事業を行っており、当該セミナーを開催したところ、10万円の事業収益が計上され、普通預金に入金された。

借方		貸方	
現金預金（普通預金）	10	事業収益（教育事業収益）	10

当法人は普及活動の一環として出版事業を行っている。書籍の出版により10万円の収益が計上され、普通預金に入金された。

借方		貸方	
現金預金（普通預金）	10	事業収益（出版事業収益）	10

当法人は検定事業を行っている。今年度、検定料として10万円の収益が計上され、普通預金に入金された。

借方		貸方	
現金預金（普通預金）	10	事業収益（検定事業収益）	10

会計処理のポイントは？

- 法人が各種の事業活動を行うために要する費用は、「事業費」に計上されます。また、各種の事業活動を管理するための費用は、「管理費」に計上されます。

うけとりほじょきんとう

受取補助金等

正味財産増減計算書	
Ⅰ 一般正味財産増減	Ⅱ 指定正味財産増減
経常収益	増加要因
経常費用（事業費・管理費）	減少要因
	Ⅲ 基金増減
経常外費用	増加要因
経常外費用	減少要因

関連　管理費（P416）

受取補助金等とは、事業費等に充当する目的で**国・地方公共団体・民間から受け入れる補助金や助成金**を表す勘定科目です。なお、補助金と助成金の区別は法令の定めによります。「受取補助金等」は、一般正味財産増減の部の経常収益の区分と、指定正味財産増減の部に、大科目として表示されます。さらに、「受取補助金等」の内訳の中科目として、「受取補助金等」は、補助金等を交付する交付者の区分に応じて**「受取国庫補助金」「受取地方公共団体補助金」「受取民間補助金」**などで表示します。

摘要

- 補助金の受取
- 国庫補助金の受取
- 地方公共団体補助金の受取
- 民間補助金の受取
- 助成金の受取
- 国庫助成金の受取
- 地方公共団体助成金の受取
- 民間助成金の受取
- 補助金等振替え
- 助成金等振替え

場面別仕訳例

受領：○○事業に対して、国から補助金100万円が普通預金に振り込まれた。

借方		貸方	
現金預金（普通預金）	100	受取補助金等（受取国庫補助金）	100

事業：上記の補助金を活用し、事業費（給与手当）を普通預金から振り込んだ。

借方		貸方	
事業費（給与手当）	100	現金預金（普通預金）	100

振替：指定された事業を実施したので、指定正味財産から一般正味財産へ振替えた。

借方		貸方	
一般正味財産への振替額（指定正味財産増減）	100	受取補助金等振替額（受取国庫補助金振替額 一般正味財産増減）	100

会計処理のポイントは？

- 補助金等は、原則、指定正味財産として受け入れられ、事業の進捗状況に応じて、一般正味財産へ振替えますが、一般正味財産の増減としての処理が認められる場合もあります。委託費用などのように反対給付として支払われるものは、「委託費」で処理します。

うけとりきふきん

受取寄付金

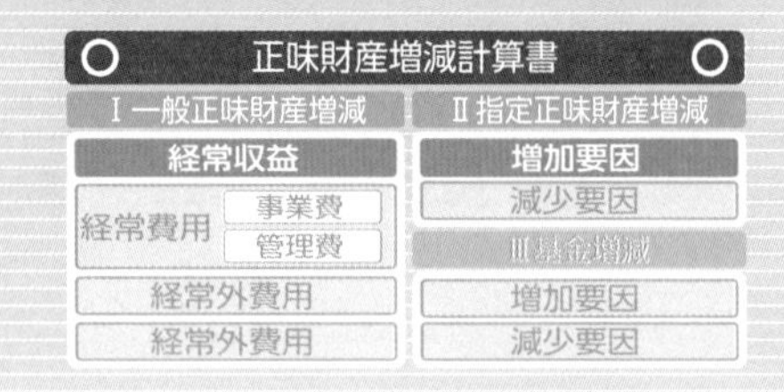

関連 受取会費 (P409)

受取寄付金とは、**寄付者等から寄付や募金を受けた場合の収入**を表す勘定科目です。

「受取寄付金」は、一般正味財産増減の部の経常収益の区分と、指定正味財産増減の部に、大科目として表示されます。

さらに、**「受取寄付金」はその内容に応じて中科目で計上**します。

摘要

- 寄付金の受け入れ
- 寄付金振替え
- 募金の受け入れ

場面別仕訳例

A社より寄付金100万円が普通預金に振り込まれた。

借方		貸方	
現金預金（普通預金）	100	受取寄付金	100

B氏より募金として1万円を現金で受け取った。

借方		貸方	
現金預金（現金）	1	受取寄付金	1

寄付者より振り込まれた寄付金10万円を会費（受取会費）と間違えて処理していたため、受取寄付金に振替えた。

借方		貸方	
受取会費	10	受取寄付金	10

会計処理のポイントは？

- 寄付金のうち、寄付者等がその資金の使途に制約を課している場合は、原則として、指定正味財産として受け入れ、制約が解除されれば、一般正味財産へ振替えます。

うけとりふたんきん

受取負担金

正味財産増減計算書	
Ⅰ 一般正味財産増減	Ⅱ 指定正味財産増減
経常収益	増加要因
経常費用（事業費／管理費）	減少要因
	Ⅲ 基金増減
経常外費用	増加要因
経常外費用	減少要因

関連 受取寄付金（P412）

受取負担金とは、公益法人の事業の**受益者から事業の経費などの全部または一部を負担させるために負担金を徴収した場合の収入**を表す勘定科目です。

「受取負担金」は、一般正味財産増減の部の経常収益の区分と、指定正味財産増減の部に、大科目として表示されます。

さらに、**「受取負担金」はその内容に応じて中科目で計上**します。

摘要

- 負担金の徴収
- 負担金振替え

場面別仕訳例

○○事業に関する受益者からの負担金100万円を現金で受け取った。

借方		貸方	
現金預金（現金）	100	受取負担金	100

○○事業に関する受益者からの負担金100万円が普通預金に振り込まれた。

借方		貸方	
現金預金（普通預金）	100	受取負担金	100

○○事業に関する受益者から振り込まれた負担金10万円を寄付（受取寄付金）と間違えて処理していたため、受取負担金に振替えた。

借方		貸方	
受取寄付金	10	受取負担金	10

会計処理のポイントは？

- 負担金のうち、事業の受益者がその資金の使途に制約を課している場合は、原則として、指定正味財産として受け入れ、制約が解除されれば、一般正味財産へ振替えます。

じぎょうひ
事業費

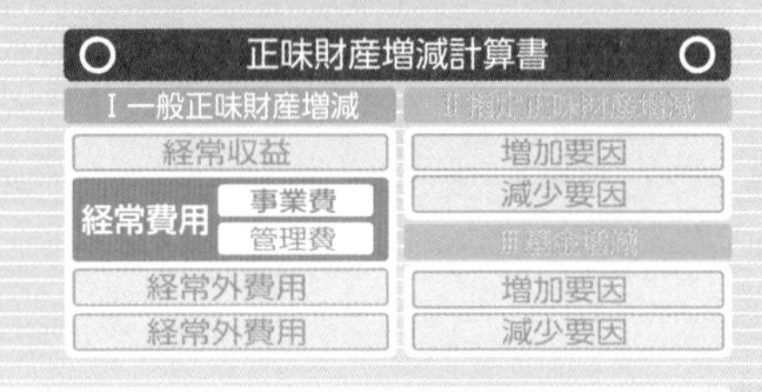

関連 管理費(P416)

事業費とは、事業を実施するために必要な費用のこと。**事業の目的のために要する費用**を表す勘定科目です。事業費は必要に応じて、事業の種類ごとに区分して記載します。事業費の内訳となる中科目には、以下のようなものがあります。

「給与手当、臨時雇賃金、退職給付費用、福利厚生費、旅費交通費、通信運搬費、減価償却費、消耗什器備品費、消耗品費、修繕費、印刷製本費、燃料費、光熱水料費、賃借料、保険料、諸謝金、租税公課、支払負担金、支払助成金、支払寄付金、委託費、有価証券運用損、雑費」

摘要

- 給与
- アルバイト代
- 退職給付費用
- 福利厚生の費用
- 出張費
- 電話料金
- 固定資産の償却
- 消耗品代
- 修繕の費用
- 印刷代
- ガソリン代
- 電気代
- 水道代
- 賃料
- 火災保険料
- 顧問料
- 固定資産税
- 負担金の支払い
- 助成金の支払い
- 寄付金の支払い
- 委託費用
- 有価証券の売却損
- 新聞代
- 図書代

場面別仕訳例

事業部門のアルバイト5人に対して、賃金100万円から源泉所得税5万円を控除して、現金で支払った。

借方		貸方	
臨時雇賃金	100	現金	95
		預り金	5

臨時雇賃金とは、**準職員やパート、アルバイトに対する給与や各種の手当**を表す勘定科目です。

電話料金10万円が普通預金から引き落とされた。

借方		貸方	
通信運搬費	10	普通預金	10

通信運搬費とは、事業収益を得るために生じた**通信費用**や**運搬費用**を表す勘定科目です。具体的には、電話代、郵便料金、書類送付料金、各種通信設備使用料、荷造り費用、運送費用等です。

事業部門でイス10脚を現金5万円で購入した。

借方		貸方	
消耗什器備品費	5	現金	5

消耗什器備品とは、支出額が**10万円未満**、または**耐用年数が1年未満の什器や備品**を購入した場合に使用する勘定科目です。

セミナーの講師への謝礼として、10万円を源泉所得税1万円を控除して、普通預金から振り込んだ。

借方		貸方	
諸謝金	10	普通預金	9
		預り金	1

諸謝金とは、セミナー講師への**謝礼金**や顧問弁護士・税理士などへの**顧問料**などを処理する勘定科目です。

当法人の事業部門から、他の公益法人への助成金として50万円を普通預金から振り込んだ。

借方		貸方	
支払助成金	50	普通預金	50

支払助成金とは、他の公益法人等に対して**支払った助成金**を処理する勘定科目です。

当法人の事業部門は一部の業務を外部に委託しているため、委託費用として10万円を普通預金から振り込んだ。

借方		貸方	
委託費	10	普通預金	10

委託費とは、特定の業務を他の**法人等に委託している場合の費用**を処理する勘定科目です。

当法人の事業部門で保有していた株式（取得原価100万円）を90万円で売却し、代金が普通預金に振り込まれた。

借方		貸方	
有価証券運用損	10	有価証券	100
普通預金	90		

有価証券運用損とは、売買目的で保有している**有価証券の評価損や売却損**を処理する勘定科目です。評価益や売却益が出た場合は、「有価証券運用益」、「雑収益」で処理します。

会計処理のポイントは？

- 「事業費」と「管理費」で共通して発生する費用は、一定の水準（事業部門と管理部門の人数比や面積比等）により、「事業費」と「管理費」に按分して、計上することが適切です。

かんりひ

管理費

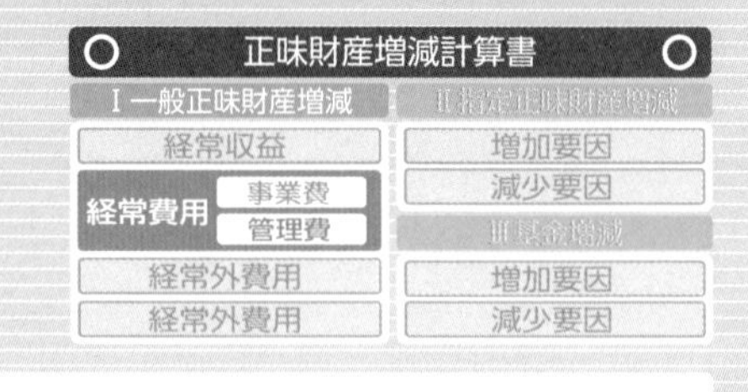

関連 事業費（P414）

管理費とは、一言で言うと、各種の事業を管理するために必要な費用のこと。

各種の事業を管理するため、毎年度、経常的に要する費用を表す勘定科目です。

管理費の内訳となる中科目には、以下のようなものがあります。

「役員報酬、給与手当、退職給付費用、福利厚生費、会議費、旅費交通費、通信運搬費、減価償却費、消耗什器備品費、消耗品費、修繕費、印刷製本費、燃料費、光熱水料費、賃借料、保険料、諸謝金、租税公課、支払負担金、支払寄付金、支払利息、雑費」

摘要

- 役員への報酬
- 給与
- 退職給付費用
- 福利厚生の費用
- 会議費用
- 理事会の運営費用
- 出張費
- 電話料金
- 固定資産の償却
- 消耗品代
- 修繕の費用
- 印刷代
- ガソリン代
- 電気代
- 水道代
- 賃料
- 火災保険料
- 顧問料
- 固定資産税
- 負担金の支払い
- 寄付金の支払い
- 利息支払い
- 新聞代
- 図書代

場面別仕訳例

理事長に対して役員報酬50万円から源泉所得税3万円を控除して、現金で支払った。

借方		貸方	
役員報酬	50	現金	47
		預り金	3

役員報酬とは、理事や監事などの役員に対して支払われた報酬を処理する勘定科目です。職員に対する給与は、「給与手当」で処理します。

理事会の弁当代として現金1万円を支払った。

借方		貸方	
会議費	1	現金	1

会議費とは、事業を実施していく上で必要な会議のために支出する費用を処理する勘定科目です。

法人の発行する冊子の製本の費用として現金10万円を支払った。

借方		貸方	
印刷製本費	10	現金	10

印刷製本費とは、法人が発行する出版物等の**印刷代や製本代**を処理する勘定科目です。

管理部門で消費した電気代5万円が普通預金から引き落とされた。

借方 光熱水料費 5	貸方 普通預金 5

電気代10万円が普通預金から引き落とされた。なお、事業部門と管理部門の利用割合から50%ずつで電気代を按分して計上することとなった。

借方 事業費（光熱水料費） 5 管理費（光熱水料費） 5	貸方 普通預金 10

光熱水料費とは、**水道料、ガス代、電気料などの費用**を処理する勘定科目です。

当法人の管理部門がA法人の施設利用の負担金として、普通預金から5万円を振り込んだ。

借方 支払負担金 5	貸方 普通預金 5

支払負担金とは、当公益法人が他の法人等の受益者であるため、利用料などとして**負担金を支払った場合の費用**を処理する勘定科目です。

当法人の管理部門がB法人に対して、寄付として10万円を普通預金から振り込んだ。

借方 支払寄付金 10	貸方 普通預金 10

支払寄付金とは、他の法人等に対して**反対給付を求めない金銭等の支出**をした場合の勘定科目です。

借入金の利息として1万円が普通預金から引き落とされた。

借方 支払利息 1	貸方 普通預金 1

支払利息とは、金融機関からの**借入れに対する利息**を処理する勘定科目です。

会計処理のポイントは？

- 「事業費」と「管理費」で共通して発生する費用は、一定の水準（事業部門と管理部門の人数比や面積比等）により、「事業費」と「管理費」に按分して計上することが適切です。

ひょうかそんえきとう

評価損益等

正味財産増減計算書	
Ⅰ一般正味財産増減	Ⅱ指定正味財産増減
経常収益	増加要因
経常費用　事業費	減少要因
経常費用　管理費	Ⅲ基金増減
経常外費用	増加要因
経常外費用	減少要因

関連　投資有価証券（P186）、基本財産（P402）、特定資産（P404）

評価損益等とは、①一般正味財産を充当した**基本財産に含められている投資有価証券**、②一般正味財産を充当した**特定資産に含められている投資有価証券**、③**投資有価証券**を時価評価した場合の**評価損益**や、**売却損益**を表す勘定科目です。正味財産増減計算書の一般正味財産増減の部の経常収益の区分の「評価損益等調整前当期経常増減額」の後に、大科目として**「基本財産評価損益等」「特定資産評価損益等」「投資有価証券評価損益等」**で表示されます。また、対象となる投資有価証券が指定正味財産の場合は、指定正味財産増減の部の指定正味財産の増加要因や減少要因に表示されます。

摘要

- 基本財産の評価益（損）
- 特定資産の評価益（損）
- 投資有価証券の評価益（損）
- 一般正味財産への振替え

場面別仕訳例

基本財産である有価証券（帳簿価額100万円）を期末に時価評価したところ、時価が90万円であった。

借方		貸方	
基本財産評価損益等	10	基本財産（投資有価証券）	10

特定資産である有価証券（帳簿価額100万円）を期末に時価評価したところ、時価が110万円であった。

借方		貸方	
特定資産（投資有価証券）	10	特定資産評価損益等	10

保有している有価証券（帳簿価額100万円）を期末に時価評価したところ、時価が110万円であった。

借方		貸方	
その他固定資産（投資有価証券）	10	特定資産評価損益等	10

会計処理のポイントは？

- 経常増減の部において、「評価損益等」が「評価損益等調整前当期経常増減額」に加減算され、「当期経常増減額」が算定されます。

していしょうみざいさんのぞうげん

指定正味財産の増減

正味財産増減計算書	
Ⅰ一般正味財産増減	Ⅱ指定正味財産増減
経常収益	増加要因
経常費用（事業費・管理費）	減少要因
	Ⅲ基金増減
経常外費用	増加要因
経常外費用	減少要因

関連 基本財産（P402）、特定資産（P404）、評価損益等（P418）

指定正味財産の増減とは、寄付者等の意思により資産の使途等について制約のある**指定正味財産の増加額と減少額を、発生原因別に表示**する区分です。具体的な勘定科目としては、増減要因に**「受取補助金等」「受取負担金」「受取寄付金」「固定資産受贈益」「基本財産評価益」「特定資産評価損」**、減少要因に**「基本財産評価損」「特定資産評価損」「一般正味財産への振替額」**があります。

摘要

- 基本財産の評価益（損）
- 特定資産の評価益（損）
- 一般正味財産への振替え
- 寄付金の受取
- 補助金の受取
- 負担金の受取
- 固定資産の受贈益

場面別仕訳例

寄付者から基本財産として保有することを条件とされた建物500万円の寄贈を受けた。

借方		貸方	
基本財産（建物）	500	固定資産受贈益	500

指定正味財産を充当した基本財産である有価証券（帳簿価額100万円）を期末に時価評価したところ、時価が110万円であった。

借方		貸方	
基本財産（投資有価証券）	10	基本財産評価損益等（建物受贈益）	10

A氏より○○事業に3年間使用する目的で、土地1,000万円の贈与を受け、○○特定資産とした。3年経過後、特定資産から一般正味財産へ振替えた。

贈与時：

借方		貸方	
特定資産（○○特定資産）	1,000	固定資産受贈益（土地受贈益 指定正味財産増減）	1,000

振替時：

借方		貸方	
一般正味財産への振替額（指定正味財産増減）	1,000	固定資産受贈益振替額（土地受贈益振替額 一般正味財産増減）	1,000

会計処理のポイントは？

- 指定正味財産増減の部において、指定正味財産期首残高に指定正味財産増加額を加算し、指定正味財産減少額を減算して、指定正味財産期末残高が算定されます。

ききんのぞうげん

基金の増減

正味財産増減計算書	
Ⅰ一般正味財産増減	Ⅱ指定正味財産増減
経常収益	増加要因
経常費用(事業費・管理費)	減少要因
	Ⅲ基金増減
経常外費用	増加要因
経常外費用	減少要因

関連 基本財産(P402)、特定資産(P404)、評価損益等(P418)

基金の増減とは、法人が基金を設定した場合の**基金の増加額と減少額を、発生原因別に表示**する区分です。社団法人は、資金調達の手段として基金を募集することができます。基金は、返済の義務はありますが、無利息かつ返済の期限の定めがないため、会計上は正味財産を構成する項目として処理します。基金の増減は、正味財産増減計算書の指定正味財産増減の部の後に、基金の増減の部を設けて表示します。

摘要

- 基金の受入
- 基金の返還

場面別仕訳例

○○運営のための基金として、100万円を○○運営資産として受け入れた。

借方		貸方	
特定資産(○○運営資産)	100	基金受入額	100

基金を募集したところ、普通預金に100万円が振り込まれた。

借方		貸方	
現金預金(普通預金)	100	基金受入額	100

基金のうち40万円を返還することになり、普通預金から振り込んだ。

借方		貸方	
基金返還額	40	現金預金(普通預金)	40

会計処理のポイントは?

- 基金増減の部において、基金期首残高に基金増加額を加算し、基金減少額を減算して、基金期末残高が算定されます。
- 基金を返還する場合には、基金に相当する金額を**「代替基金」**として計上する必要があります。この「代替基金」は取崩すことができません。
- この「代替基金」は、貸借対照表の「正味財産の部」に「一般正味財産」と区分して表示します。

決算書体系図索引

Index

●貸借対照表

区分		勘定科目	ページ
純資産 5章	株主資本 5-1	資本金	258
		資本剰余金	260
		利益剰余金	262
		▲自己株式	264
	株主資本以外 5-2	(▲)その他有価証券評価差額金	266
		新株予約権	268
	個人事業者固有8-1	元入金	388

▲控除項目として表示されます。
(▲)控除項目として表示される場合もあります。

●損益計算書

区分		勘定科目	ページ
営業損益 6章	売上6-1	売上高	272
	個人事業者固有8-2	自家消費	390
	売上原価6-2	仕入高	274
	販売費及び一般管理費 6-3	販売促進費	276
		荷造発送費	278
		外注費	280
		役員報酬	282
		給与手当	284
		賞与	286
		退職金	288
		退職給付費用	290
		法定福利費	292
		福利厚生費	294
		会議費	296
		諸会費	298
		交際費	300
		広告宣伝費	302
		旅費交通費	304
		通勤費	306
		賃借料	308
		地代家賃	310
		水道光熱費	312
		新聞図書費	314
		通信費	316
		消耗品費	318
		事務用品費	230
		車両費	322
		支払保険料	324
		支払手数料	326
		修繕費	328
		租税公課	330
		減価償却費	332
		貸倒引当金繰入額	336
		貸倒損失	338
		寄付金	340
		教育研修費	342
		雑費	344

区分		勘定科目	ページ
	個人事業者固有8-2	専従者給与	392
営業外損益・特別損益他 7章	営業外損益 7-1	受取利息	348
		支払利息割引料	350
		受取配当金	352
		有価証券売却益(損)	354
		有価証券評価益(損)	356
		為替差益(損)	358
		雑収入	360
		雑損失	362
		仕入割引・売上割引	364
	特別損益 7-2	固定資産売却益(損)	366
		固定資産除却損	368
		投資有価証券売却益(損)	370
		前期損益修正益(損)	372
		貸倒引当金戻入	374
		その他の特別損益	376
		債務免除益	376
		保険差益	376
		受贈益	377
		火災損失	377
	税金他 7-3	法人税等	378
		法人税等調整額★	380

★利益に対して、プラスに働く場合も、マイナスに働く場合もあります。

決算書体系図(公益法人)索引

Index

●貸借対照表

• 公益法人の貸借対照表に表示されている勘定科目名は異なりますが、類似する内容の勘定科目を参照ページとして掲載します。
例「什器備品」⇒「工具器具備品」166ページ

● 正味財産増減計算書

区分	大科目		中科目	ページ
一般正味財産増減の部	経常収益	基本財産運用益	基本財産受取利息	406
			基本財産受取配当金	406
			基本財産受取賃借料	406
		特定資産運用益	特定資産受取利息	407
			特定資産受取配当金	407
			特定資産受取賃借料	407
		受取入会金	受取入会金	408
		受取会費	正会員受取会費	409
			特別会員受取会費	409
			賛助会員受取会費	409
		事業収益	○○事業収益	410
		受取補助金等	受取国庫補助金	411
			受取地方公共団体補助金	411
			受取民間補助金	411
			受取国庫助成金	411
			受取地方公共団体助成金	411
			受取民間助成金	411
			受取補助金等振替額	411
		受取負担金	受取負担金	413
			受取負担金振替額	413
		受取負担金	受取寄付金	412
			募金収益	412
			受取寄付金振替額	412
		雑収益	受取利息	348
			有価証券運用益	354,356
			雑収益	360

区分	大科目		中科目	ページ
	経常費用	事業費	給与手当	284,414
			臨時雇用賃金	414
			退職給付費用	290,414
			福利厚生費	294,414
			旅費交通費	304,414
			通信運搬費	316,278,414
			減価償却費	332,414
			消耗什器備品費	414
			消耗品費	318,414
			修繕費	328,414
			印刷製本費	414
			燃料費	414
			光熱水料費	312,414
			賃借料	308,414
			保険料	324,414
			諸謝金	414
			租税公課	330,414
			支払負担金	414
			支払寄付金	414
			委託費	414
			有価証券運用損	354,356,414
			雑費	344,414
		管理費	役員報酬	282,416
			給与手当	284,416
			退職給付費用	290,416
			福利厚生費	294,416
			会議費	296,416
			旅費交通費	304,416
			通信運搬費	316,278,416
			減価償却費	332,416
			消耗什器備品費	416
			消耗品費	318,416
			修繕費	328,416

• 公益法人の正味財産増減計算書に表示されている勘定科目名は異なりますが、類似する内容の勘定科目を参照ページとして掲載します。
例「光熱水料費」⇒「水道光熱費」312ページ

駒井 伸俊 Komai Nobutoshi

株式会社イーバリュージャパン　代表取締役

青山学院大学国際政治経済学部卒業。中央大学大学院法学研究科修了。安田信託銀行等に勤務の後、経営コンサルタントとして独立、現職。その他、産業能率大学、中小企業大学校、職業能力開発総合大学校、地方公共団体、企業等で、講演・研修の講師としても活躍中。

〈主な著書〉

『基本も実務知識もこれ1冊で！管理会計本格入門』（ソシム）
『引きやすい必ず見つかる！勘定科目と仕訳の事典』（ソシム）
『ポケット図解　問題解決がよ～くわかる本』（秀和システム）
『サクッとわかる！「勘定科目」のキホンと「仕訳」の入門』（秀和システム）
他多数

豊富な仕訳例で世界一使いやすい！
勘定科目と仕訳の事典　第2版

発行日	2023年 5月21日	第1版第1刷
	2024年 3月25日	第1版第2刷

著　者　駒井 伸俊

発行者　斉藤　和邦
発行所　株式会社　秀和システム
〒135-0016
東京都江東区東陽2-4-2　新宮ビル2F
Tel 03-6264-3105（販売）Fax 03-6264-3094
印刷所　三松堂印刷株式会社　Printed in Japan

ISBN978-4-7980-6897-8 C2034